中国证券投资基金业年报

2021

中国证券投资基金业协会 编著

中国财经出版传媒集团
中国财政经济出版社

图书在版编目（CIP）数据

中国证券投资基金业年报.2021/中国证券投资基金业协会编著.—北京：中国财政经济出版社，2021.7
ISBN 978-7-5223-0656-8

Ⅰ.①中… Ⅱ.①中… Ⅲ.①证券投资－投资基金－中国－2021－年报　Ⅳ.①F832.51-54

中国版本图书馆CIP数据核字（2021）第135957号

责任编辑：郁东敏　　　　　　责任校对：胡永立
责任印制：刘春年　　　　　　封面设计：中通世奥

中国证券投资基金业年报2021
ZHONGGUO ZHENGQUAN TOUZI JIJINYE NIANBAO 2021
中国财政经济出版社 出版

URL：http://www.cfeph.cn
E-mail：cfeph@cfemg.cn

（版权所有　翻印必究）

社址：北京市海淀区阜成路甲28号　邮政编码：100142
营销中心电话：010-88191522
天猫网店：中国财政经济出版社旗舰店
网址：https://zgczjjcbs.tmall.com
北京时捷印刷有限公司印刷　各地新华书店经销
成品尺寸：185mm×260mm　16开　21.75印张　350 000字
2021年7月第1版　2021年7月北京第1次印刷
定价：89.00元
ISBN 978-7-5223-0656-8
（图书出现印装问题，本社负责调换，电话：010-88190548）
本社质量投诉电话：010-88190744
打击盗版举报热线：010-88191661　QQ：2242791300

编委会

主　　编　何艳春

副 主 编　胡家夫　　王　鲁　　郑富仕
　　　　　　陈春艳　　高天红　　黄丽萍

编委会委员（按姓氏拼音排序）：
　　　　　　丁伯轩　董煜韬　关添天　黄筛成　贾丽丽
　　　　　　蒋海军　黎　明　李　星　吕　娟　沈　宁
　　　　　　熊飞龙　熊　歆　张　蓉　张宣传　张　勇
　　　　　　郑　兴

编写组组长　师　潭

编写组成员—中国证券投资基金业协会（按姓氏拼音排序）：
　　　　　　蔡恒培　陈硕夫　陈艺成　杜祖磊　高天洁
　　　　　　关婉怡　胡刚伟　贾少伟　靳珂语　李桂捷
　　　　　　刘亚琼　强琪菁　汤玥玥　王　鑫　王昕宇
　　　　　　王　艺　肖楚荷　徐　侃　杨海燕　杨　哲
　　　　　　张　航　张珉康　张前营　周靖涵

编写组成员—资产管理行业机构：
　　　　　　中国银河证券股份有限公司基金研究中心：
　　　　　　胡立峰　李　兰
　　　　　　上海证券基金评价研究中心：
　　　　　　刘亦千　赵　威　江牧原　谢　忆

前 言

2020年，新冠肺炎疫情席卷全球，在以习近平同志为核心的党中央坚强领导下，全国各族人民同心协力，在最短时间内取得疫情防控显著成效，在全球主要经济体中唯一实现经济正增长。中国基金行业积极投向防疫攻坚战，捐款捐物，及时制定复工复产预案，保障业务平稳运行，深化供给侧结构性改革，坚持服务实体经济根本宗旨，推动直接融资体系建设，促进创新资本形成。

2020年，资产管理行业在变革与发展中出现了一些新特征、新趋势。截至2020年末，中国证监会体系公募和私募资产管理规模达到58.99万亿元，较2019年末增加6.76万亿元。公募基金快速发展、结构优化，资本市场买方功能及普惠金融作用进一步彰显。公募基金资产规模达19.89万亿元，较2019年末增长34.7%；居民持有53%的公募基金资产，较2019年末增加5个百分点，公募基金服务百姓理财的广度深度明显提高。公募基金产品结构进一步优化，权益类基金占比达32.3%，较2019年末提高10.7个百分点。公募基金持有A股市值4.69万亿元，占两市流通总市值的7.3%，创2013年以来新高。证券期货经营机构私募资管业务结构继续优化，去通道效果明显，主动管理能力提升。截至2020年末，证券期货经营机构私募资管业务规模降至16.83万亿元，较2019年末下降13.7%。通道业务规模持续下降，较资管新规发布前下降69.6%，主动管理规模增长，较资管新规发布前提高29.1%，专业能力稳步提升。私募基金稳健发展，为增加直接融资、促进创新资本形成作出重要贡献。截至2020年末，私募基金管理人

24 561家，私募基金管理规模16.96万亿元，较2019年末增长20.4%。各类私募基金在投项目10.55万个，在投本金8.10万亿元；其中，在投中小企业项目6.80万个，在投本金2.20万亿元；在投高新技术企业4.01万个，在投本金1.68万亿元。互联网等计算机运用、机械制造等工业资本品、原材料、医药生物、医疗器械与服务、半导体等产业升级及新经济代表领域成为私募基金布局重点，在投项目6.67万个，在投本金3.51万亿元。

为客观认识基金行业现状，把握未来发展方向，中国证券投资基金业协会编撰了《中国证券投资基金业年报（2021）》（以下简称《年报》）一书。在前期工作基础上，我们对《年报》做了进一步完善，尽可能追溯历史数据，分别围绕产品、管理机构、中介机构等，从不同维度、不同角度全景式勾勒行业发展现状与特征，增强《年报》内容横向与纵向的全面性。

由于编写时间紧迫，难免有疏漏之处，望业内同仁和广大读者指正。

中国证券投资基金业协会
2021年6月

目录

01 第一篇 行业发展篇

第一章　资产管理业概览 　　　　　　　　　　　　　3
　　第一节　资产管理业规模及结构 　　　　　　　　3
　　第二节　公开募集证券投资基金概览 　　　　　　4
　　　　一、公募基金的发展 　　　　　　　　　　　4
　　　　二、在宏观经济金融中的地位 　　　　　　　5
　　　　三、在全球共同基金中的地位 　　　　　　　5
　　第三节　证券期货经营机构私募资产管理业务 　　6
　　　　一、规模及构成 　　　　　　　　　　　　　6
　　　　二、在宏观经济金融中的地位 　　　　　　　7
　　第四节　私募投资基金 　　　　　　　　　　　　7
　　　　一、规模及构成 　　　　　　　　　　　　　7
　　　　二、在宏观经济金融中的地位 　　　　　　　8
　　第五节　养老金概览 　　　　　　　　　　　　　9
　　　　一、我国养老金体系现状 　　　　　　　　　9
　　　　二、基金行业管理养老金规模 　　　　　　　10

第二章 公开募集证券投资基金 … 12

第一节 公募基金行业整体情况 … 13
一、总体情况 … 13
二、基金类型 … 13
三、基金账户 … 16
四、资产配置 … 17
五、资金来源与流动情况 … 19
六、新设情况 … 21
七、ETF和LOF … 23

第二节 专业化投资能力 … 25
一、基金的主动投资管理能力 … 25
二、基金与个人投资者的投资能力比较 … 27

第三节 各类型基金 … 29
一、股票基金 … 29
二、债券基金 … 38
三、混合基金 … 44
四、货币市场基金 … 47
五、QDII基金 … 51
六、基金中基金（FOF）… 55

第四节 公募基金销售及基金费率 … 59
一、基金销售业务概况 … 59
二、基金销售费率 … 71
三、基金管理费率与托管费率 … 81

第三章 我国境内养老金投资管理 … 89

第一节 我国养老金投资运营情况概览 … 89
一、养老金投资运营规模 … 89
二、养老金投资管理机构及市场占比 … 90
三、养老金投资收益 … 91

第二节 公募基金行业管理养老资金情况 … 94
一、公募基金行业管理养老金规模情况 … 94
二、养老目标基金 … 95

第四章 证券期货经营机构私募资产管理业务 　　100

第一节 总体情况 　　100
一、备案情况 　　100
二、存续情况 　　101
三、投向情况 　　102

第二节 基金管理公司私募资产管理业务 　　104
一、备案情况 　　104
二、存续情况 　　104
三、投向情况 　　106
四、集中度情况 　　106

第三节 基金子公司私募资产管理业务 　　107
一、备案情况 　　107
二、存续情况 　　107
三、投向情况 　　109
四、集中度情况 　　110

第四节 证券公司私募资产管理业务 　　111
一、备案情况 　　111
二、存续情况 　　111
三、投向情况 　　113
四、集中度情况 　　115

第五节 证券公司私募子公司私募基金业务 　　115
一、备案情况 　　115
二、存续情况 　　116
三、集中度情况 　　117

第六节 期货公司私募资产管理业务 　　117
一、备案情况 　　117
二、存续情况 　　118
三、投向情况 　　119
四、集中度情况 　　120

第七节 资产证券化业务 　　121
一、资产支持专项计划备案总体情况 　　121

	二、企业资产证券化产品管理人情况	122
	三、基础资产类型	123
	四、2020年备案情况	124

第五章　私募投资基金　125

第一节　私募投资基金总览　125
一、私募投资基金数量与规模变化情况　125
二、私募投资基金投资者出资情况　125
三、私募投资基金资产投向情况　129

第二节　私募证券投资基金　130
一、自主发行类私募证券投资基金基本情况分析　130
二、自主发行类私募证券投资基金募集出资及投资情况　138
三、顾问管理类产品情况　142
四、私募证券投资基金运行情况分析　147

第三节　私募股权投资基金　149
一、私募股权投资基金基本情况　149
二、私募股权投资基金募集出资情况　156
三、私募股权投资基金投资运作情况　161
四、私募股权投资基金投资案例退出情况　166

第四节　创业投资基金　173
一、创业投资基金基本情况　173
二、创业投资基金募集出资情况　180
三、创业投资基金投资运作情况　184
四、创业投资基金投资案例退出情况　189

第六章　公募基金管理机构　196

第一节　公募基金管理机构股东情况　196
一、国有、中外合资、民企、其他　196
二、不同类型股东背景　197

第二节　公募基金管理机构股权结构　201
一、控股模式　201
二、股权集中度　203

第三节　公募基金管理机构人力资本情况　204

一、从业人员整体情况 … 204
二、高管情况 … 206
三、基金经理情况 … 209

第七章 私募基金管理人 … 213

第一节 全部私募基金管理人 … 213
一、数量与类型情况 … 213
二、管理规模集中度情况 … 215
三、注册资本与实收资本情况 … 215
四、组织形式与控股类型情况 … 216
五、地域分布情况 … 217

第二节 私募证券投资基金管理人 … 222
一、私募证券投资基金管理人情况分析 … 222
二、私募证券投资基金管理人从业人员及高管情况分析 … 232

第三节 私募股权、创业投资基金管理人 … 236
一、私募股权、创业投资基金管理人总体情况 … 236
二、私募股权、创业投资基金管理人从业人员及高管情况 … 254

第八章 基金托管机构 … 261

第一节 托管机构登记情况 … 261
一、基金托管人登记情况 … 261
二、合格境外机构投资者托管人登记情况 … 262

第二节 托管业务发展情况 … 262
一、托管产品数量及资产规模 … 262
二、不同类型托管人的基金托管业务开展情况 … 263

第九章 基金服务机构 … 266

第一节 基金服务业务发展历程 … 266
第二节 基金服务机构登记情况 … 267
第三节 基金服务业务开展情况 … 268
一、基金服务产品数量和规模 … 268
二、行业集中度情况 … 270
三、收入情况 … 272

02 第二篇
行业数据篇

一、公开募集证券投资基金数据	275
二、证券期货经营机构私募资产管理业务数据	280
三、私募投资基金数据	282
四、托管与基金服务机构名录	307
五、全球开放式基金数据	312

附录　基金行业发展进程　　　　　　　　　　　323

后　记　　　　　　　　　　　　　　　　　　　333

01 第一篇
行业发展篇

第一章 资产管理业概览

第一节 资产管理业规模及结构

从资产管理的外延来看，我国资产管理广泛涉及银行、保险、证券、基金、信托、期货等行业机构。从资产管理的本质特征出发，可以将我国资产管理行业的外延从机构类型和业务两个维度作出界定，具体见表1–1。

表 1–1　　　　　　　　　　我国资产管理行业外延

机构类型	资产管理业务
基金管理公司及其子公司	公募基金、集合资产管理计划、单一资产管理计划、各类养老金、企业资产支持证券
私募机构	私募证券投资基金、私募股权投资基金、创业投资基金、私募资产配置基金及其他私募投资基金
信托公司	单一资金信托、集合资金信托
证券公司及其子公司	公募基金、集合资产管理计划、单一资产管理计划、私募子公司私募基金、各类养老金、企业资产支持证券
期货公司及其子公司	集合资产管理计划、单一资产管理计划
保险公司 保险资产管理公司	公募基金、万能险、投连险、管理企业年金、养老保障及其他委托管理资产、资产支持计划
银行	非保本银行理财产品、私人银行业务
消费金融公司	信贷资产支持证券

资料来源：中国证券投资基金业协会（AMAC）整理。

我国资产管理业构成（见图1-1）大致如下：截至2020年末，中国（除港澳台地区）共有公募基金19.89万亿元，证券期货经营机构私募资产管理业务16.83万亿元（含未规范的证券公司大集合），基金管理公司管理境内全国社保和企业年金等养老金规模3.36万亿元，企业资产支持证券2.11万亿元，私募投资基金16.96万亿元，银行理财产品规模25.86万亿元①，信托公司资金信托计划16.31万亿元②，保险资管产品3.82万亿元③，全部资管规模合计105.14万亿元④。

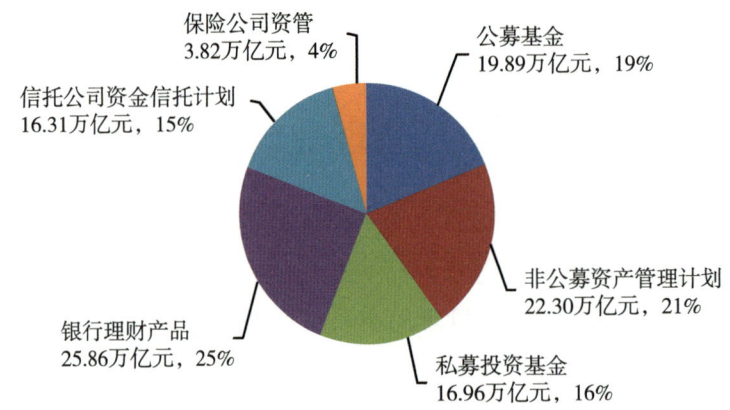

图1-1　资产管理行业规模构成

资料来源：中国证券投资基金业协会（AMAC）整理。

第二节　公开募集证券投资基金概览

一、公募基金的发展

截至2020年末，公募基金管理人153家，其中，基金管理公司138家，取得公募基金管理资格的证券公司或证券公司资管子公司共13家，取得公募基金管理资格的保险资管公司2家。公募基金共计7 913只，较2019年末增长20.92%；公募基金资产规模19.89万亿元，较2019年末增长34.70%。

---

① 数据来源于银行业理财登记托管中心《中国银行业理财市场年度报告（2020年）》。
② 数据来源于中国信托业协会2020年4季度末信托公司主要业务数据。
③ 数据来源于中国保险资产管理业协会《2020—2021年保险资产管理业综合调研数据》。
④ 根据前述列示的各类资管业务规模简单加总，未剔除重复计算部分。

二、在宏观经济金融中的地位

公募基金是宏观经济、金融和资本市场的重要组成部分。截至2020年末，公募基金资产规模为19.89万亿元，相当于当年GDP总量的19.58%，相当于年末社会融资规模存量的6.98%，相当于当年M2总量的9.10%，相当于年末人民币存款余额的9.36%，相当于年末股市流通市值的30.90%，相当于年末债券市场余额的17.40%（详见表1-2）。

表1-2 公募基金在宏观经济金融部门中的规模及占比

年份	公募基金	宏观经济		货币金融		资本市场	
		GDP	社会融资规模存量	M2	金融机构存款余额	股市流通市值	债券余额
2019年	资产（万亿元）	14.77	98.65	251.41	198.65	192.88	48.35	97.11
	占比（%）	100.00	14.97	5.87	7.44	7.66	30.55	15.21
2020年	资产（万亿元）	19.89	101.6	284.83	218.68	212.57	64.36	114.31
	占比（%）	100.00	19.58	6.98	9.10	9.36	30.90	17.40

资料来源：中国证券投资基金业协会（AMAC）整理。

三、在全球共同基金中的地位

根据美国投资公司协会（ICI）发布的全球开放式基金（不含FOF）统计数据显示（全球46个国家和地区），2020年末，我国开放式基金（共同基金）资产规模排在全球第5位（见图1-2），占全球共同基金总规模的比重为4.21%，较2019年末上升0.77个百分点；占亚太地区共同基金规模的比重为30.20%，较2019年末上升4.15个百分点。美国共同基金资产规模占全球总规模的46.54%，卢森堡占比为9.68%。与我国世界第二的经济总量相比，共同基金发展仍处于较低水平，发展潜力巨大。

第一章 资产管理业概览

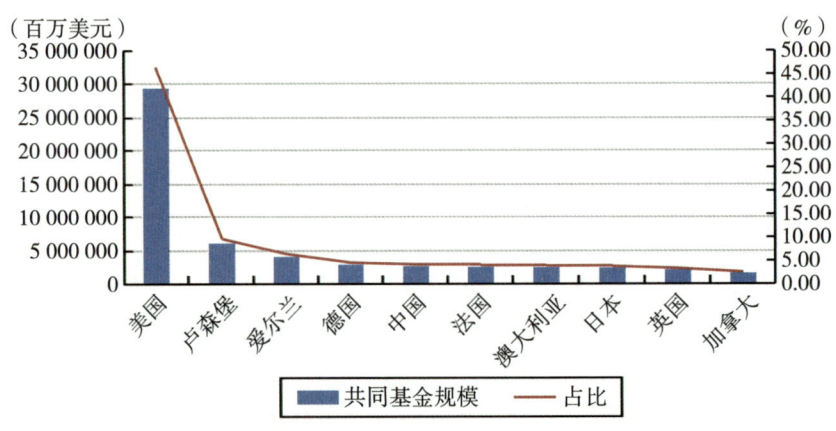

图1-2 2020年共同基金资产规模全球排名前十位的国家

资料来源：美国投资公司协会（ICI）。

第三节 证券期货经营机构私募资产管理业务

一、规模及构成

截至2020年末，证券期货经营机构私募资产管理业务总规模16.83万亿元。其中，基金管理公司管理资产规模4.67万亿元；基金子公司管理资产管理3.39万亿元；证券公司（含私募子公司）管理资产规模8.55万亿元；期货公司管理规模0.22万亿元（见图1-3）。

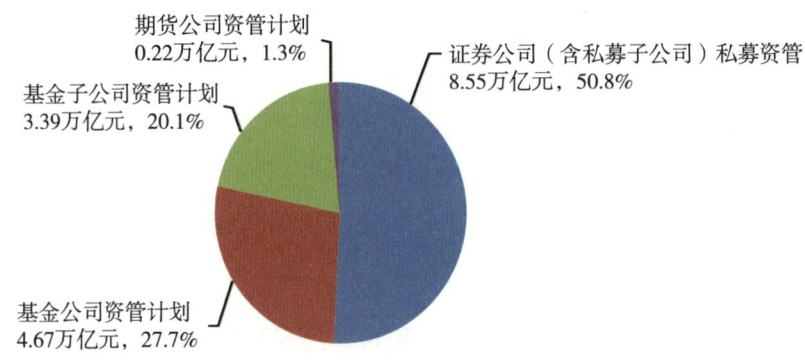

图1-3 证券期货经营机构私募资产管理业务规模构成

资料来源：中国证券投资基金业协会（AMAC）。

二、在宏观经济金融中的地位

自2018年《关于规范金融机构资产管理业务的指导意见》(以下简称"资管新规")发布以来,资产管理业务迈向新发展阶段,降通道、去嵌套效果显著,证券期货经营机构在资管行业新格局中逐步确立自身定位,在提升直接融资比重、服务投资者理财方面发挥了积极作用。截至2020年末,证券期货经营机构私募资产管理业务规模16.83万亿元,相当于当年GDP总量的16.56%,相当于年末社会融资规模存量的5.91%,相当于当年广义货币M2的7.70%,相当于年末人民币存款余额的7.92%,相当于年末股市流通市值的26.15%,相当于年末债券市场托管余额的14.72%(见表1-3)。

表 1-3　　证券期货经营机构私募资产管理业务在宏观经济金融部门中的规模及占比

年份	证券期货经营机构资产管理业务	宏观经济		货币金融		资本市场	
		GDP	社会融资规模存量	M2	金融机构存款余额	股市流通市值	债券余额
2019年	资产(万亿元)	19.51	98.65	251.41	198.65	192.88	48.35	97.11
	占比(%)	100.00	19.78	7.76	9.82	10.12	40.35	20.09
2020年	资产(万亿元)	16.83	101.60	284.83	218.68	212.57	64.36	114.31
	占比(%)	100.00	16.56	5.91	7.70	7.92	26.15	14.72

资料来源:中国证券投资基金业协会(AMAC)整理。

第四节　私募投资基金

一、规模及构成

截至2020年末,已在中国证券投资基金业协会完成登记的私募投资基金管理人24 561家,备案私募投资基金96 818只,管理资产规模16.96万亿元。

第一章 资产管理业概览

从登记的私募投资基金管理人类型来看,私募证券投资基金管理人8 908家,私募股权、创业投资基金管理人14 986家,其他私募投资基金管理人658家,私募资产配置类管理人9家(见图1-4)。从备案的私募投资基金类型来看,私募证券投资基金54 324只、资产规模4.30万亿元,私募股权投资基金29 402只、资产规模9.87万亿元,创业投资基金10 398只、资产规模1.69万亿元,私募资产配置基金10只、资产规模9.77亿元,其他私募投资基金2 684只、资产规模1.10万亿元(见图1-5)。

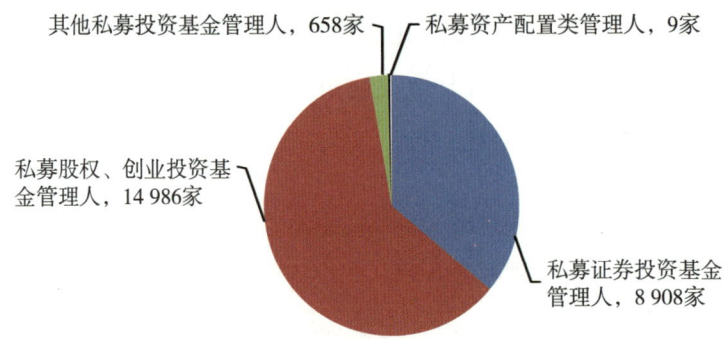

图1-4 私募投资基金管理人类型分布

资料来源:中国证券投资基金业协会(AMAC)。

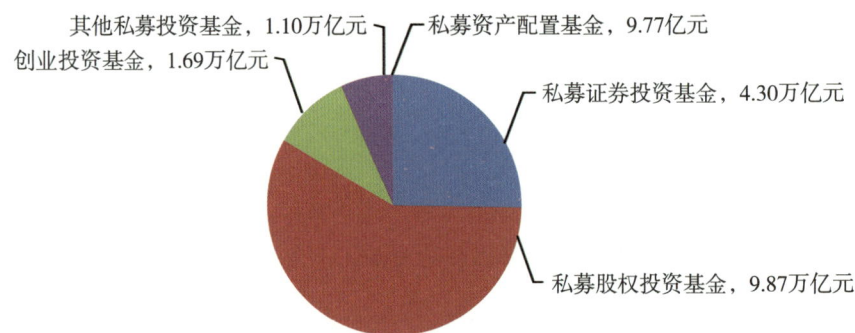

图1-5 私募投资基金规模及构成

资料来源:中国证券投资基金业协会(AMAC)。

二、在宏观经济金融中的地位

自2013年6月《证券投资基金法》将私募基金纳入统一规范、2014年2月中国证券投资基金业协会实施登记备案以来,我国私募基金活力迸发,已经发展为创新资本形成的重要载体。截至2020年末，私募投资基金规模16.96万亿元，相当于当年GDP总量的16.69%，相当于年末社会融资规模存量的5.95%，相当于当年广义货币M2的7.76%，相当于年末人民币存款余额的7.98%，相当于年末股市流通市值的26.35%，相当于年末债券市场托管余额的14.84%（见表1-4）。

表1-4 私募投资基金在宏观经济金融部门中的规模及占比

年份		私募投资基金	宏观经济		货币金融		资本市场	
			GDP	社会融资规模存量	M2	人民币存款余额	股市流通市值	债券余额
2019年	资产（万亿元）	14.08	98.65	251.41	198.65	192.88	48.35	97.11
	占比（%）	100.00	14.27	5.60	7.09	7.30	29.12	14.50
2020年	资产（万亿元）	16.96	101.6	284.83	218.68	212.57	64.36	114.31
	占比（%）	100.00	16.69	5.95	7.76	7.98	26.35	14.84

资料来源：中国证券投资基金业协会（AMAC）整理。

第五节 养老金概览

一、我国养老金体系现状

截至2019年末，我国第一支柱基本养老保险参与人数9.67亿人，结余规模6.29万亿元；第二支柱年金基金中，企业年金参与人数2 548万人，总规模1.80万亿元。职业年金参与人数2 970万人，总规模6 100亿元[1]；个人税收递延型商业养老保险试点[2]参与人数4.76万人，总规模3亿元[3]（见表1-5）。从参与人数和规模均可看出，我国养老金体系第一、第二、第三支柱之间发展不均衡，严重依赖第一支柱基本养老保险，我国养老金第二、第三支柱仍然存在较大的发展空间。

---

[1] 数据截至2019年5月，来源于中国人力资源和社会保障部（简称"人社部"）公开发言。
[2] 2018年4月，财政部、国家税务总局、人社部、中国银保监会、中国证监会联合发布《关于开展个人税收递延型商业养老保险试点的通知》（财税〔2018〕22号）。这是我国第三支柱个人养老金制度的探索与实践。
[3] 数据截至2020年4月，来源于中国银保监会公开发言。

表 1-5 我国养老金三支柱体系[①]

项目	战略储备 全国社会保障基金	第一支柱 基本养老保险	第二支柱 企业年金	第二支柱 职业年金	第三支柱 个人养老金
制度模式	无短期支付压力、集中投资运营	现收现付+个人账户积累制	个人账户积累制	个人账户积累制	个人账户积累制（试点）
资金来源	财政资金拨款、国有资本划转	单位缴费、个人缴费、财政资金补贴	企业和个人缴费	机关事业单位和公务员缴费	个人缴费
2019年末参与人数	—	9.67亿人	2 548万人	2 970万人	4.76万人
2019年末总规模/结余规模	21 377亿元[②]	62 873亿元	17 985亿元	6 100亿元[③]	3亿元[④]
2019年末投资规模	21 377亿元[⑤]	9 936亿元[⑥]	17 690亿元	—	3亿元[⑦]

注：①全国社保基金、第一支柱、第二支柱（企业年金）数据截至2019年末。第二支柱（职业年金）和第三支柱由于缺少2019年末的公开数据，第二支柱（职业年金）数据截至2019年5月，来源于人社部公开发言；第三支柱数据截至2020年4月，来源于中国银保监会公开发言。

②⑤作为战略储备的社保基金规模应为可支配的实际金额，故此处引用的是《全国社会保障基金理事会社保基金年度报告（2019年度）》中"2019年末社保基金权益"这一数据口径，即"社保基金资产总额"扣除"社保基金负债余额"后，再减去"个人账户基金权益"与"地方委托资金权益"。

③该数据截至2019年5月底，来源于人社部公开发言。

④⑦该数据截至2020年4月底，来源于中国银保监会公开发言。

⑥此处引用的是《全国社会保障基金理事会基本养老保险基金受托运营年度报告（2019年度）》中"2019年末基本养老保险基金权益总额"这一数据口径，即"基本养老保险基金资产总额"扣除"基本养老保险基金负债余额"。

资料来源：人社部官网及公开发言，全国社会保障基金理事会官网，中国银保监会公开发言。

二、基金行业管理养老金规模

全国社会保障基金、基本养老保险基金投资管理中，分为直接投资和委托投资两部分，年金基金也分为受托直投和委托投资两部分。包括基金行业在内的资产管理行业受托管理的养老金属于委托投资这一部分。

截至2019年末，全国社会保障基金（以下简称"社保基金"）委托投资规模为15 875亿元[①]，基本养老保险基金委托投资规模为6 714亿元[②]，企业年金委托投资规模为17 331亿元，合计39 920亿元，职业年金暂未披露委托投资规模。其中，基金行业受托管理的养老金规模为22 571亿元[③]，占上述已披露养老金委托投资总规模的56.54%（见图1-6）。

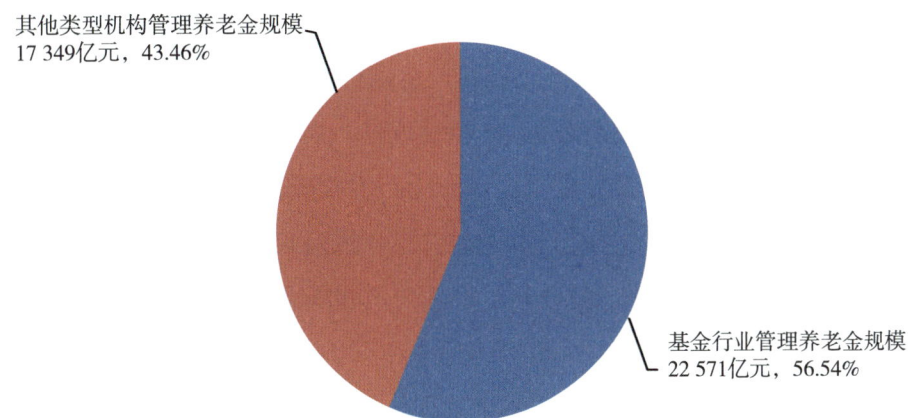

图1-6 2019年末基金行业管理养老金规模占比

资料来源：中国人力资源和社会保障部官网，全国社会保障基金理事会官网，中国证券投资基金业协会（AMAC）。

---

① 《全国社会保障基金理事会社保基金年度报告（2019年度）》中仅披露了"社保基金资产总额"（包含负债）口径下的"直接投资资产规模"和"委托投资资产规模"，未披露"社保基金权益总额"（不含负债）口径下的"直接投资规模"和"委托投资规模"；受限于数据可获取性，此处数据直接引用了年报中"委托投资资产规模"的数据。

② 《全国社会保障基金理事会基本养老保险基金受托运营年度报告（2019年度）》中仅披露了"基本养老保险基金资产总额"（包含负债）口径下的"直接投资资产规模"和"委托投资资产规模"，未披露"基本养老保险基金权益总额"（不含负债）口径下的"直接投资规模"和"委托投资规模"；受限于数据可获取性，此处数据直接引用了受托运营年报中"委托投资资产规模"的数据。

③ 含社保基金理事会投资私募基金规模。

第二章 公开募集证券投资基金

　　我国公募基金起步于1998年。与其他金融行业相比，公募基金自始即大量吸收成熟市场行之有效的制度经验，并持续改进，为行业长治久安奠定了法治基础。1997年11月，国务院证券委员会颁布《证券投资基金管理暂行办法》，确立了集合投资、受托管理、独立托管和利益共享、风险共担等基金基本原则。1998年3月，经中国证监会批准，南方基金管理公司和国泰基金管理公司分别发起设立两只封闭式基金——基金开元和基金金泰，拉开了我国证券投资基金发展序幕。1998年和1999年，分别有5家基金管理公司设立，俗称"老十家"。2000年10月，中国证监会发布并实施《开放式证券投资基金试点办法》。2001年9月，我国第一只开放式公募基金——华安创新诞生，揭开公募基金发展新篇章。2002年，首家中外合资基金管理公司成立。2003年6月，《证券投资基金法》颁布，系统地规范了基金当事人的权利义务，尤其是受托人信义义务，为行业规范运作奠定坚实的基础。中国证监会陆续颁布《证券投资基金管理公司管理办法》等6个部门规章。"一法六规"为公募基金和基金管理公司规范运作奠定了制度基础。2005年，基金管理公司外资持股比例上限提高至49%，一大批中外合资基金管理公司成立或获得外资增股。2007年，行业规模超过万亿元。2012年，中国证券投资基金业协会成立。2013年6月，《证券投资基金法》完成重大修订并正式实施。新《证券投资基金法》全面落实信义义务要求，进一步优化行政监管，强化行业自律，全面加强基金持有人权益保护。

　　在不断完善的法治环境下，基金业市场化、国际化不断推进，相互促进。公募基金市场交易机制透明，风险收益归属清晰，业绩竞争较为充分，在资产管理领域率先建立了最先进、最完善的制度体系，确立了基金财产独立制度、强制托管制度、风险自担的产品设计和销售规范、每日估值制度、信息披露制度、公平交易制度以及严格的监管执法，是信托关系落实最充分的资产管理行业。20余年未发生系统性金融风险，成为财富管理行业的标杆，是大众理财的理想工具。2020年末，公募基金管理机构发展到146家[①]，管理资产规模达到19.85万亿元[②]。

第一节 公募基金行业整体情况

一、总体情况

公募基金规模在经历2010年、2011年连续两年下降后，以年均27.74%的速度连续9年快速增长，至2020年末已近20万亿元（见图2-1）。中国经济同期年均增速8.49%，居民财富日益增长，公募基金为其提供了财富保值增值的投资渠道。同时，良好的流动性使公募基金也成为企业资产配置中的重要选择。自可追溯资金流动性数据的2011年以来，投资者对公募基金的投资依赖性总体趋强，持续10年资金净流入，平均每年净流入金额接近万亿元。

随着公募基金投资者对资金流动性需求的增强，传统封闭式基金逐步退出历史舞台，开放式基金越来越受到投资者青睐。下文所述封闭式基金指截至统计时点处于封闭期的基金。

二、基金类型

近十余年，在总规模持续增长的同时，开放式公募基金内部结构不断变化。权益类基金（股票基金与混合基金）与货币基金资产净值在总计中的占比此消彼长。权益类基金占比从2008年的64%降至最低点2018年的17%后，近两年占比

[①] 按照中国证监会公布的公募基金管理机构名录统计，以机构取得经营证券期货业务许可证为准。

[②] 基金数量以报送净值非零口径统计，因统计时点、数据修正等原因，本章截至2020年末基金数量、份额及净值与此前公布有差异。

第二章 公开募集证券投资基金

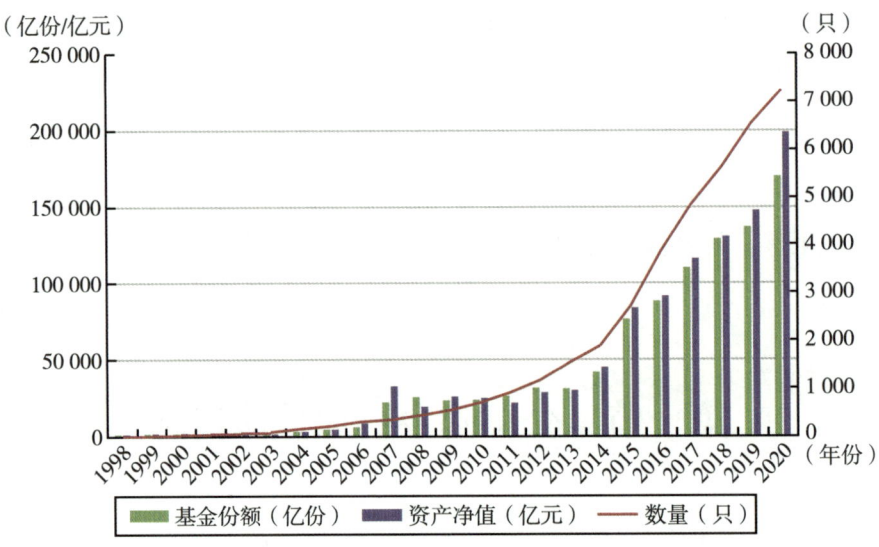

图 2-1 公募基金数量与规模

资料来源：中国证监会，中国证券投资基金业协会（AMAC）。

显著回升，2020年权益类基金占比达32%。货币基金占比从2008年的20%增至最高点2018年的58%后有所回落，2020年货币基金占比为41%。债券基金占比呈波动状，从2008年的10%增至2019年的19%，后略下降至2020年的14%。QDII基金占比下降明显，2008年占总资产净值的2.7%，至2020年仅占0.7%。

相关资料见表2-1、表2-2和图2-2。

表2-1　　　　开放式公募基金投资类型资产净值　　　　（单位：亿元）

年份	股票基金	混合基金	货币基金	债券基金	QDII
2008	7 243	5 193	3 892	1 880	522
2009	13 703	7 478	2 581	839	742
2010	13 215	7 301	1 533	1 450	736
2011	10 248	5 707	2 949	1 204	576
2012	11 477	5 647	5 717	3 777	632
2013	10 958	5 627	7 476	3 225	584
2014	13 142	6 025	20 862	3 473	487
2015	7 657	22 287	44 443	6 974	663

续表

年份	股票基金	混合基金	货币基金	债券基金	QDII
2016	7 059	20 090	42 841	14 239	1 024
2017	7 602	19 378	67 357	14 647	914
2018	8 245	13 604	76 178	22 629	706
2019	12 993	18 893	71 171	27 661	931
2020	20 017	43 601	80 521	27 484	1 289

资料来源：中国证监会，中国证券投资基金业协会（AMAC）。

表 2-2　　开放式公募基金投资类型资产净值占比　　（单位：%）

年份	权益类基金占比	货币基金占比	债券基金占比	QDII占比
2008	64.1	20.1	9.7	2.7
2009	81.4	9.9	3.2	2.9
2010	81.9	6.1	5.8	2.9
2011	72.8	13.5	5.5	2.6
2012	59.7	19.9	13.2	2.2
2013	55.2	24.9	10.7	1.9
2014	42.3	46.0	7.7	1.1
2015	35.7	52.9	8.3	0.8
2016	29.6	46.8	15.5	1.1
2017	23.3	58.1	12.6	0.8
2018	16.8	58.4	17.4	0.5
2019	21.6	48.2	18.7	0.6
2020	32.1	40.6	13.8	0.7

资料来源：中国证监会，中国证券投资基金业协会（AMAC）。

整体来看，2020年的公募基金管理规模集中度较2019年有所下降。前20家、前15家、前10家、前5家的集中度分别从2019年的65.6%、55.6%、43.2%、25.7%下降至64.6%、54.6%、42.3%、25.3%。从各类型基金管理规模集中度来看，股票基金集中度最高，截至2020年末，前5家管理规模占全部股票基金规模的39.78%，前10家占比为62.4%；而集中度较低的为债券基金，前20家管理规模合计占全部债券基金规模的54.1%（见图2-3）。

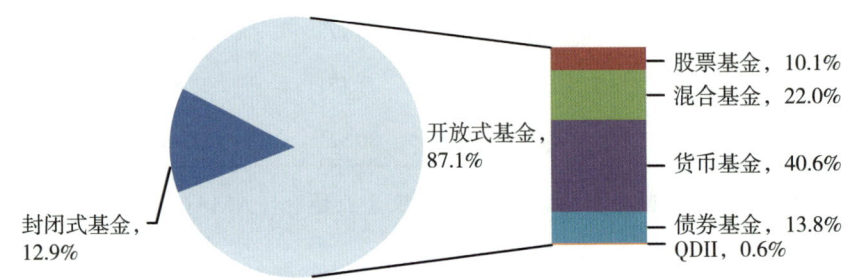

图2-2　2020年末公募基金各类型资产净值占比

资料来源：中国证监会，中国证券投资基金业协会（AMAC）。

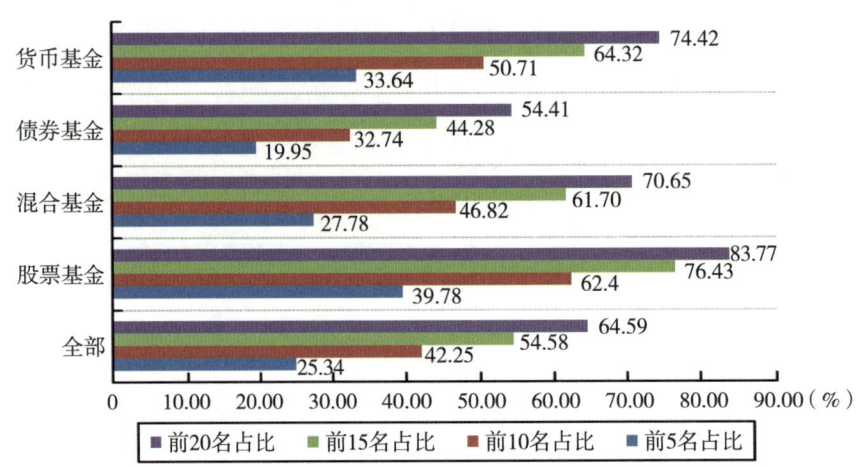

图2-3　2020年末公募基金主要类型集中度（管理人维度）

资料来源：中国证监会，中国证券投资基金业协会（AMAC）。

三、基金账户①

截至2020年末，公募基金有效账户（指截至统计时点持有基金份额的账户）数超过11亿户，为11.85亿户，大部分为个人账户，其中仅37.19万户为机构账

---

① 公募基金账户数为场外账户数，不包括场内账户数。

户，近十余年来一直保持这一结构特点。从持有基金资产情况来看，机构投资者持有公募基金的比例在2019年达到高点后有所回落，从2012年末的29%增至2019年末的51%，并在2020年末降至45%。从账户平均持有基金规模来看，个人账户平均持有基金规模呈下降趋势，从2012年末的2.56万元/户降至2019年末的0.84万元/户，2020年末略有上升，为0.88万元/户；与此同时，机构账户平均持有基金规模从2012年末的1 407万元/户呈先升后降趋势，2020年末为2 287万元/户（见图2-4）。

图2-4 公募基金账户情况

资料来源：中国证监会。

四、资产配置

截至2020年末，在公募基金约20万亿元的总资产中，现金类资产6.47万亿元，占总资产的29.80%，较2019年有所下降；债券类资产7.12万亿元，占总资产的32.80%；买入反售资产、应收利息、资产支持证券等收益权类资产合计2.85万亿元，占总资产的13.13%；股票资产4.80万亿元，占总资产的22.11%（见图2-5）。得益于2020年股票市场的良好走势，以及权益类基金的较快发展，2020年公募基金持有股票资产规模出现较大幅度的上升，较2019年底增长94.33%。

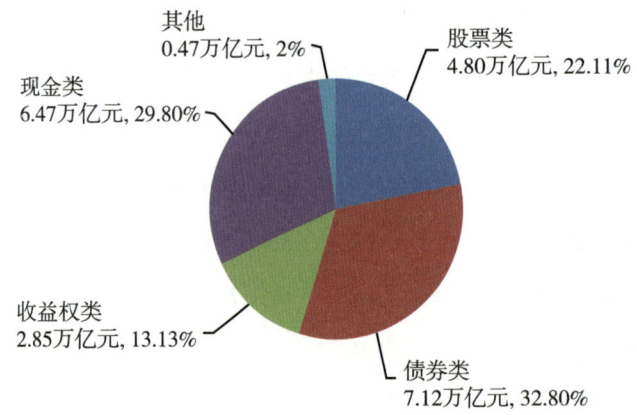

图 2-5　2020 年末公募基金资产配置

资料来源：中国证券投资基金业协会（AMAC）。

2020年底，全部基金持有A股股票市值4.80万亿元，持有市值超千亿元的行业分别是制造业、金融业以及信息技术、卫生社会工作和租赁商务服务业，五大行业分别持有市值32 963亿元、4 999亿元、2 479亿元、1 126亿元和1 108亿元，合计市值4.27万亿元，占基金全部持股市值的89%。基金对这五大行业的偏好度[①]分别为125%、56%、113%、149%和251%，对卫生社会工作高度超配，制造业和租赁商务服务业略有超配，信息技术标配，金融业低配。此外，基金持有科学研究与技术服务市值953亿元，接近千亿元，偏好度为257%，高度超配。

2020年，制造业、卫生社会工作、租赁商务服务业和科学研究与技术服务等行业的市值快速增长，沪深A股行业结构持续优化，这些行业也成为基金重点配置的方向。基金持有制造业市值较2019年底增加近2万亿元，增幅138%，超过同期持股市值的增幅。

在流通市值超过万亿元的九大行业中，基金仅对制造业略有超配，信息技术标配，对金融、采掘、房地产业、交通运输、电力、批发零售和建筑业等7个行业均为低配，行业偏好度在20%到70%之间。

小市值的10个行业中，除了水利、综合与居民服务业等行业外，其他6个行业基金均为超配，特别是科学研究、教育和卫生3个行业显著超配。

2020年底，主动管理基金持有A股股票市值3.71万亿元，持有市值居前五大行

---

① 本书使用"行业偏好度"指标来衡量公募基金对不同行业的投资偏好情况。

业与全部基金一致,除了金融业,对另外4个行业的偏好度更高。基金持有的金融行业市值的一半是指数基金持有的,主动基金对金融行业的偏好度较低(见图2-6)。

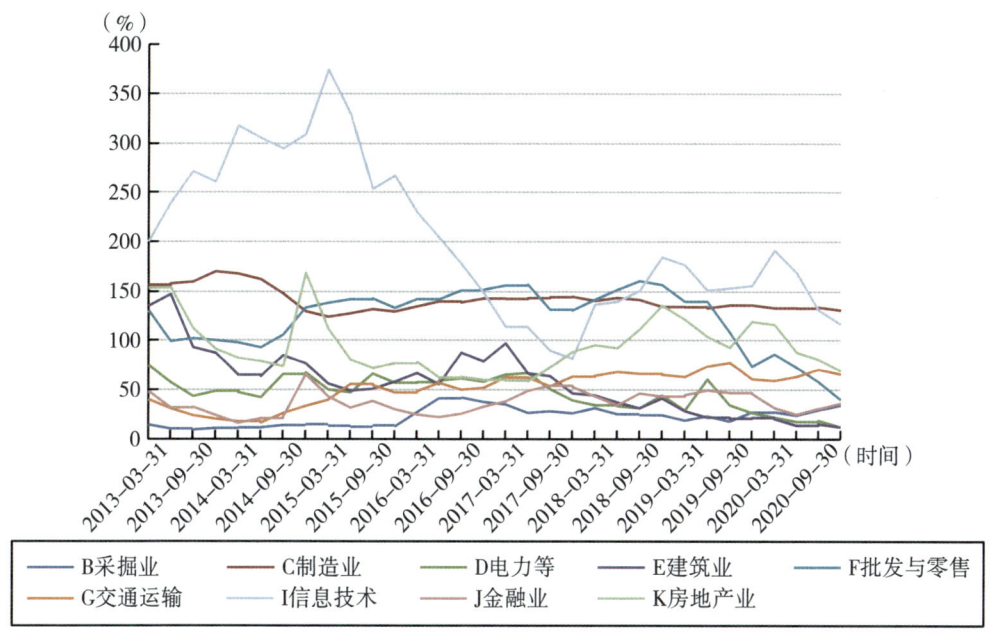

图2-6　2013—2020年基金对前九大行业的配置偏好度

资料来源:中国银河证券基金研究中心。

五、资金来源与流动情况

(一)资金来源

截至2020年末,公募基金中来源于个人投资者的资金占比为52.93%,来源于养老金(基本养老、企业年金和社保基金)的资金占比为1.14%,来源于境外的资金占比为0.18%,来源于其他各类机构投资者的资金占比为45.74%。

机构投资者(除养老金外)中,来源于银行的资金(含自有资金及其发行的资管产品)最多,占整个公募基金资金来源的26.69%;其次为保险资金(含自有资金及其发行的资管产品),占整个公募基金资金来源的5.72%。机构投资者主要为机构发行的资管产品,其中大部分仍是个人投资者资金的集合。因此,穿透来看,公募基金还是主要服务于个人投资者(见图2-7)。

第二章 公开募集证券投资基金

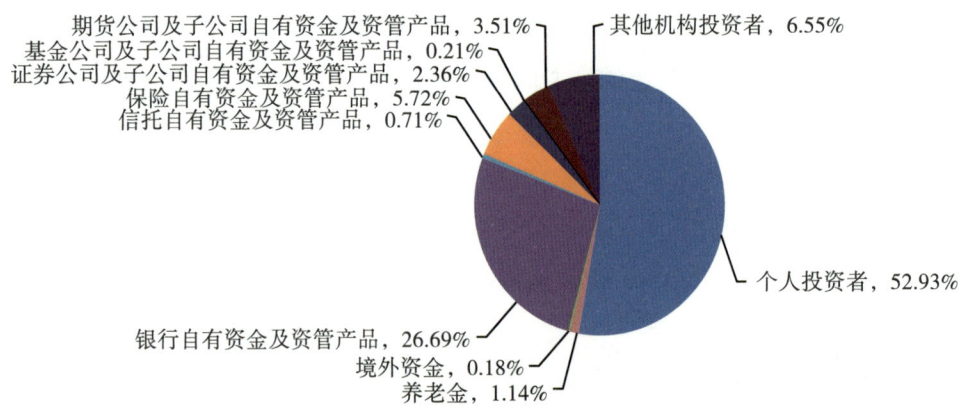

图 2-7 2020 年末公募基金资金来源情况

资料来源：中国证券投资基金业协会（AMAC）。

（二）资金流动①

2020 年全年来看，公募基金呈现资金净流入状态，延续了 2019 年净流入态势，2020 年全年净流入资金约为 2019 年的 4.76 倍。非货币基金和货币基金净流入金额均有较大幅度增长（见图 2-8）。

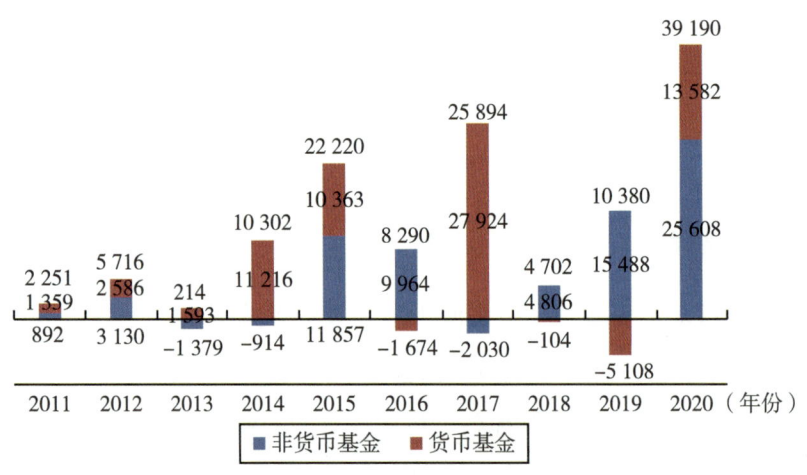

图 2-8 公募基金资金净流动情况（单位：亿元）

资料来源：中国证监会（2018 年及以前），中国证券投资基金业协会（2019—2020 年）。

---

① 资金净流动 = 认购金额 + 申购金额 − 赎回金额。不考虑分红，仅考虑投资者的申购赎回带来的资金流动。资金净流动为正表示净流入，资金净流动为负表示净流出。本部分数据来自公募基金年报，成立时间较短未公布年报的基金仅将首发认购规模纳入计算，成立后年内的申购赎回未纳入计算。

从具体各类型基金的资金净流入情况看，2020年，股票基金净流出1 225.88亿元，混合基金净流入5 631.23亿元，债券基金净流入20 452亿元，货币基金净流入13 582亿元，QDII基金净流入135亿元。

六、新设情况

延续2019年良好的发行势头，2020年新基金的成立数量和募集规模均继续大幅攀升，共成立1 555只基金，合计募集资金3.27万亿份，较2019年增长1.3倍（见图2-9和图2-10）。其中，股票型基金273只，募集份额4 012亿份；混合型基金641只，募集份额1.68万亿份；债券型基金546只，募集份额1.14万亿份；QDII基金20只，募集规模93.87亿份；FOF共成立59只，募集规模309.94亿份。

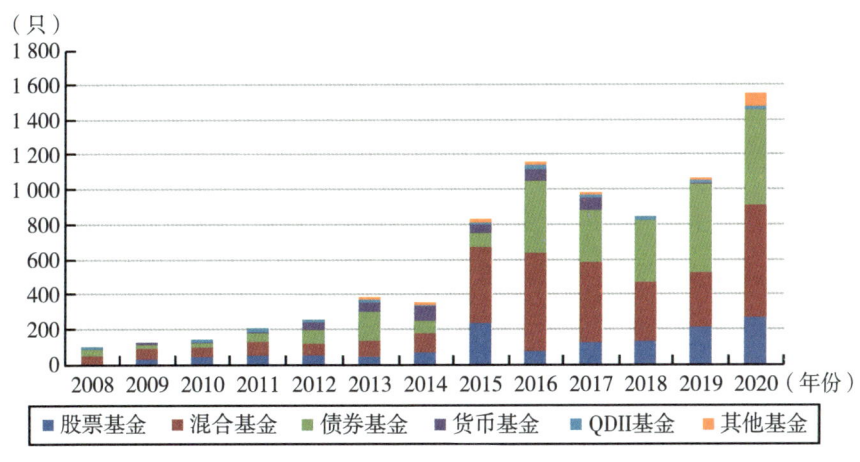

图2-9　2008—2020年各类型基金新设立数量

资料来源：中国银河证券基金研究中心。

从平均募集份额看，2020年全市场基金平均募集份额为21.01亿份。其中，股票基金平均募集份额14.70亿份，混合基金平均募集份额26.24亿份，债券基金平均募集份额20.86亿份，QDII平均募集份额4.70亿份，其他基金平均募集份额4.76亿份。

整体来看，2020年基金募集数量和规模较2019年大幅提升，平均募集规模较2019年显著增长，尤其权益类基金的募集数量和规模均出现显著增长，其中股票基金分别同比上涨26%和67%，混合基金分别同比上涨105%和510%。此外，2020年公募基金创新趋势不减，上海金ETF、科创50ETF、公募MOM等新产品纷纷进入市场。

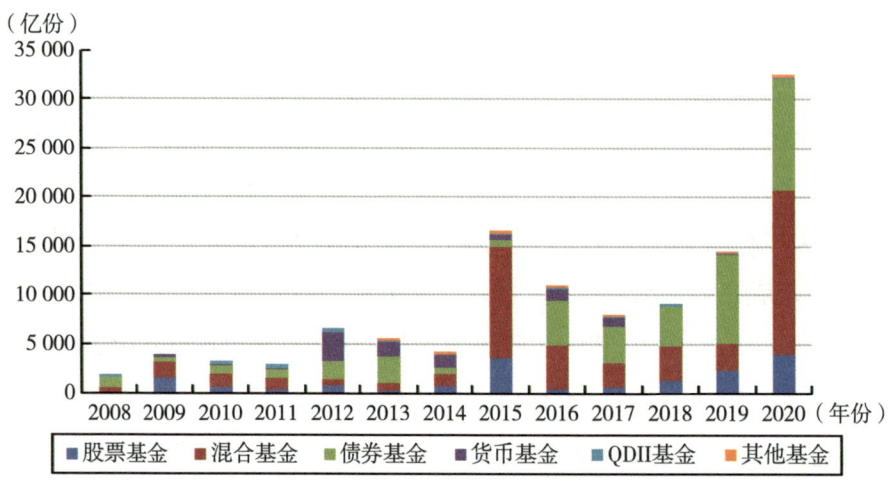

图2-10　2008—2020年各类型基金新发行份额

资料来源：中国银河证券基金研究中心。

（一）上海金ETF

2020年2月，上海金ETF获批，广发、中银、富国、建信四家基金公司的上海金ETF及其联接基金正式亮相市场。不同于前期发行的黄金ETF主要跟踪国内AU99.99黄金现货，上海金ETF主要投资上海黄金交易所挂盘交易的上海金集中定价合约①。

（二）科创50ETF

2020年9月，华夏、易方达、工银瑞信、华泰柏瑞四家公司的科创50ETF正式获批并发行成立。同年11月，科创50ETF上市。科创板ETF为投资者提供了分享科技创新成果的便利工具，同时也源源不断地为科创板引入长期资金，助力优秀的科技企业实现更好的发展。

（三）深港ETF互通产品

2020年8月，嘉实、银华的深港ETF互通产品获批，产品由境内基金管理人

---

① "上海金"集中定价交易是2016年4月上海黄金交易所发布的一种新的交易方式，是指市场参与者在交易所平台上，按照以价询量、数量撮合的集中交易方式，在达到市场量价相对平衡后，最终形成"上海金基准价"。

从具体各类型基金的资金净流入情况看，2020年，股票基金净流出1 225.88亿元，混合基金净流入5 631.23亿元，债券基金净流入20 452亿元，货币基金净流入13 582亿元，QDII基金净流入135亿元。

六、新设情况

延续2019年良好的发行势头，2020年新基金的成立数量和募集规模均继续大幅攀升，共成立1 555只基金，合计募集资金3.27万亿份，较2019年增长1.3倍（见图2-9和图2-10）。其中，股票型基金273只，募集份额4 012亿份；混合型基金641只，募集份额1.68万亿份；债券型基金546只，募集份额1.14万亿份；QDII基金20只，募集规模93.87亿份；FOF共成立59只，募集规模309.94亿份。

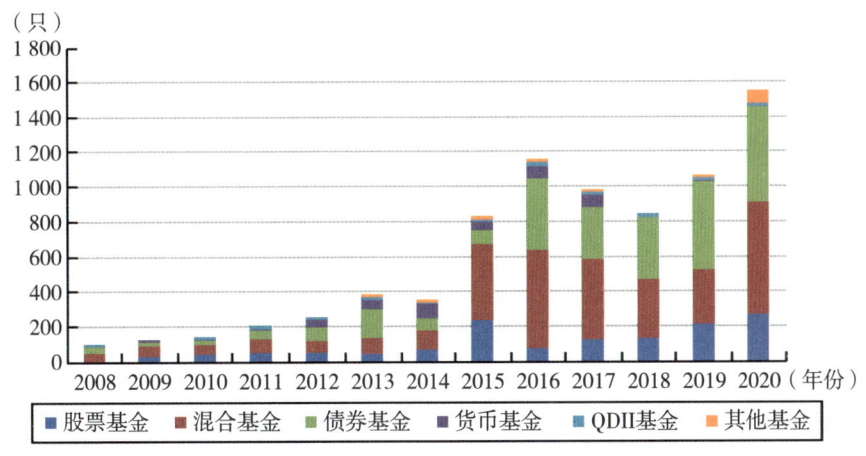

图2-9　2008—2020年各类型基金新设立数量

资料来源：中国银河证券基金研究中心。

从平均募集份额看，2020年全市场基金平均募集份额为21.01亿份。其中，股票基金平均募集份额14.70亿份，混合基金平均募集份额26.24亿份，债券基金平均募集份额20.86亿份，QDII平均募集份额4.70亿份，其他基金平均募集份额4.76亿份。

整体来看，2020年基金募集数量和规模较2019年大幅提升，平均募集规模较2019年显著增长，尤其权益类基金的募集数量和规模均出现显著增长，其中股票基金分别同比上涨26%和67%，混合基金分别同比上涨105%和510%。此外，2020年公募基金创新趋势不减，上海金ETF、科创50ETF、公募MOM等新产品纷纷进入市场。

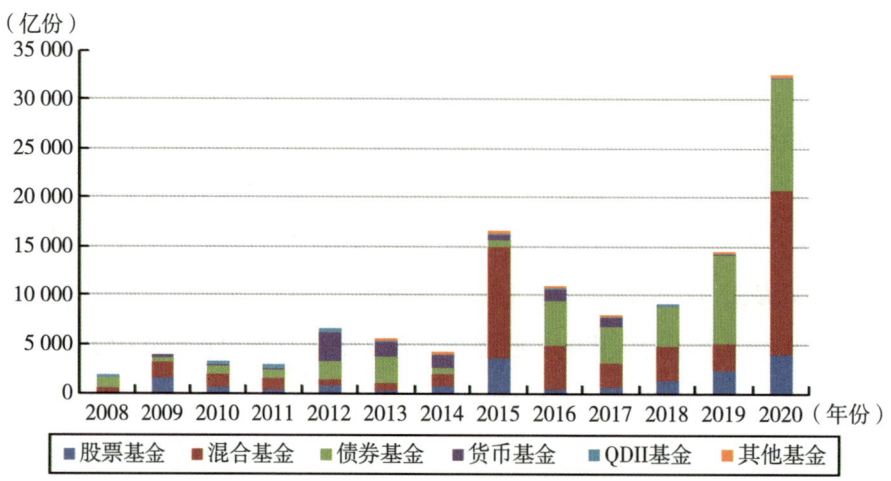

图 2-10　2008—2020 年各类型基金新发行份额

资料来源：中国银河证券基金研究中心。

（一）上海金ETF

2020年2月，上海金ETF获批，广发、中银、富国、建信四家基金公司的上海金ETF及其联接基金正式亮相市场。不同于前期发行的黄金ETF主要跟踪国内AU99.99黄金现货，上海金ETF主要投资上海黄金交易所挂盘交易的上海金集中定价合约[①]。

（二）科创50ETF

2020年9月，华夏、易方达、工银瑞信、华泰柏瑞四家公司的科创50ETF正式获批并发行成立。同年11月，科创50ETF上市。科创板ETF为投资者提供了分享科技创新成果的便利工具，同时也源源不断地为科创板引入长期资金，助力优秀的科技企业实现更好的发展。

（三）深港ETF互通产品

2020年8月，嘉实、银华的深港ETF互通产品获批，产品由境内基金管理人

---

① "上海金"集中定价交易是2016年4月上海黄金交易所发布的一种新的交易方式，是指市场参与者在交易所平台上，按照以价询量、数量撮合的集中交易方式，在达到市场量价相对平衡后，最终形成"上海金基准价"。

在境内设立，采取合格境内机构投资者（QDII）模式，将不低于90%的基金净资产投资于香港单只目标ETF，分别跟踪恒生中国企业指数、标普新中国行业（A股上限）指数市场表现。同年10月，首批4只深港ETF互通产品（南北向各2只）分别在深交所、港交所同步上市交易。

（四）公募MOM

2020年12月31日，华夏、招商、鹏华、建信、创金合信5家基金公司旗下MOM产品正式获批，成为《证券期货经营机构管理人中管理人（MOM）产品指引（试行）》发布以来国内首批公募MOM产品。

（五）其他

2020年12月4日，博时、工银瑞信、广发、汇添富、华富分别上报了跨市场债券ETF产品。2020年，REITs的相关法律法规和自律规则陆续出台，相关产品也在紧锣密鼓地筹备。

七、ETF和LOF

ETF是一种在交易所上市交易的、基金份额可变的开放式基金。ETF以某一选定的指数所包含的成分证券（股票、债券等）或商品为投资对象，依据构成指数的证券或商品的种类和比例，采取完全复制或抽样复制进行被动投资。ETF采用实物申购、赎回机制，一级市场与二级市场交易并存。

LOF是一种既可以在场外市场进行基金份额申购、赎回，又可以在交易所（场内市场）进行基金份额交易和基金份额申购或赎回的开放式基金。它是我国证券投资基金的本土化创新。LOF结合了银行等代销机构和交易所交易网络两者的销售优势，为开放式基金销售开辟了新的渠道。

ETF和LOF都具有开放式申购、赎回和场内交易的特点，但两者存在本质区别。一是申购、赎回的标的不同：ETF与投资者交换的是基金份额与一篮子证券或商品；LOF申购、赎回的是基金份额与现金的对价。二是申购赎回的场所不同：ETF通过交易所进行；LOF既可以在代销网点进行也可以在交易所进行。三是对申购赎回的限制不同：只有资金在一定规模以上的投资者才能参与ETF一级市场的申购赎回交易；而LOF无特别要求。四是基金投资策略不同：ETF通常采用完全被动式管理方法；LOF则是普通的开放式基金增加了交易所的交易方式，可以是指数基金，也可以是主动管理型基金。截至2020年底，全市场已上市交易的ETF共有378只，LOF共有341只，资产份额分别为7 204.27亿份和4 210.32亿份（见表2-3）。

表2-3　　　　上交所、深交所上市ETF、LOF概览

年份	ETF 数量（只）	ETF 份额（亿份）	LOF* 数量（只）	LOF* 份额（亿份）
2004	1	54.35	1	27.71
2005	1	81.12	13	86.09
2006	5	89.96	17	331.37
2007	5	77.23	26	2 388.79
2008	5	154.91	28	2 267.82
2009	9	363.39	37	2 389.09
2010	20	702.04	57	2 323.16
2011	37	949.17	82	2 400.96
2012	50	1 156.11	97	2 501.66
2013	87	1 159.50	109	2 186.90
2014	107	1 251.48	124	1 856.87
2015	129	3 544.20	162	1 509.24
2016	147	3 030.06	207	2 201.34
2017	170	2 333.01	272	1 815.15
2018	198	4 462.27	295	3 144.50
2019	285	4 900.13	318	3 795.47
2020	378	7 204.27	341	4 210.32

注：*按交易代码口径统计。

资料来源：上海证券基金评价研究中心，Wind资讯。

第二节 专业化投资能力

一、基金的主动投资管理能力

公募基金是个人投资者低成本参与资本市场、间接分享经济发展成果的重要渠道。以主动管理股票型基金为代表,基金的专业化管理能力体现为在波动市场中的主动管理能力,在市场景气时期能够获得与市场一致的投资回报,在市场不景气时期能够有效管理市场下行风险。

通过 5 年滚动年化收益率[①]来衡量基金的主动投资管理能力,会发现除了 2018 年以外,在大部分时间里主动基金的滚动表现均优于以沪深 300 为代表的基础市场(见图 2-11)。这意味着,2004 年以来的任一时点上,投资者持有主动管理股票型基金 5 年以上,通常可以实现好于同期市场指数的平均年化收益率。

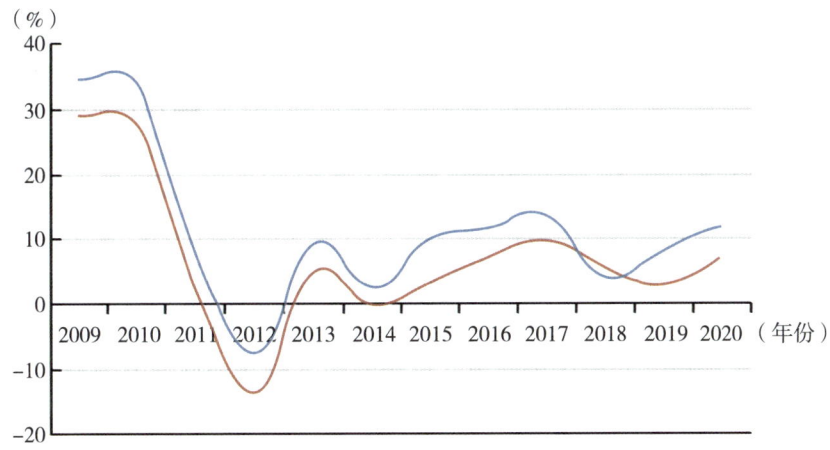

注:图中蓝色代表主动管理股票型基金,红色代表沪深 300。

图 2-11 主动管理股票型基金和沪深 300 指数 5 年滚动年化收益(2009—2020 年)
资料来源:上海证券基金评价研究中心。

分年度和从 5 年滚动收益率来看,各类型主动管理基金均表现出较好的管理能力,在多数情况下能够给长期投资者带来优于市场基准的业绩表现(见图

---

① 即在任一时点上计算的过去 5 年平均年化收益率。

2-12)。2020年资本市场先抑后扬,在机会与挑战并存的市场环境中,主动管理股票型基金为广大投资人呈上了一份颇为靓丽的答卷,全年股基指数收益超越了中证全指约42个百分点,进一步扩大了其5年滚动收益率的领先优势。主动管理

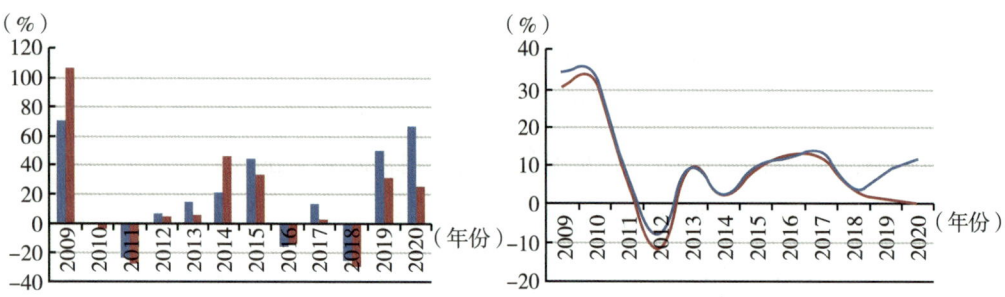

注:蓝色代表主动管理股票型基金,红色代表中证全指。

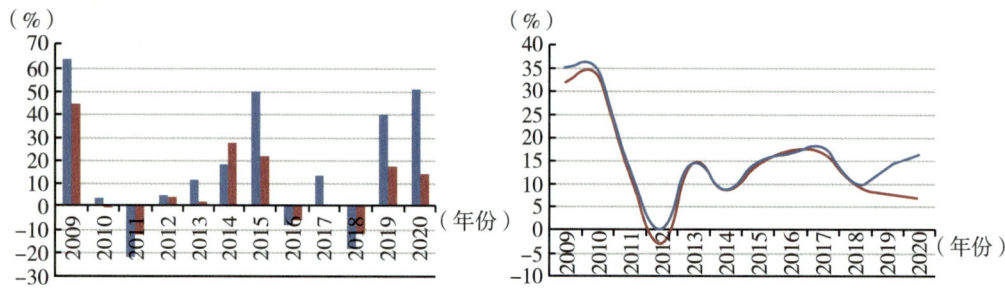

注:蓝色代表主动管理混合型基金,红色代表50%中证全指+50%中债总财富。

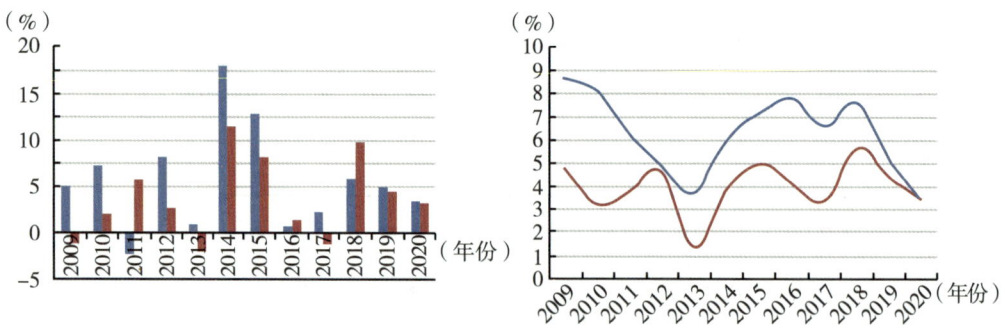

注:蓝色代表主动管理债券型基金,红色代表中债总财富。

图2-12 各类开放式主动管理基金指数和基准指数分年度及5年滚动收益率情况
(2009—2020年)

资料来源:上海证券基金评价研究中心。

混合型基金的收益率表现说明混合型基金的资产持有比例,没有趋于股债平衡配置的倾向,股票市场的参与度明显高于债券市场。主动管理混合型基金近年来细分类型更为多样化,为投资者提供了更丰富的选择。自2014年以来,混合型基金5年滚动收益超越基准的剪刀差逐年扩大,2020年更为突出。虽然主动管理债券型基金近年来饱受标的资产风险释放之忧,2020年其5年滚动收益率收敛于中债总财富指数,但长期来看其依然为投资者在低风险资产领域提供了良好的投资机会,在绝大多数情况下收益率要高于同期业绩比较基准。

二、基金与个人投资者的投资能力比较

对于个人投资者而言,基金可以实现高效率地分散化投资,降低个人投资者因为信息不足和非理性投资而导致的资源浪费,有效实现社会分工,是个人投资者低成本参与资本市场、分享经济增长的理想途径。近三年个人投资者与基金投资收益率的分布数据显示基金比个人投资者表现出更强的投资管理能力。

2018年全年市场表现较为低迷,上证指数全年下跌24.59%,仅次于2008年。三成股票型基金亏损控制在20%以内,逾七成亏损在20%以上(见图2-13)。个人方面除了一成投资者表示获取正收益外,有一半的投资者亏损在

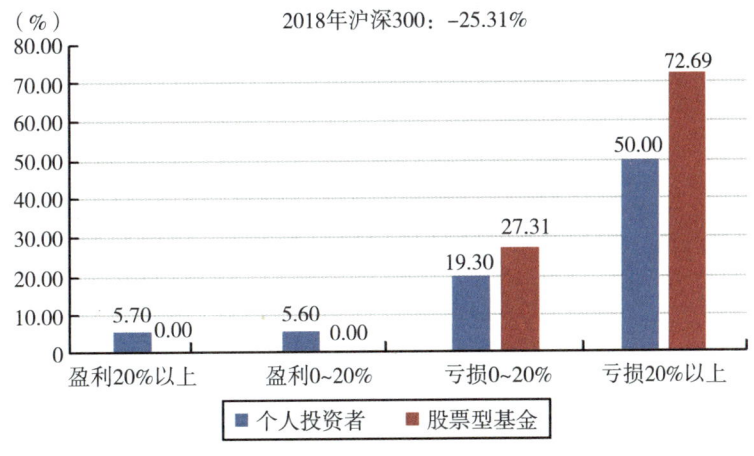

图2-13 2018年基金与个人投资者投资能力对比

资料来源:2018年度东方财富网投资者调查问卷,上海证券基金评价研究中心整理。

20%以上。另外，调查口径下有11.6%的投资者表示2018年空仓，而股票型基金显然是无法将股票仓位调整到80%以下的。因此，整体上来看股票基金的表现基本符合预期。

2019年市场全面回暖，沪深300指数取得了36.07%的上涨。股票型基金表现出了卓越的收益创造能力，四成以上的产品盈利超过了50%，且无一亏损。个人方面，盈利超过20%的则不到调查样本的三成，仅有一成投资者表示其当年盈利超过50%。有接近一半的投资者并没有实现盈利，其中更有三成的投资者表示其亏损超过了20%（见图2-14）。

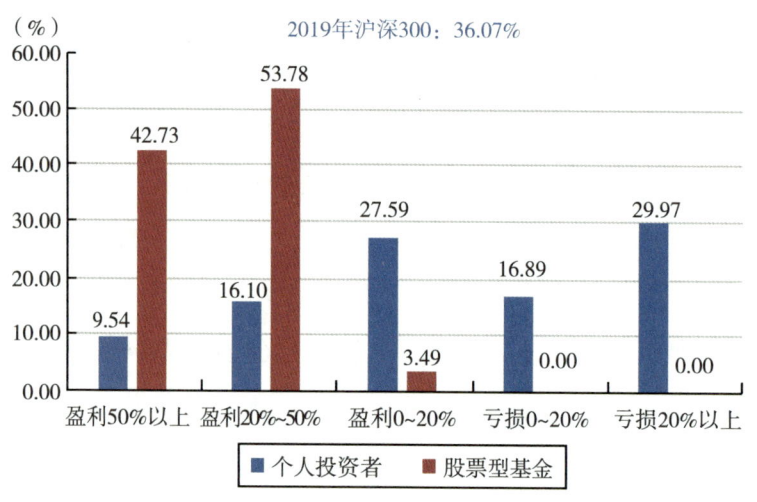

图2-14　2019年基金与个人投资者投资能力对比

资料来源：2019年度东方财富网投资者调查问卷，上海证券基金评价研究中心整理。

2020年虽然经历了新冠肺炎疫情的冲击，但基础市场抗住压力后依然走出了强劲的上升行情。股票型基金表现较上年更为出色，近六成的产品盈利超过了50%，99%以上产品实现正收益。个人投资者的情况与2019年变化不大，盈利超过20%的情况占到所有调查样本的26.91%，三成以上的投资者亏损幅度超过了20%，依然有近半的投资者未取得正收益（见图2-15）。

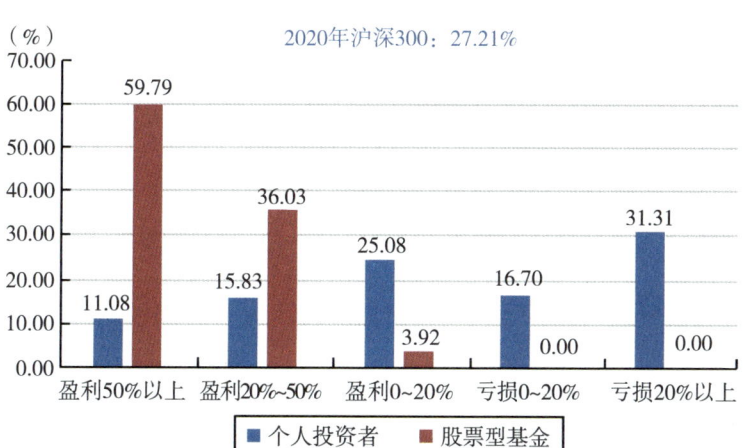

图 2-15 2020 年基金与个人投资者投资能力对比

资料来源：2020 年度东方财富网投资者调查问卷，上海证券基金评价研究中心整理。

第三节 各类型基金

一、股票基金

（一）股票基金的数量与规模

从股票基金的历史发展来看，2015 年以前，60% 以上投资于股票资产的基金即为股票基金。2014 年《公开募集证券投资基金运作管理办法》实施后，股票基金需要 80% 以上的资产投资于股票，并设置了 1 年过渡期。2015 年，正常运作的 300 多只股票基金陆续变更为混合基金，涉及基金资产 5 864 亿元。受此影响，2015 年底的股票基金，无论数量还是资产规模均有大幅下滑，事实上这仅是统计口径的变化导致的。此外，变更为混合基金的基本上都是主动管理股票基金，因此主动管理股票基金占比大幅下降，被动指数基金占比大幅提升。

从基金数量来看，截至 2020 年底，主动管理股票基金、标准指数基金、增强指数基金、股票 ETF 及其联接基金的数量占比分别为 32%、19%、10% 和 38%。

从资产规模来看，截至2020年底，主动管理股票基金、标准指数基金、增强指数基金、股票ETF及其联接基金的规模占比分别为34%、13%、6%和47%。被动投资的指数基金合计占比达到66%（见图2-16）。

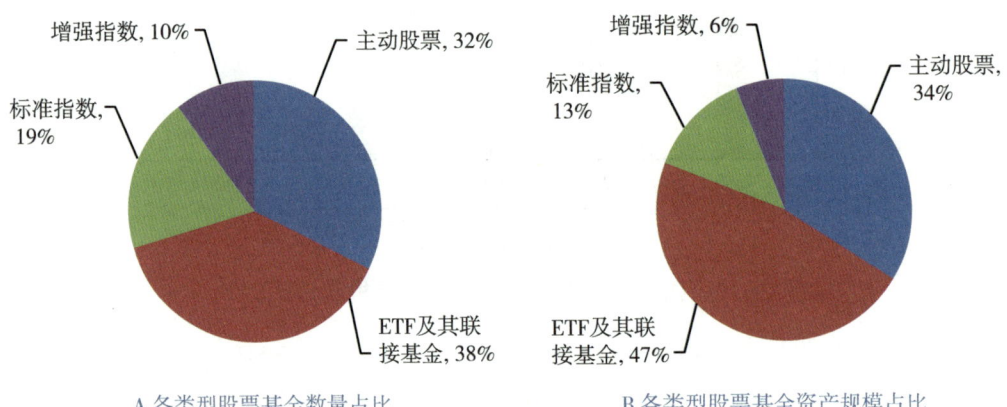

A.各类型股票基金数量占比　　　　B.各类型股票基金资产规模占比

图2-16　2020年末各类型股票基金占比

资料来源：中国银河证券基金研究中心。

2020年主动股票基金的资产规模较上年度增加4 197亿元，增幅151%，在各类股票基金中增速最快。ETF及其联接基金新增115只，增速31%，数量增加最多。与此同时，伴随着指数分级基金陆续转型，标准指数基金的数量较上年度减少21只。

（二）股票基金的资产配置

截至2020年末，股票基金的股票投资16 793亿元，占比83.6%；基金投资（全部为ETF联接基金投资对应的ETF）1 811亿元，占比9.0%；银行存款1 067亿元，占比5.3%；包含固定收益资产在内的其他资产408亿元，占比2.1%（见图2-17A）。考虑基金投资的ETF持有的几乎都是股票市值，穿透计算，股票基金持有股票市值的占比高达94%。

主动管理股票基金的资产总值6 736亿元。其中，股票投资5 879亿元，占比87.3%；银行存款623亿元，占比9.3%；债券市值71亿元，占比1.0%；其他资产占比2.4%（见图2-17B）。

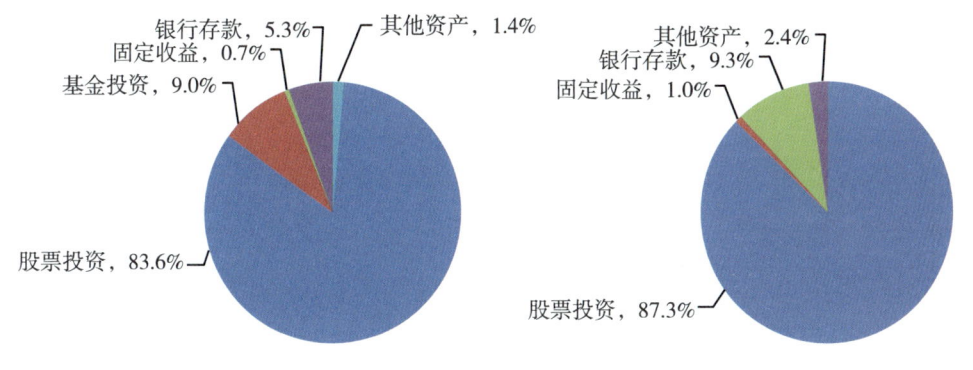

A. 股票基金资产配置占比　　　　B. 主动股票基金资产配置占比

图2-17　2020年末股票基金与主动股票基金资产配置占比

资料来源：中国银河证券基金研究中心。

近五年来，股票基金的资产配置相对稳定，持有的股票市值占总资产的比例保持在84%上下，基金投资（ETF联接基金）保持在10%左右，银行存款占比5%左右（见图2-18）。

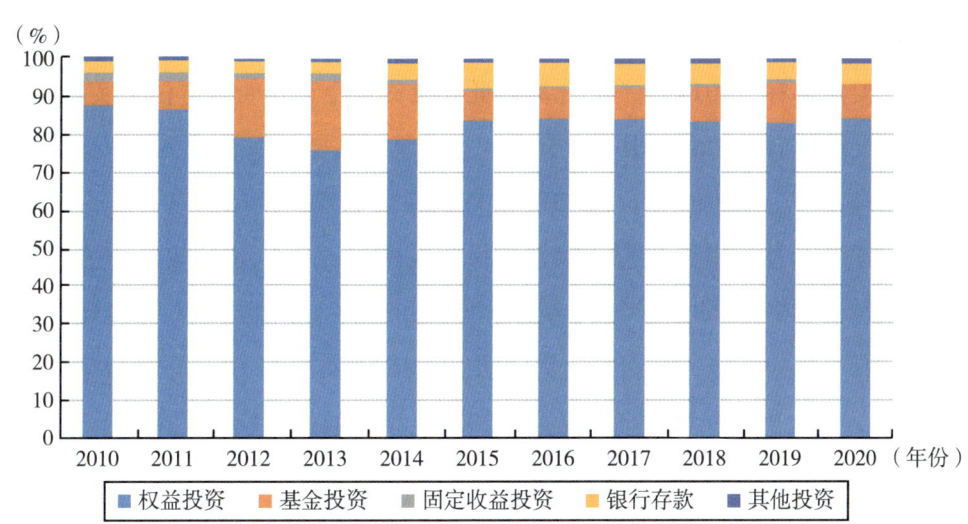

图2-18　2010—2020年股票基金的资产配置

资料来源：中国银河证券基金研究中心。

2015—2018年，股票基金持有的股票市值保持在6 000亿元上下。2018年由于股票ETF规模的大幅增长，尽管股市下跌较大，股票基金持有的股票市值逆市上涨到6 618亿元。2019年和2020年在资金净流入和股市上涨的背景下，股票基金持有的股票市值两年内增长了154%，突破1.6万亿元（见图2-19）。

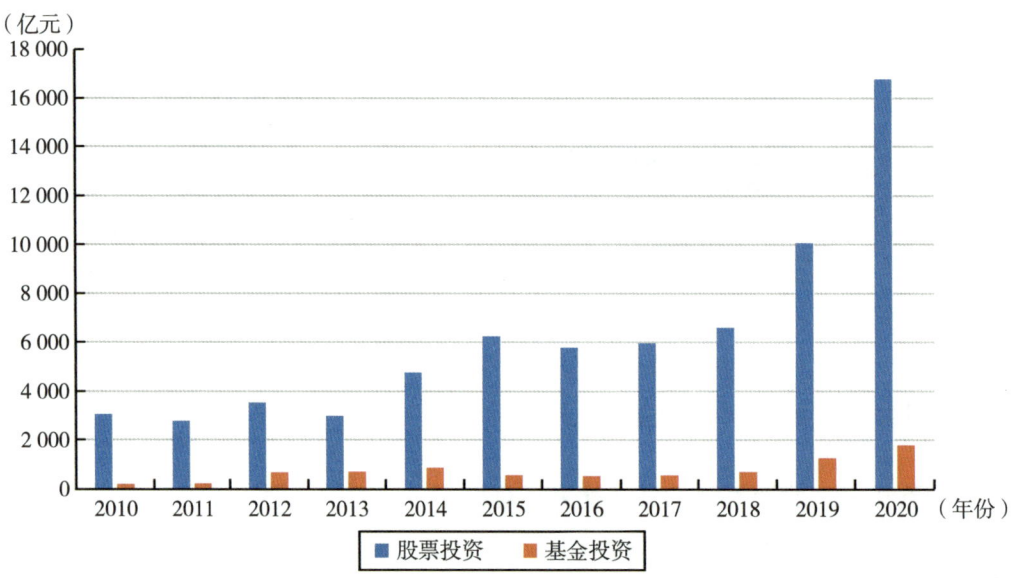

图2-19　2010—2020年股票基金持有的股票市值和基金投资

资料来源：中国银河证券基金研究中心。

细分类别来看，2014年《公开募集证券投资基金运作管理办法》实施以后，股票基金投资股票的比例下限变成80%，主动股票基金的加权股票投资比例一直保持在较高水平。数据显示，2015年以来剔除处于建仓期的新基金，正常运作的主动股票基金加权股票投资比例常年保持在85%以上，波动较小，最高接近93%，平均89.06%。即便在2015年3季度和2018年4季度，该数据出现相对低点，对应股市较为悲观的时刻，比例分别也有85.75%和86.96%，2020年末比例是91.31%，高于历史平均水平，仅次于2015上半年的高点（见图2-20）。

被动投资的股票指数基金投资股票的比例一直保持在90%以上。ETF最高，接近100%满仓；标准指数基金次之，因必须保留至少5%的现金，也接近95%的满仓；增强指数基金略低一些。数据显示，2010年以来，增强指数基金的加权股票投资比例在90%~95%波动，平均值是92.74%，2020年末是93.34%；标准指数基金的加权股票投资比例在93%~95%波动，平均值是93.78%，2020年末是94.08%；ETF的加权股票投资比例在97.5%~99.5%波动，平均值是98.82%，2020年末是98.79%（见图2-21）。

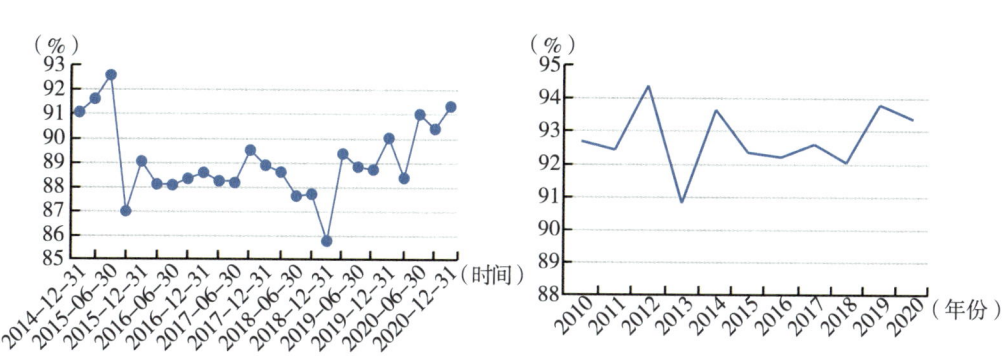

图 2-20 主动股票基金与增强指数基金股票投资比例

资料来源：中国银河证券基金研究中心。

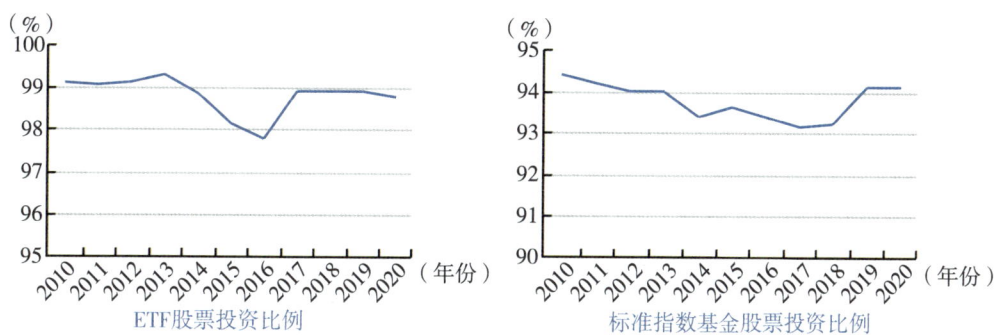

图 2-21 2010—2020 年 ETF 与标准指数基金股票投资比例

资料来源：中国银河证券基金研究中心。

（三）股票基金的周转率

2020年，投资者持有股票基金的年度周转率为176%（加权平均），较前两年显著上升。其中，股票ETF略高为209%，主动股票基金较低为102%。近10年的数据显示，股票基金持有人的周转率与股市行情、基金业绩密切相关。股市行情好的时候，周转率显著上升；同时，与基金产品特征也显著相关，股票ETF作为工具型配置型产品，周转率显著高于主动股票基金（见图2-22）。

（四）股票基金的持有人结构

截至2020年末，股票基金中个人持有资产占比为65%，较上年度大幅上升15个百分点；机构持有资产占比为35%，占比大幅下降。

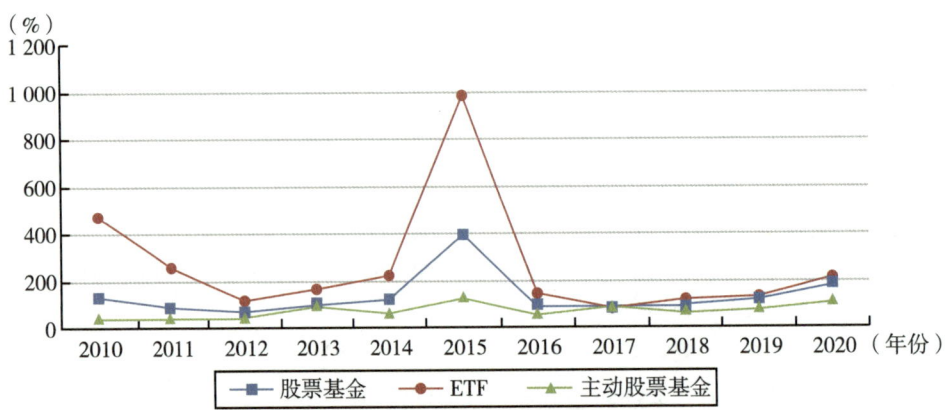

图 2-22　2010—2020 年投资者持有股票基金的年度周转率

注：加权平均持有人周转率 = $\dfrac{\text{期间申购金额}+\text{期间赎回金额}}{2} \Big/ \dfrac{\text{期初所有者权益}+\text{期末所有者权益}}{2}$。

资料来源：中国银河证券基金研究中心。

从持有的股票基金资产规模来看，个人投资者在股市行情较好的2015年、2017年、2019年和2020年，持有的资产规模增加；在股市行情下跌的2016年和2018年，持有的资产规模减少。而机构投资者持有的规模与市场行情的相关性不高，甚至在股市行情下跌的2016年和2018年，持有的资产规模反而逆市增加。2020年，个人持有的股票基金规模大幅增加，翻倍不止；机构持有的规模略有增加，均创近10年来的新高（见图2-23）。

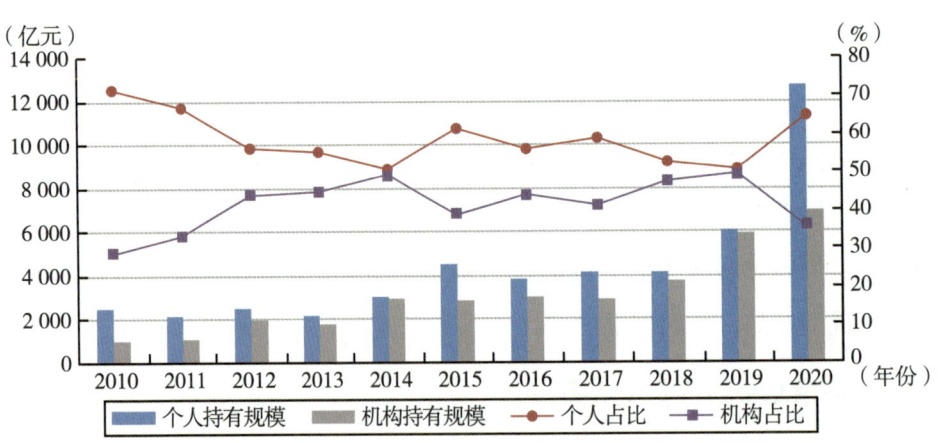

图 2-23　2010—2020 年股票基金的持有人结构

资料来源：中国银河证券基金研究中心。

2015—2020年,股票基金的持有人户数逐年大幅攀升,从1 713万户上升到9 689万户,增长了466%,年均复合增长41%。户均持有的资产从4.29万元下降到2.03万元。2020年在持有人户数翻倍增长的同时,户均资产显著下降(见图2-24)。

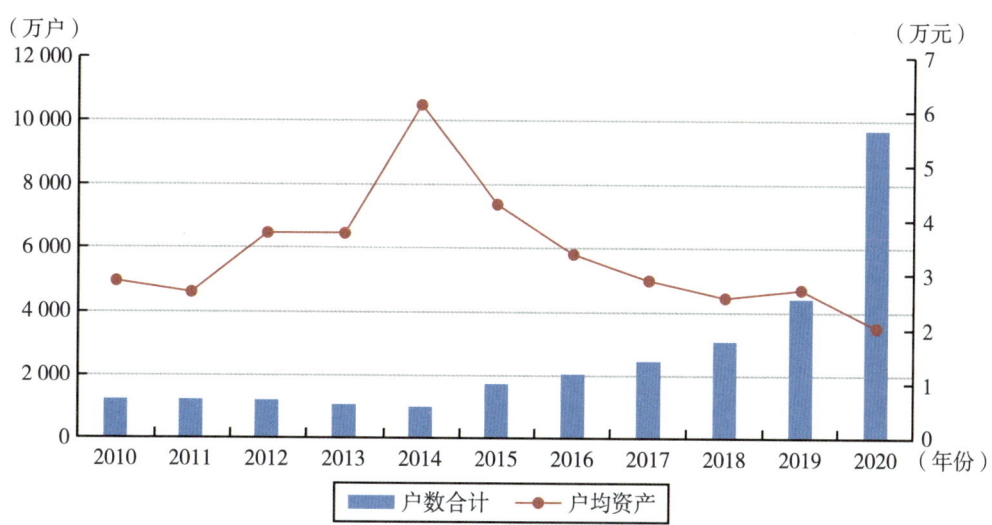

图2-24 2010—2020年股票基金持有人户数与户均资产

资料来源:中国银河证券基金研究中心。

分具体类别来看,主动管理股票基金的个人投资者持有比例较高,且较为稳定。近年来,个人投资者持有的主动股票基金占比在2015年曾达到最高点88%,后期逐年略有下降,平均占比是82%,2020年底占比为80%,较上年上升1个百分点。个人投资者持有的资产规模随着股市行情起伏,2020年超过5 000亿元,较上年增长150%,实现了跨越式增长(见图2-25)。

主动管理股票基金的持有人户数从2015年底的533万户上升到2 782万户,增长了422%,年均复合增长39%;户均持有的资产规模从4.14万元下降到2.35万元。特别是2020年,持有人户数爆发性增长了153%,户均资产与上年基本持平(见图2-26)。

在股票基金的细分类别中,唯有ETF是机构占主导地位的,但在2020年其占比显著下滑。最高时机构持有ETF占比接近90%,截至2020年底,机构持有ETF规模4 656亿元,占比63%;个人持有2 776亿元,占比37%(见图2-27)。

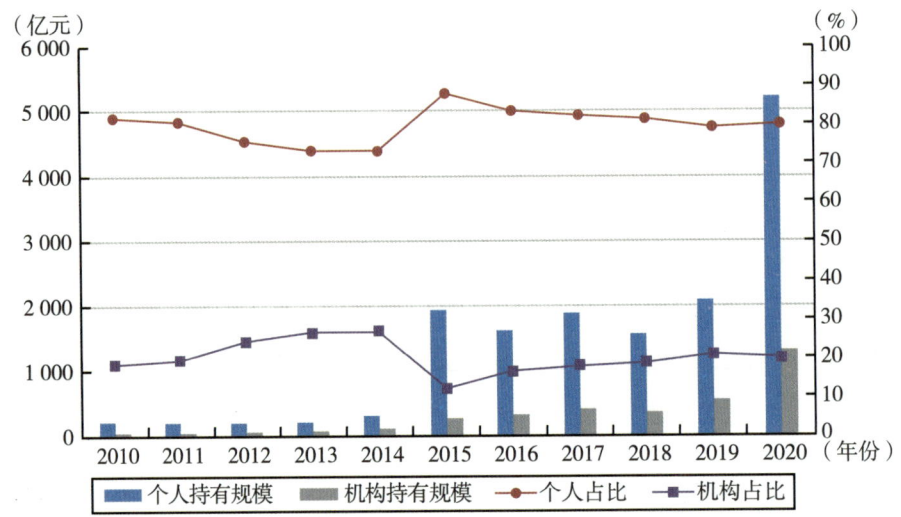

图 2-25　2010—2020 年主动股票基金的持有人结构

资料来源：中国银河证券基金研究中心。

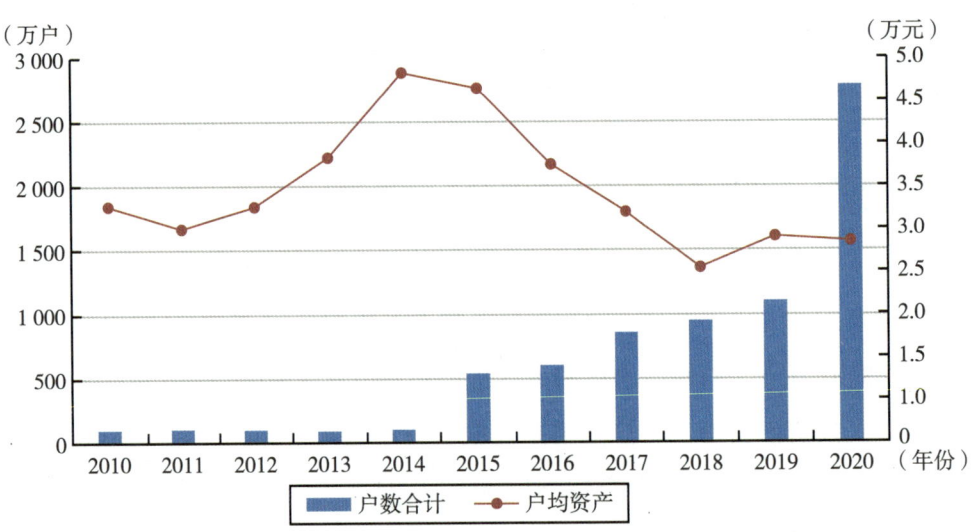

图 2-26　2010—2020 年主动股票基金持有人户数与户均资产

资料来源：中国银河证券基金研究中心。

股票ETF份额中有一部分是ETF联接基金持有的，虽被统计为机构持有，穿透下去，其实相当一部分是个人持有的。按穿透计算，在2014年以前，ETF也是个人持有占主导，只有不到四成是机构持有，2014年机构持有的ETF规模追平个人，2015年大幅超越个人，接下来几年基本维持在略超六成的状态。2020年

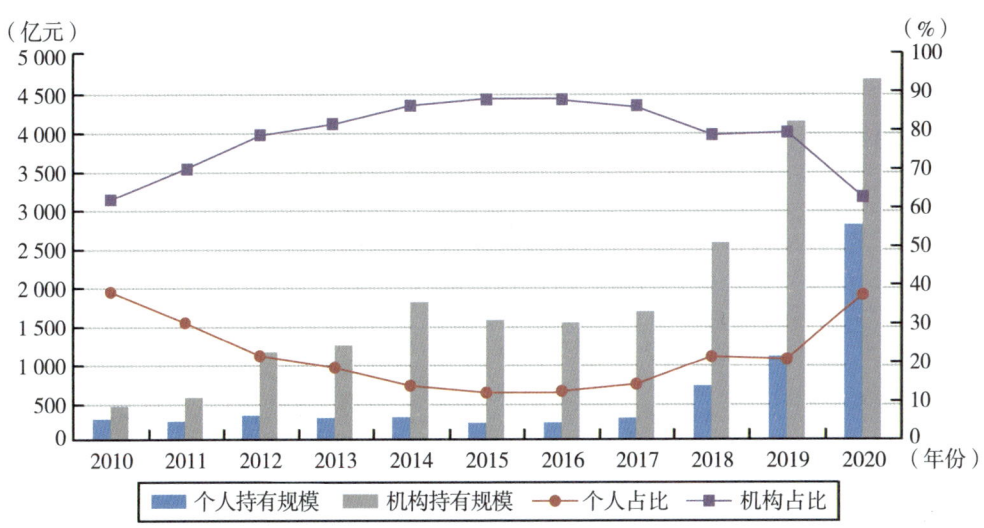

图 2-27 2010—2020 年股票 ETF 的持有人结构

资料来源：中国银河证券基金研究中心。

再次反转，个人持有占比超过机构，机构实际持有股票 ETF 3 128 亿元，较上年略有下降，占比 42%；个人持有 4 304 亿元，较上年翻倍不止，占比 58%（见图 2-28）。

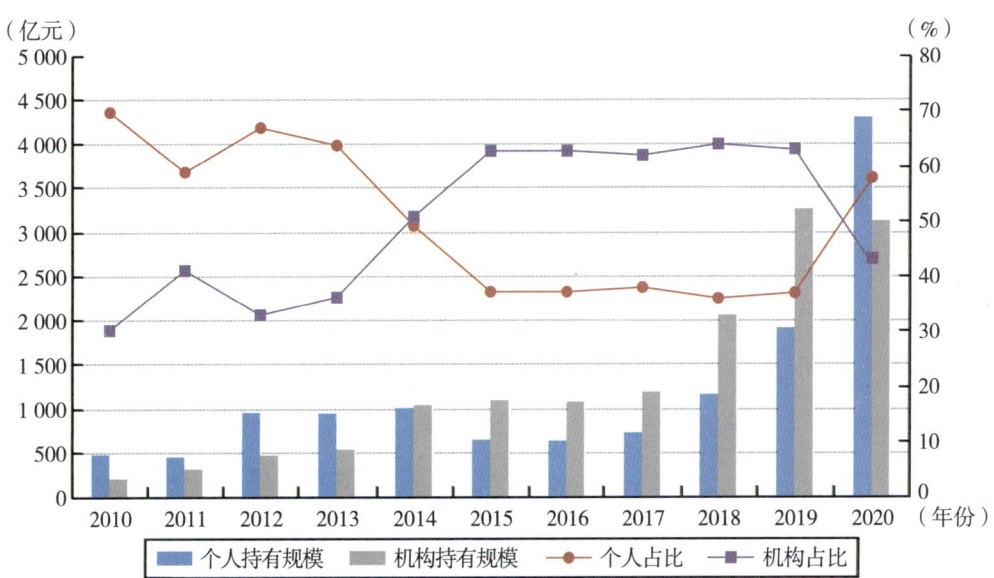

图 2-28 2010—2020 年股票 ETF 的持有人结构（ETF 联接基金穿透计算）

资料来源：中国银河证券基金研究中心。

2010—2017年，股票ETF的持有人户数平稳中略有下降，保持在50万~70万户，2018年伴随着股票ETF资产规模的逆市增长，持有人户数大幅上升至161万户，2020年持有人户数呈井喷式增长至754万户，户均市值大幅下降至10万元（见图2-29）。

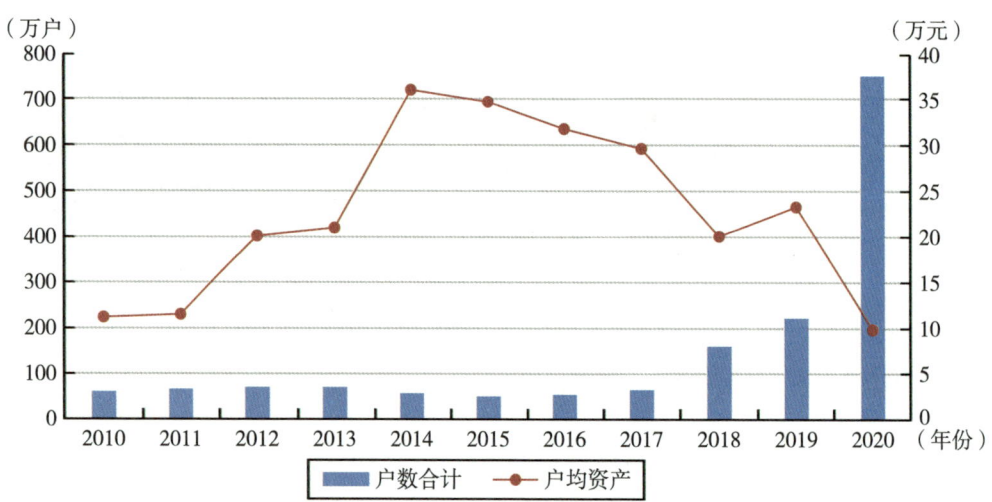

图2-29　2010—2020年股票ETF持有人户数与户均资产

资料来源：中国银河证券基金研究中心。

二、债券基金

（一）债券基金数量与规模

从债券基金的发展历史来看，随着我国债券市场发展的不断深化，近几年来债券基金规模也持续增长。尤其是近些年机构投资者对债券基金的认可度增加，银行、保险等资金增大了固定收益类产品的配置，导致债券基金受到追捧，自2016年以来规模显著增加，2020年规模仍保持较快增速。从基金数量来看，纯债基金、普通债券基金（部分可投转债和二级市场股票的基金）、指数债券基金、短期理财债券基金、可转债基金的数量占比分别为61.9%、29.7%、6.7%、0.04%和1.7%（见图2-30A）。从基金规模来看，纯债基金、普通债券基金（部分可投转债和二级市场股票的基金）、指数债券基金、短期理财债券基金、可转债基金的规模占比分别为69.7%、21.4%、8.3%、0.04%和0.6%（见图2-30B）。

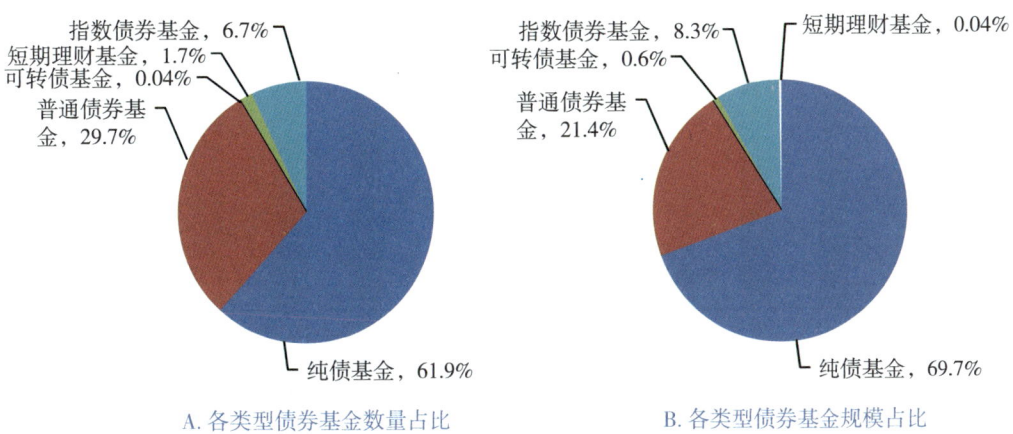

图 2-30　2020年末各类型债券基金占比

资料来源：中国银河证券基金研究中心。

近10年来债券基金的发展主要体现为2012年以来纯债基金的兴起和大发展。在此之前，纯债基金数量仅有两三只，规模也可以忽略不计。此后约8年的时间，纯债基金实现了跨越式发展，数量超过千只，规模超过3万亿元，无论是数量还是规模都占据债券基金的六成以上。2020年末，纯债基金数量较上年度数量增加了347只，增幅31%；资产规模较上年度增加了7 833亿元，增幅29%；基金份额较上年度增加了7 812亿份，增幅30%。

（二）债券基金的资产配置

1. 债券基金的大类资产配置

2020年末，债券基金固定收益投资53 617亿元，总资产占比92.9%；银行存款1 014亿元，总资产占比1.8%；权益投资798亿元，总资产占比1.4%；其他资产2 267亿元，总资产占比3.9%。从近10年的配置趋势来看，债券基金的债性越来越纯粹。2010年，债券基金配置权益资产的比例曾达到9.4%，到如今仅占1%左右，几乎可以忽略（见图2-31）。

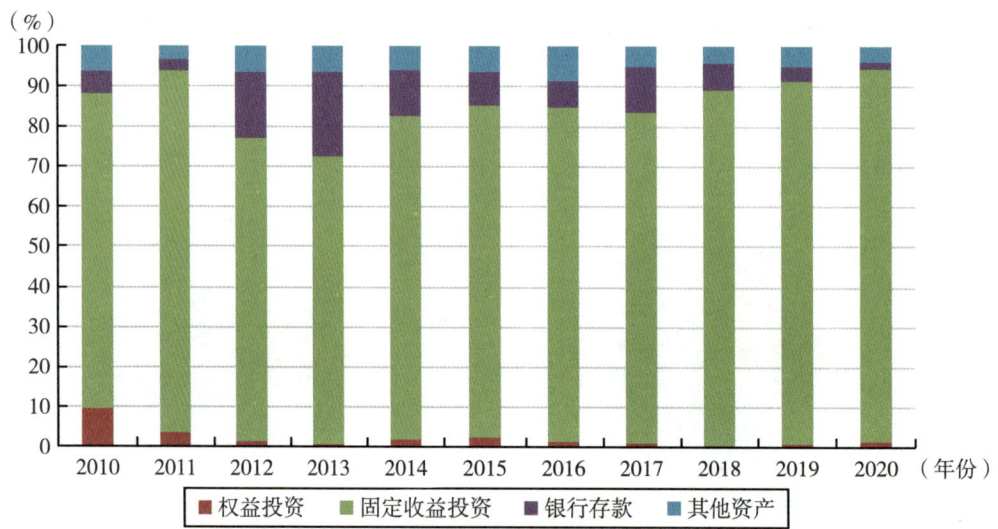

图 2-31　2010—2020 年债券基金的资产配置

资料来源：中国银河证券基金研究中心。

2. 债券基金的券种配置

在债券类资产配置方面，2020 年末，金融债券、中期票据、企业债券、企业短期融资券、国债、同业存单和可转债是公募基金债券类资产的主要配置品种，各债券品种占债券资产比例分别为 56.07%、16.84%、12.86%、4.61%、2.53%、2.42% 和 2.12%，合计占比为 97.45%。地方政府债和其他债券的占比较低。

从债券基金对债券资产配置的历史数据看，2008—2013 年，国债与央行票据配置合计占比从 41% 下滑至 3.5%，此后不再成为主要配置债券品种。企业债券曾是债券基金配置比例最高的券种，尤其是在 2014 年 2 季度，配置比例高达 63.1%，之后在 2015 年和 2016 年配置比例连续大幅下滑，最近几年也处于持续下滑中，其主要原因在于信用风险升高，债券违约事件频现。与此同时，债券基金对以政策性金融债为主的金融债券配置比例持续上升，2018 年反超企业债券，成为配置比例最高的券种。2019 年和 2020 年金融债券的占比继续攀升，企业债券和企业短融债券的占比继续下滑。2020 年债券基金配置国债和可转债的比例有所上升（见图 2-32）。

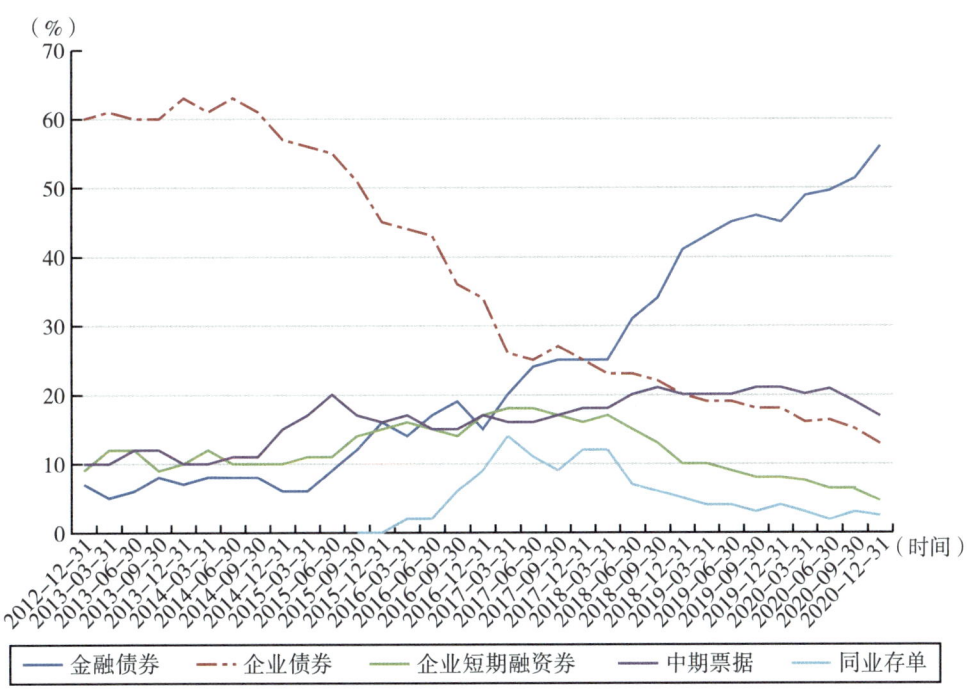

图 2-32　2012—2020 年债券基金的券种配置

资料来源：中国银河证券基金研究中心。

3. 债券基金杠杆率

债券基金杠杆率从 2014 年 6 月见顶后持续下降，直到 2017 年 6 月触底，之后维持较低的杠杆水平。2020 年末，全部债券基金加权平均杠杆率 1.22 倍，与 2019 年末的 1.16 倍相比有所上升。其中，纯债基金杠杆率最低，仅有 1.15 倍，较 2019 年末持平；定期开放纯债基金杠杆率最高，为 1.31 倍，且较 2019 年末的 1.20 倍大幅提升。其他各类型债券基金杠杆率与上年度基本持平，整体债券基金杠杆率的上升主要是定期开放纯债基金贡献的（见图 2-33）。

（三）债券基金的周转率

2020 年投资者持有债券基金的年度周转率为 66%，继续保持在低位（见图 2-34）。自 2015 年以来，伴随着债券基金机构持有占比大幅上升，投资者持有债券基金的周转率不断下降，表明机构的持有时间相对较长，换手较低。

第二章 公开募集证券投资基金

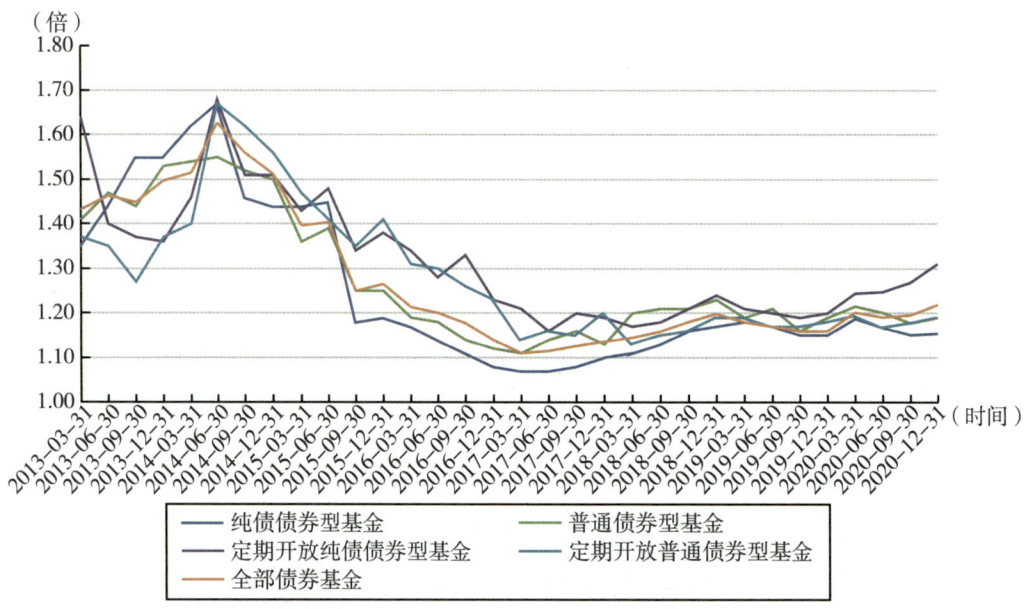

图 2-33 2013—2020 年债券基金的杠杆率

资料来源:中国银河证券基金研究中心。

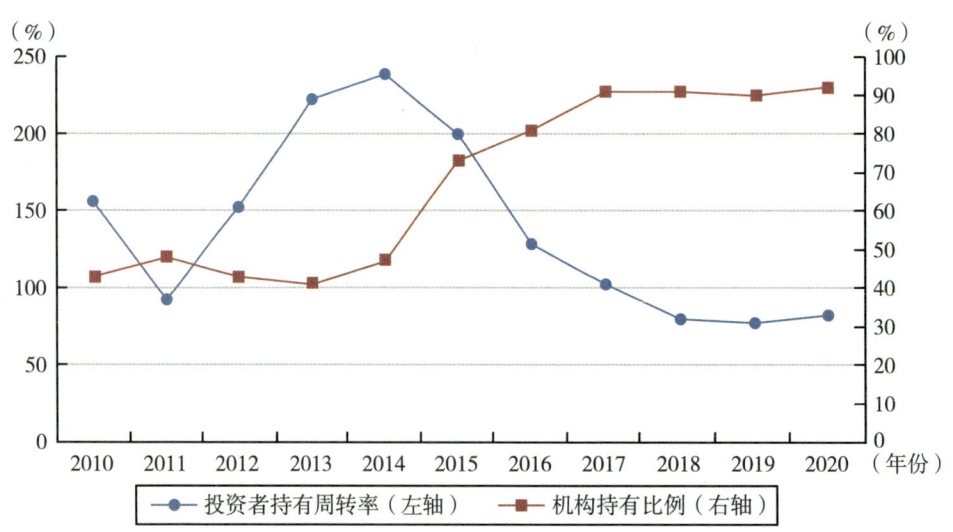

图 2-34 2010—2020 年投资者持有债券基金的年度周转率

资料来源:中国银河证券基金研究中心。

(四)债券基金的持有人结构

2020年底,机构投资者持有债券基金资产占比为92%,个人投资者持有债券基金资产占比为8%。自2015年以来,机构持有的债券基金规模从2 000亿元出头快速攀升至4万亿元以上,持有比例逐渐占据绝对优势(见图2-35)。

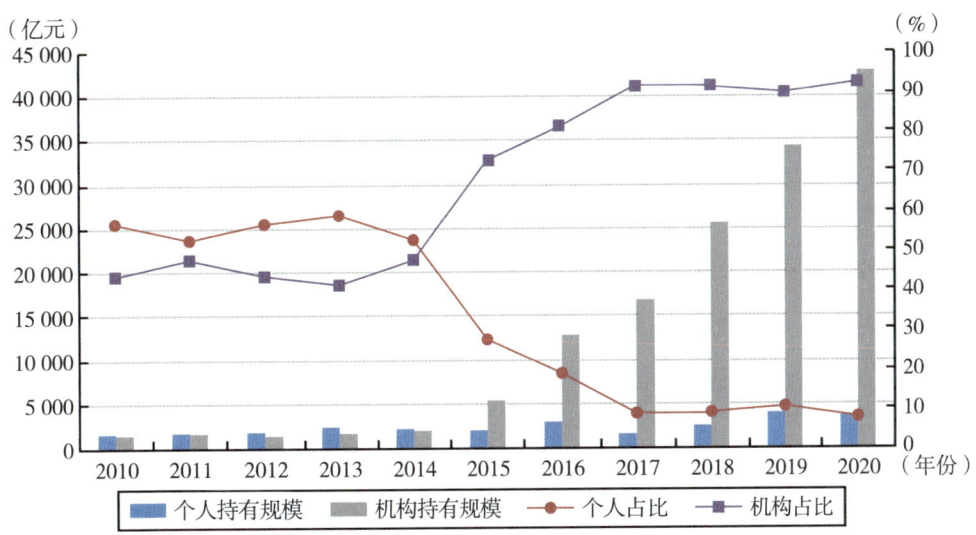

图 2-35 2010—2020 年债券基金的持有人结构

资料来源:中国银河证券基金研究中心。

最近3年,债券基金总的持有户数大幅增加,从2017年底的688万户,增加到2020年底的4 012万户,户均持有规模从27万元显著下降到12万元(见图2-36)。

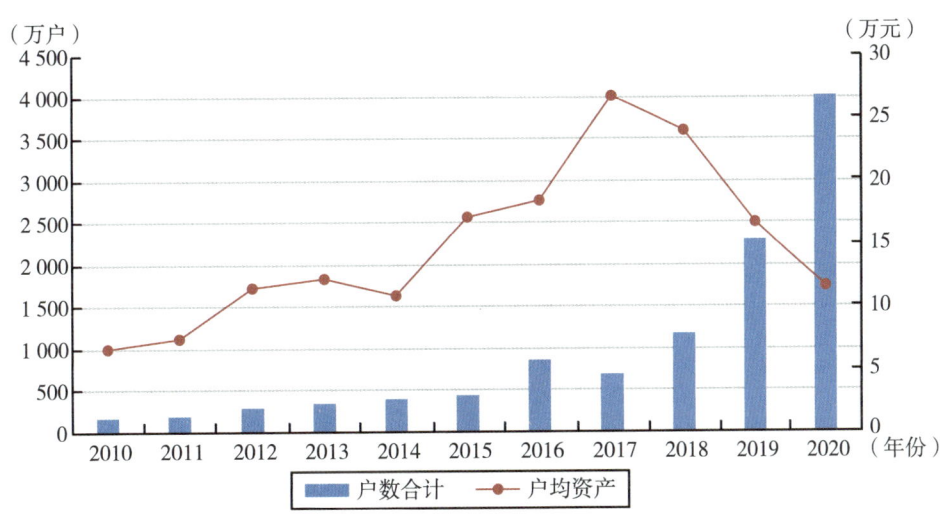

图 2-36 2010—2020 年债券基金持有人户数及户均资产

资料来源:中国银河证券基金研究中心。

三、混合基金

(一)混合基金的数量与规模

2020年混合基金的资产规模实现了跨越式增长,此前10年的规模一直徘徊在2万亿元左右。存量资产的增值与新增资金大量涌入使得混合基金的资产规模在2020年底一举突破4万亿元。截至2020年底,混合偏股基金、灵活配置基金、股债平衡基金、混合偏债基金、绝对收益目标基金、其他混合基金的数量占比分别是42.3%、39.4%、0.9%、11.8%、5.4%和0.2%(见图2-37A)。截至2020年底,混合偏股基金、灵活配置基金、股债平衡基金、混合偏债基金、绝对收益目标基金、其他混合基金的规模占比分别是60.8%、22.7%、2.1%、9.7%、4.5%和0.2%(见图2-37B)。

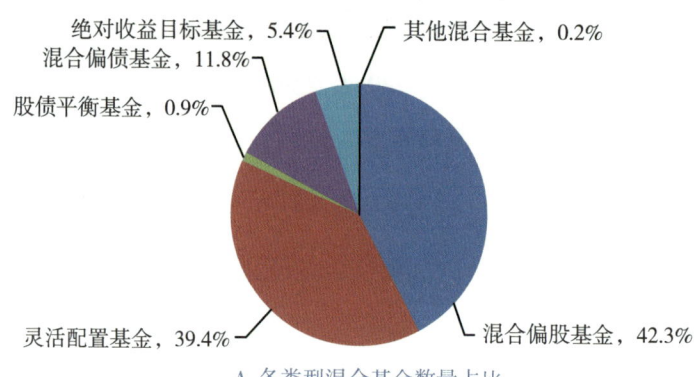

A. 各类型混合基金数量占比

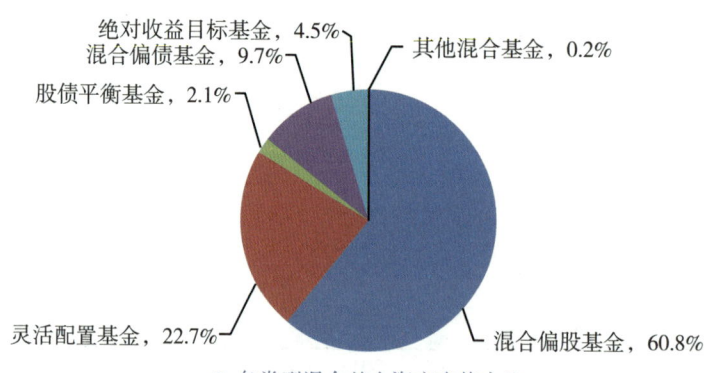

B. 各类型混合基金资产净值占比

图 2-37　2020 年末各类型混合基金占比

资料来源：中国银河证券基金研究中心。

2020年混合基金的发展也呈现出风格明晰的发展趋势，混合偏股基金与混合偏债基金的数量增速与资产规模增速均快于其他类型的混合基金。

（二）混合基金的资产配置

2020年底，混合基金的权益投资市值33 749亿元，占总资产的71.4%；固定收益投资市值7 928亿元，占总资产的16.8%；银行存款3 988亿元，占总资产的8.4%；其他资产1 589亿元，占总资产的3.4%。与上年度相比，2020年混合基金的权益投资占比略有提升，固定收益投资占比小幅下降（见图2-38）。

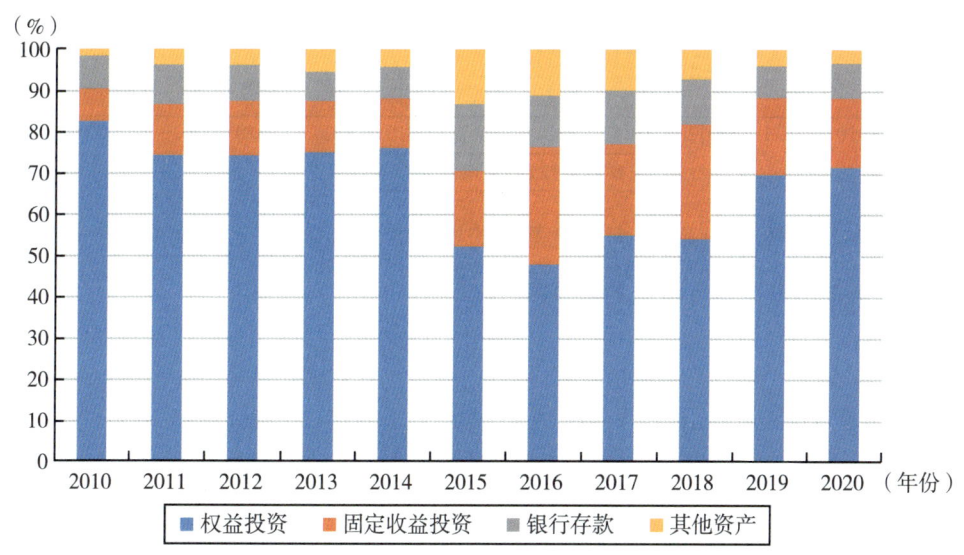

图2-38　2010—2020年混合基金的资产配置

资料来源：中国银河证券基金研究中心。

2020年底，混合基金持有的权益投资市值较上年度增加19 120亿元，增幅132%。混和基金的权益投资市值由2010年的14 382亿元大幅下降至2011年10 052亿元，持续多年保持在万亿元左右；2018年降至8 444亿元，为近10年来最低；2019年大幅上涨，回升至2010年的水平；2020年历史性突破上升至新的高度（见图2-39）。

（三）混合基金的周转率

2020年，混合基金投资者持有基金的年度周转率为86%，较2019年的65%

有显著上升，但仍然大大低于2015年的151%。近10年的数据显示，混合基金投资者持有基金的年度周转率与股市行情、基金业绩高度相关，混合基金整体业绩越好，投资者的周转率越高（见图2-40）。

图2-39　2010—2020年混合基金的权益投资市值和固定收益投资市值

资料来源：中国银河证券基金研究中心。

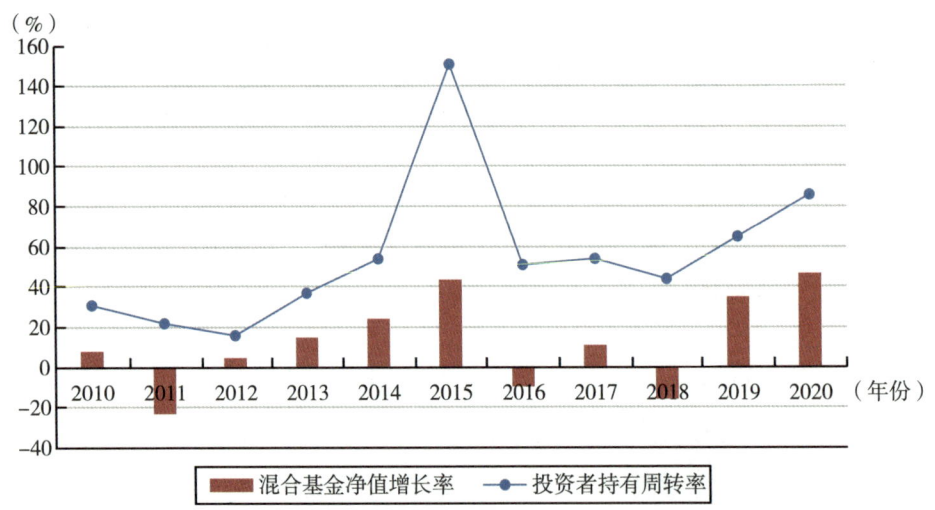

图2-40　2010—2020年投资者持有混合基金的年度周转率

资料来源：中国银河证券基金研究中心。

（四）混合基金的持有人结构

混合基金整体上是以个人持有为主。2020年底，个人投资者持有混合基金占比78%，机构投资者持有混合基金占比22%。2010—2019年，个人投资者持有的混合基金规模一直比较平稳，在1万亿元至1.5万亿元之间摆动。投资比例的变化主要由机构持有规模的大幅变动导致。机构投资者持有的混合基金规模在2015年显著增长，从以往的2 000亿元左右，突破1万亿元，持有比例也从不到20%上升到46%，此后机构持有的规模不断下降，占比下滑。2020年个人投资者持有混合基金规模大幅增长，除了市场上涨带来的增值外，主要是新发基金带来的资金净流入（见图2-41）。

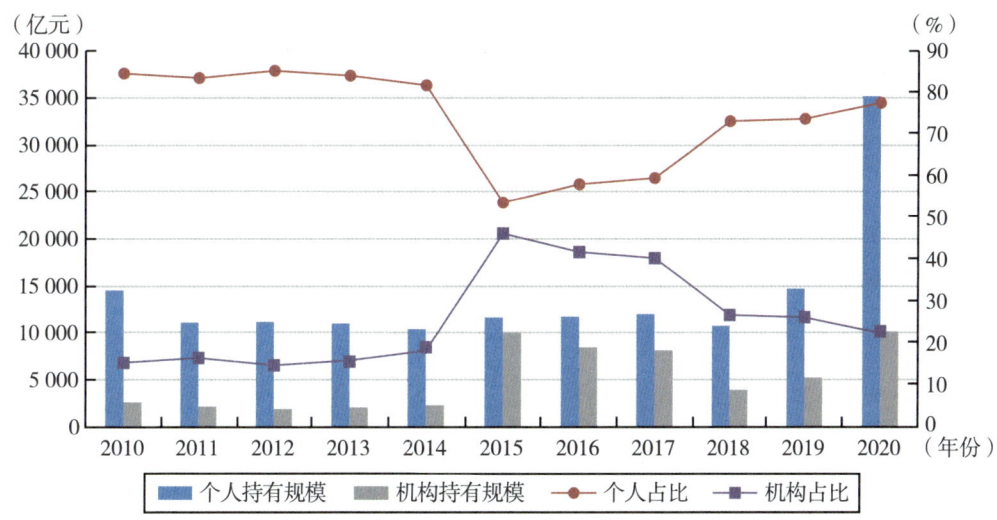

图2-41　2010—2020年混合基金的持有人结构

资料来源：中国银河证券基金研究中心。

2020年底，混合基金持有人户数17 750万户，较上年度增加10 209万户，增幅135%，户均资产2.6万元。2010年以来的数据显示，混合基金持有人户数经过了先降后升的"V"形走势，于2015年见底，2019年回升到2010年的水平，并于2020年大幅跃升（见图2-42）。

四、货币市场基金

（一）货币市场基金数量与规模

自2013年以来，在普惠金融和利率市场化改革的背景下，货币基金发展成为

第二章　公开募集证券投资基金

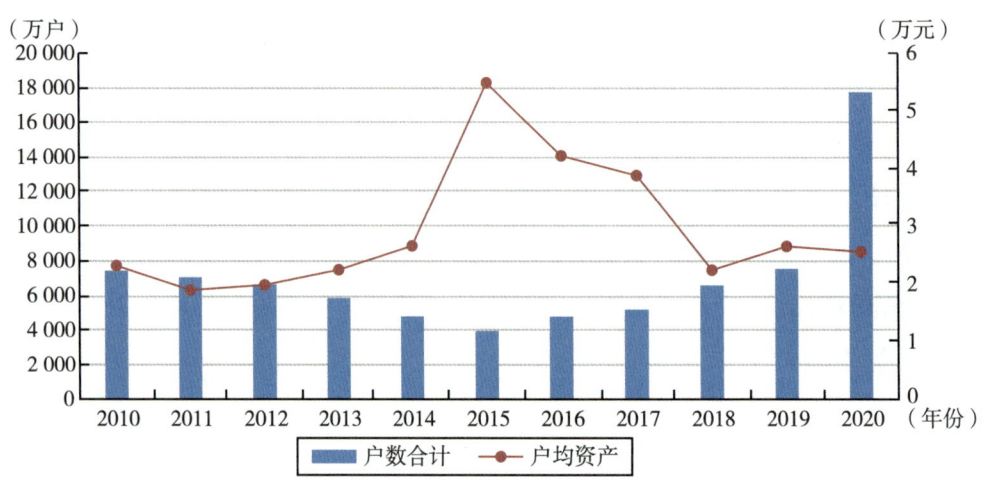

图2-42　2010—2020年混合基金持有人户数及户均资产

资料来源：中国银河证券基金研究中心。

最大的公募基金类别。2019年浮动净值型货币基金面世，成为货币基金新的发展方向。2020年摊余成本型货币基金依然占据绝对主导，浮动净值型货币基金依然处于起步阶段。从基金数量来看，截至2020年底，摊余成本型货币基金占比98.2%，浮动净值型货币基金占比1.8%（见图2-43A）。

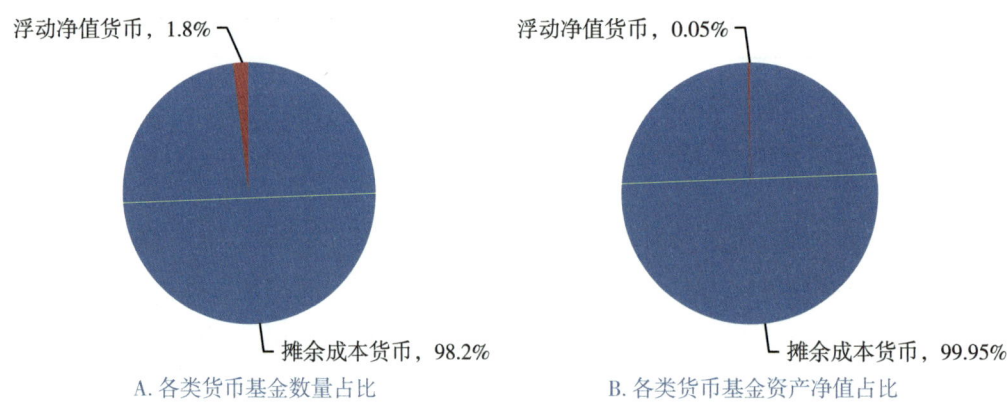

图2-43　2020年末各类型货币基金占比

资料来源：中国银河证券基金研究中心。

（二）货币基金的资产配置

2020年底，货币基金持有的固定收益投资市值32 978亿元，总资产占比

38.4%；买入返售20 857亿元，总资产占比24.3%；银行存款31 556亿元，总资产占比36.8%；其他资产460亿元，总资产占比0.5%。与上年度比较，买入返售的占比大幅提高，银行存款的占比所有下降（见图2-44）。

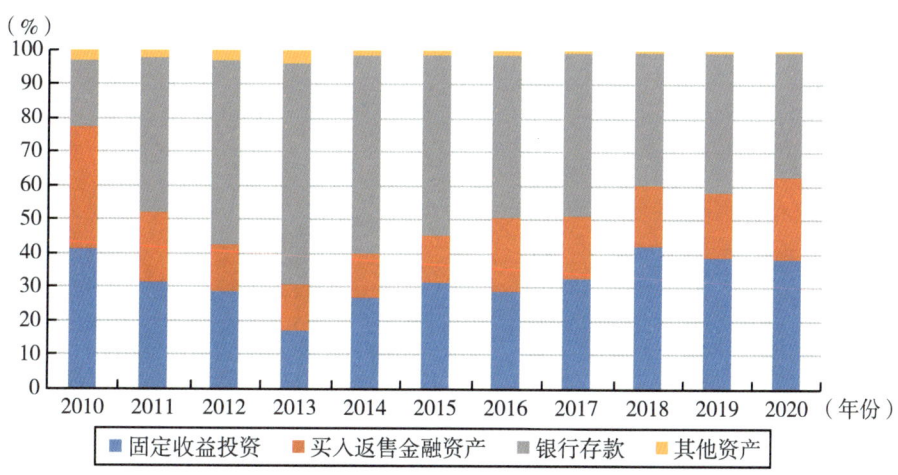

图2-44　2010—2020年货币基金的资产配置

资料来源：中国银河证券基金研究中心。

2020年货币基金的资产净值规模较上年度增加了近万亿元，货币基金的固定收益投资市值增加了3 501亿元，买入返售增加了6 316亿元，资产净值规模的上升对应在资产配置上，主要是增加了买入返售的配置（见图2-45）。

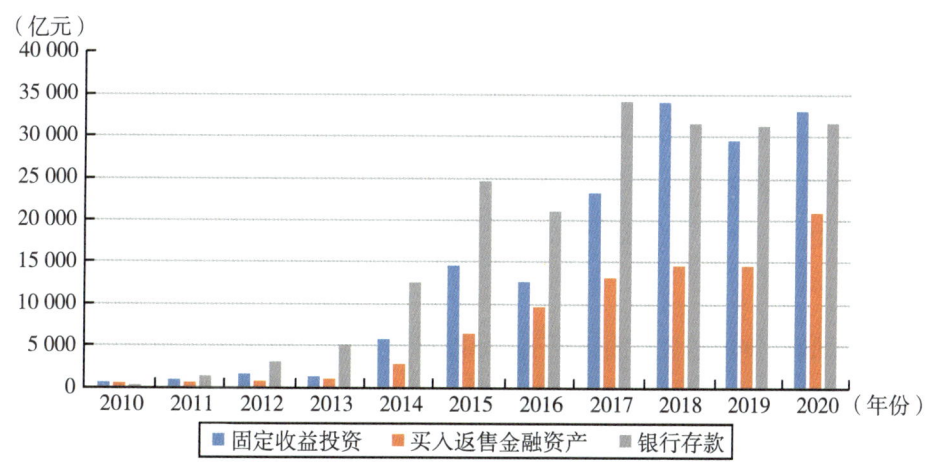

图2-45　2010—2020年货币基金主要资产类别持有的市值

资料来源：中国银河证券基金研究中心。

(三)货币基金的周转率

2020年,投资者持有货币基金的年度周转率为931%,较2019年的641%大幅上升,创历史新高。作为现金管理工具,货币基金的周转率一直非常高,近10年来的平均水平为645%(见图2-46)。

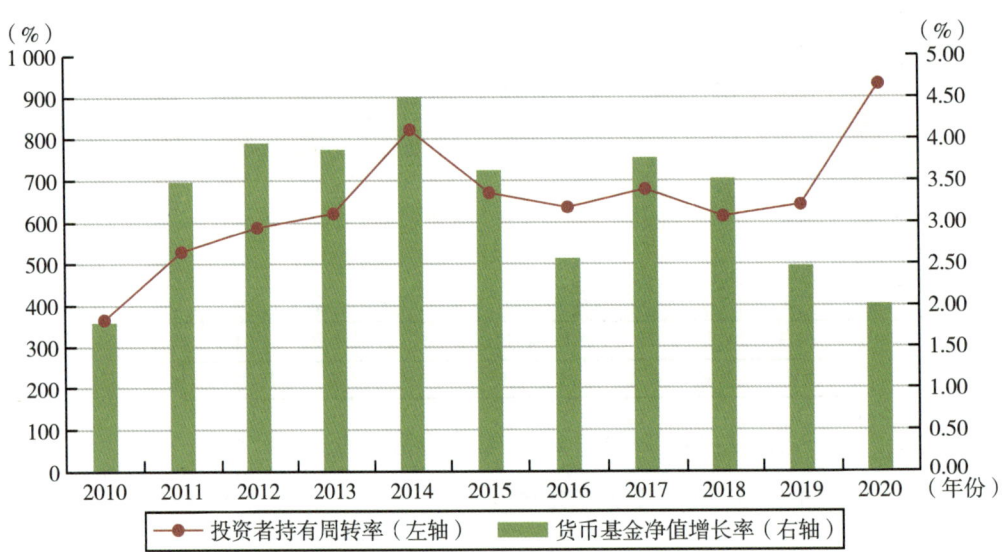

图2-46　2010—2020年投资者持有货币基金的年度周转率

资料来源:中国银河证券基金研究中心。

(四)货币基金的持有人结构

2020年底,个人投资者持有货币基金占比为63%,机构投资者持有货币基金占比为37%(见图2-47)。过去10年的数据显示,货币基金的规模在2015年和2017年出现显著跃升。从持有人结构看,2015年是机构投资者主导,机构持有规模增加了2.15万亿元;而2017年则是个人投资者主导,个人持有规模增加了2.21万亿元。

2020年底,货币基金持有人户数合计14.31亿户,较上年度增加了1.55亿户,增幅12%;户均持有资产0.56万元,较上年度基本持平。2010年以来数据显示,2013年以前,货币基金的持有人户数不超过300万户,2013年爆发式增长到4 696万户,此后逐年呈指数级增长,成为投资者最广泛持有的基金类别(见图2-48)。

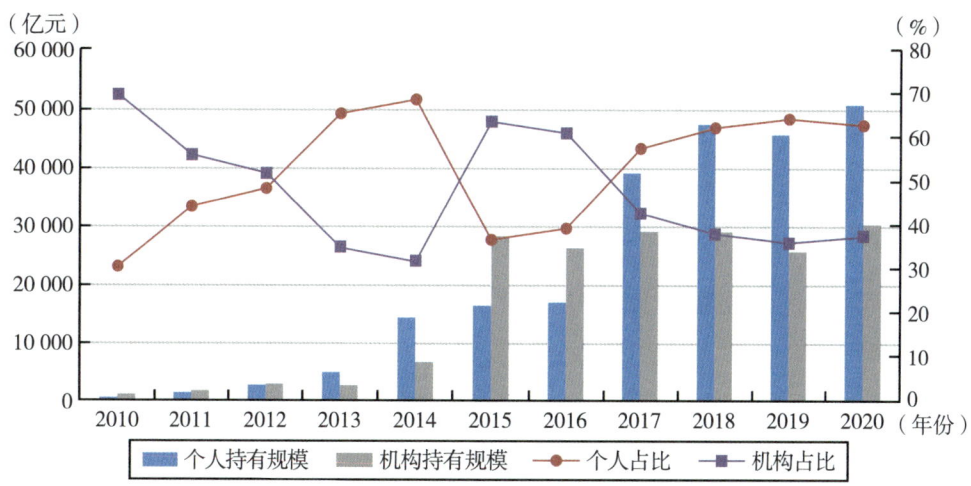

图 2-47　2010—2020 年货币基金的持有人结构

资料来源：中国银河证券基金研究中心。

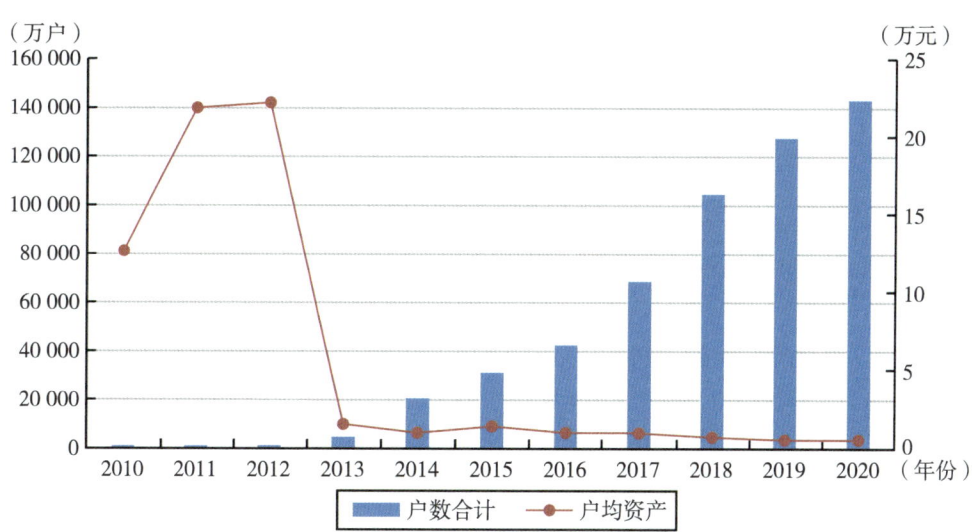

图 2-48　2010—2020 年货币基金持有人户数及户均资产

资料来源：中国银河证券基金研究中心。

五、QDII基金

（一）QDII基金数量与规模

由于额度限制，QDII基金在近10年的发展较为温和，数量虽不断增加，但规模和份额并没有较大提升。从结构上来看，2020年QDII混合基金的规模增速较快，QDII债券基金的规模略有萎缩。从基金数量上看，QDII股票基金、QDII混合基金、QDII债券基金、QDII其他基金（主要是黄金、商品和房地产信托基金）的数量占比分别是50.3%、23.6%、16.4%和9.7%（见图2-49A）。从基金规模上看，QDII股票基金、QDII混合基金、QDII债券基金、QDII其他基金（主要是黄金、商品和房地产信托基金）的数量占比分别是62.7%、21%、11.7%和4.8%（见图2-49B）。

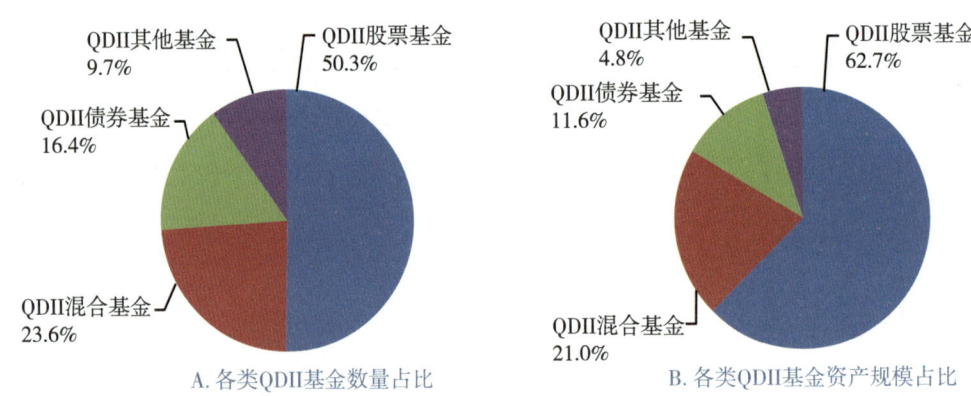

图2-49　2020年末各类QDII基金占比

资料来源：中国银河证券基金研究中心。

（二）QDII的资产配置

2020年底，QDII基金的权益投资市值874亿元，总资产占比为67.3%；基金投资市值167亿元，总资产占比为12.9%；固定收益投资市值124亿元，总资产占比为9.5%；银行存款103亿元，总资产占比为7.9%；其他资产31亿元，总资产占比为2.4%。与上年度相比，主要是权益投资的比例上升了4个百分点，固定收益投资的比例下降了5.5个百分点（见图2-50）。

2020年底，QDII基金的权益投资市值较上年度增加292亿元，增幅50%，达到874亿元，创过去10年的新高。QDII基金的固定收益投资市值较上年度减少14亿元，降幅10%。QDII基金的基金投资市值较上年度增加54亿元，增幅48%（见图2-51）。

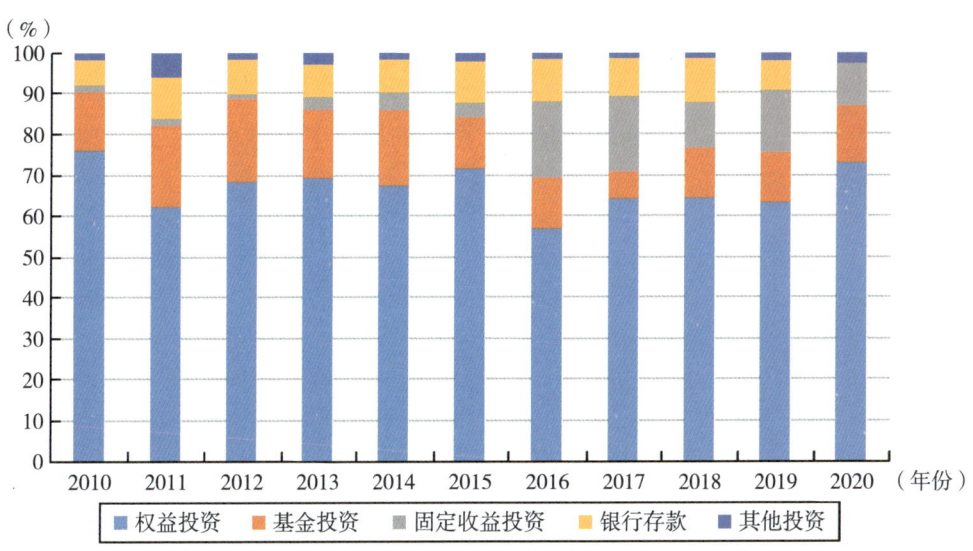

图 2-50 2010—2020 年 QDII 基金的资产配置

资料来源：中国银河证券基金研究中心。

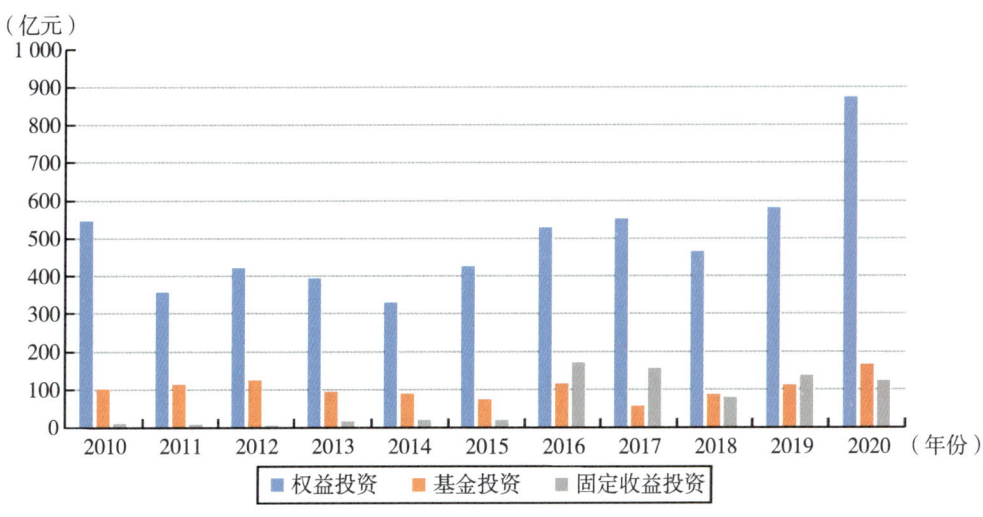

图 2-51 2010—2020 年 QDII 基金主要资产类别的持有市值

资料来源：中国银河证券基金研究中心。

（三）QDII基金的周转率

2020年度，投资者持有QDII基金的年度周转率为102%。历史数据显示，投资者持有QDII基金的年度周转率走势与混合基金基本一致（见图2-52）。也就是说，投资者持有QDII基金的周转率与国内股市行情、混合基金业绩非常相关，而与QDII基金本身的业绩关系不大。QDII基金与混合基金一样大部分都是权益资产，个人投资者占比也与混合基金相当，两者的周转率走势高度一致，这可能是情绪传导所致。

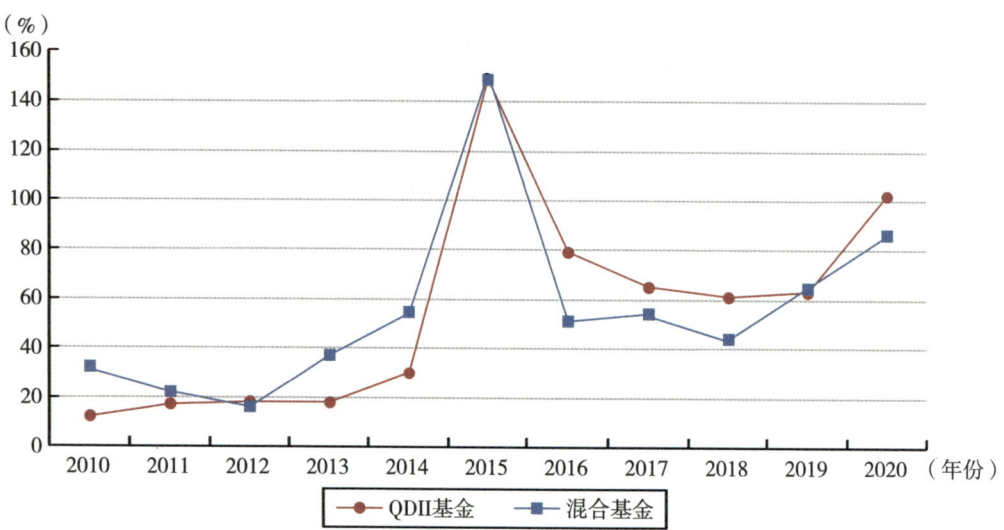

图2-52　2010—2020年投资者持有QDII基金的年度周转率

资料来源：中国银河证券基金研究中心。

（四）QDII基金的持有人结构

2020年底，个人投资者持有QDII基金占比69%，机构投资者持有QDII基金占比31%。过去10年，个人投资者持有的QDII基金资产规模相对稳定，在起步之初，几乎全部由个人持有，2015年开始，机构持有的资产规模开始大幅上升，个人投资者的占比相对下降，但依然占据主导地位（见图2-53）。

2020年底，QDII基金的持有人户数合计1 089万户，较上年度增加了417万户，增幅62%，户均持有资产1.2万元。过去10年的数据显示，QDII基金的持有人户数先是逐年下降，于2015年见底，再逐步回升创新高（见图2-54）。

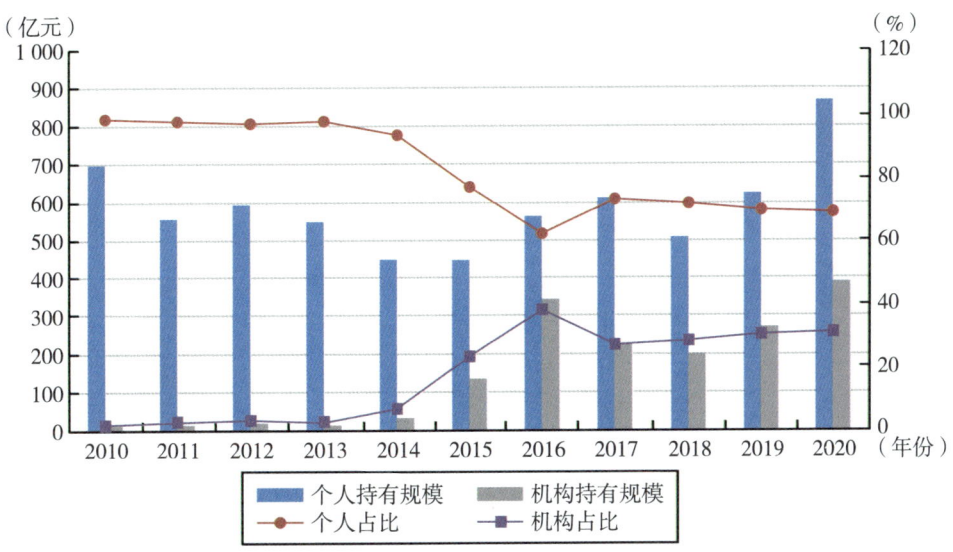

图 2-53 2010—2020 年 QDII 基金的持有人结构

资料来源：中国银河证券基金研究中心。

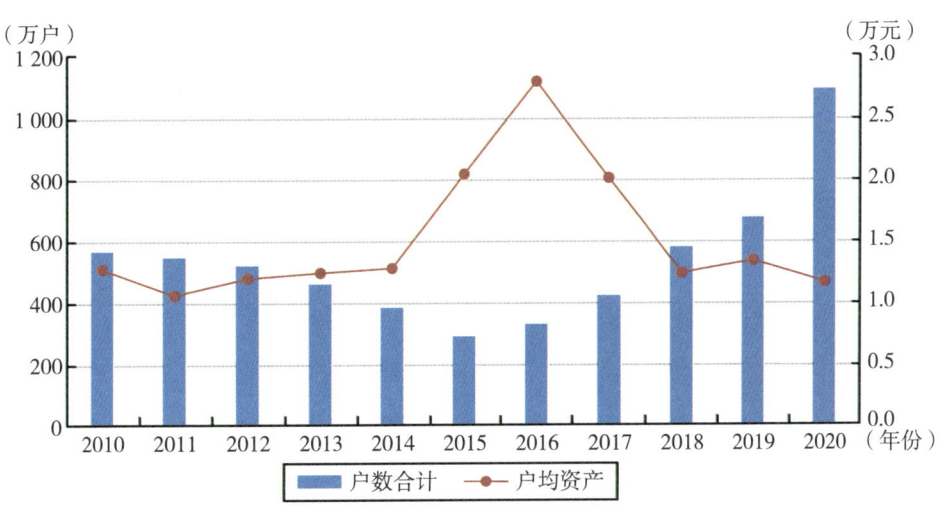

图 2-54 2010—2020 年 QDII 基金持有人户数及户均资产

资料来源：中国银河证券基金研究中心。

六、基金中基金（FOF）

（一）FOF的基金数量与规模

2020年底，FOF的基金数量为142只，较上年度增加59只，增幅71%；资产净值为911亿元，较上年度增加528亿元，增幅138%；基金份额为763亿份，较上年度增加400亿份，增幅110%（见图2-55）。FOF自2017年起步，2019年和2020年迎来了快速发展。

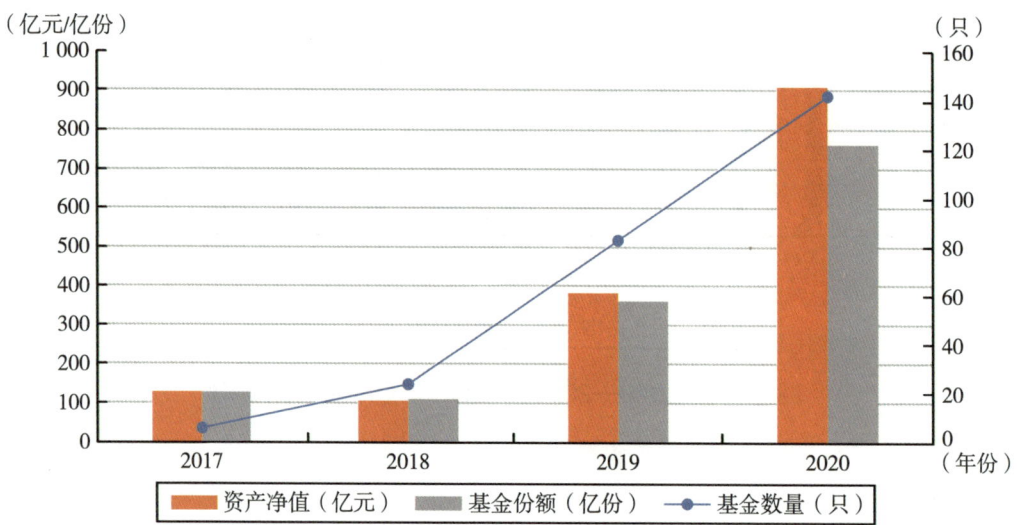

图2-55　2017—2020年FOF的数量、资产净值与份额规模

资料来源：中国银河证券基金研究中心。

基金数量上看，养老目标日期FOF共49只，占比34.5%；养老目标风险FOF共55只，占比38.7%；其他混合型FOF共37只，占比26.1%；2020年新推出的股票型FOF数量1只，占比0.7%（见图2-56A）。

从基金规模上看，养老目标日期FOF计145亿元，占比计15.9%；养老目标风险FOF计446亿元，占比48.9%；其他混合型FOF计319亿元，占比35.0%；股票型FOF计1.4亿元，占比0.2%（见图2-56B）。

（二）FOF的周转率

2020年度，投资者持有FOF的年度周转率62%，较2019的27%有显著上升，但依然是所有基金类别中周转率最低的，主要原因是2018年9月以来发行的FOF基本上都是有持有期要求的，以1年期和3年期居多（见图2-57）。

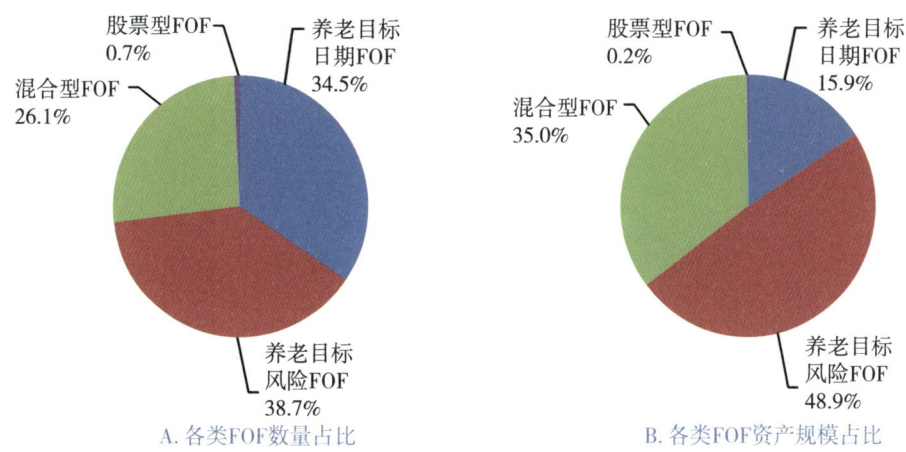

图 2-56 2020 年末各类 FOF 的基金数量及资产规模占比

资料来源：中国银河证券基金研究中心。

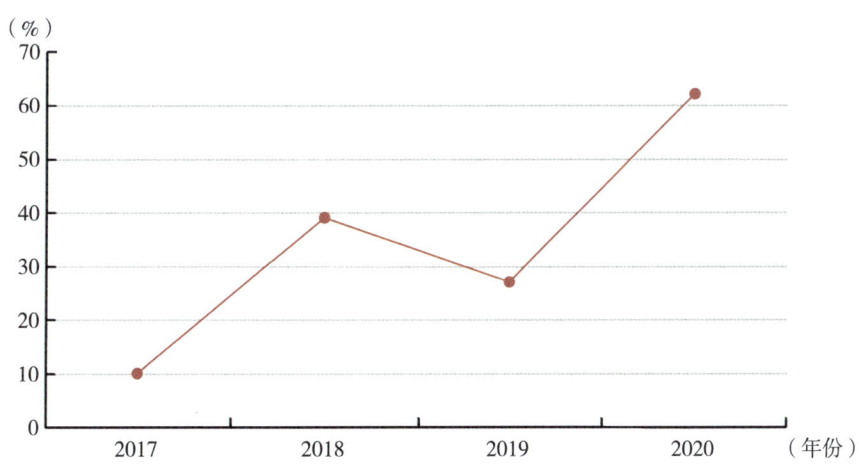

图 2-57 2017—2020 年投资者持有 FOF 的年度周转率

资料来源：中国银河证券基金研究中心。

(三) FOF的持有人结构

2020年底，个人投资者持有FOF占比90%，机构投资者持有FOF占比10%。自2017年FOF起步发展以来，个人投资者一直占据主导地位，2020年机构持有的规模和比例都有显著的上升（见图2-58）。

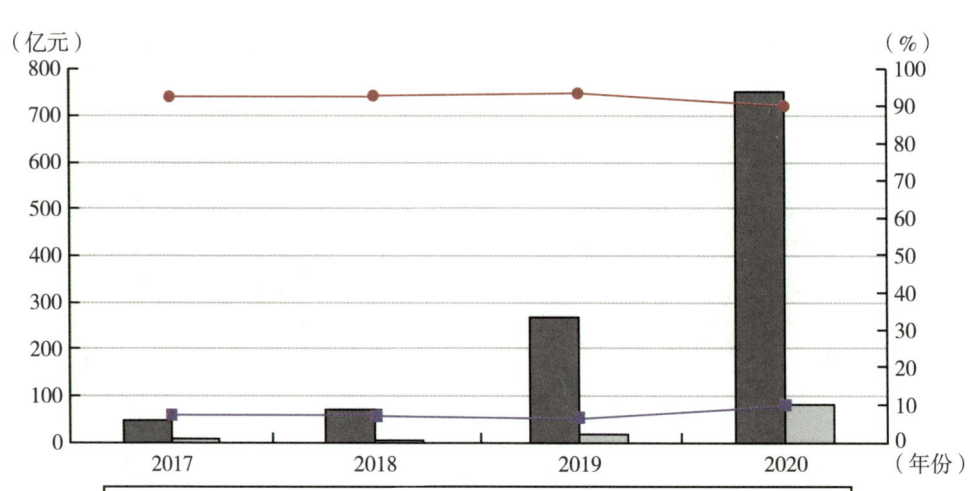

图 2-58　2017—2020 年 FOF 的持有人结构

资料来源：中国银河证券基金研究中心。

2020年底，FOF的持有人户数合计223万户，较上年度增加了66万户，增幅42%；户均持有资产3.7万元，较上年度增加1.9万元，增幅103%（见图2-59）。

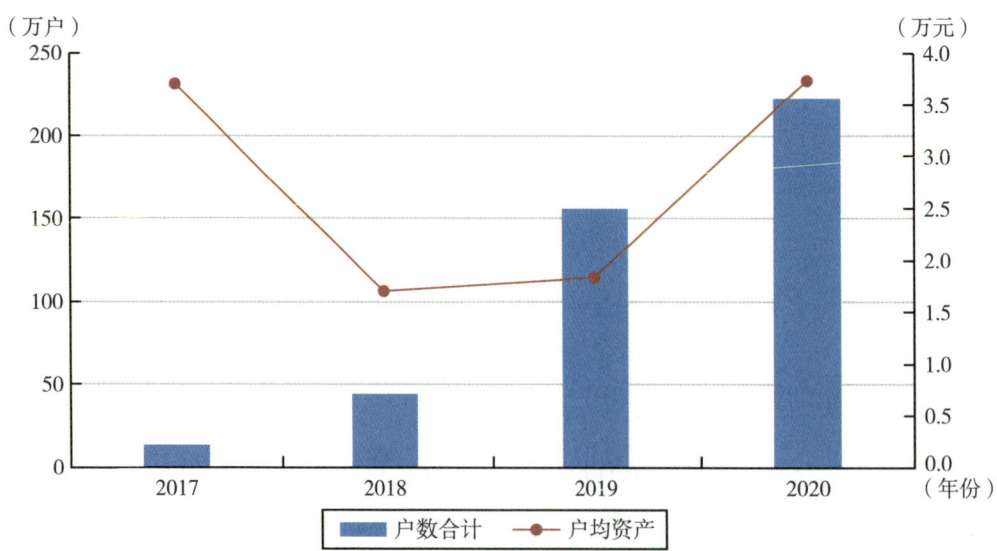

图 2-59　2017—2020 年 FOF 持有人户数与户均资产

资料来源：中国银河证券基金研究中心。

（四）FOF的资产配置

2020年底，FOF的基金投资市值833亿元，占比84.4%；权益投资市值53亿元，占比6.2%；固定收益投资38亿元，占比4.5%；银行存款19亿元，占比2.3%；其他资产22亿元，占比2.6%（见图2-60）。与上年度相比，基金投资的比例上升了0.9个百分点，权益投资的比例上升1.2个百分点，银行存款下降了2.1百分点。

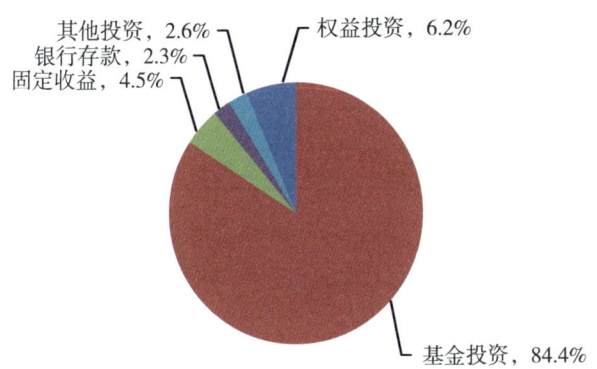

图2-60 2020年底FOF的资产配置

资料来源：中国银河证券基金研究中心。

第四节 公募基金销售及基金费率

一、基金销售业务概况

（一）基金销售认/申购及赎回情况

1. 认/申购情况

从基金销售各渠道认/申购金额看，商业银行渠道，认/申购金额占总体的32.6%，较上年有所提升；直销渠道占总体认、申购金额的比例自2017年开始下降，2020年度占比为31.6%；其次为独立基金销售机构渠道（以下简称"独销渠道"），认/申购金额占总体的25.3%，较上年有一定提升；证券公司渠道和其他渠道认/申购金额较上年均略有下降，分别占总体的8.3%和2.3%（见图2-61）。

第二章 公开募集证券投资基金

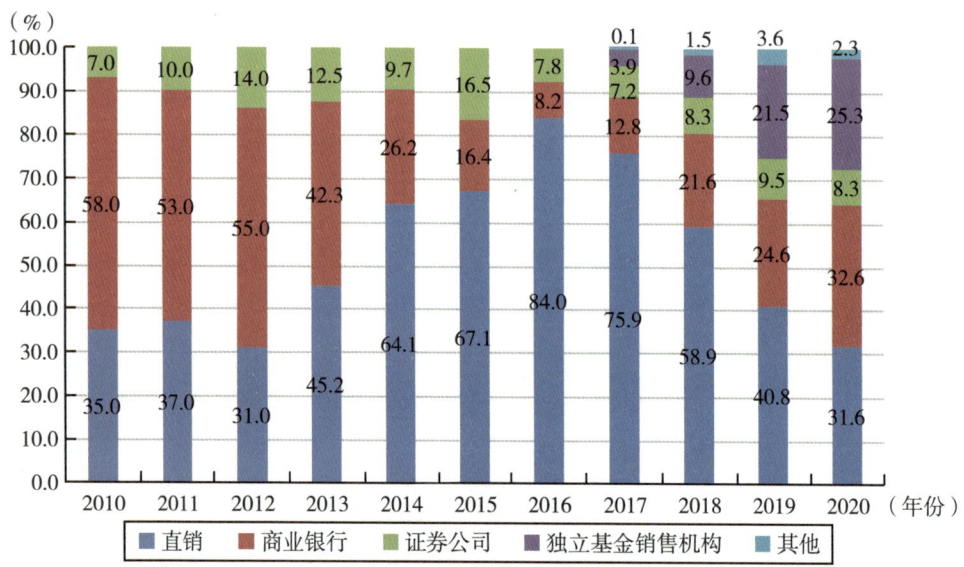

图2-61 基金认/申购渠道占比情况

资料来源：中国证券投资基金业协会。

从各基金类型看，2020年度，股票基金认/申购金额中，证券公司渠道占比最高为48.09%，其次为独销渠道占比27.15%；混合基金认/申购金额中，商业银行渠道占比最高为35.75%，其次为直销渠道占比31.16%；债券基金认/申购金额中，直销渠道占比最高为45.41%，其次为商业银行渠道占比29.21%；货币市场基金认/申购金额中，商业银行渠道占比最高为42.93%，其次是独销渠道占比33.06%（见图2-62）。

2.赎回情况

2020年度，赎回总金额中，直销渠道占比最大，为33.55%；其次为商业银行渠道，占比为32.68%；再次为独销渠道，占比为23.82%；证券公司渠道及其他渠道分别占比8.41%、1.54%。从各基金类型看，股票基金赎回金额中，证券公司渠道占比最高为48.04%，其次为独销渠道占比27.18%；混合基金赎回金额中，直销渠道占比最高为34.97%，其次为商业银行渠道占比32.96%；债券基金赎回金额中，直销渠道占比最高为51.79%，其次为商业银行渠道占比27.32%；货币市场基金赎回金额中，商业银行渠道占比最高为33.93%，其次为直销渠道占比33.81%（见图2-63）。

第四节 公募基金销售及基金费率

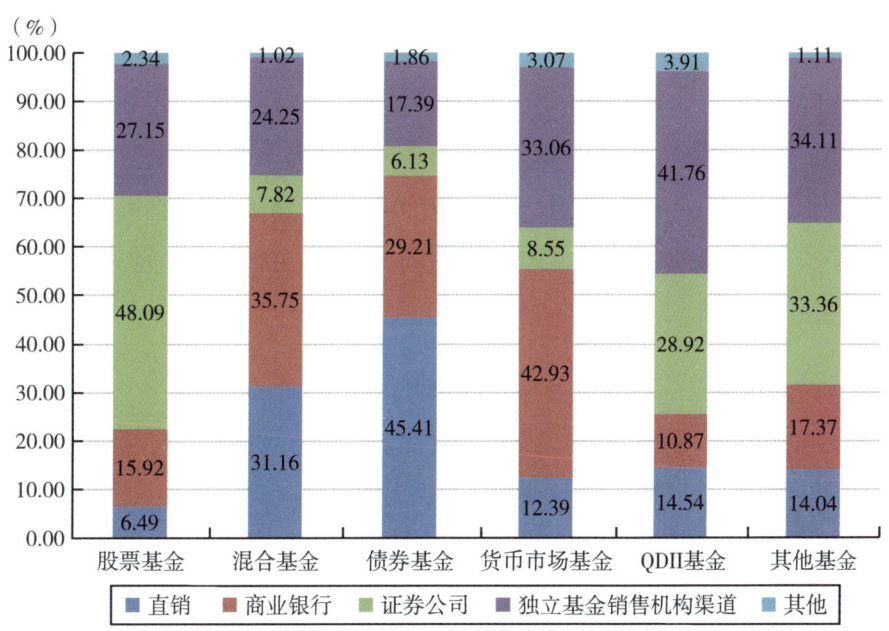

图 2-62 各类型基金认/申购渠道占比情况

资料来源：中国证券投资基金业协会。

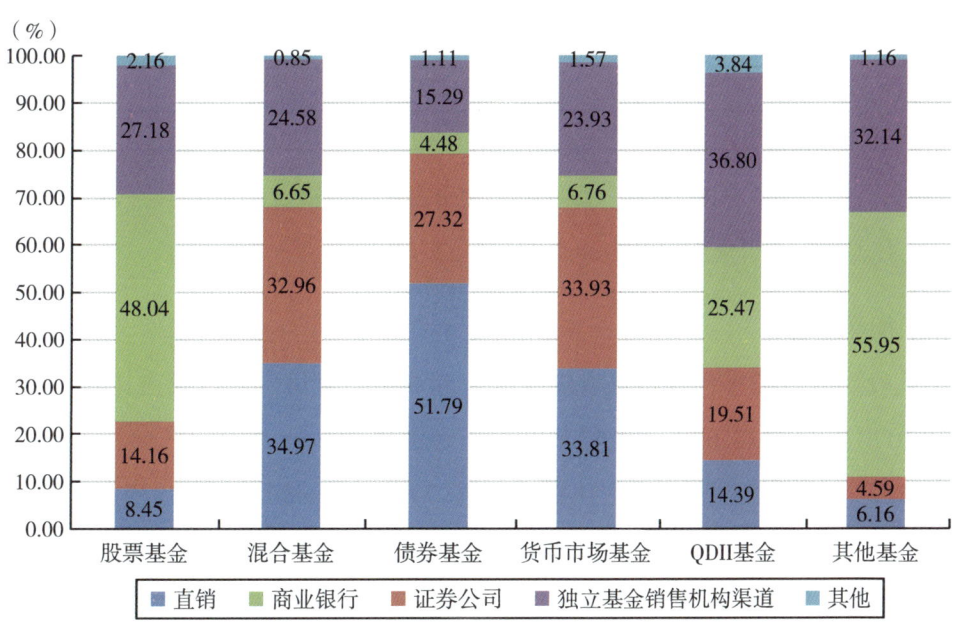

图 2-63 各类型基金赎回渠道占比情况

资料来源：中国证券投资基金业协会。

(二)基金销售保有规模情况

从基金销售各渠道保有规模看,截至2020年末,商业银行渠道保有规模占比小幅上升,为27.68%;证券公司渠道保有规模占比略有提升,为9.31%;独销渠道保有规模占比近几年持续提升,截至2020年末为14.54%;直销渠道保有规模占比仍最多,但下降较为明显,截至2020年末为48.03%;其他渠道保有规模占比仅为0.44%(见图2-64)。

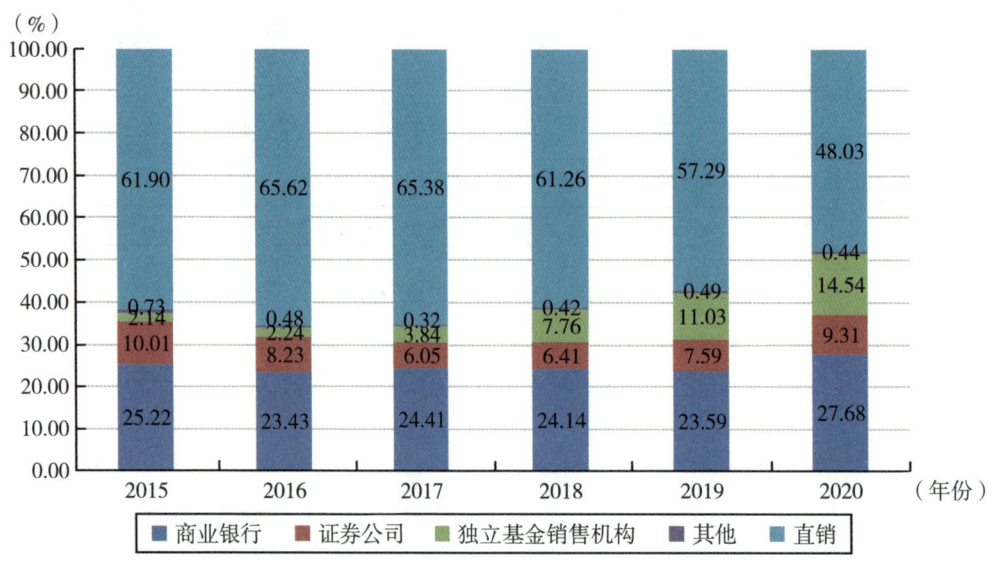

图2-64 各渠道基金销售保有规模占比

资料来源:中国证券投资基金业协会。

1.股票基金

从股票基金销售各渠道保有规模看,商业银行渠道保有规模占比逐年下降,截至2020年末为22.62%;证券公司渠道保有规模占比基本持平,2020年末为43.71%;独销渠道保有规模占比提升至18.77%;直销渠道保有规模占比略有下降,截至2020年末为12.35%;其他渠道保有规模占比略有降低,截至2020年末为2.54%(见图2-65)。

2.混合基金

从混合基金销售各渠道保有规模看,商业银行渠道保有规模占比稍有下降,截至2020年末为51.07%;证券公司渠道保有规模占比略有上升,2020年末占

图 2-65 各渠道股票基金销售保有规模占比

资料来源：中国证券投资基金业协会。

10.86%；独销渠道保有规模占比上升幅度较大，为 15.56%；直销渠道保有规模占比下降至 22.20%；其他渠道保有规模占比仅为 0.31%（见图 2-66）。

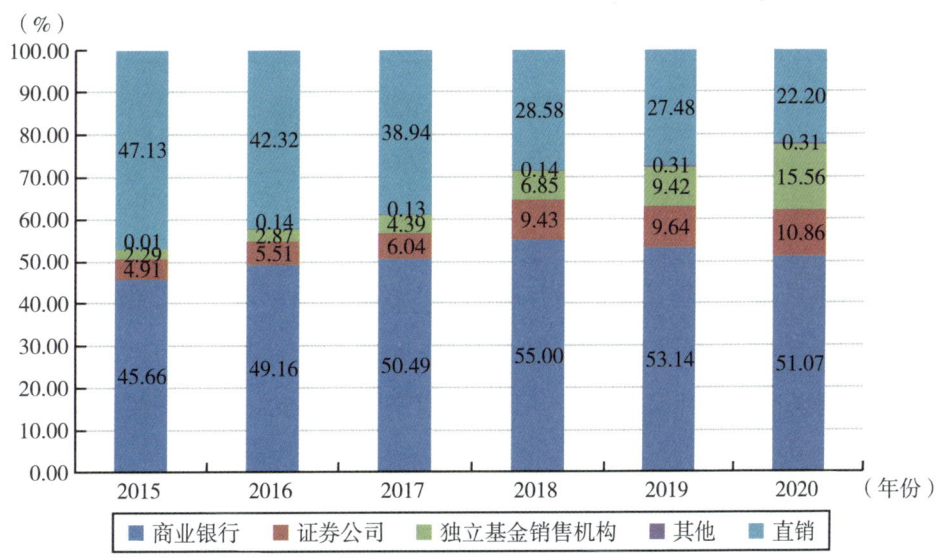

图 2-66 各渠道混合基金销售保有规模占比

资料来源：中国证券投资基金业协会。

3.债券基金

从债券基金销售各渠道保有规模看,商业银行渠道保有规模占比逐年下降,截至2020年末为9.39%;证券公司渠道保有规模占比较少,截至2020年末为1.00%;独销渠道保有规模占比略有上升,截至2020年末为5.18%;直销渠道保有规模占比近几年均超过80%,截至2020年末为84.35%;其他渠道保有规模占比仅为0.09%(见图2-67)。

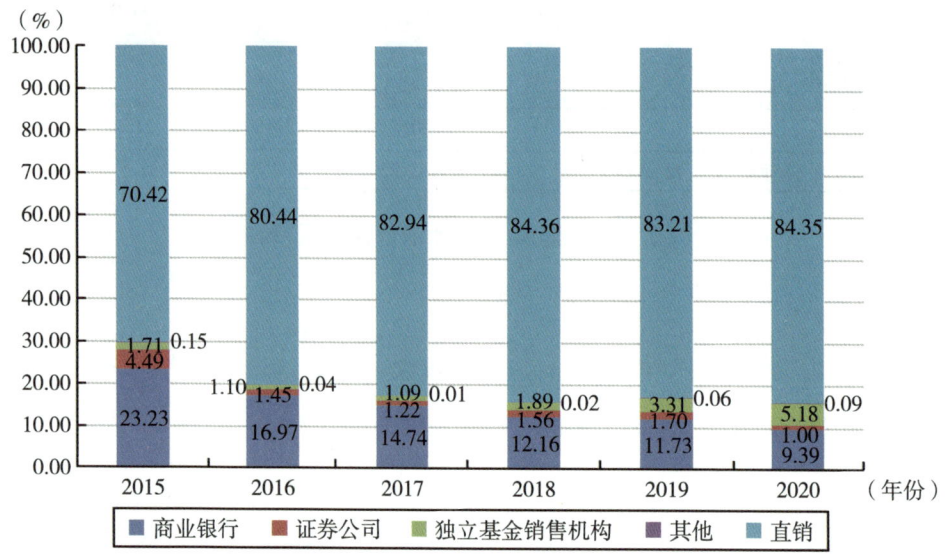

图2-67 各渠道债券基金销售保有规模占比

资料来源:中国证券投资基金业协会(AMAC)。

4.货币市场基金

从货币市场基金销售各渠道保有规模看,截至2020年末,商业银行渠道、独销渠道、证券公司渠道保有规模占比均有所提升,分别为26.29%、17.69%和5.13%;直销渠道保有规模占比逐年下降,但仍保持在50%以上,截至2020年末为50.62%;其他渠道保有规模占比仅为0.26%(见图2-68)。

5.基金中基金

从基金中基金销售各渠道保有规模看,截至2020年末,商业银行渠道保有规模占比大幅上升,为74.68%;证券公司渠道保有规模占比略有上升,为7.39%;独销渠道和直销渠道保有规模占比均有明显下降,分别为6.76%和11.00%;其他

第四节 公募基金销售及基金费率

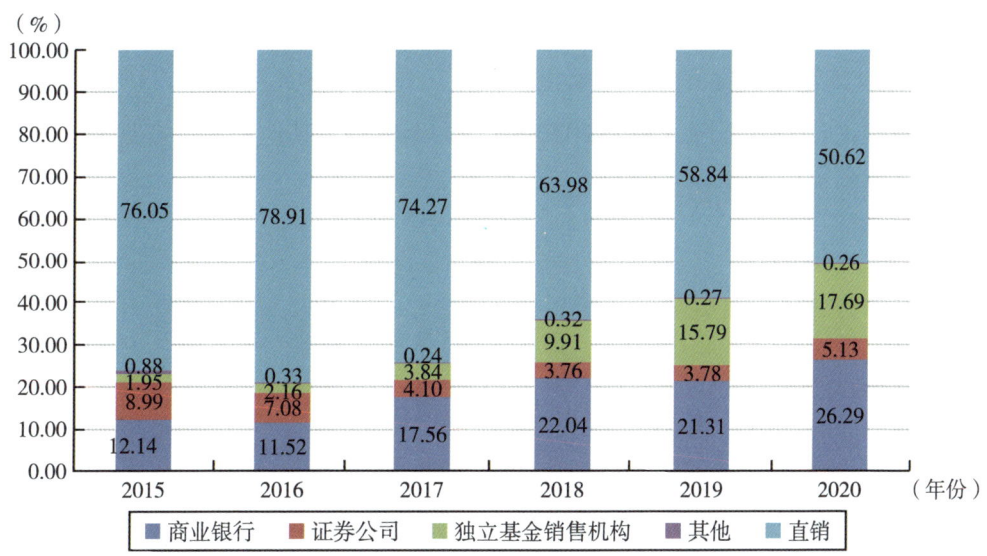

图 2-68 各渠道货币市场基金销售保有规模占比

资料来源：中国证券投资基金业协会（AMAC）。

渠道保有规模占比仅为0.17%（见图2-69）。

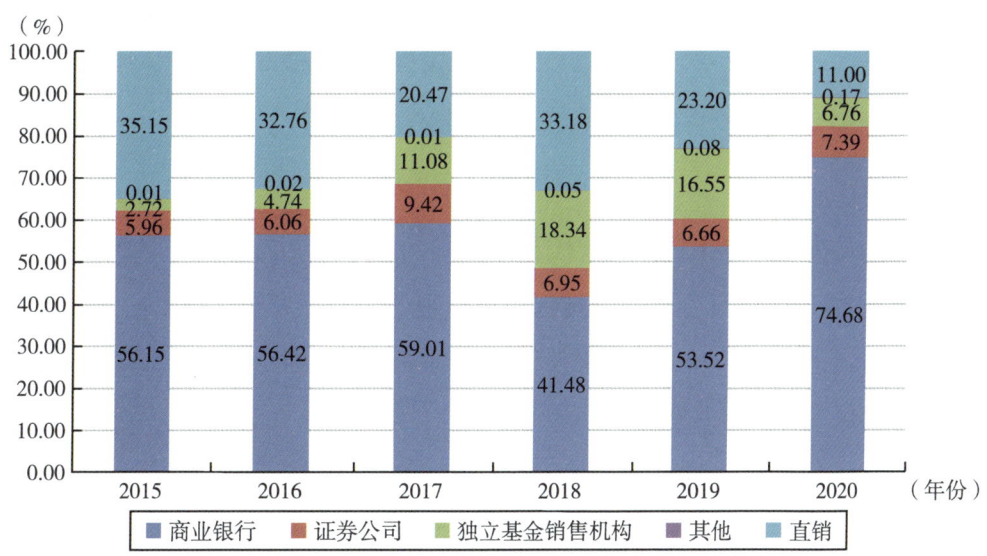

图 2-69 各渠道基金中基金销售保有规模占比

资料来源：中国证券投资基金业协会（AMAC）。

6. QDII基金

从QDII基金销售各渠道保有规模看，商业银行渠道保有规模占比逐年下降，截至2020年末为23.11%；证券公司渠道保有规模占比逐年上升，截至2020年末为32.38%；独销渠道保有规模占比上升明显，截至2020年末为29.33%；直销渠道保有规模占比略有下降，截至2020年末为14.84%；其他渠道保有规模占比下降明显，截至2020年末为0.34%（见图2-70）。

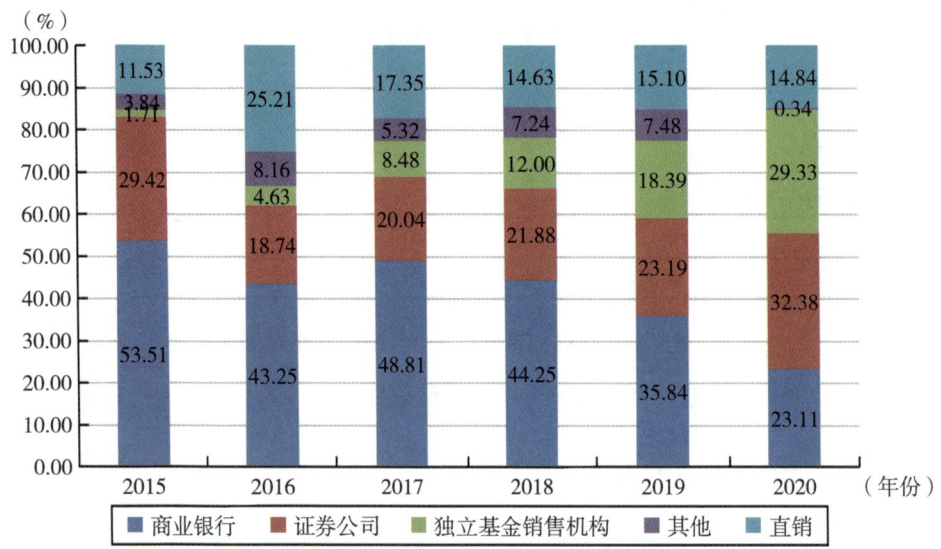

图2-70　各渠道QDII基金销售保有规模占比

资料来源：中国证券投资基金业协会（AMAC）。

7.其他基金

从其他基金销售各渠道保有规模看，截至2020年末，商业银行渠道保有规模占比上升至23.19%；证券公司渠道保有规模占比大幅上升至69.57%；独销渠道保有规模占比下降至3.78%；直销渠道保有规模占比下降至3.44%；其他渠道保有规模占比仅为0.01%（见图2-71）。

（三）基金销售机构销售收入结构

从基金销售机构总体销售收入结构看，2020年度，申购费收入占比较上年大幅上升，为31.75%；认购费收入占比上升至25.45%；销售服务费收入占比较上年大幅下降，为25.14%；赎回费收入占比小幅下降至16.11%；转换费收入占比依旧较少，为1.56%（见图2-72）。

第四节 公募基金销售及基金费率

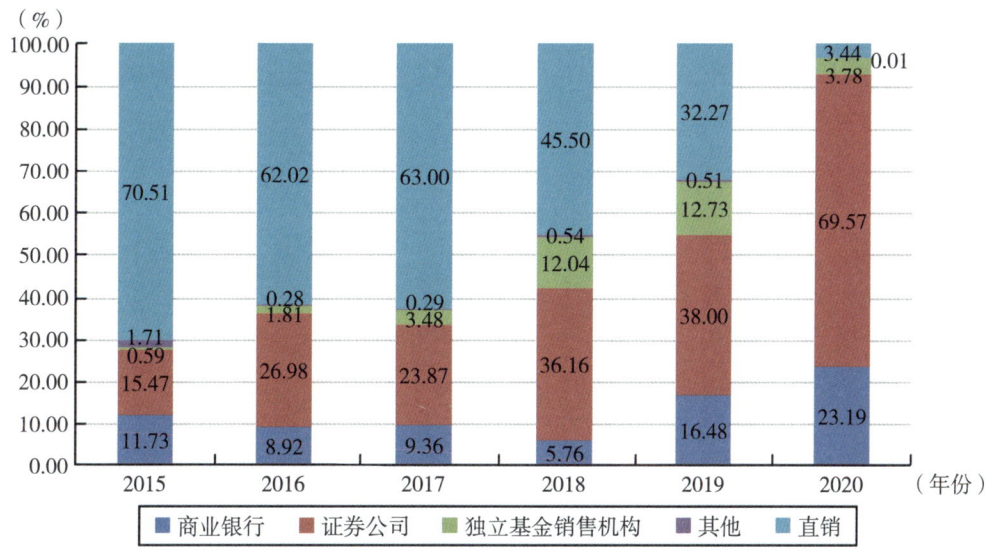

图 2-71 各渠道其他基金销售保有规模占比

资料来源：中国证券投资基金业协会（AMAC）。

图 2-72 销售收入占比

资料来源：中国证券投资基金业协会（AMAC）。

1.商业银行

从商业银行销售收入结构看，2020年度，申购费收入占比仍保持最高，并较上年小幅上升，为40.97%；其次为认购费收入占比，较上年大幅上升，为

67

第二章 公开募集证券投资基金

34.79%；再次为销售服务费收入占比，较上年大幅降低，为14.05%；赎回费收入占比小幅上升，为9.32%；转换费收入占比依旧较小，为0.87%（见图2-73）。

图2-73 商业银行销售收入占比

资料来源：中国证券投资基金业协会（AMAC）。

2.证券公司

从证券公司销售收入结构看，2020年度，认购费收入占比最高，较上年大幅上升，为40.98%；申购费收入占比同样较上年有大幅上升，为36.09%；销售服务费收入占比较上年大幅下降，为14.13%；赎回费收入占比较上年有大幅下降，为8.41%；转换费收入占比仅为0.38%（见图2-74）。

3.独立基金销售机构

从独销渠道销售收入结构看，2020年度，销售服务费收入占比最高，为38.23%，较上年小幅下降；其次为赎回费收入占比，为28.64%，较上年有所下降；再次为申购费收入，占比为25.71%，较上年有所上升；认购费收入占比上升明显，为6.11%；转换费收入占比为1.31%（见图2-75）。

4.直销

从直销渠道销售收入结构看，2020年度，占比最高的仍为销售服务费收入，为54.35%，较上年下降明显；其次为赎回费收入，占比为30.81%，较上年小幅

第四节 公募基金销售及基金费率

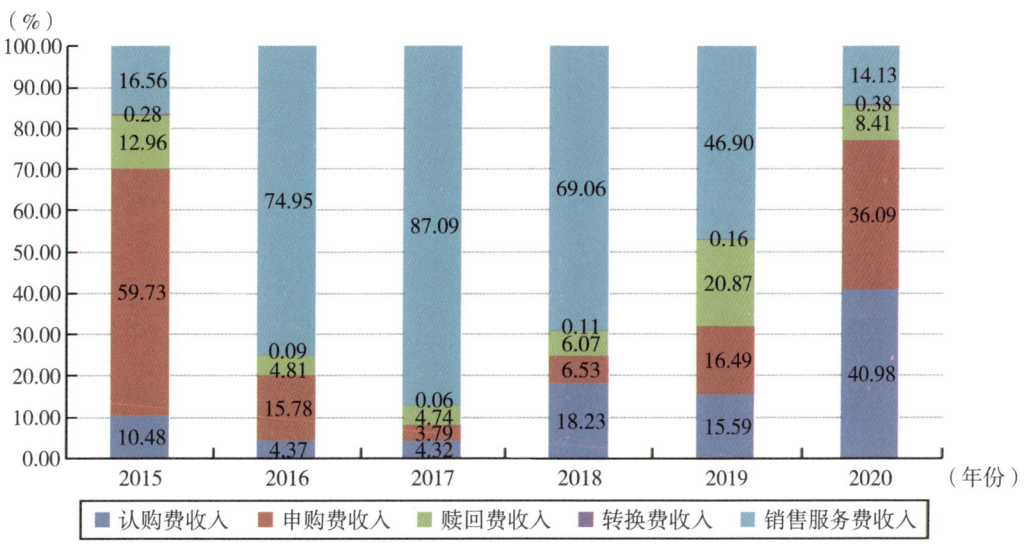

图 2-74 证券公司销售收入占比

资料来源：中国证券投资基金业协会（AMAC）。

图 2-75 独立基金销售机构销售收入占比

资料来源：中国证券投资基金业协会（AMAC）。

上升；申购费收入、转换费收入、认购费收入占比均略有上升，但依旧较小，分别为6.11%、4.54%、4.18%（见图2-76）。

第二章 公开募集证券投资基金

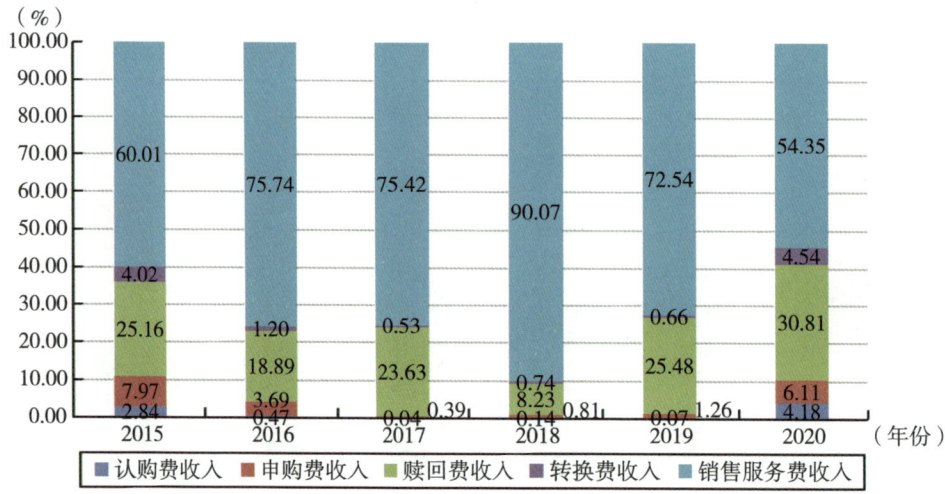

图 2-76 直销销售收入占比

资料来源：中国证券投资基金业协会（AMAC）。

5. 其他

从其他类销售机构销售收入结构看，2020年度，销售服务费收入占比仍然最大，为38.86%，但较上年有下降明显；其次为申购费收入，占比为36.24%，较上年大幅上升；再次为赎回费收入，占比为16.86%，较上年下降明显；认购费收入占比略有上升，为6.59%；转换费收入占比上升至1.46%（见图2-77）。

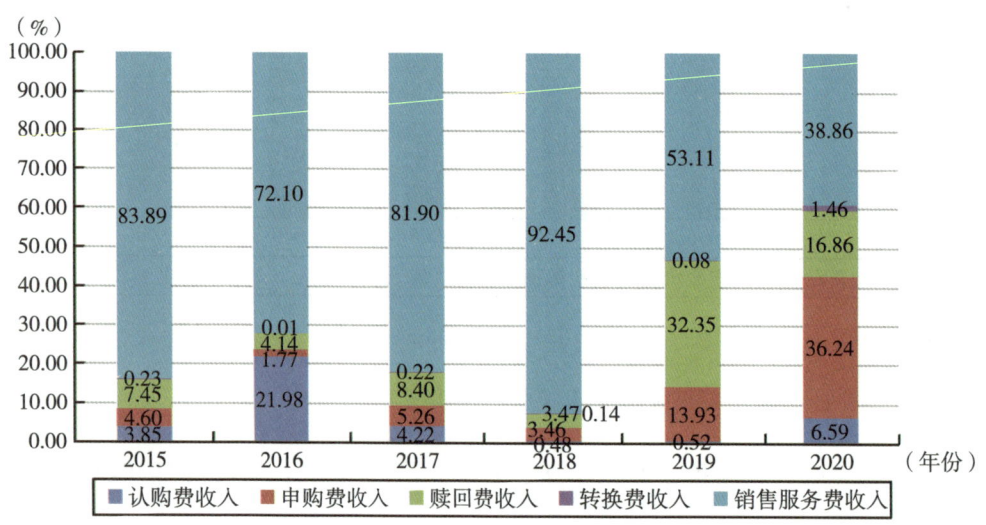

图 2-77 其他渠道销售收入占比

资料来源：中国证券投资基金业协会（AMAC）。

二、基金销售费率

(一)认购费率

2020年,不同类型新发基金规模加权平均认购费率(此处为最高认购费率,以下简称"平均认购费率")变化方向有所不同。FOF和混合基金的平均认购费率较2019年分别下降了0.08和0.05个百分点;股票基金、QDII基金、其他基金和债券基金新发产品平均认购费率水平较2019年略有上升,平均水平分别上升0.36个、0.27个、0.15个和0.01个百分点。整体来看,2020年主动管理股票基金迎来发行潮,当年平均认购费率水平有所上升;但从多年数据来看,各类型基金产品规模加权平均认购费率水平呈下降趋势(见图2-78)。

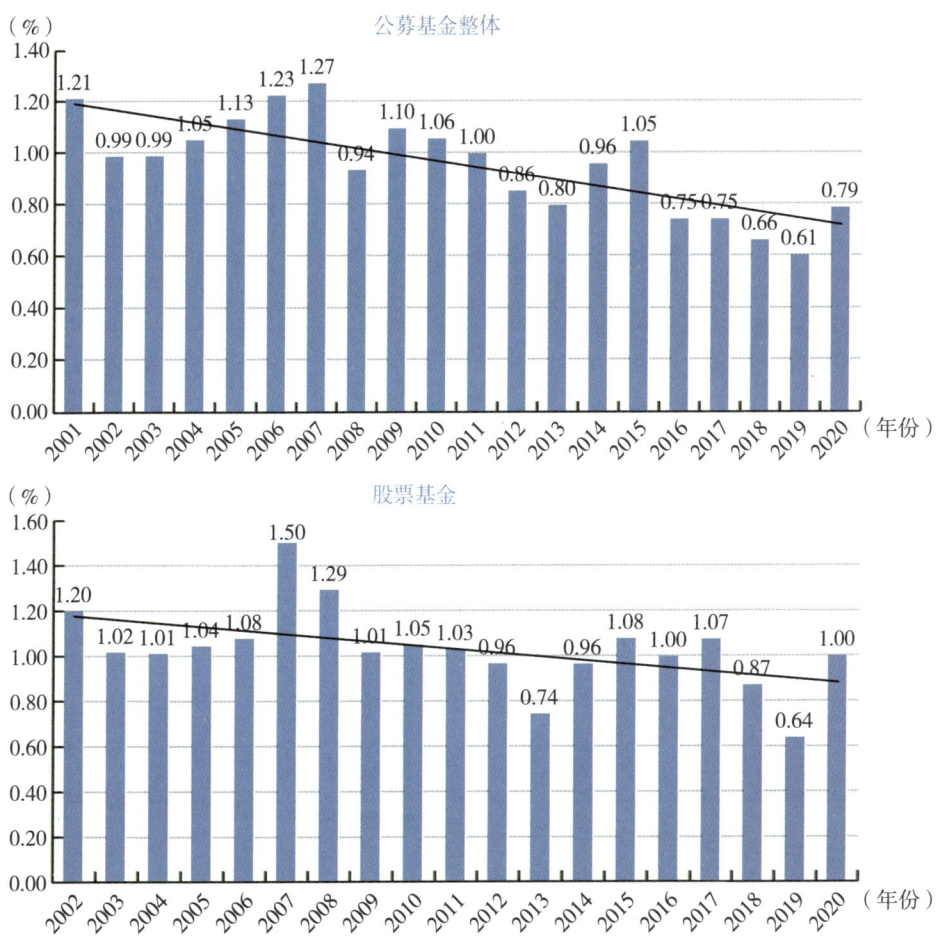

第二章 公开募集证券投资基金

混合基金

债券基金

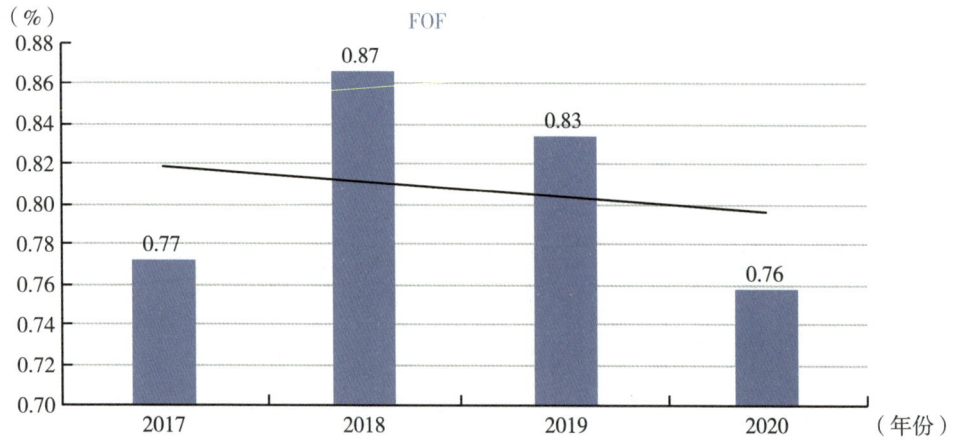

FOF

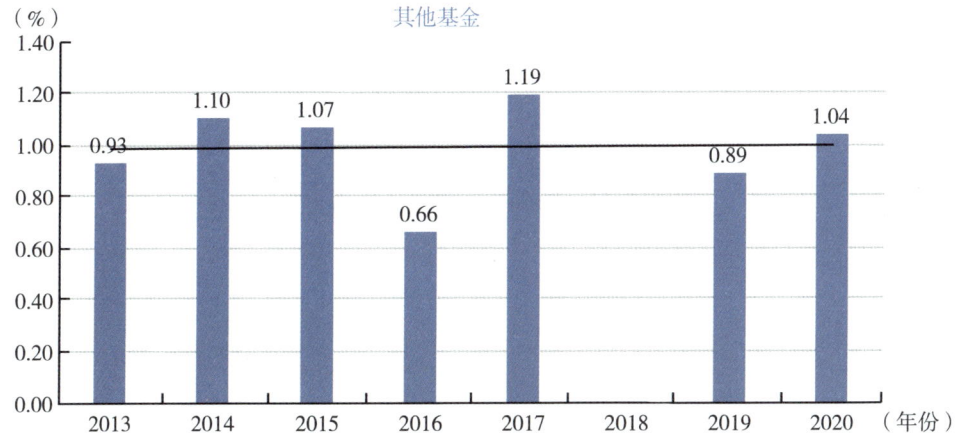

注：(1) 当年无新成立产品；当年新成立产品中无收取该项费用的产品，则对应年度无相关数据，图中以空白列示，下同。

(2) 部分年份满足统计要求的样本数量较少，或存在异常值导致平均费率水平过高/过低，下同。

图 2-78　公募基金整体及各类型基金平均认购费率

资料来源：上海证券基金评价研究中心，Wind 资讯。

（二）申购费率

2020年，不同类型新发基金规模加权平均申购费率（此处为最高申购费率，以下简称"平均申购费率"）较前期有不同幅度的下调，其他基金、FOF和混合基金的平均申购费率较2019年分别下降了0.14个、0.09个和0.07个百分点（见图2-79）。与认购费率趋势变动相似，QDII基金和股票基金平均申购费率较2019年有所上升，分别增长了0.40个和0.13个百分点。整体看来，不同类型基金中投资者实际付出的申购费率较前期均有所下降，进一步减少了投资者在产品申购时的成本。

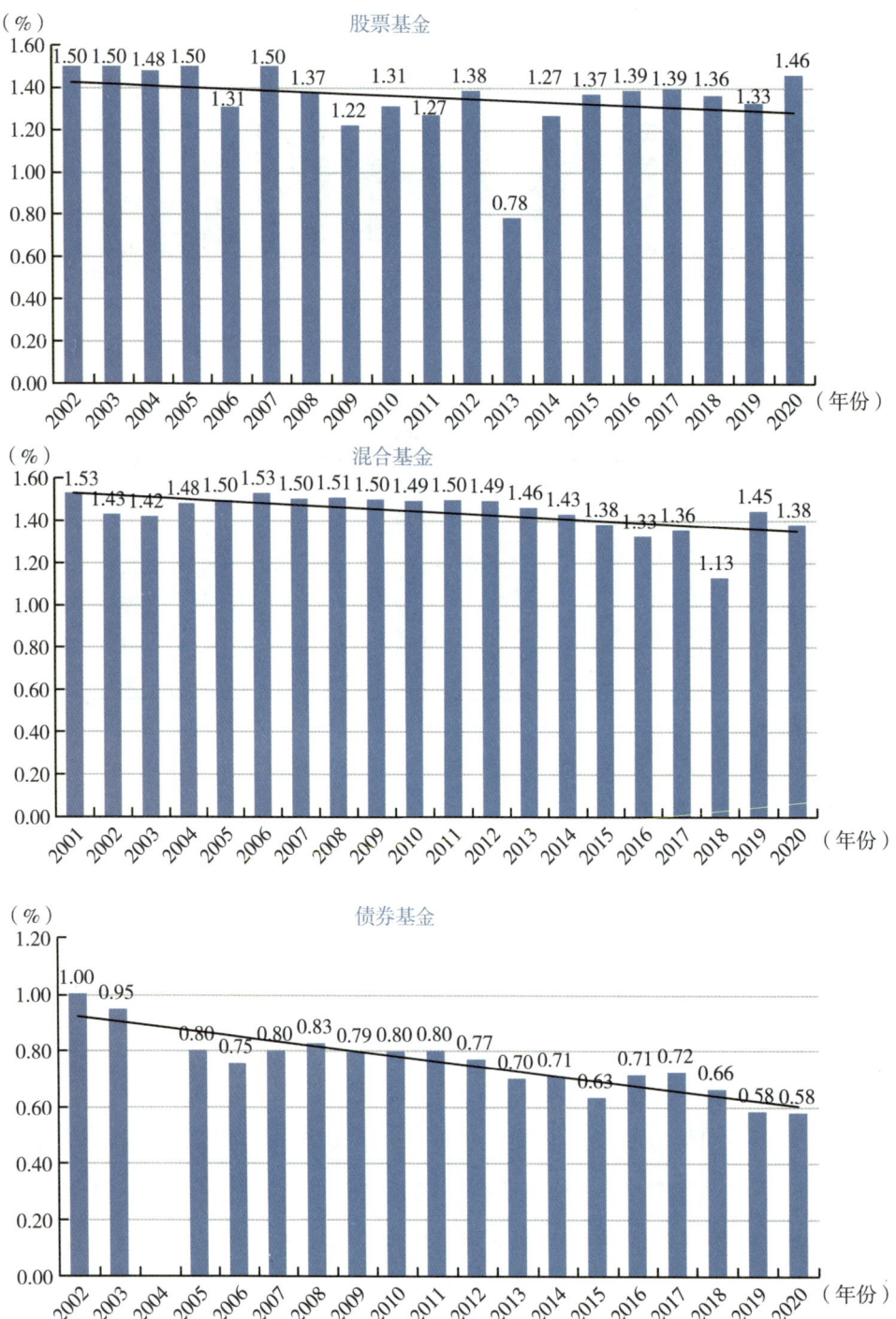

第四节 公募基金销售及基金费率

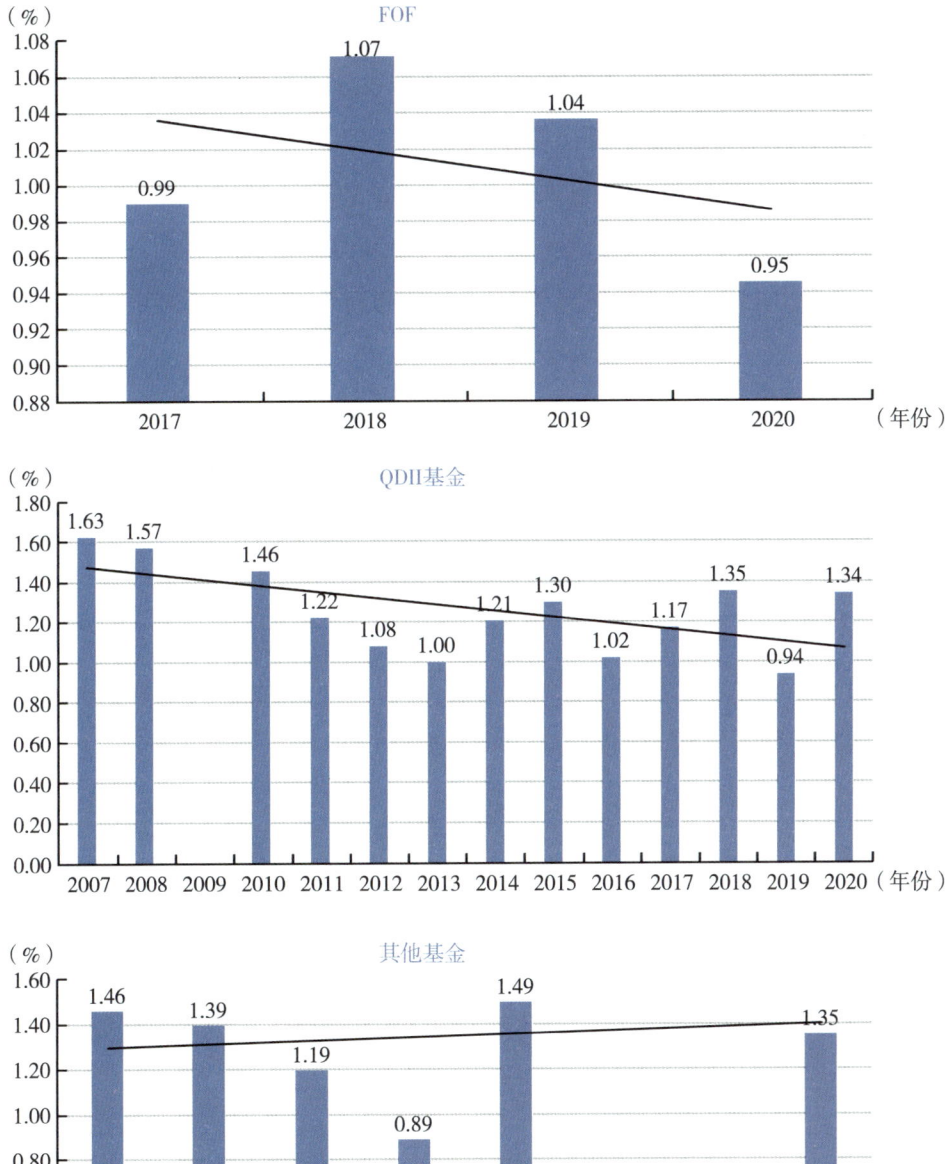

图 2-79 各类型基金平均申购费率

资料来源：上海证券基金评价研究中心、Wind 资讯。

(三)赎回费率

2017年8月31日《公开募集开放式证券投资基金流动性风险管理规定》颁布,要求除货币市场基金与交易型开放式指数基金以外的开放式基金,对持续持有期少于7日的投资者收取不低于1.5%的赎回费。因此,回顾历年新成立基金现有的赎回费率收取情况,基本均已调整至最高赎回费率为1.50%的水平。本部分以基金成立年份当年末最高赎回费率作为统计对象,以展现其趋势变化。

2020年,持有期基金数量的大幅抬升展现了市场引导长期投资的理念,投资者买入此类产品的基金份额后,持有期内无法赎回。此类产品的持有期设置或超过7日,持有期基金的最高赎回费率或不为1.5%。

2020年,受部分定期开放基金和持有期基金带来的数据影响,各类型基金的规模加权平均赎回费率(此处为最高赎回费率,以下简称"平均赎回费率")略有下降。混合基金、债券基金和FOF基金平均赎回费率略有上升,平均赎回费率分别为1.49%、1.48%和1.42%;股票基金和QDII基金平均赎回费率较2019年有所下降,其他基金平均赎回费率保持2019年水平(见图2-80)。

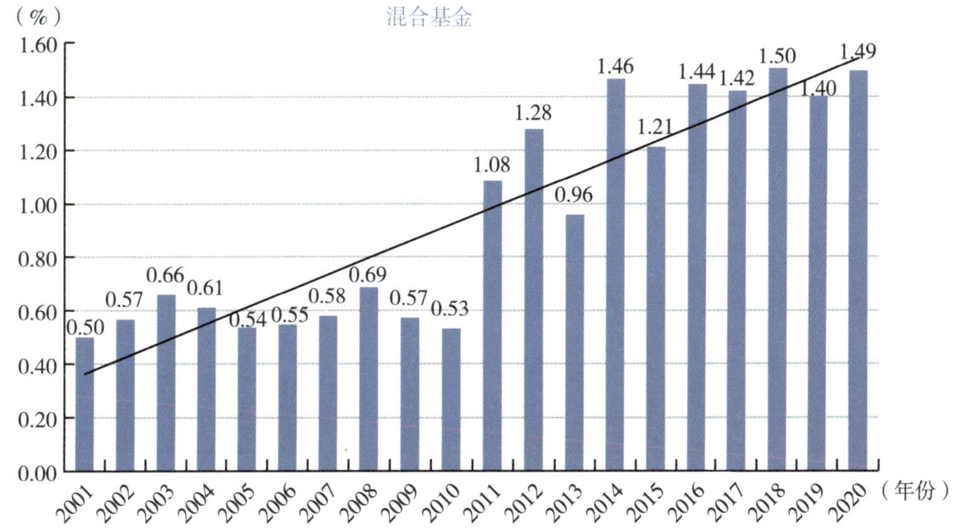
混合基金
（%）
1.60
1.40
1.20
1.00
0.80
0.60
0.40
0.20
0.00
0.50 0.57 0.66 0.61 0.54 0.55 0.58 0.69 0.57 0.53 1.08 1.28 0.96 1.46 1.21 1.44 1.42 1.50 1.40 1.49
2001 2002 2003 2004 2005 2006 2007 2008 2009 2010 2011 2012 2013 2014 2015 2016 2017 2018 2019 2020
（年份）

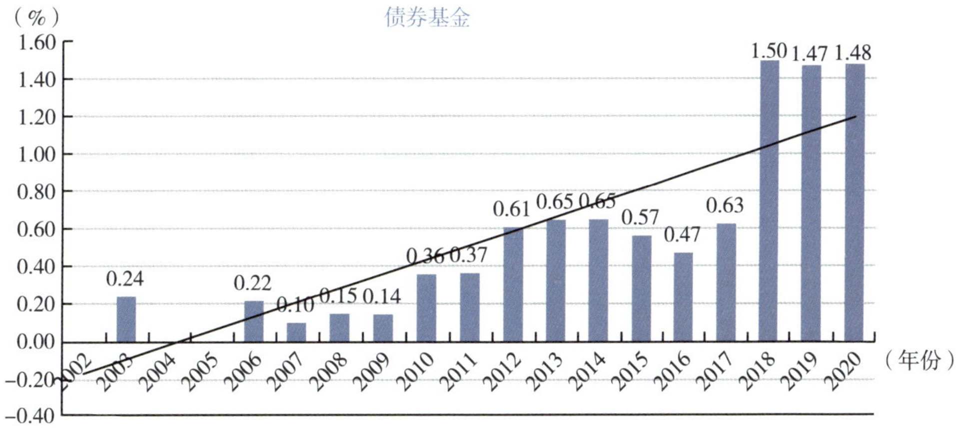
债券基金
（%）
1.60
1.40
1.20
1.00
0.80
0.60
0.40
0.20
0.00
−0.20
−0.40
0.24 0.22 0.10 0.15 0.14 0.36 0.37 0.61 0.65 0.65 0.57 0.47 0.63 1.50 1.47 1.48
2002 2003 2004 2005 2006 2007 2008 2009 2010 2011 2012 2013 2014 2015 2016 2017 2018 2019 2020
（年份）

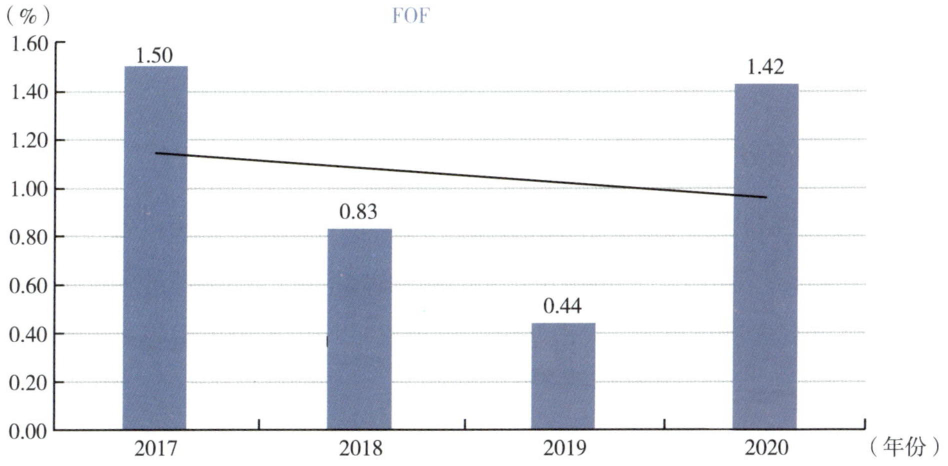
FOF
（%）
1.60
1.40
1.20
1.00
0.80
0.60
0.40
0.20
0.00
1.50 0.83 0.44 1.42
2017 2018 2019 2020
（年份）

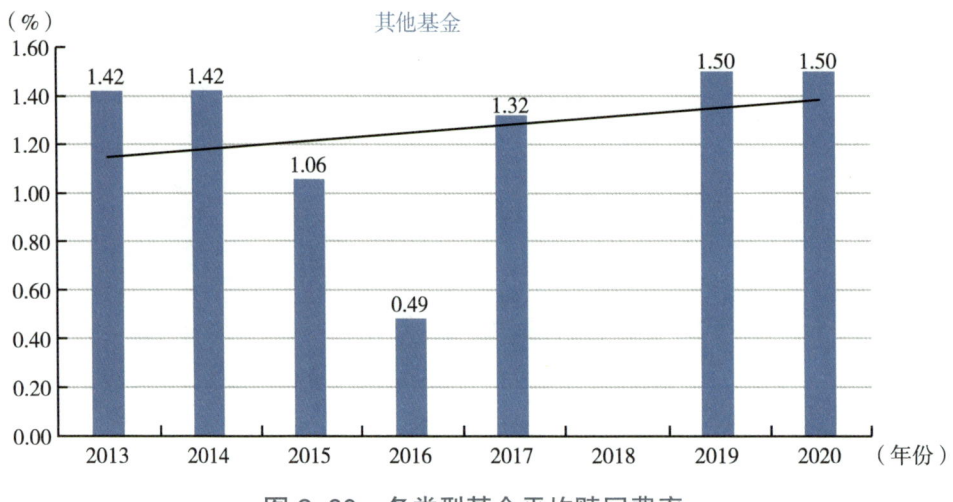

图 2-80　各类型基金平均赎回费率

资料来源：上海证券基金评价研究中心，Wind 资讯。

（四）销售服务费率

2020年，混合基金和股票基金规模加权平均销售服务费率相对偏高，分别为0.48%和0.42%；其他基金、QDII基金和债券基金次之，平均销售服务费率分别为0.41%、0.32%和0.25%；货币基金规模加权平均销售服务费率为0.01%（见图2-81）。

第四节 公募基金销售及基金费率

股票基金

混合基金

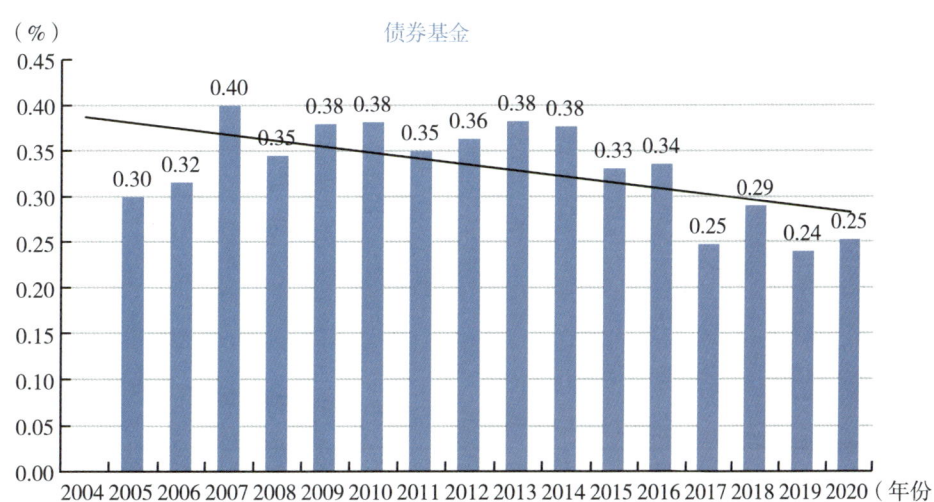

债券基金

第二章 公开募集证券投资基金

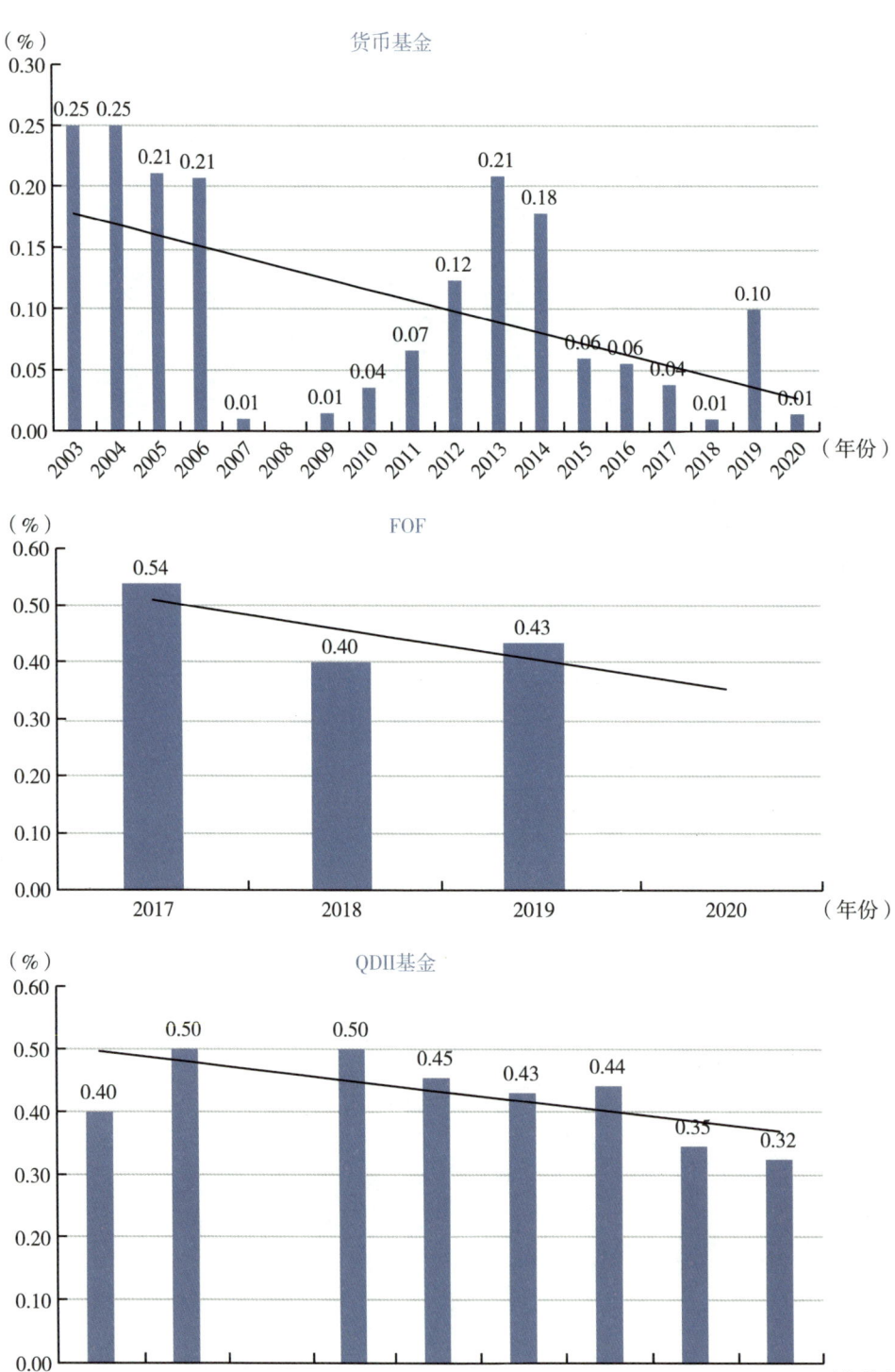

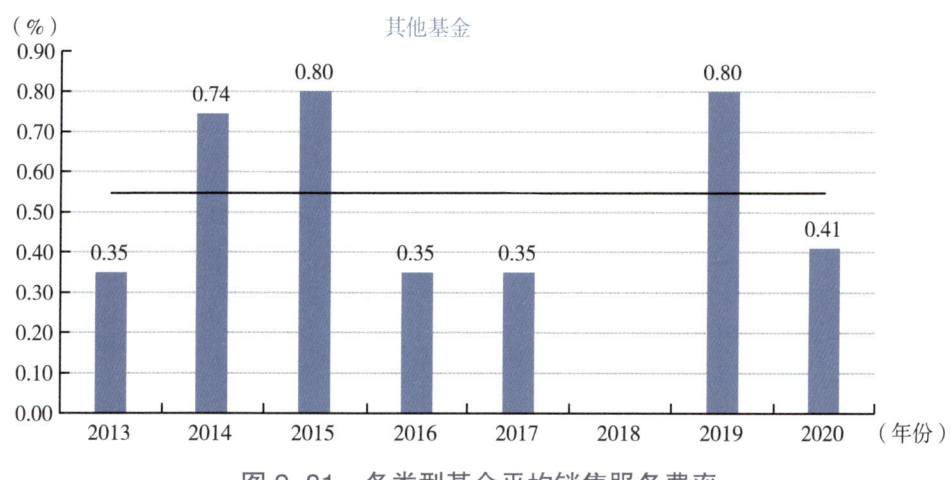

图 2-81　各类型基金平均销售服务费率

资料来源：上海证券基金评价研究中心，Wind 资讯。

三、基金管理费率与托管费率

（一）不同产品类型基金管理费率与托管费率

1. 管理费率

2020 年，公募基金管理费率得到了进一步优化。一方面，基金管理公司为增强旗下基金的竞争力，进一步减轻投资者投资成本，多家基金公司下调管理费率。依基金公告统计[①]，2020 年全年，共有 24 只现存基金（以基金份额统计）进行了管理费率的下调。另一方面，浮动管理费率基金在 2020 年获得市场较大关注，多只计提浮动管理费的基金成立。截至 2020 年末，市场上共 91 只浮动管理费基金存续。

从可追溯的数据来看，除混合基金和债券基金外，2020 年成立的各类型基金的规模加权平均管理费率（以下简称"平均管理费率"）较前期均有不同幅度上升。主动管理股票基金在 2020 年的较大幅度发展使得当年成立股票基金的平均管理费率有所提升，为 1.07%，较 2019 年上升 0.58 个百分点；其他基金、QDII 基金、FOF 和货币基金平均管理费率分别为 1.14%、1.09%、0.74% 和 0.23%，较 2019 年上升 0.61 个、0.27 个、0.10 个和 0.12 个百分点；混合基金和债券基金平均

---

① 公告名称中明确含有"调整管理费率"字样。

管理费率分别为1.35%和0.21%，较2019年小幅下降（见图2-82）。

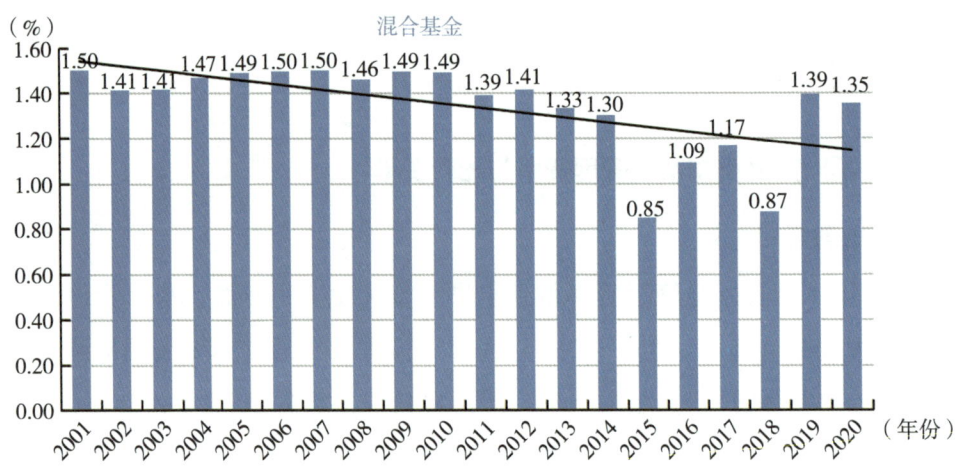

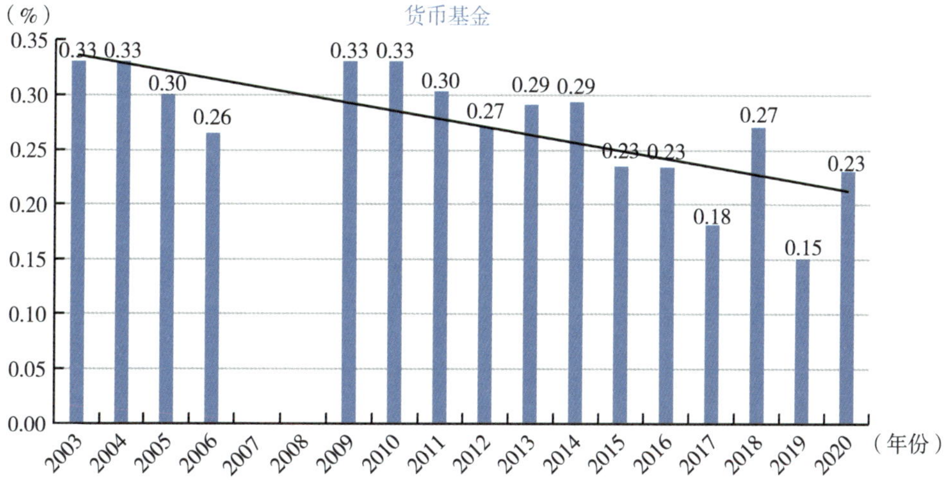

第四节 公募基金销售及基金费率

货币基金

年份	费率(%)
2003	0.33
2004	0.33
2005	0.30
2006	0.26
2009	0.33
2010	0.33
2011	0.30
2012	0.27
2013	0.29
2014	0.29
2015	0.23
2016	0.23
2017	0.18
2018	0.27
2019	0.15
2020	0.23

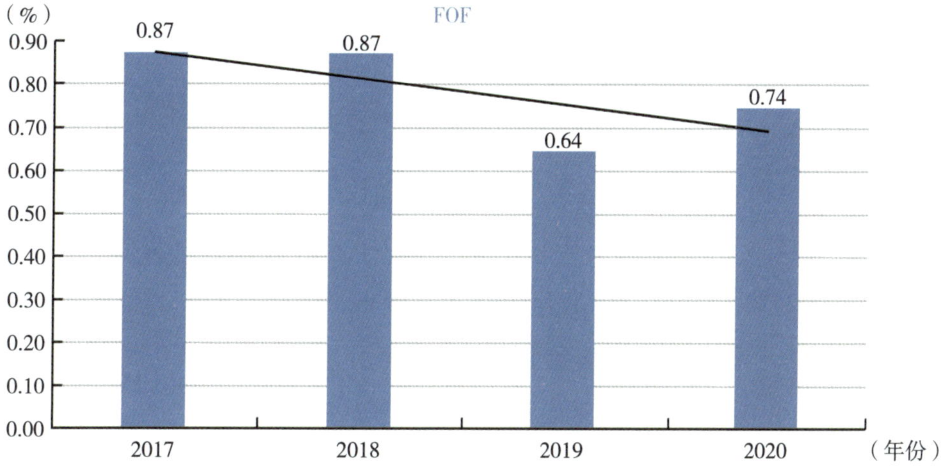

FOF

年份	费率(%)
2017	0.87
2018	0.87
2019	0.64
2020	0.74

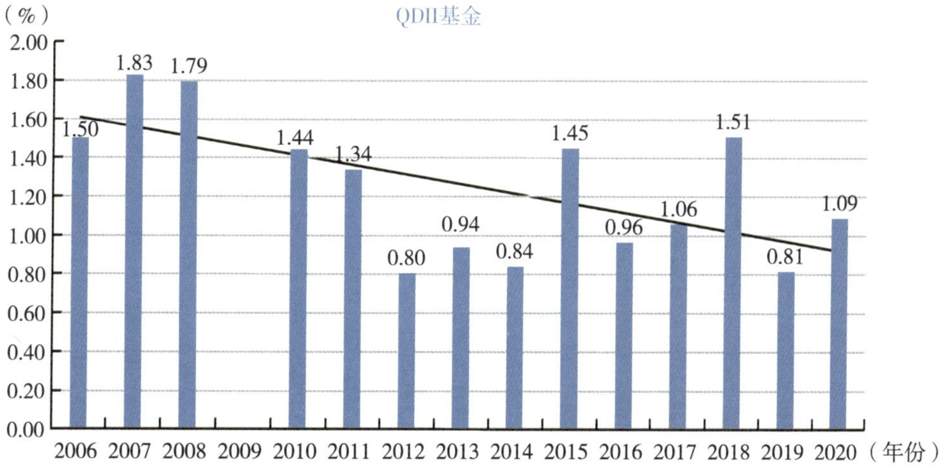

QDII基金

年份	费率(%)
2006	1.50
2007	1.83
2008	1.79
2010	1.44
2011	1.34
2012	0.80
2013	0.94
2014	0.84
2015	1.45
2016	0.96
2017	1.06
2018	1.51
2019	0.81
2020	1.09

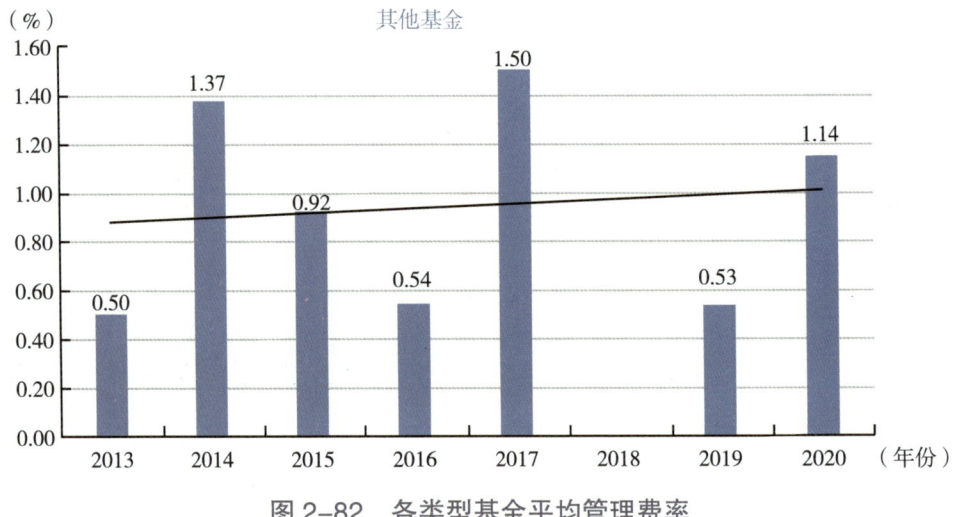

图2-82 各类型基金平均管理费率

资料来源：上海证券基金评价研究中心，Wind 资讯。

2.托管费率

从托管费率来看，近年来各类型基金规模加权平均托管费率（以下简称"平均托管费率"）趋势与管理费率基本一致。2020年，新成立QDII基金平均托管费率最高，为0.24%，较2019年上升0.05个百分点；混合基金、其他基金、股票基金、FOF、货币基金和债券基金平均托管费率分别为0.23%、0.20%、0.18%、0.17%、0.06%和0.06%，较前期走势不一（见图2-83）。

第四节 公募基金销售及基金费率

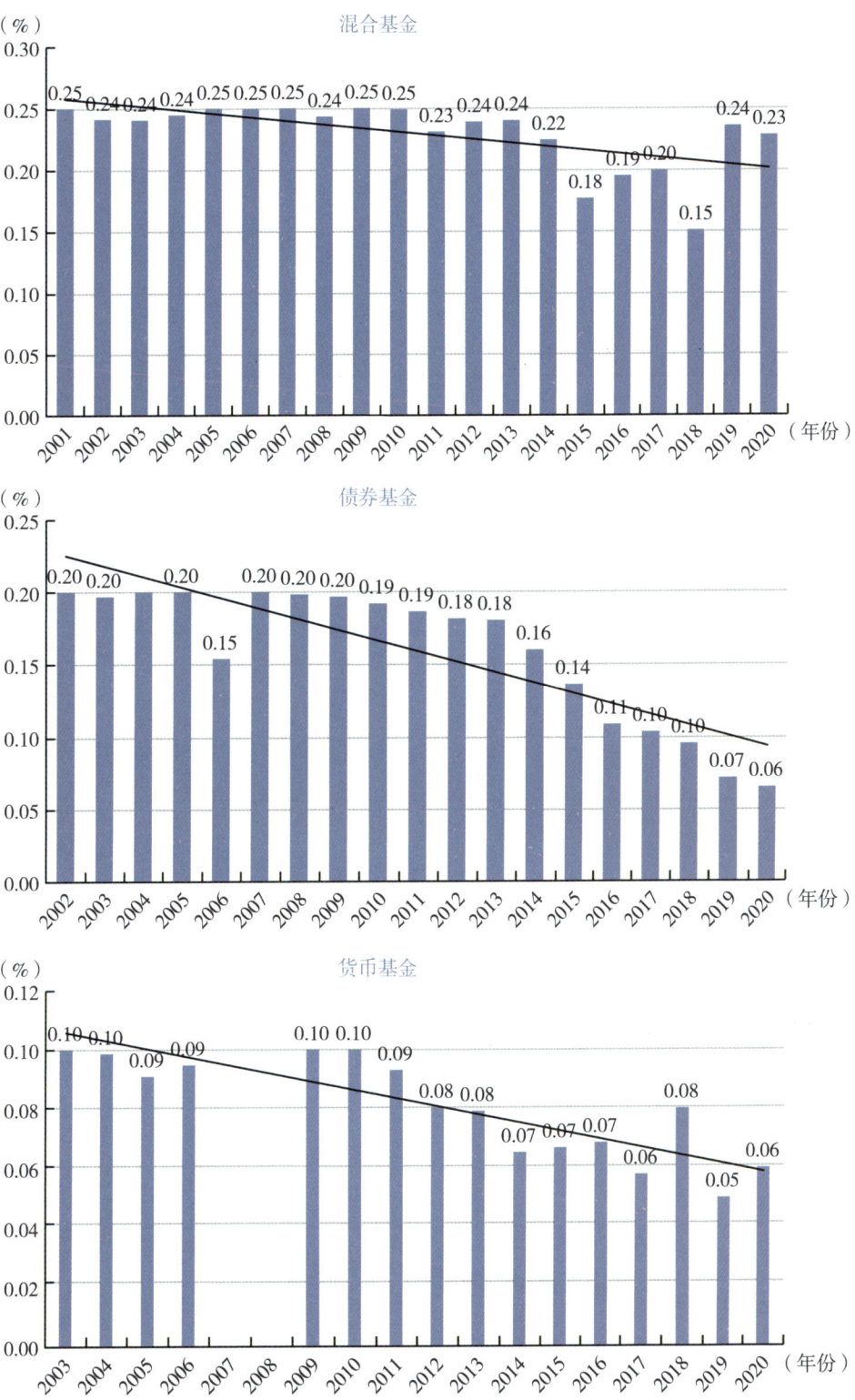

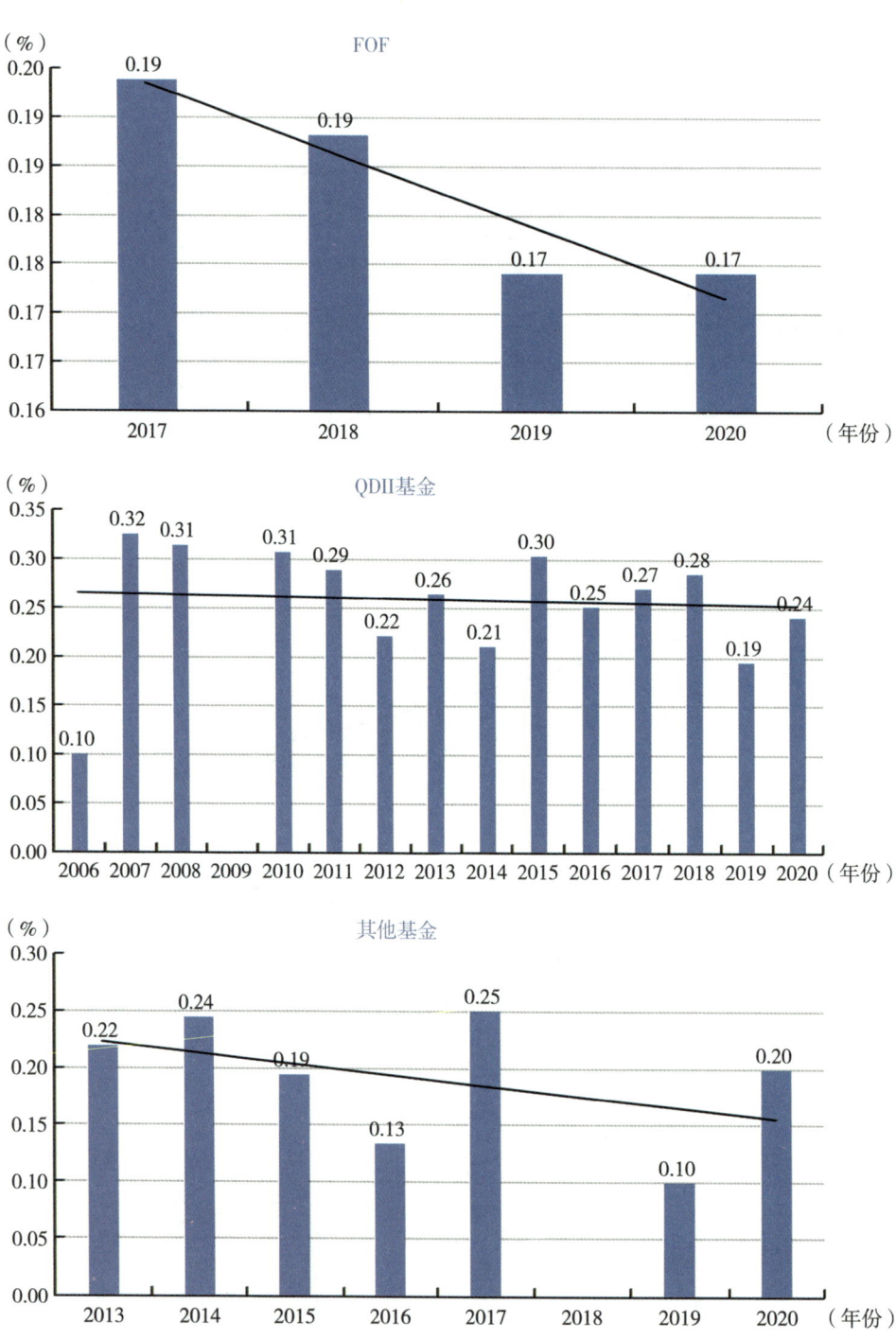

图 2-83 各类型基金平均托管费率

资料来源：上海证券基金评价研究中心，Wind 资讯。

(二)不同投资策略基金管理费率与托管费率

整体上看,主动择时的积极型股票基金管理费率和托管费率明显高于被动管理的指数型股票基金。

1.管理费率

近年来,积极型股票基金和指数型股票基金规模加权平均管理费率的差距相较前期有所收窄,2020年两者分别为1.46%和0.51%,两者相差0.95个百分点(见图2-84)。

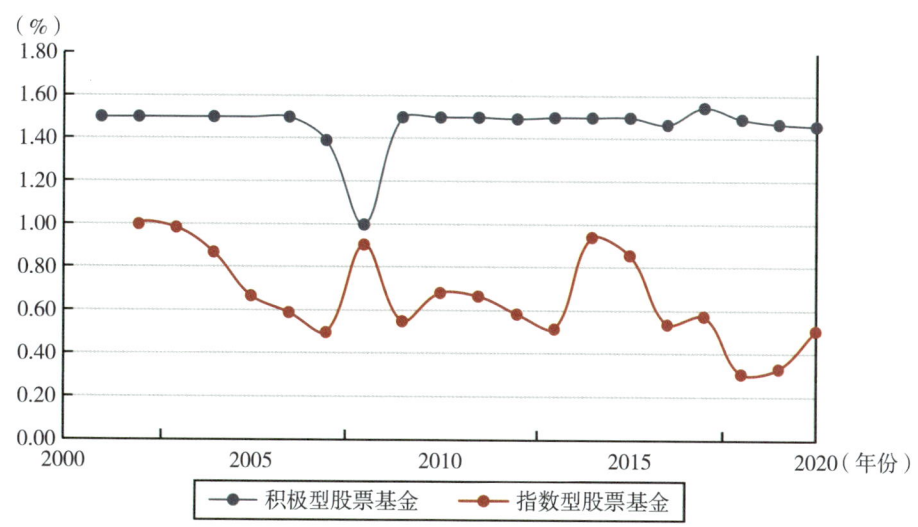

图2-84 积极型股票基金和指数型股票基金平均管理费率

资料来源:上海证券基金评价研究中心,Wind资讯。

2.托管费率

托管费率方面,2020年积极股票型和指数型基金规模加权平均托管费率分别为0.24%和0.10%,其中指数型基金较上年上升了0.03个百分点,积极股票型基金基本与上年持平(见图2-85)。

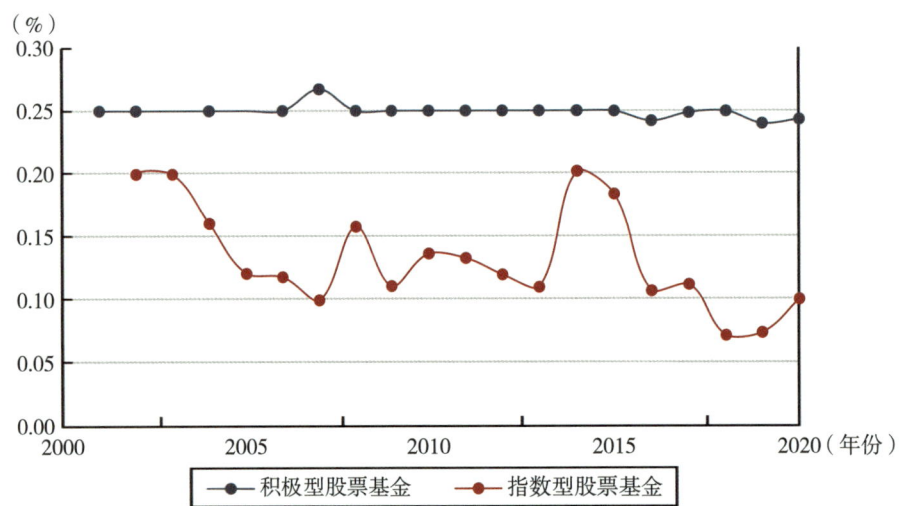

图2-85 积极型股票基金和指数型股票基金平均托管费率

资料来源：上海证券基金评价研究中心，Wind资讯。

第三章 我国境内养老金投资管理

第一节 我国养老金投资运营情况概览

一、养老金投资运营规模

截至2019年末，我国养老金总规模约11.04万亿元，较2018年增长12.7%，养老金总规模约占我国同期GDP的11.14%[①]。其中，基本养老金结余规模6.29万亿元，较2018年增长8.5%；社保基金、企业年金和职业年金规模合计约4.74万亿元，较2018年增长18.5%。基本养老金在养老金总规模中占比为56.95%，相较2018年降低2.55个百分点。尽管我国多层次养老保障体系结构仍不平衡，较为依赖第一支柱，但其占比逐渐下降。

投资方面，2019年末我国已开展投资运营的养老金（含直接投资或受托直投、委托投资）约5.47万亿元，投资规模较2018年增长24.3%，约占养老金总规模的49.6%。投资运营已实现收益约1.78万亿元，较2018年增长36.9%，占养老金总资产的16.1%，相较2018年增长2.8个百分点，养老金投资作用逐步显现。

具体来看，社保基金和企业年金投资规模占总规模比例分别为100%和98%，已基本实现全部投资运营。基本养老金自2016年底开始启动市场化投资运营，截至2019年末，投资规模达10 768亿元，已有22个省（区、市）政府与社保基金理事会签署委托投资合同。职业年金2019年陆续完成招标，逐步开启市场化投资运

[①] 根据国家统计局统计，2019年我国GDP总量为99.09万亿元。

营。相关资料见表3-1。

表3-1　　2019年末我国养老金规模情况统计

类别	规模（亿元）	投资规模（亿元）	委托投资规模（亿元）	当年收益率（%）	年均收益率(1)（%）	已实现投资收益（亿元）	投资规模占养老金规模（%）	投资收益占养老金规模（%）
社保基金	26 286 (2)	26 286 (3)	15 875	14.06	8.14	12 464	100.00	47.40
基本养老金	62 873	10 768 (4)	6 714	9.03	5.76	851	17.10	1.40
企业年金	17 985	17 690	17 331	8.30	7.07	4 489 (5)	98.00	25.00
职业年金	6 100	—	—	—	—	—	—	—
总计	110 395 (6)	54 744	39 920	—	—	17 804	49.60	16.10

注：（1）自成立以来按年统计收益率的几何平均。社保基金为2000—2019年，基本养老保险基金为2016—2019年，企业年金为2007—2019年。

（2）（3）此处引用的是《全国社会保障基金理事会社保基金年度报告（2019年度）》中"2019年末社保基金资产总额"，该口径包含了负债余额。此处使用该口径是为与本表格中"委托投资规模"的数据口径保持一致。

（4）注：此处引用的是《全国社会保障基金理事会基本养老保险基金受托运营年度报告（2019年度）》中"2019年末基本养老保险基金资产总额"，该口径包含了负债余额。此处使用该口径是为与本表格中"委托投资规模"的数据口径保持一致。

（5）2012年后的企业年金投资收益是人力资源和社会保障部年报数据披露，2012年之前采用"规模×当年的加权平均收益率"的方式进行估算。

（6）为避免重复计算，规模和投资规模已剔除社保受托管理的做实个人账户资金和地方委托权益共计约2 849亿元。

资料来源：人力资源和社会保障部官网，全国社会保障基金理事会官网，《新中国社会保障发展史》，中国证券投资基金业协会（AMAC）。

二、养老金投资管理机构及市场占比

截至2019年末，从各行业管理的养老金规模[①]看，基金、保险、券商占比分别为60.5%、31.6%、7.5%。从管理养老金资产规模占比情况看，基金行业是我

[①] 含社保基金境内投资与境外投资、企业年金，基本养老基金和职业年金由于无法获取各行业细分数据，因此未包含在内。

国养老金投资主力军。

社保基金2001—2019年取得了8.14%的年均收益率,累计投资收益12 464.06亿元,投资收益占社保基金总规模比例达47.4%。在18家社保基金投管人中有16家为基金管理公司,基金管理公司管理规模占社保基金委托投资规模的75.8%,助力社保基金获取了优异的长期业绩。

企业年金方面,2019年末,基金行业占比从2011年的43.5%持续下降为35.8%,下降7.7个百分点,同期保险业市场份额占比从46.3%上升为55.0%,上升8.7个百分点(见表3-2)。

表3-2　2019年末不同行业受托管理社保基金(境内外)和企业年金规模情况

行业类别	社保基金(亿元)	占社保委托投资(境内外)比例(%)	企业年金(亿元)	占企业年金委托投资比例(%)	受托管理总规模(亿元)	行业占比(%)
基金(1)	12 031	75.8(2)	6 204	35.8	18 235	60.5
保险	—	—	9 527	55.0	9 527	31.6
券商	760	4.8(3)	1 496	8.6	2 256	7.5
建信养老金	—	—	104	0.6	104	0.4
总计	12 791	—	17 331	100.0	30 122	100.0

注:(1)含公募基金受托管理规模及社保直投私募基金规模。
(2)为占2019年社保委托投资总规模(境内外)15 875亿元的比重。
(3)为占2019年社保委托投资总规模(境内外)15 875亿元的比重。
资料来源:人力资源和社会保障部官网,全国社会保障基金理事会官网,中国证券投资基金业协会(AMAC)。

三、养老金投资收益

(一)全国社会保障基金投资收益

1.历年收益率

截至2019年末,社保基金在已公布投资业绩的19年间取得了8.14%的年均收益率。社保基金在19年之中有17年获得正收益，正收益最高的两年发生在2006年与2007年，分别为43.19%和29.01%；仅在2008年与2018年取得负收益，分别为–6.79%和–2.28%（见图3–1）。

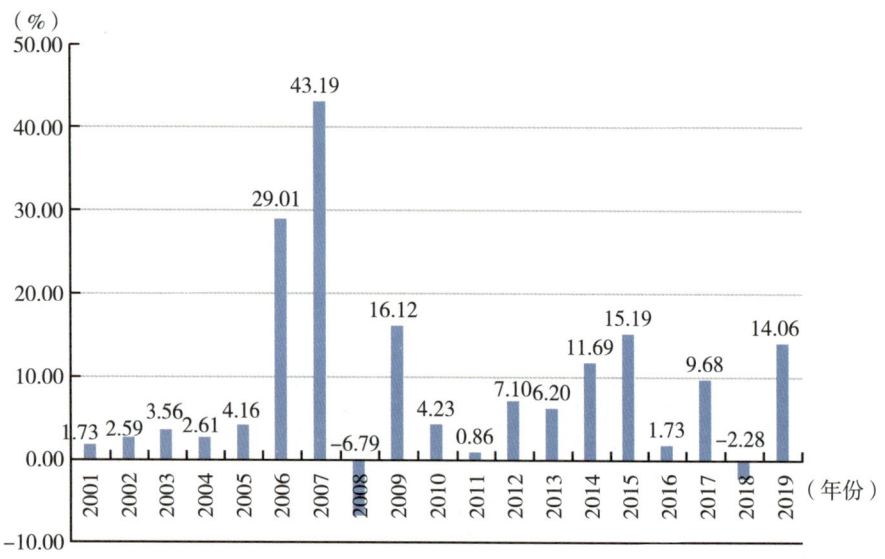

图3–1　社保基金历年投资收益率

资料来源：全国社会保障基金理事会官网。

2.历年累计收益占权益总额比例

截至2019年末，社保基金权益总额为24 225.60亿元，累计投资收益额为12 464.06亿元，占比51.45%。2019年，社保基金权益投资收益额2 917.18亿元。

事实上，社保基金累计投资收益额占权益总额比例的峰值出现在2007年，为51.95%；该数值于次年大幅下降至31.15%，又在随后10年中逐步上升，于2019年达到51.45%（见图3–2）。社保基金累计收益额于2008年单年下降655.20亿元，投资收益额占权益总额比例在2008年大幅下降，主要有两方面原因：一是2008年投资亏损，收益率为–6.79%，亏损393.72亿元；二是2008年首次执行新会计准则，调减以前年度收益261.48亿元。[①]

[①] 摘自社保基金官网披露的"社保基金历年收益情况表"。

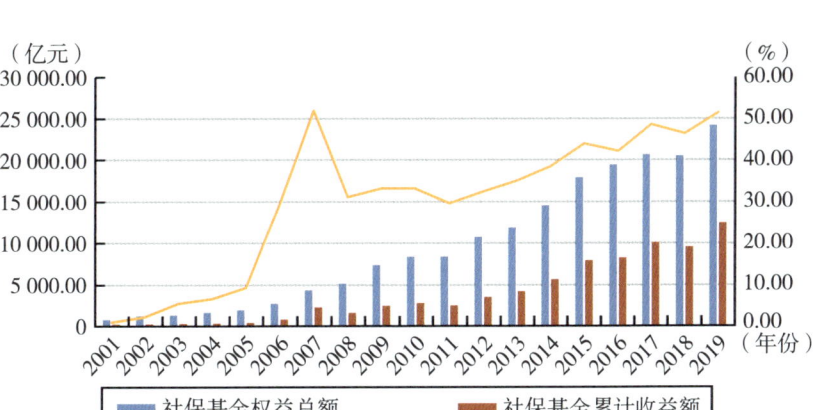

图 3-2 社保基金历年累计收益占权益总额比例情况

资料来源：全国社会保障基金理事会官网。

（二）企业年金投资收益

1.历年收益率

截至2020年，企业年金公布投资业绩以来，14年间取得了7.3%的年均收益率。企业年金在14年之中有12年获得正收益，正收益最高的两年发生在2007年与2020年，分别为41%和10.31%；仅在2008年与2011年取得负收益，分别为-1.83%和-0.78%（见图3-3）。

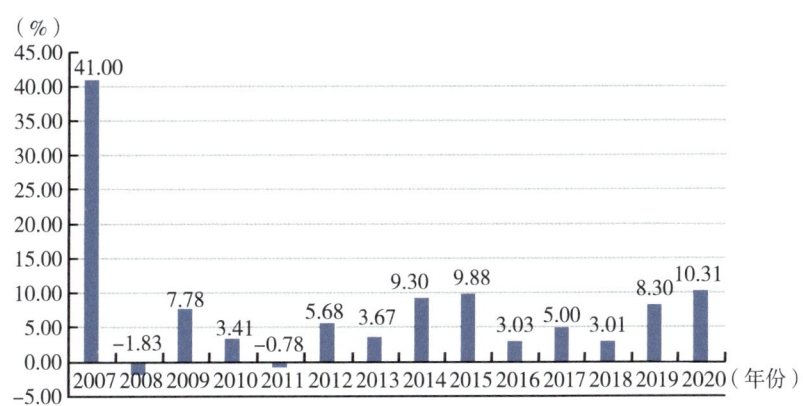

图 3-3 企业年金历年投资收益率

注：历年投资收益率由每年加权平均收益率组成，计算方法详见人力资源和社会保障部公布的企业年金2019年年报。

资料来源：人力资源和社会保障部官网。

2.历年累计收益占权益总额比例

截至2020年末,企业年金权益总额为22 496.83亿元,累计收益额为6 421.55亿元①,累计收益额占权益总额比例为28.54%,较2019年末增长3.57个百分点。

从整体趋势看,企业年金累计收益占权益总额比例逐步升高,从2007年的4.17%提高至2020年的28.5%,显示出持续投资对资产长期增值的贡献。可以看到,累计收益占权益总额比例在上升的过程中有两次比较明显的回落,发生在2008年与2011年,2008年从4.17%回落到2.38%,2011年从9.01%回落至6.36%。2008年与2011年正是企业年金投资整体上发生亏损的两年(见图3-4)。

图3-4　企业年金历年累计收益占权益总额比例情况

资料来源:人力资源和社会保障部官网。

第二节　公募基金行业管理养老资金情况

一、公募基金行业管理养老金规模情况

截至2020年末,公募基金行业管理包括社保基金、基本养老金、企业年金、

---

① 2012年后的企业年金投资收益是人力资源和社会保障部年报数据披露,2012年之前是用"规模×当年的加权平均收益率"估算。

职业年金和其他境外养老金在内的各类养老金资产合计33 700亿元，较2019年末增加9 514亿元，增幅39%。规模增量由两部分构成：一是委托资金增量；二是投资收益。

具体来看，基金行业管理各类养老金资产规模实现稳健增长，增幅均在20%以上。随着职业年金市场化投资运营提速，基金行业管理职业年金规模较2019年增长3 764亿元，占总体规模增量的39.56%，增幅达174%（见表3-3）。

表3-3　　公募基金行业管理养老金规模情况

类别	2019年公募基金行业管理规模（亿元）	2020年公募基金行业管理规模（亿元）	较2019年规模增量（亿元）	较2019年规模增长百分比（%）
社保基金	11 432	14 044	2 612	23
基本养老金	4 337	5 873	1 536	35
企业年金	6 203	7 781	1 578	25
职业年金	2 159	5 923	3 764	174
其他境外养老金	55	79	24	44
总计	24 186	33 700	9 514	39

资料来源：中国证券投资基金业协会（AMAC）。

二、养老目标基金

（一）总体情况

养老目标基金，是指以追求养老资产的长期稳健增值为目的，鼓励投资者长期持有，采用成熟的资产配置策略，合理控制投资组合波动风险的公开募集证券投资基金，是公募基金行业为服务个人投资者养老投资而推出的一类产品。

中国证监会于2018年上半年发布《养老目标证券投资基金指引（试行）》，首只养老目标基金产品于2018年9月成立。截至2020年末，共有43家基金公司发行的104只养老目标基金成立运作；总规模589.87亿元，持有人户数为196.75

万户,规模与户数分别较2019年增长了149%与39%(见表3-4)。

表3-4　　　　　　　　　　养老目标基金基本情况表

类别	2019年	2020年	较2019年增量	较2019年增长比例(%)
管理人数量(家)	36	43	7	19
产品数量(只)	64	104	40	63
总规模(亿元)	263.58	589.87	393.12	149
持有人户数(户)	1 415 998	1 967 528	551 530	39

资料来源:Wind资讯,中国证券投资基金业协会(AMAC)。

(二)采用目标日期策略的养老目标基金

1.基本情况

截至2020年末,采用目标日期策略的养老目标基金(以下简称"目标日期基金")总共有49只,较2019年末增加15只,增幅为44%;规模为144.54亿元,较2019年末增加75.73亿元,增幅为110%;持有人户数为107.23万户,较2019年末增加24.24万户,增幅为29%(见表3-5)。

表3-5　　　　　　　　　　目标日期基金基本情况表

类别	2019年	2020年	较2019年增量	较2019年增长比例(%)
管理人数量(家)	18	24	6	33
产品数量(只)	34	49	15	44
总规模(亿元)	68.81	144.54	75.73	110
持有人户数(户)	829 861	1 072 276	242 415	29

资料来源:Wind资讯,中国证券投资基金业协会(AMAC)。

2.目标日期分布情况

目标日期策略,是指随着所设定目标日期的临近,逐步降低权益类资产的配置比例,增加非权益类资产的配置比例。截至2020年末,24家已发行目标日期基金的管理人中，布局5只目标日期基金的管理人有1家，布局4只目标日期基金的管理人有2家，布局3只目标日期基金的管理人有6家，布局2只目标日期基金的管理人有3家，布局1只目标日期基金的基金公司有12家。

其中，布局数量前四的目标日期为2035年、2040年、2045年、2050年，分别有13只、13只、6只、6只产品布局（见表3-6）。

表3-6　　　　　　　　　2020年末目标日期分布情况表

目标日期（年）	2025	2030	2033	2035	2038	2040	2043	2045	2050	2055	总计
产品数量（只）	2	5	1	13	1	13	1	6	6	1	49

资料来源：Wind资讯，中国证券投资基金业协会（AMAC）。

3.目标日期基金资产组合情况

截至2020年末，披露年报的45只目标日期基金总资产合计139.65亿元。其中，持有基金市值为117.06亿元，占基金总资产的83.82%；持有股票市值为11.79亿元，占基金总资产的8.44%；持有债券市值为5.31亿元，占基金总资产的3.80%；持有银行存款市值为3.34亿元，占基金总资产的2.39%；持有其他资产市值2.15亿元，占基金总资产的1.54%（见图3-5）。

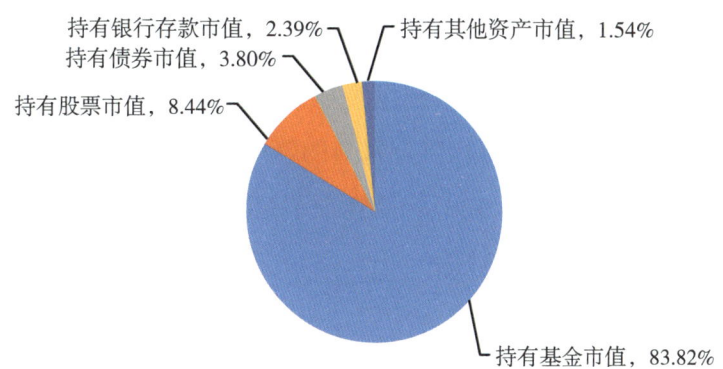

图3-5　2020年末目标日期基金资产组合情况

资料来源：Wind资讯，中国证券投资基金业协会（AMAC）。

（三）采用目标风险策略的养老目标基金

1. 基本情况

截至2020年末，采用目标风险策略的养老目标基金（以下简称"目标风险基金"）总共有55只，较2019年增加25只，增幅为83%；规模为445.32亿元，较2019年增加250.56亿元，增幅为129%；持有人户数为89.53万户，较2019年增加30.91万户，增幅为53%（见表3-7）。

表 3-7　　　　　　　　　　目标风险基金基本情况表

类别	2019年	2020年	较2019年增量	较2019年增长比例（%）
管理人数量（家）	26	37	11	42
产品数量（只）	30	55	25	83
总规模（亿元）	194.76	445.32	250.56	129
持有人户数（户）	586 137	895 252	309 115	53

资料来源：Wind 资讯，中国证券投资基金业协会（AMAC）。

2. 目标风险分布情况

目标风险策略，是指根据特定的风险偏好设定权益类资产、非权益类资产的恒定配置比例，或使用广泛认可的方法界定组合风险（如波动率），并采取有效措施控制基金组合风险。在实践中，目标风险分为稳健、平衡/均衡、积极三档，对应低、中、高组合风险。

截至2020年末，37家发行了目标风险基金的管理人中，布局3只目标风险基金的管理人有3家，布局2只目标风险基金的管理人有12家，布局1只目标风险基金的管理人有22家。其中，32只产品选择了稳健目标风险，占比58%；3只产品选择积极目标风险（见表3-8）。

表 3-8　　　　　　　　　2020年末目标风险分布情况表

目标风险	稳健	平衡/均衡	积极	总计
产品数量（只）	32	20	3	55

资料来源：Wind 资讯，中国证券投资基金业协会（AMAC）。

3.目标风险基金资产组合情况

截至2020年末,披露年报的51只目标风险基金总资产合计378.80亿元。其中,持有基金市值为322.36亿元,占基金总资产的85.10%;持有股票市值为21.04亿元,占基金总资产的5.55%;持有债券市值为18.67亿元,占基金总资产的4.93%;持有银行存款市值为5.73亿元,占基金总资产的1.51%;持有其他资产市值11亿元,占基金总资产的2.90%(见图3-6)。

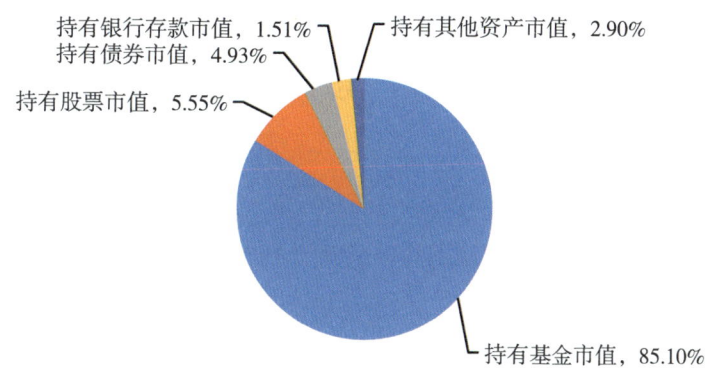

图3-6　2020年末目标风险基金资产组合情况

资料来源:Wind资讯,中国证券投资基金业协会(AMAC)。

第四章 证券期货经营机构私募资产管理业务

第一节 总体情况

一、备案情况

2020年，证券期货经营机构私募资产管理计划[①]（以下简称"私募资管计划"或"私募资管产品"）共备案[②]11 760只，备案规模[③]10 776.03亿元，月均备案规模898.00亿元（见图4-1）。全年备案产品数量与规模分别较2019年增长50.44%与23.57%。

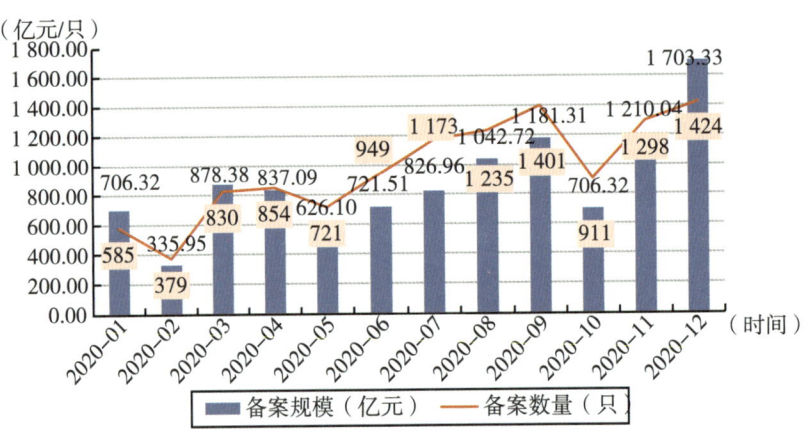

图4-1 2020年1—12月私募资管产品月度备案情况

资料来源：中国证券投资基金业协会（AMAC）。

[①] 本书中，证券期货经营机构私募资产管理计划包括证券公司及其资管子公司私募资管计划（含未规范的大集合）、基金管理公司私募资管计划、基金子公司私募资管计划、期货公司及其资管子公司私募资管计划及证券公司私募子公司私募基金。

[②] 本书中，某时间段内备案产品指在AMBERS系统备案通过日期在该时间段内的产品。

[③] "备案规模"指产品备案时填报的募集规模或初始规模，证券公司私募子公司私募基金备案规模指备案时填报的实缴规模。

第一节　总体情况

从备案产品的投资类型来看，固定收益类产品为主要类型，2020年备案5 397只，备案规模6 739.11亿元，分别占当年备案产品数量与规模的45.89%与62.54%（见表4-1）。

表4-1　2020年备案的私募资管产品投资类型情况

投资类型	备案数量（只）	数量占比（%）	备案规模（亿元）	规模占比（%）
权益类	1 956	16.63	1 465.33	13.60
固定收益类	5 397	45.89	6 739.11	62.54
商品及金融衍生品类	500	4.25	316.88	2.94
混合类	3 907	33.22	2 254.71	20.92
合计	11 760	100.00	10 776.03	100.00

资料来源：中国证券投资基金业协会（AMAC）。

二、存续情况

截至2020年末，私募资管计划存续规模共16.83万亿元，较2019年末减少2.68万亿元，减幅13.75%（见表4-2）。

表4-2　私募资管计划总体情况

业务类型	2020年末产品数量（只）	2020年末规模（亿元）	2019年末规模（亿元）	规模增量（亿元）	规模增幅（%）
证券公司私募资管计划（含未规范的大集合）[1]	16 854	80 106.56	103 425.73	-23 319.17	-22.55
证券公司私募子公司私募基金	989	5 424.06	4 937.19	486.87	9.86
基金管理公司私募资管计划	6 507	46 654.19	43 444.46	3 209.73	7.39
基金子公司私募资管计划	4 938	33 902.64	41 884.70	-7 982.06	-19.06
期货公司私募资管计划[2]	1 265	2 196.69	1 428.62	768.06	53.76
合计	30 553	168 284.14	195 120.70	-26 836.56	-13.75

注：（1）证券公司私募资管计划含证券公司资管子公司私募资管计划，以下同。
（2）期货公司私募资管计划含期货公司资管子公司私募资管计划，以下同。
资料来源：中国证券投资基金业协会（AMAC）。

从产品投资类型来看，存续的私募资管计划①均以固定收益类为主。截至2020年末，固定收益类产品规模共11.34万亿元，占比69.61%，混合类产品、权益类产品规模占比分别为15.38%与14.66%（见表4-3）。

表4-3　　　　　2020年末各类型私募资管计划存续情况

产品类型	证券公司（亿元）	基金公司（亿元）	基金子公司（亿元）	期货公司（亿元）	合计（亿元）	合计占比（%）
权益类	13 021.97	6 551.13	4 183.26	123.05	23 879.41	14.66
固定收益类	54 144.36	31 196.75	26 968.35	1 062.88	113 372.34	69.61
商品及金融衍生品类	112.46	81.94	203.47	168.89	566.77	0.35
混合类	12 827.76	8 824.37	2 547.57	841.87	25 041.57	15.38
合计	80 106.56	46 654.19	33 902.64	2 196.69	162 860.08	100.00

资料来源：中国证券投资基金业协会（AMAC）。

三、投向情况

从2020年末存量产品投资情况来看，私募资管计划②以投资标准证券、非标债权及各类资管产品为主，与2019年末相比，证券市场投资规模显著提升，非标债权投资规模与各类资管产品投资规模均继续下降。截至2020年末，私募资管计划投向股票、债券、基金等证券规模10.26万亿元，占总投资规模的57.84%，较2019年末增加7 000.43亿元，占比提升9.15个百分点；通过信托贷款、委托贷款、收益权等方式进行的债权投资规模为2.89万亿元，占比16.27%，较2019年末减少1.89万亿元，占比下降8.08个百分点；投向各类资管产品的规模为2.22万亿元，占比12.53%，较2019年末减少6 539.62亿元，占比下降2.13个百分点。

从最终投向来看，私募资管计划投向实体经济规模合计4.04万亿元，较2019

---

①② 此处不含证券公司私募子公司私募基金。

年末减少1.82万亿元。其中，投向企业、地方融资平台①、基础产业、房地产的规模分别为2.45万亿元、6 201.60亿元、5 661.08亿元、4 025.21亿元（见表4-4）。

表4-4　2020年末私募资管计划投资情况表

资金投向	投资金额（亿元）	占比（%）
证券市场投资	**102 589.57**	**57.84**
其中：股票	17 636.44	9.94
债券	69 244.48	39.04
证券投资基金	6 954.98	3.92
资产支持证券及其他证券	8 753.67	4.94
非标债权投资	**28 858.68**	**16.27**
其中：银行委托贷款、信托贷款	5 149.70	2.90
以收益权、股权为形式的债权投资	13 593.46	7.66
其他资产收益权	955.27	0.54
股票股权质押融资	2 752.99	1.55
信贷票据信用证保理	6 407.26	3.61
各类资管产品	**22 085.51**	**12.45**
其中：商业银行理财计划	73.81	0.04
信托计划	5 511.33	3.11
保险资产管理计划	293.79	0.17
证券公司资产管理计划	2 986.57	1.68
基金公司及子公司资产管理计划	3 121.93	1.76
期货资产管理计划	57.42	0.03
私募基金	8 227.10	4.64
未在协会备案的合伙企业	1 813.56	1.02
非标股权投资	**3 498.09**	**1.97**
银行存款、同业存单、现金类	**14 187.88**	**8.00**
其他	**6 017.18**	**3.39**
总　　计	**177 378.67**	**100.00**

资料来源：中国证券投资基金业协会（AMAC）。

---

① 在投向地方融资平台的6 201.60亿元中，最终投向房地产的规模为452.33亿元，最终投向基础产业的规模为4 359.71亿元。

第二节 基金管理公司私募资产管理业务

一、备案情况

2020年,基金管理公司备案私募资管产品3 233只,备案规模3 022.97亿元。2020年备案产品以固定收益类产品为主,规模1 419.88亿元,占比46.97%;混合类产品规模1 093.35亿元,占比36.17%;权益类产品规模500.52亿元,占比16.56%;其余为商品及金融衍生品类产品。2020年月度备案情况见图4-2。

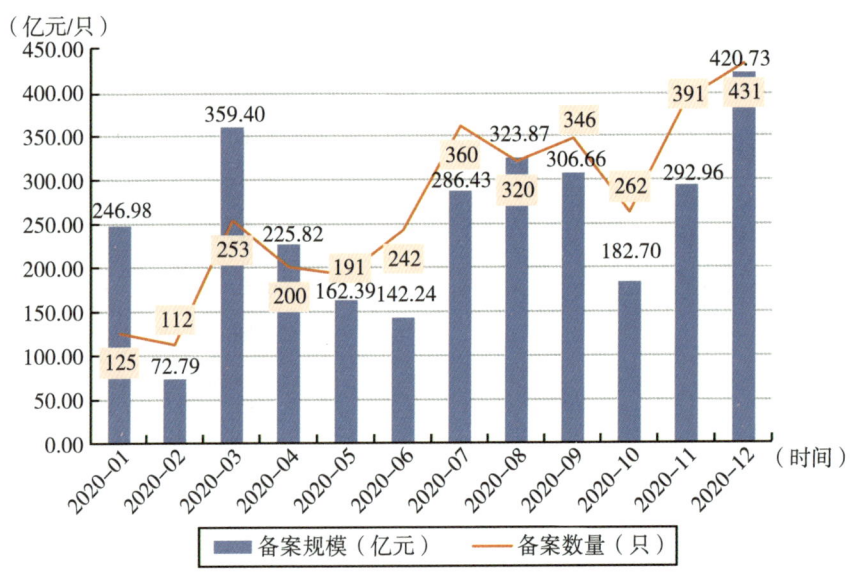

图4-2 2020年1—12月基金管理公司私募资管产品月度备案情况

资料来源:中国证券投资基金业协会(AMAC)。

二、存续情况

截至2020年末,119家基金管理公司开展私募资产管理业务[1],较2019年末新增2家,存续产品6 507只,管理资产规模4.67万亿元[2],同比增加3 209.74亿元,增幅7.39%(见图4-3)。从产品类型来看,基金管理公司私募资产管理业

---

[1] 指管理资产规模非零的公司。
[2] 不含基金管理公司管理的养老金,本节以下同。

务以单一委托为主。截至2020年末，基金管理公司单一资产管理计划存续4 130只，管理资产规模3.19万亿元，占比68.33%，较2019年末减少4 674.57亿元，下降12.79%；集合资产管理计划存续2 377只，管理资产规模1.48万亿元，占比31.67%，较2019年底增加7 884.30亿元，增长114.38%。

图4-3　基金管理公司私募资产管理计划数量与规模

资料来源：中国证券投资基金业协会（AMAC）。

基金管理公司私募资管计划以固定收益类产品为主。截至2020年末，基金管理公司存续私募资管计划中，固定收益类产品规模3.12万亿元，占比66.87%；混合类产品规模8 824.37亿元，占比18.91%；权益类产品规模6 551.13亿元，占比14.04%（见图4-4）。

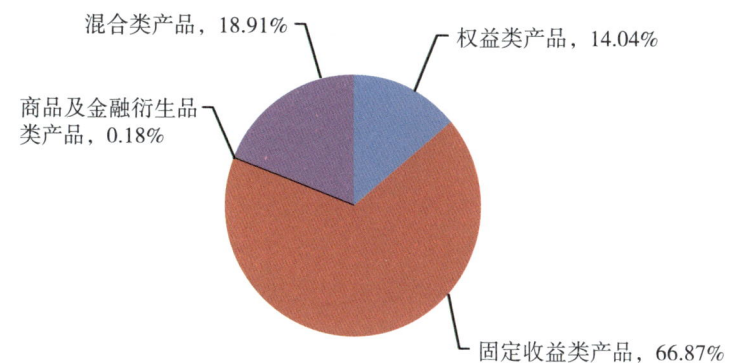

图4-4　2020年末基金管理公司私募资产管理计划存续情况（按产品类型）

资料来源：中国证券投资基金业协会（AMAC）。

三、投向情况

从产品投向来看,基金管理公司私募资管计划主要投向证券市场。截至2020年末,基金管理公司私募资管计划投向债券的规模为2.97万亿元,占投资总规模的55.45%;投向股票的规模为9 468.63亿元,占比17.66%;投向同业存单与现金的规模合计为6 208.00亿元,占比11.58%(见表4-5)。

表4-5　2020年末基金管理公司私募资管计划投资情况表

资金投向	投资金额(亿元)	占比(%)
股票	9 468.63	17.66
债券	29 737.36	55.45
证券投资基金	3 012.95	5.62
资产支持证券	2 456.71	4.58
期货衍生品保证金	57.51	0.11
其他境内证券	211.82	0.40
同业存单	2 489.78	4.64
现金	3 718.22	6.93
境外投资	628.16	1.17
其他	1 959.05	3.65
总计	53 625.17	100.00

资料来源:中国证券投资基金业协会(AMAC)。

四、集中度情况

2020年基金管理公司私募资管规模集中度小幅上升。规模前10的基金管理公司管理资产规模合计2.44万亿元,占总规模的52.21%,较2019年末上升0.71个百分点;规模前20的基金管理公司管理资产规模合计3.28万亿元,占总规模的70.23%,较2019年末上升1.03个百分点(见表4-6)。

表4-6 2020年末私募资管规模前10的基金管理公司及其规模

序号	机构名称	管理资产规模（亿元）	占行业总规模比例（%）
1	创金合信基金管理有限公司	5 659.50	12.13
2	建信基金管理有限责任公司	4 463.09	9.57
3	博时基金管理有限公司	2 899.71	6.22
4	华夏基金管理有限公司	2 516.74	5.39
5	易方达基金管理有限公司	1 781.39	3.82
6	嘉实基金管理有限公司	1 697.25	3.64
7	汇添富基金管理股份有限公司	1 617.64	3.47
8	广发基金管理有限公司	1 419.99	3.04
9	交银施罗德基金管理有限公司	1 229.17	2.63
10	工银瑞信基金管理有限公司	1 072.97	2.30

资料来源：中国证券投资基金业协会（AMAC）。

第三节　基金子公司私募资产管理业务

一、备案情况

2020年，基金子公司备案产品规模有所增加，全年备案产品1 930只，备案规模3 440.67亿元。2020年备案的基金子公司私募资管计划以固定收益类产品为主，数量与规模分别为1 102只、2 528.68亿元，分别占基金子公司当年备案产品数量与规模的57.10%和73.49%。2020年月度备案情况见图4-5。

二、存续情况

截至2020年末，基金管理公司从事特定客户资产管理业务子公司76家，存续产品4 938只，管理资产规模3.39万亿元，较2019年末减少7 982.06亿元，下降15.21%（见图4-6）。从产品类型来看，单一资产管理计划存续3 091只，管

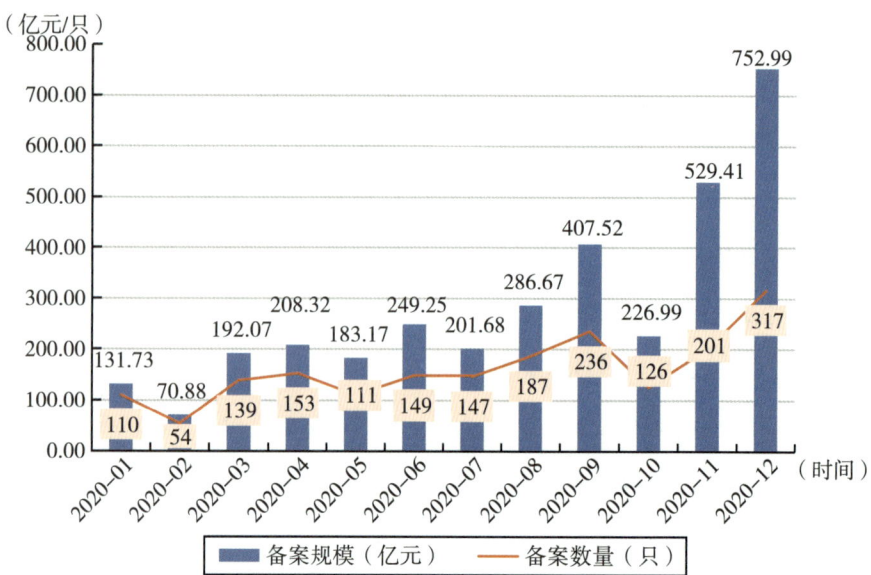

图4-5　2020年1—12月基金子公司私募资管产品月度备案情况

资料来源：中国证券投资基金业协会（AMAC）。

理资产规模2.93万亿元，占比86.39%，较2019年末减少7 121.13亿元，下降19.56%；集合资产管理计划存续1 847只，管理资产规模4 612.74亿元，占比13.61%，较2019年末减少860.93亿元，下降15.73%。

图4-6　基金子公司私募资产管理计划数量与规模

资料来源：中国证券投资基金业协会（AMAC）。

截至2020年末，基金子公司存续产品中，固定收益类产品规模2.70万亿元，占比79.55%；混合类产品规模2 547.57亿元，占比7.51%；权益类产品规模4 183.26亿元，占比12.34%（见图4-7）。

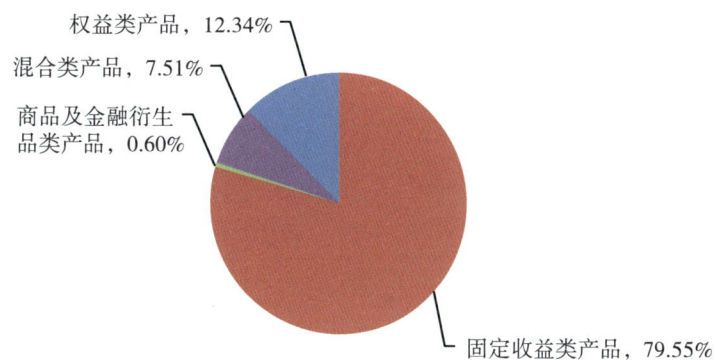

图 4-7　2020 年末基金子公司私募资产管理计划存续规模情况（按产品类型）

资料来源：中国证券投资基金业协会（AMAC）。

三、投向情况

基金子公司私募资管计划主要投向证券市场、非标债权类资产及各类资管产品。截至 2020 年末，基金子公司私募资管计划投向股票、债券、基金等证券规模为 1.11 万亿元，占比 31.09%；投向非标债权类资产规模 1.10 万亿元，占投资总规模的 30.81%；投向各类资管产品的规模为 0.93 万亿元，占比 26.07%（见表 4-7）。

从最终投向来看，基金子公司私募资管计划投向实体经济规模合计 1.68 万亿元。其中，投向企业 1.00 万亿元，投向地方融资平台①2 944.92 亿元，投向基础产业 2 112.86 亿元，投向房地产 1 743.23 亿元。

表 4-7　　2020 年末基金子公司私募资管业务投资情况

资金投向	投资金额（亿元）	占比（%）
证券市场投资	11 107.24	31.09
其中：股票	1 384.04	3.87
债券	6 533.35	18.29
证券投资基金	949.82	2.66
资产支持证券及其他证券	2 240.02	6.27

---

① 在投向地方融资平台的 2 944.92 亿元中，最终投向房地产的规模为 222.20 亿元，最终投向基础产业的规模为 2 069.80 亿元。

续表

资金投向	投资金额（亿元）	占比（％）
非标债权投资	11 006.72	30.81
其中：银行委托贷款、信托贷款	1 472.38	4.12
以收益权、股权为形式的债权投资	6 001.97	16.80
资产收益权	211.92	0.59
股票股权质押融资	63.14	0.18
信贷票据信用证保理	3 257.31	9.12
各类资管产品	9 313.09	26.07
其中：商业银行理财计划	17.55	0.05
信托计划	1 303.72	3.65
保险资产管理计划	208.42	0.58
证券公司资产管理计划	1 338.84	3.75
基金公司及子公司资管计划	1 569.98	4.39
期货资产管理计划	3.16	0.01
私募基金	4 092.94	11.46
未在协会备案的合伙企业	795.05	2.23
非标股权投资	1 354.67	3.79
银行存款、同业存单、现金类	1 516.53	4.25
其他	1 408.59	3.94
总　　计	35 723.41	100.00

资料来源：中国证券投资基金业协会（AMAC）。

四、集中度情况

2020年基金子公司私募资管业务规模集中度有所提升。私募资管规模前10的基金子公司管理资产规模合计2.08万亿元，占基金子公司私募资管总规模的61.35%，较2019年末上升4.26个百分点（见表4-8）；规模前20的基金子公司管理资产规模合计2.66万亿元，占基金子公司私募资管总规模的78.48%，较2019年末上升3.18个百分点。

表 4-8　2020 年末私募资管规模前 10 的基金子公司及其规模

序号	机构名称	管理资产规模（亿元）	占行业总规模比例（%）
1	建信资本管理有限责任公司	4 439.82	13.10
2	招商财富资产管理有限公司	3 299.11	9.73
3	农银汇理资产管理有限公司	2 425.05	7.15
4	上海浦银安盛资产管理有限公司	2 352.43	6.94
5	鑫沅资产管理有限公司	1 886.18	5.56
6	工银瑞信投资管理有限公司	1 772.99	5.23
7	博时资本管理有限公司	1 259.37	3.71
8	交银施罗德资产管理有限公司	1 257.86	3.71
9	深圳平安汇通投资管理有限公司	1 056.19	3.12
10	易方达资产管理有限公司	1 052.54	3.10

资料来源：中国证券投资基金业协会（AMAC）。

第四节　证券公司私募资产管理业务

一、备案情况

2020 年，证券公司备案私募资管产品 5 803 只，规模 3 700.53 亿元。2020 年证券公司备案的私募资管产品依然以固定收益类产品为主，数量与规模分别占证券公司备案产品数量与规模的 51.70% 和 72.70%。2020 年月度备案情况见图 4-8。

二、存续情况

截至 2020 年末，96 家证券公司及其资管子公司开展私募资产管理业务，存续产品 16 854 只，管理资产规模 8.01 万亿元（含未规范的大集合 5 568.97 亿元），较 2019 年末减少 2.33 万亿元，减幅 29.09%。

从产品类型来看，截至 2020 年末，集合资管计划存续 5 448 只，资产规模 2.09 万亿元，较 2019 年末增加 1 366.39 亿元；单一资管计划存续 11 406 只，资产

第四章 证券期货经营机构私募资产管理业务

图4-8 2020年1—12月证券公司私募资管产品月度备案情况

资料来源：中国证券投资基金业协会（AMAC）。

规模5.92万亿元，较2019年末减少2.46万亿元（见图4-9）。

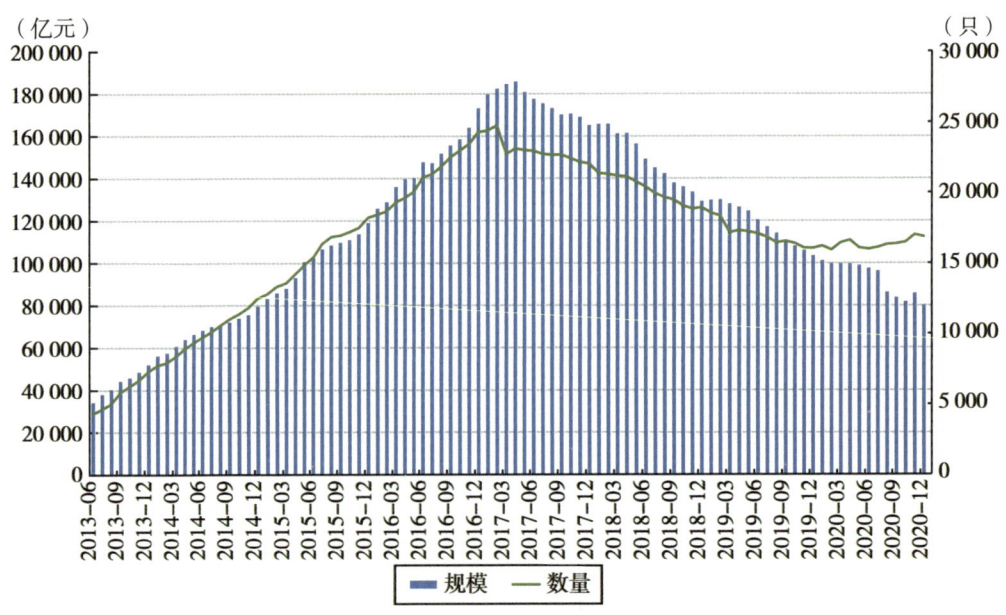

图4-9 证券公司私募资产管理计划数量与规模

资料来源：中国证券投资基金业协会（AMAC）。

截至2020年末，证券公司私募资管计划中，固定收益类产品规模5.41万亿元，占比67.59%；权益类产品规模1.30亿元，占比16.26%；混合类产品规模1.28万亿元，占比16.01%（见图4-10）。

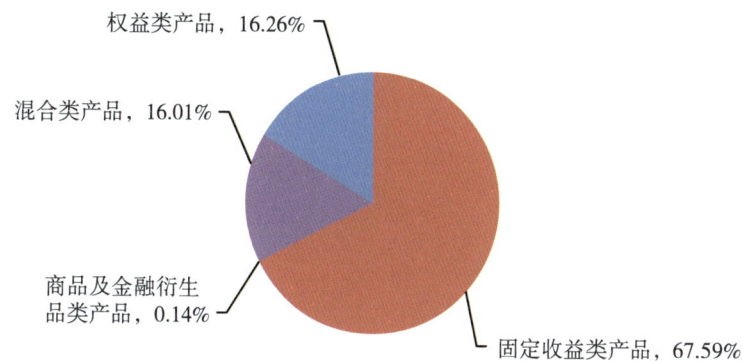

图4-10　2020年末证券公司私募资产管理计划存续情况（按产品类型）

资料来源：中国证券投资基金业协会（AMAC）。

三、投向情况

证券公司私募资管计划主要投向证券市场、非标债权资产及各类资管产品。截至2020年末，证券公司私募资管计划投向证券市场规模为4.51万亿元，占投资总规模的52.21%；投向非标债权资产规模为1.78万亿元，占比20.63%；投向各类资管产品规模为1.25万亿元，占比14.48%（见表4-9）。

表4-9　2020年末证券公司私募资管业务投资情况

资金投向	投资金额（亿元）	占比（%）
证券市场投资	45 081.35	52.21
其中：股票	6 479.90	7.50
债券	32 072.65	37.14
证券投资基金	2 602.01	3.01
资产支持证券及其他证券	3 926.78	4.55

第四章 证券期货经营机构私募资产管理业务

续表

资金投向	投资金额(亿元)	占比(%)
非标债权投资	17 811.10	20.63
其中：银行委托贷款、信托贷款	3 664.69	4.24
以收益权、股权为形式的债权投资	7 578.98	8.78
资产收益权	741.86	0.86
股票股权质押融资	2 689.85	3.12
信贷票据信用证保理	3 135.72	3.63
各类资管产品	12 502.23	14.48
其中：商业银行理财计划	33.58	0.04
信托计划	4 308.09	4.99
保险资产管理计划	84.58	0.10
证券公司资产管理计划	1 631.53	1.89
基金公司及子公司资管计划	1 521.60	1.76
期货资产管理计划	18.39	0.02
私募基金	3 885.96	4.50
未在协会备案的合伙企业	1 018.51	1.18
非标股权投资	1 836.52	2.13
银行存款、同业存单、现金类	6 248.19	7.24
其他	2 868.51	3.32
总计	86 347.90	100.00

资料来源：中国证券投资基金业协会（AMAC）。

从最终投向来看，证券公司私募资管计划投向实体经济规模合计2.35万亿元。其中，投向企业1.45万亿元，投向基础产业3 548.22亿元，投向地方融资平台[①]3 224.88亿元，投向房地产2 281.32亿元。

---

① 在投向地方融资平台的3 224.88亿元中，最终投向房地产的规模为229.83亿元，最终投向基础产业的规模为2 260.98亿元。

四、集中度情况

2020年，证券公司资管业务集中度小幅上升，排名前10的证券公司资管业务规模合计占资管业务总规模的53.50%（见表4-10），前20的证券公司占比为69.14%，较2019年分别上升了2.69个百分点、3.43个百分点。

表4-10　2020年末私募资管规模前10的证券公司及其规模

序号	机构名称	管理资产规模（亿元）	占行业总规模比例（%）
1	中信证券股份有限公司	10 089.88	12.60
2	招商证券资产管理有限公司	4 770.07	5.95
3	上海国泰君安证券资产管理有限公司	4 727.00	5.90
4	华泰证券（上海）资产管理有限公司	4 412.30	5.51
5	中信建投证券股份有限公司	3 804.18	4.75
6	中银国际证券股份有限公司	3 785.01	4.72
7	申万宏源证券有限公司	3 362.29	4.20
8	中国国际金融股份有限公司	3 013.91	3.76
9	广发证券资产管理（广东）有限公司	2 860.54	3.57
10	上海海通证券资产管理有限公司	2 037.80	2.54

资料来源：中国证券投资基金业协会（AMAC）。

第五节　证券公司私募子公司私募基金业务

一、备案情况

2020年，证券公司私募子公司备案私募基金154只，实缴规模319.41亿元。其中，合伙型132只，实缴规模297.38亿元；契约型20只，实缴规模21.61亿元；公司型2只，实缴规模0.42亿元。2020年月度备案情况见图4-11。

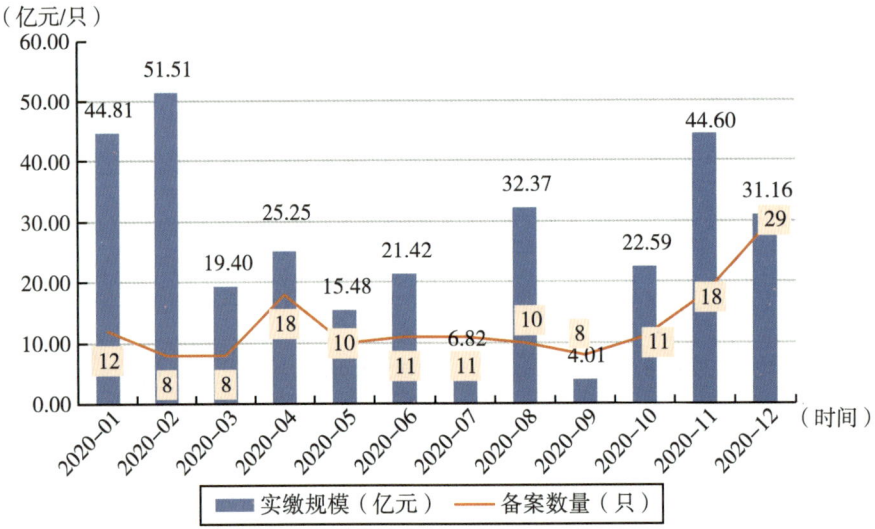

图 4-11　2020 年 1—12 月证券公司私募子公司私募基金月度备案情况

资料来源：中国证券投资基金业协会（AMAC）。

二、存续情况

截至 2020 年末，73 家证券公司一级私募子公司有存续私募基金产品，存续私募基金 989 只，实缴规模 5 424.06 亿元，较 2019 年末增加 486.87 亿元，增长 9.86%（见图 4-12）。

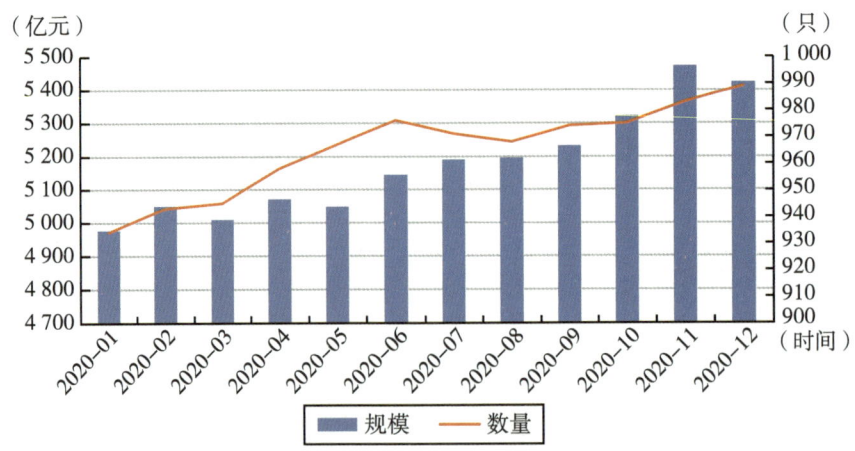

图 4-12　2020 年各月末证券公司私募子公司私募基金数量与规模

资料来源：中国证券投资基金业协会（AMAC）。

三、集中度情况

2020年末,规模前10的证券公司一级私募子公司①管理私募基金规模合计3 607.94亿元,占全部规模的66.52%(见表4-11);规模前20的证券公司私募子公司管理私募基金规模合计4 558.67亿元,占全部规模的84.05%。

表 4-11 2020 年末规模前 10 的证券公司私募子公司及其规模

序号	机构名称	管理规模(亿元)	占行业总规模比例(%)
1	中金资本运营有限公司	1 374.16	25.33
2	华泰紫金投资有限责任公司	407.74	7.52
3	金石投资有限公司	365.62	6.74
4	国泰君安创新投资有限公司	328.24	6.05
5	东吴创业投资有限公司	214.28	3.95
6	信风投资管理有限公司	213.00	3.93
7	光大发展投资有限公司	202.12	3.73
8	海通开元投资有限公司	194.53	3.59
9	招商致远资本投资有限公司	180.80	3.33
10	上海东方证券资本投资有限公司	127.45	2.35

资料来源:中国证券投资基金业协会(AMAC)。

第六节 期货公司私募资产管理业务

一、备案情况

2020年,期货公司备案私募资管产品640只,备案规模292.44亿元。其中,集合资管计划435只,规模236.42亿元;单一资管计划205只,规模56.02亿元。2020年期货公司备案的私募资管计划以混合类、固定收益类及商品及金融衍生品

---

① 二级子公司归至对应一级子公司合并统计。

类产品为主，备案规模分别占期货公司备案规模的44.65%、34.27%和15.52%。2020年月度备案情况见图4-13。

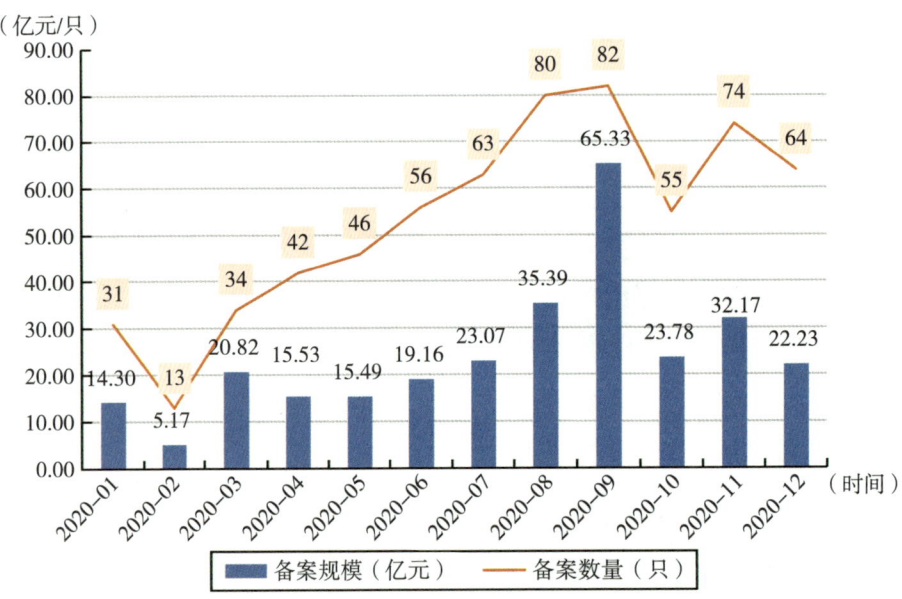

图4-13　2020年1—12月期货公司私募资管产品月度备案情况

资料来源：中国证券投资基金业协会（AMAC）。

二、存续情况

截至2020年末，108家期货公司及其资管子公司开展资产管理业务，期货公司存续资管产品1 265只，管理资产规模2 196.69亿元，较2019年末增加768.06亿元，增长53.8%（见图4-14）。其中，集合资管计划存续896只，管理资产规模1 440.82亿元，占比65.6%；单一资管计划存续369只，管理资产规模755.86亿元，占比34.4%。

截至2020年末，期货公司私募资管计划中，固定收益类产品规模1 062.88亿元，占比48.39%；权益类产品规模123.05亿元，占比5.60%；混合类产品规模841.87亿元，占比38.32%；商品及金融衍生品类产品规模168.89亿元，占比7.69%（见图4-15）。

第六节 期货公司私募资产管理业务

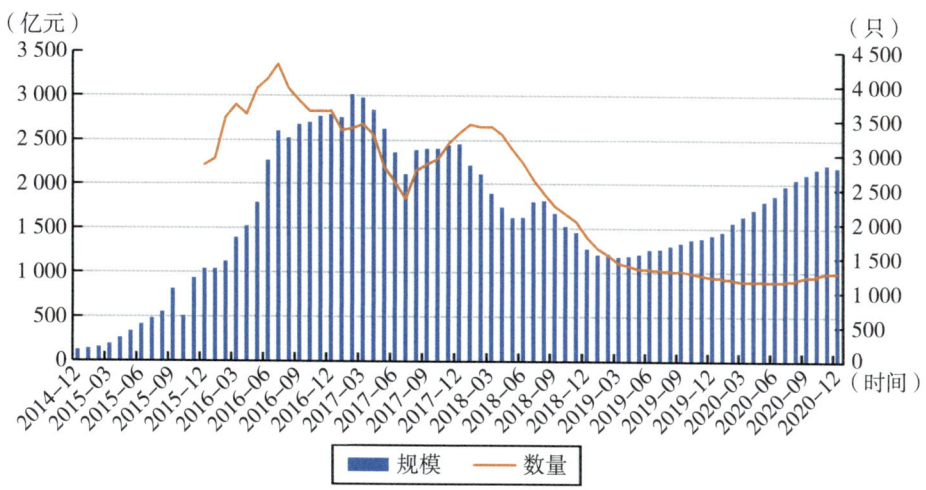

图 4-14 期货公司私募资产管理计划数量与规模

注：本图缺少 2015 年末之前的期货资管计划数量数据。
资料来源：中国证券投资基金业协会（AMAC）。

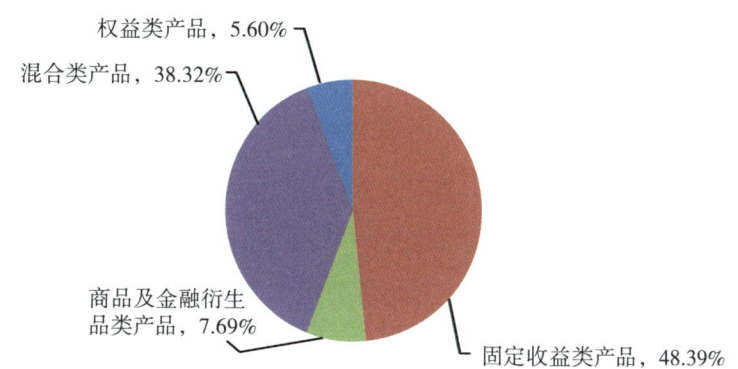

图 4-15 2020 年末期货公司私募资产管理计划存续情况（按产品类型）
资料来源：中国证券投资基金业协会（AMAC）。

三、投向情况

期货公司存续的私募资管产品投资证券市场规模为 1 774.48 亿元，占期货资管业务管理规模的 73.77%。证券市场投资中，投资股票规模 303.87 亿元，占期货资管总规模的 12.64%；投资债券规模 901.12 亿元，占比 37.47%；投资证券投资基金规模 390.19 亿元，占比 16.22%；投资场内商品及金融衍生品规模 48.75 亿元，占比2.03%（见表4-12）。

表4-12　　2020年末期货公司私募资管计划投资情况表

资金投向	投资金额（亿元）	占比（%）
证券市场	1 774.08	73.77
股票	303.87	12.64
债券	901.12	37.47
证券投资基金	390.19	16.22
资产支持证券	130.15	7.34
场内商品及金融衍生品规模	48.75	2.03
其他	630.84	26.23
总计	2 404.92	100.00

资料来源：中国证券投资基金业协会（AMAC）。

四、集中度情况

2020年，期货公司私募资管业务规模略有上升，规模集中度继续提升。规模前10的期货公司管理资产规模合计1 522.19亿元，占期货公司资管总规模的69.28%，较2019年末上升6.72个百分点（见表4-13）；规模前20的期货公司的管理资产规模合计1 813.09亿元，占期货公司资管总规模的82.54%，较2019年末上升3.44个百分点。

表4-13　　2020年末私募资管规模前10的期货公司及其规模

序号	机构名称	管理资产规模（亿元）	占行业总规模比例（%）
1	中信期货有限公司	571.79	26.03
2	弘业期货股份有限公司	226.57	10.31
3	海通期货股份有限公司	162.72	7.41
4	兴业期货有限公司	131.83	6.00
5	上海东证期货有限公司	104.45	4.75
6	国泰君安期货有限公司	83.08	3.78

续表

序号	机构名称	管理资产规模（亿元）	占行业总规模比例（%）
7	五矿经易期货有限公司	82.90	3.77
8	华融融达期货股份有限公司	67.20	3.06
9	中金期货有限公司	49.95	2.27
10	光大期货有限公司	41.70	1.90

资料来源：中国证券投资基金业协会（AMAC）。

第七节　资产证券化业务

一、资产支持专项计划备案总体情况

自2014年12月备案制开始实行至2020年末，累计共有146家机构备案确认4 249只企业资产证券化产品，备案累计规模达51 913.49亿元（见图4-16）。其中，存续产品共2 090只，存续规模21 148.39亿元。

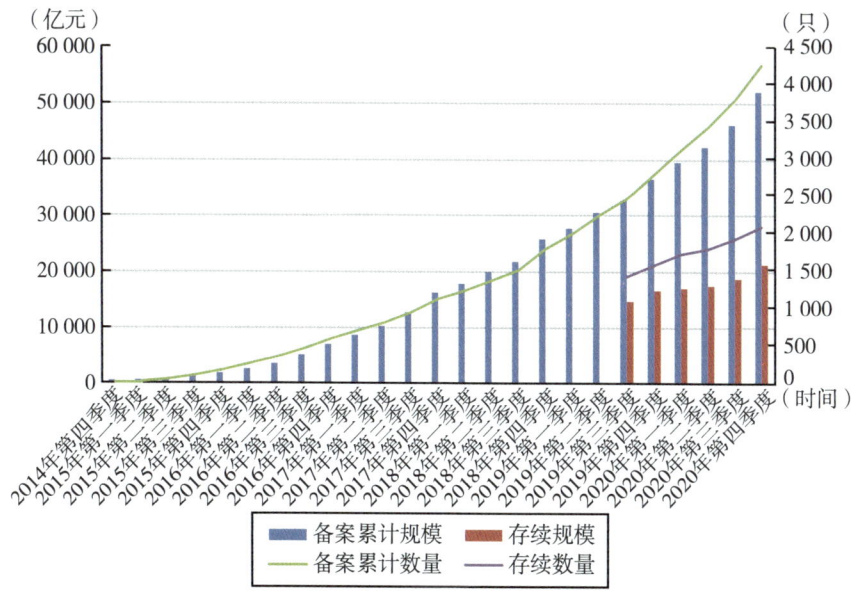

图4-16　备案累计规模、数量及存续规模、数量趋势图

二、企业资产证券化产品管理人情况

截至2020年末，累计146家机构开展了企业资产证券化业务，其中证券公司92家，基金子公司52家，信托公司2家，证券公司为发行机构主力（见表4-14）。

表4-14　证券公司、基金子公司备案数量、规模数据表

管理人类型	开展业务（家）	2020年开展业务（家）	累计备案产品数量（只）	2020年备案产品数量（只）	累计备案产品规模（亿元）	2020年备案产品规模（亿元）
证券公司	92	72	3 643	1 250	44 592.54	13 543.59
基金子公司	52	23	585	196	7 172.60	1 904.36
信托公司	2	2	21	12	148.35	85.23
合计	146	97	4 249	1 458	51 913.49	15 533.17

从累计备案规模来看，德邦、中信、中金、平安、华泰资管5家机构排名前五；从存续规模来看，中信、中金、平安、中信建投、华泰资管5家机构排名前五（见表4-15）。

表4-15　管理人备案及存续数量、规模数据排名（按存续规模前10）

序号	管理人	累计备案数量（只）	累计备案规模（亿元）	存续数量（只）	存续规模（亿元）
1	中信证券股份有限公司	402	4 425.16	220	2 123.53
2	中国国际金融股份有限公司	241	3 804.37	139	1 874.17
3	平安证券股份有限公司	369	3 279.51	205	1 649.72
4	中信建投证券股份有限公司	146	1 935.98	92	1 290.75
5	华泰证券（上海）资产管理有限公司	264	3 277.34	122	1 210.88
6	信达证券股份有限公司	34	2 348.82	23	1 152.56
7	上海国泰君安证券资产管理有限公司	118	1 935.48	75	782.50
8	东方汇智资产管理有限公司	62	842.61	45	655.31
9	天风（上海）证券资产管理有限公司	128	1 398.81	81	636.78
10	招商证券资产管理有限公司	118	1 338.26	52	619.91

三、基础资产类型

按照基础资产一级分类，债权类产品共备案3 720只，占比87.55%，备案累计规模46 272.32亿元，占比89.13%；债权类产品存续1 729只，存续数量占比82.73%，存续规模17 857.59亿元，存续规模占比84.44%。未来经营性收入类产品共备案434只，占比10.21%，备案累计规模3 948.31亿元，占比7.61%；存续283只，存续数量占比13.54%，存续规模1 925.16亿元，存续规模占比9.10%。REITs类产品共备案90只，占比2.12%，备案累计规模1 682.68亿元，占比3.24%；存续74只，存续数量占比3.54%，存续规模1 357.40亿元，存续规模占比6.42%。其他类产品共备案5只，占比0.12%，备案累计规模10.91亿元，占比0.02%；存续4只，存续数量占比0.19%，存续规模8.25亿元，存续规模占比0.04%。

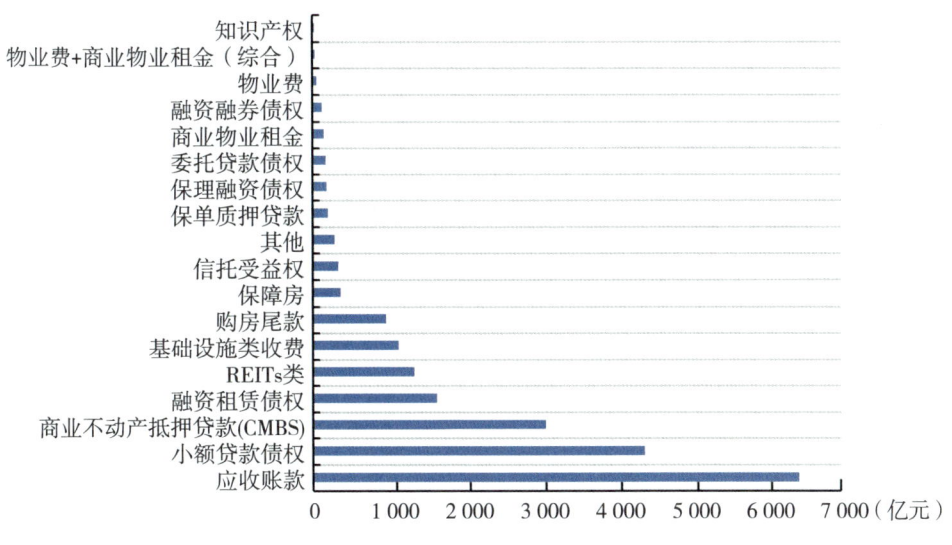

图4-17 大类基础资产存续规模分布情况

从基础资产二级分类来看，应收账款类产品存续规模6 481.78亿元，占总存续规模30.65%；小额贷款类产品存续规模4 410.70亿元，占比20.86%；商业不动产抵押贷款（CMBS）存续规模3 111.07亿元，占比14.71%；融资租赁类产品存续规模1 661.45亿元，占总存续规模7.86%；REITs类产品存续规模合计1 357.40亿元，占比6.42%（见图4-17）。

四、2020年备案情况

2020年,企业资产证券化产品共备案确认1 458只,新增备案规模达15 533.17亿元。2020年各月备案产品情况(见图4-8)。以供应链金融为代表的企业应收账款类产品备案规模和备案数量均占首位,备案规模6 002.67亿元。小额贷款类产品备案规模4 047.36亿元。融资租赁类产品备案规模1 623.86亿元。商业不动产抵押贷款(CMBS)产品备案规模1 237.07亿元。购房尾款类产品备案规模748.01亿元。REITs类产品备案规模427.78亿元。其他类别产品备案规模较小(见图4-19)。

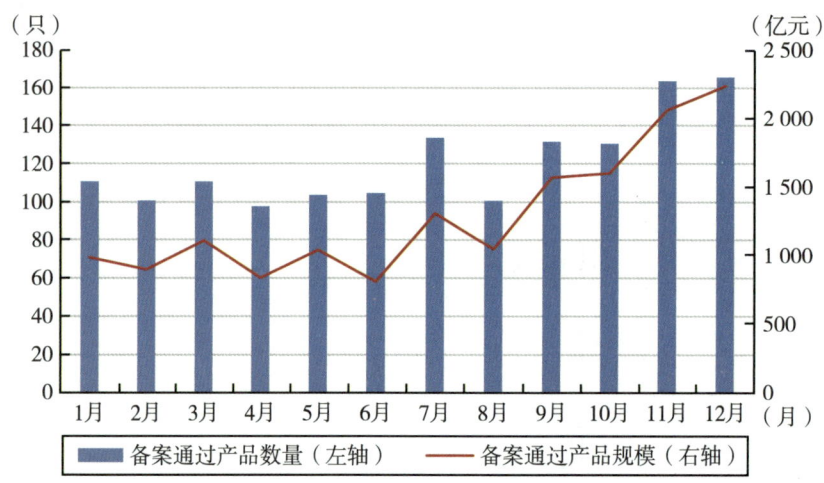

图4-18 2020年1-12月备案产品数量及规模情况

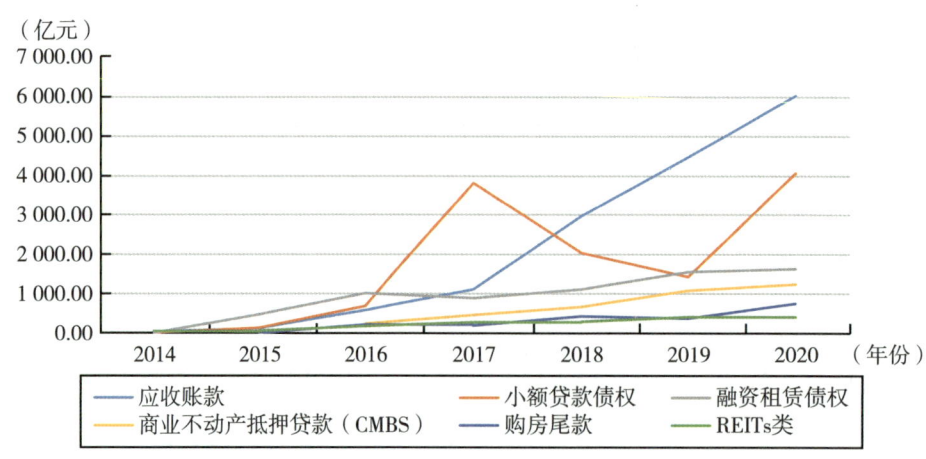

图4-19 新增规模占比较高前六大类基础资产年度新增备案规模变化趋势情况

第五章 私募投资基金

第一节 私募投资基金总览

2020年疫情影响下的全球政治经济失衡、冲突以及货币金融环境剧变给投资机构带来前所未有的考验，中国疫情控制得力，资本市场活跃，私募投资基金行业整体管理规模仍然保持了快速增长。

一、私募投资基金数量与规模变化情况

截至2020年末，存续私募投资基金96 818只，较2019年末增长18.49%（见图5-1）；管理基金规模16.96万亿元[①]，较2019年末增长20.41%（见图5-2）。新备案基金数量、规模大幅增加。2020年新备案基金26 567只，同比增长40.22%；新备案规模1.07万亿元，同比增长19.48%。

二、私募投资基金投资者出资情况

截至2020年末，各类投资者[②]在私募投资基金管理人自主发行备案的存续

---

① 本报告所统计年末私募投资基金相关规模数据，均已根据管理人当年第四季度报送数据进行更新，与相应时点的规模数据有所不同。本章所有数据来源于中国证券投资基金业协会，未标明时间节点的存量数据均指截至2020年末，以登记备案报送数据为准。

② 本报告中，企业投资者包含境内法人机构（公司等）、境内非法人机构（一般合伙企业等），以及私募投资基金管理人在基金中的跟投；居民投资者包含自然人（非员工跟投）和自然人（员工跟投）；各类资管计划投资者包含私募基金、信托计划、证券公司及其子公司资管计划、基金公司及其子公司资管计划、期货公司及其子公司资管计划、保险资产管理计划、商业银行理财产品。

基金中，合计出资15.77万亿元[①]；私募投资基金管理人通过担任持牌金融机构所发行各类资管产品的投资顾问从而进行顾问管理的存续产品（以下简称"顾问管理类产品"）规模合计5 958.36亿元，上述两类资金规模合计16.37万亿元。

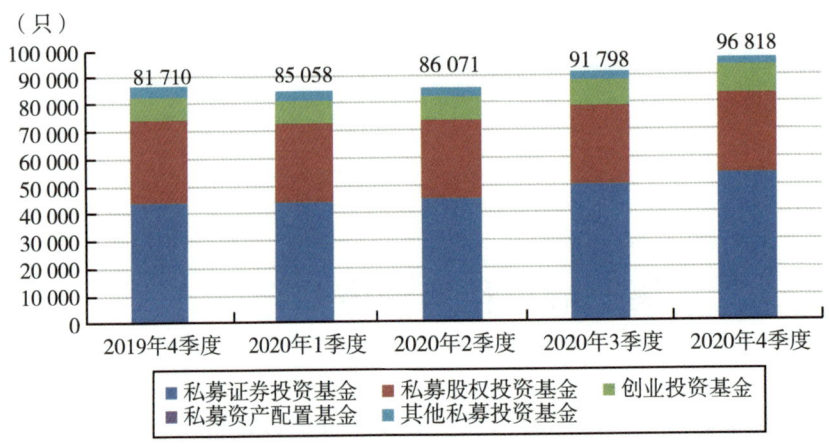

图5-1 存续私募投资基金数量变化

资料来源：中国证券投资基金业协会（AMAC）。

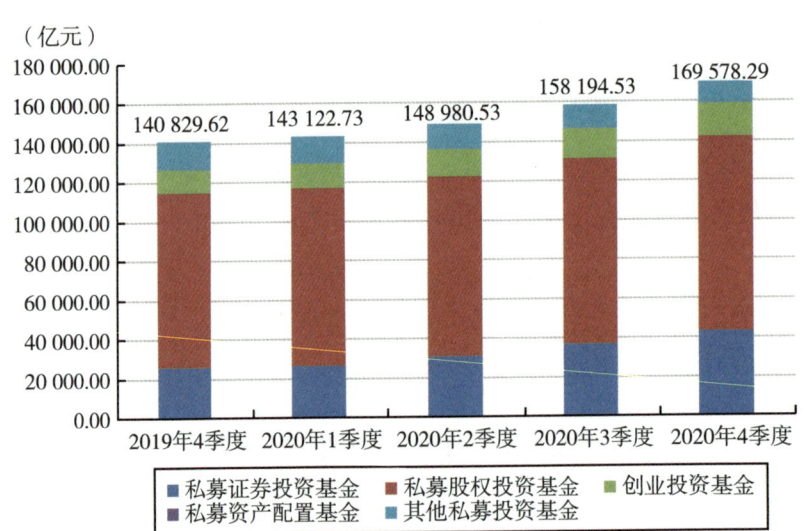

图5-2 存续私募投资基金规模变化

资料来源：中国证券投资基金业协会（AMAC）。

---

① 本报告中，合伙型、公司型基金的投资者出资额取其实缴出资额，契约型基金的投资者出资额取其持有的基金份额乘以同期末基金单位净值。契约型基金投资者出资额的部分增长来源于投资收益。

第一节 私募投资基金总览

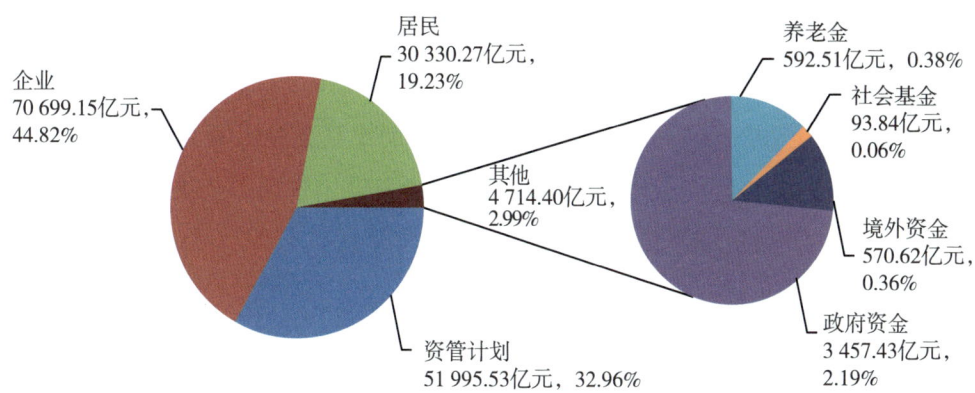

图 5-3 2020 年末自主发行类私募投资基金资金来源分布

资料来源：中国证券投资基金业协会（AMAC）。

企业投资者在私募股权、创投基金中出资占比上升，在私募证券投资基金中出资占比下降。 截至2020年末，企业投资者整体出资额达7.07万亿元，较2019年末增加8 177.52亿元，在自主发行私募投资基金资金端的占比已达44.82%，较2019年末降低1.83个百分点（见图5-3）。其中，企业投资者在私募股权、创投基金中出资6.03万亿元，较2019年末增加8 112.05亿元，在出资合计中占比为55.22%，较2019年末提升2.14个百分点；企业投资者在私募证券投资基金中出资6 100.89亿元，较2019年末增加1 169.81亿元，在出资合计中占比为16.44%，较2019年末下降7.37个百分点（见图5-4）。

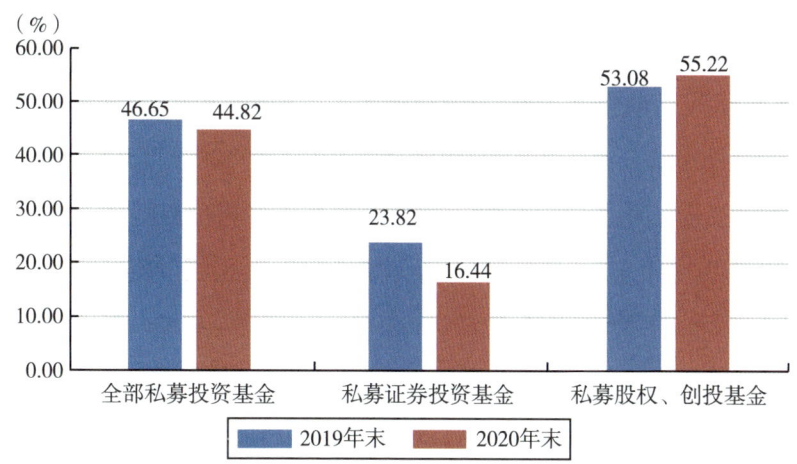

图 5-4 企业投资者出资在资金来源合计中的占比变化

资料来源：中国证券投资基金业协会（AMAC）。

第五章　私募投资基金

2020年A股企稳上涨，居民投资者资金转向证券投资基金。 截至2020年末，居民持有私募证券投资基金资产1.71万亿元，较2019年末增加8 070.54亿元，增幅89.76%。截至2020年末，居民在私募股权、创投基金中出资1.18万亿元，较2019年末增加269.89亿元，增幅2.34%。居民投资者出资在资金来源中的占比见图5-5。

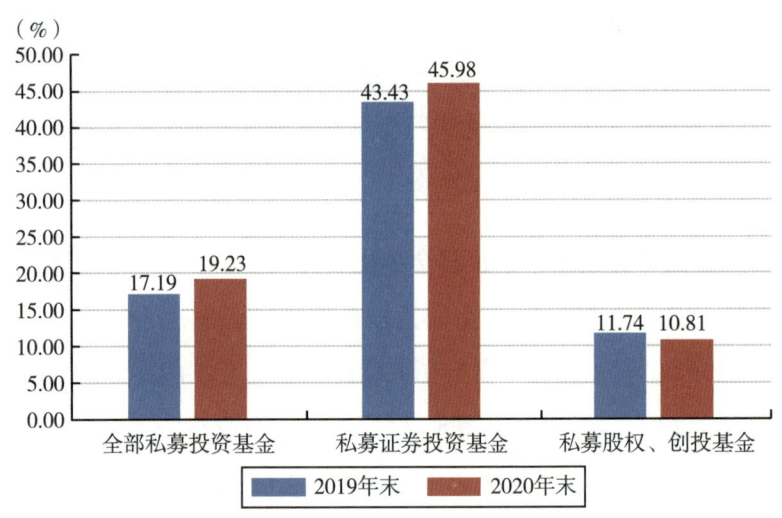

图5-5　居民投资者出资在资金来源合计中的占比变化

资料来源：中国证券投资基金业协会（AMAC）。

境外资金投资境内市场规模增长趋缓。 截至2020年末，包含境外直接投资者、QFII、RQFII等境外资金在私募投资基金的出资额为570.62亿元，较2019年末增加62.18亿元，增幅12.23%，增幅较去年下降82.38个百分点。境外资金在自主发行私募投资基金出资额中占比0.35%，较2019年末下降0.03个百分点。

信托委托资金小幅上涨，长期资金稳步增长，私募投资基金资金来源结构整体向好。 截至2020年末，私募投资基金来源于银行、信托的委托资金规模[①]合计13 141.93万亿元，较2019年末增加546.62亿元，增幅4.34%，其中来源于信托的委托资金规模增加1 246.73亿元；私募投资基金来源于养老金、社会基金、保险资金[②]等长期资金规模合计6 064.37亿元，较2019年末增加938.52亿元，增长18.31%。

[①]　银行、信托的委托资金包括银行、信托公司的自有资金及商业银行理财、信托计划。

[②]　保险资金包括保险公司的自有资金及保险资管产品出资。

三、私募投资基金资产投向情况

截至2020年末,从私募投资基金的资产投向来看,投向股类资产规模最大,投资规模共计9.02万亿元,占所持有各类资产规模的50.89%,较2019年末增加1.94万亿元;其次为投向各类资管计划,投资规模共3.87万亿元,占资产规模的21.82%,较2019年末增加7 257.33亿元(见图5-6)。

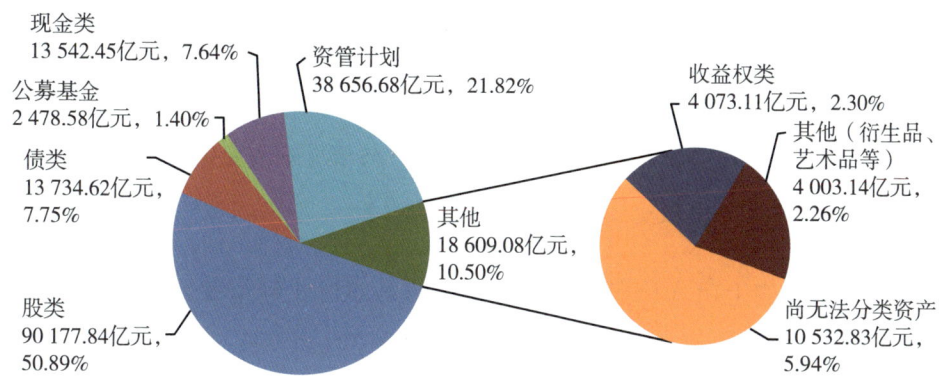

图5-6 2020年末私募投资基金资产投向分布

资料来源:中国证券投资基金业协会(AMAC)。

二级市场持续向好,私募投资基金投资境内股票规模大幅上升。2020年,股票二级市场整体上扬,市场情绪积极,私募投资基金投向境内上市公司流通股和定增股资金大幅增加,年末存量规模达3.06万亿元,较2019年末增加1.25万亿元,增幅达69.05%。相较而言,私募投资基金投向境内债券规模小幅增加。截至2020年末,私募投资基金投向境内债券规模3 909.16亿元,较2019年末增加297.17亿元,增幅8.23%(见图5-7)。

私募投资基金已成为我国直接融资体系中的重要有生力量。截至2020年末,私募投资基金累计投资于境内未上市未挂牌企业股权、新三板企业股权和再融资项目数量达13.92万个,为实体经济形成股权资本金8.40万亿元。从2020年末私募投资基金所投资产分布看,股类资产配置占比过半。

私募投资基金为经济发展提供了宝贵的资本金。2020年全年,私募投资基金投向境内未上市未挂牌企业股权的本金新增7 020亿元,相当于同期新增社会融资规模的2.0%,有力地推动了供给侧结构性改革与创新增长。

第五章 私募投资基金

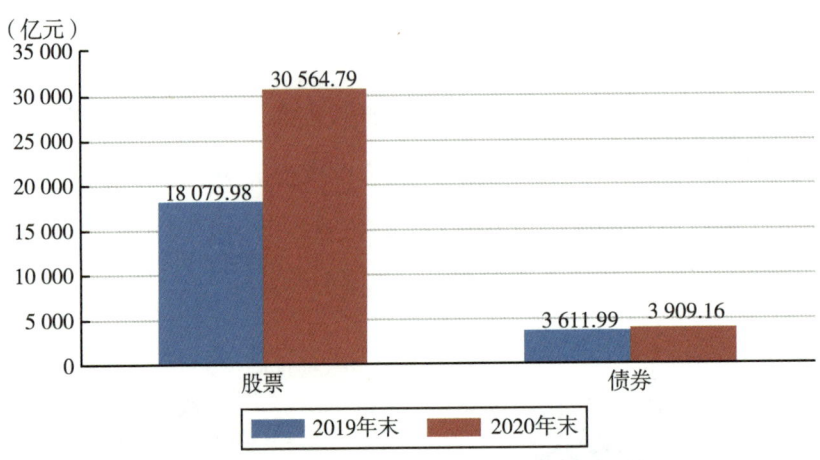

图 5-7 私募投资基金投向股票与债券规模变化

资料来源：中国证券投资基金业协会（AMAC）。

从在投境内未上市未挂牌股权投资项目的具体行业分布看，截至2020年末，互联网等计算机运用、机械制造等工业资本品、原材料、医药生物、医疗器械与服务、半导体等产业升级及新经济代表领域成为私募股权与创业投资基金布局重点，在投项目6.67万个，在投本金3.51万亿元。私募基金在落实国家创新发展战略、支持中小企业发展中发挥着强力有效的作用。

第二节 私募证券投资基金

一、自主发行类私募证券投资基金基本情况分析

（一）私募证券投资基金数量及规模趋势变化

截至2020年末，自主发行且存续的私募证券投资基金51 363只，较2019年末增加12 692只，同比增长32.82%（见图5-8）；规模合计为3.70万亿元，较2019年末增加16 435.25亿元，同比增长79.84%（见图5-9）；平均单只基金的规模为7 207.70万元，较2019年末增加1 884.42万元，同比增长35.40%。

2020年，中国证券投资基金业协会备案自主发行的私募证券投资基金19 183只，新备案基金初始规模3 065.49亿元，分别占当年新备案基金总数的72.21%和28.69%。

自主发行产品中有185只基金涉及跨境投资，规模为241.31亿元，分别占所

有自主发行类私募证券投资基金数量和规模的0.36%和0.65%。

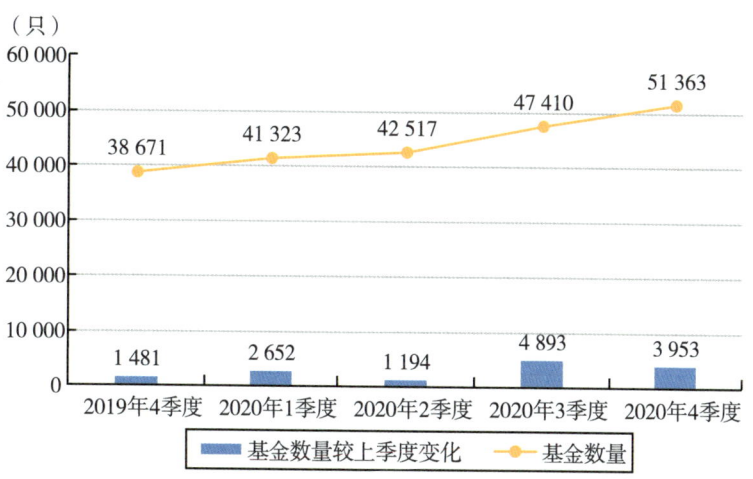

图 5-8　私募证券投资基金数量变化

资料来源：中国证券投资基金业协会（AMAC）。

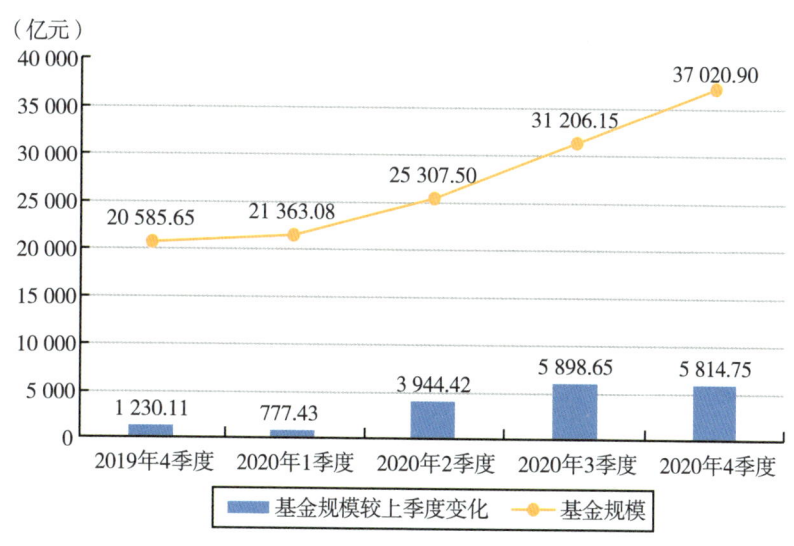

图 5-9　私募证券投资基金规模变化

资料来源：中国证券投资基金业协会（AMAC）。

（二）私募证券投资基金按规模分布情况

截至2020年末，私募证券投资基金"基金数量多，平均规模小；小型基金数量占比高，大型基金数量占比低"的现象依然突出。具体见图5-10和图5-11。

第五章 私募投资基金

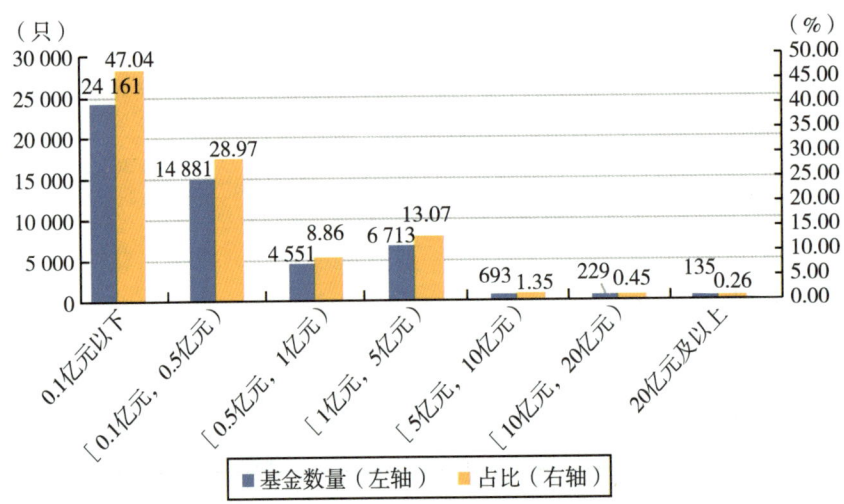

图 5-10 私募证券投资基金数量分布情况

资料来源：中国证券投资基金业协会（AMAC）。

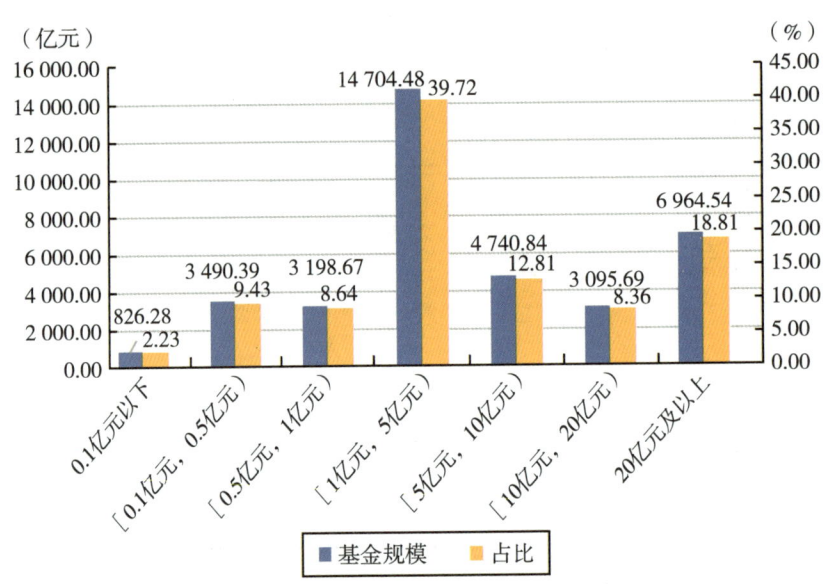

图 5-11 私募证券投资基金规模分布情况

资料来源：中国证券投资基金业协会（AMAC）。

（三）私募证券投资产品类型分布情况[①]

截至2020年末，从产品类型来看，股票类基金和混合类基金是私募证券投资

[①] 此节所统计的各类型基金中不包含FOF类基金，有关私募证券类FOF的情况详见后文。

基金（不含FOF类）中最主要的组成部分。具体见图5-12和图5-13。

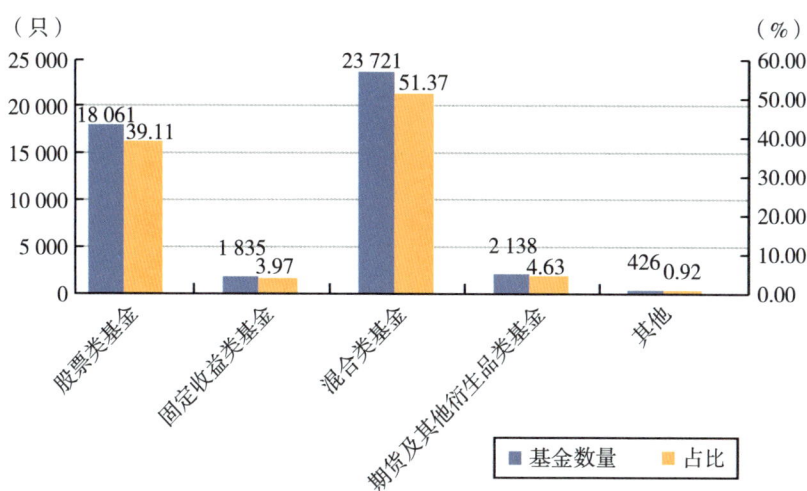

图5-12　私募证券投资基金数量分布情况（按产品类型）

资料来源：中国证券投资基金业协会（AMAC）。

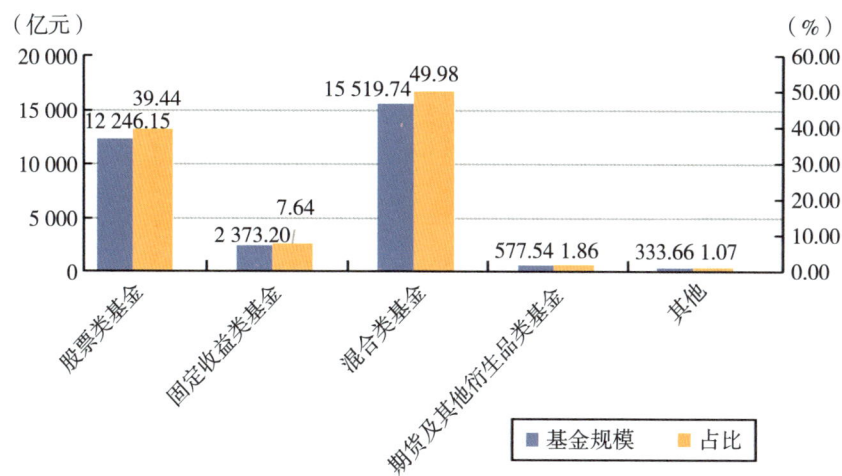

图5-13　私募证券投资基金规模分布情况（按产品类型）

资料来源：中国证券投资基金业协会（AMAC）。

从不同产品类型的私募证券投资基金（不含FOF类）平均规模来看，单只固定收益类基金平均规模高达1.29亿元，远大于其他类型基金；而单只平均规模最小的期货及其他衍生品类基金，平均规模仅有约0.27亿元（见图5-14）。

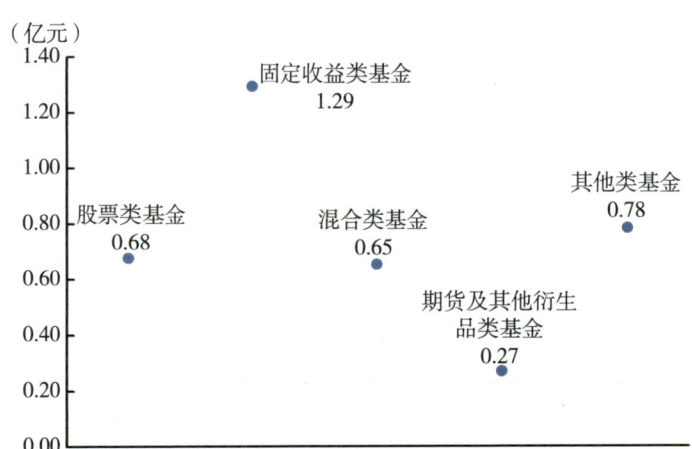

图 5-14　不同产品类型私募证券投资基金的平均规模情况

资料来源：中国证券投资基金业协会（AMAC）。

（四）私募证券投资基金组织形式分布情况

截至2020年末，从基金组织形式分布情况来看，契约型私募证券投资基金数量和规模上皆占绝对多数（见图5-15）。

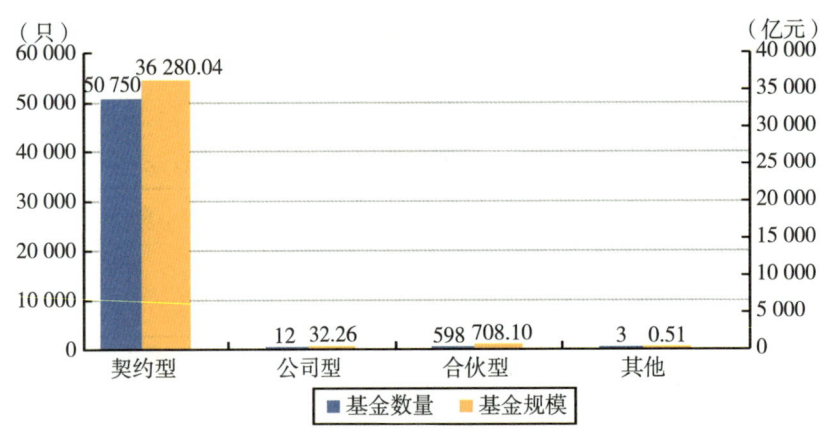

图 5-15　私募证券投资基金组织形式分布情况

资料来源：中国证券投资基金业协会（AMAC）。

（五）私募证券投资基金托管情况

截至2020年末，绝大部分私募证券投资基金均有托管，托管的基金只数共49 139只，规模3.59万亿元（见图5-16）。

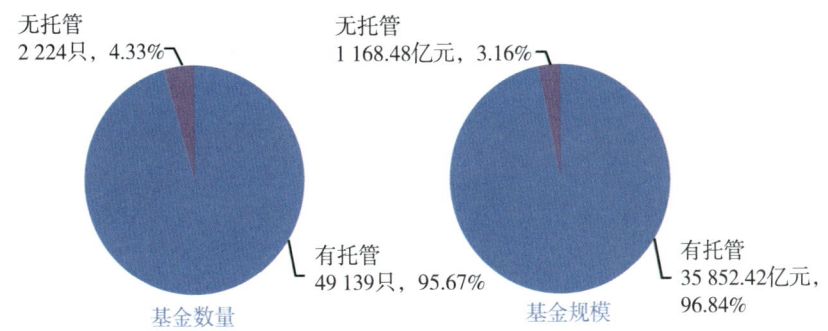

图 5-16　私募证券投资基金数量及规模托管情况

资料来源：中国证券投资基金业协会（AMAC）。

（六）私募证券投资基金外包①情况

截至2020年末，共有49 634只私募证券投资基金采用了外包服务，占私募证券投资基金总数的96.63%，相关基金规模3.44亿元，占比为93.04%（见图5-17）。私募证券投资基金管理人日益注重使用外包服务，有利于在切实实现本机构风险管理和内部控制制度目标的前提下，将优势资源集中于最能反映管理人专业优势的领域。

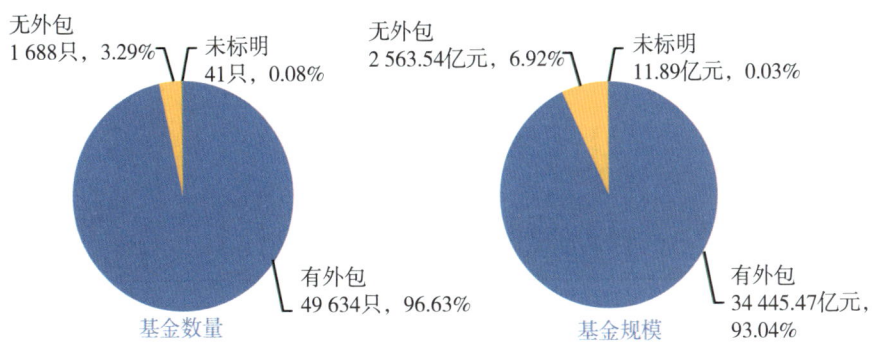

图 5-17　私募证券投资基金服务外包情况

资料来源：中国证券投资基金业协会（AMAC）。

从采用的外包服务类型来看，在使用外包服务的私募证券投资基金中，数量达99.47%的基金采用了份额登记服务，99.65%的基金采用了估值核算服务，使

---

① 根据"资产管理业务综合报送平台"关于基金外包情况的填报说明，私募基金外包服务的类型主要包括份额登记、估值核算、信息技术服务等，同一基金可以选择多种类型外包服务。

用信息技术服务的基金数量较少（见图5-18）。

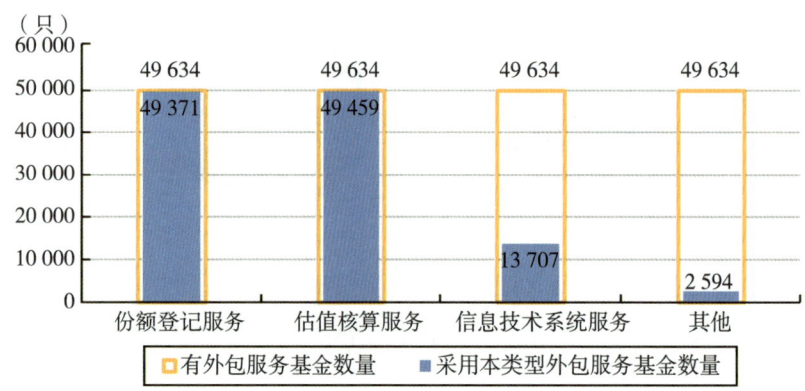

图5-18 私募证券投资基金外包服务类型分布

资料来源：中国证券投资基金业协会（AMAC）。

（七）证券投资基金投资策略[①]情况

截至2020年末，存续私募证券投资基金中，采用股票策略的基金数量最多（见图5-19）。

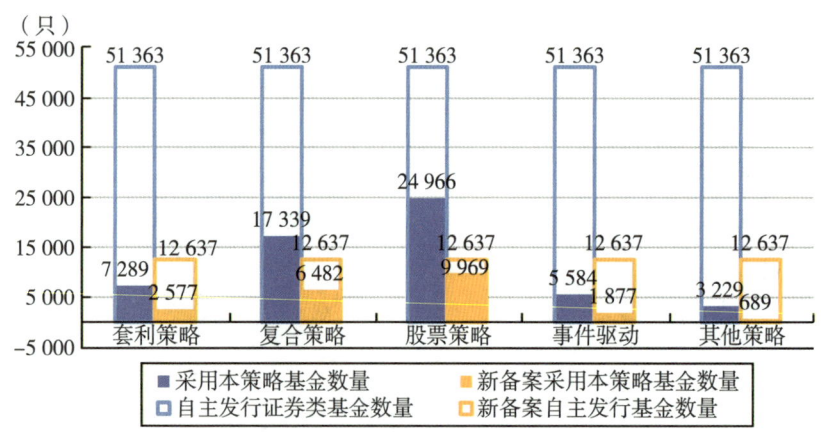

图5-19 私募证券投资基金投资策略情况

资料来源：中国证券投资基金业协会（AMAC）。

截至2020年末，存续私募证券投资基金中，共有13 465只基金有使用量化/

[①] 根据"资产管理业务综合报送平台"填报规则，私募基金投资策略可以同时选择多种投资策略，也可以不报送投资策略信息。

对冲策略，相关基金规模合计6 999.87亿元，分别占自主发行类私募证券投资基金总只数和总规模的26.22%和18.91%（见图5-20）。

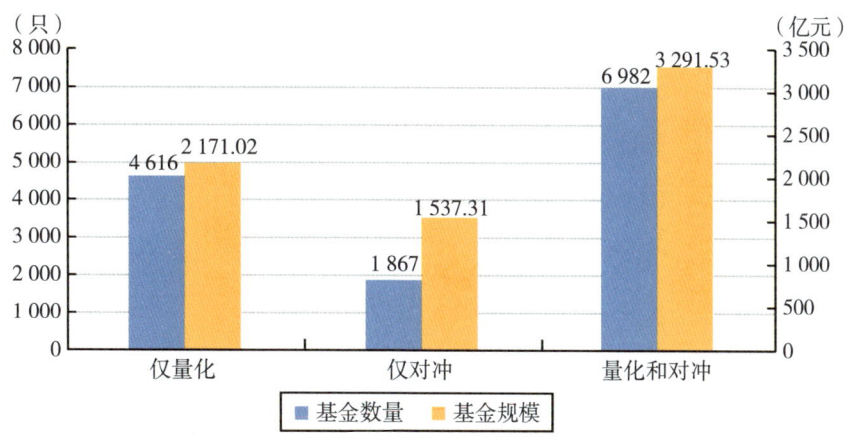

图5-20 私募证券投资基金量化对冲情况

资料来源：中国证券投资基金业协会（AMAC）。

（八）私募证券类FOF情况

截至2020年末，存续私募证券类FOF共有5 182只，规模5 970.61亿元，分别占自主发行类私募证券投资基金总数和总规模的10.09%与16.13%。其中，投向单一资管计划的基金占FOF类基金总数量的54.94%，规模占FOF类基金总规模的63.69%（见图5-21）。

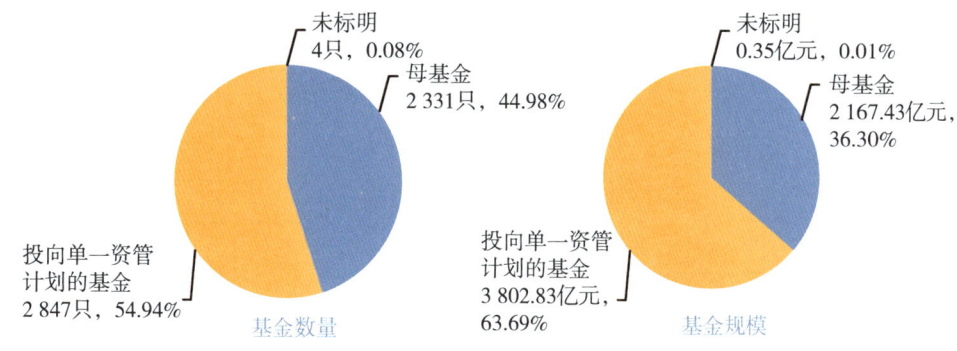

图5-21 私募证券FOF构成情况

注：截至统计时点，仍有部分私募基金未完成信息补录，FOF产品类型缺失。
资料来源：中国证券投资基金业协会（AMAC）。

二、自主发行类私募证券投资基金募集出资及投资情况

截至2020年末,私募证券投资基金各类投资者合计出资3.71万亿元,较2019年末增长79.23%,所涉投资者54.79万人次。2020年新备案私募证券投资基金的初始各类投资者合计出资3 065.49亿元,所涉投资者15.47万人次;截至2020年末,新备案私募证券投资基金的投资者合计出资11 056.62亿元,所涉投资者244 106人次。2019年末存量私募证券投资基金投资者于2020年出资增加5 342.61亿元,所涉投资者数量减少25 908人次。

(一)基金募集账户监督机构类型分布[①]

截至2020年末,有募集账户监督机构[②]的基金共有48 394只,规模3.47万亿元。其中,45 805只私募证券投资基金选择证券公司作为募集账户监督机构,相关基金规模合计3.11万亿元,证券公司是最主要的募集账户监督机构类型(见图5-22)。

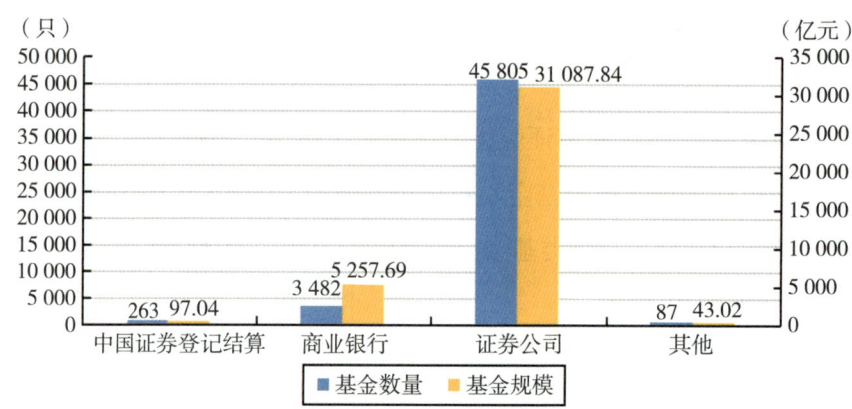

图5-22 私募证券投资基金募集监督机构分布情况

资料来源:中国证券投资基金业协会(AMAC)。

(二)基金投资者数量[③]分布情况

截至2020年末,单只私募证券投资基金的投资者数量主要集中在2~5(含)

---

① 《私募投资基金募集行为管理办法》所称监督机构,是指中国证券登记结算有限责任公司、取得基金销售业务资格的商业银行、证券公司以及中国证券投资基金业协会规定的其他机构。其中,其他机构主要包括招商基金管理有限公司、长安基金管理有限公司等8家已在中国证券投资基金业协会登记为私募基金服务机构的公募基金公司。

② 由于销售机构不同等原因,单只基金可能存在多个募集账户监督机构。

③ 本报告所统计投资者人数,基于基金直接投资者(一级投资者)统计。

人，相关基金数量达21 293只，占比41.46%；基金规模1.00万亿元，占比27.12%（见图5-23和图5-24）。

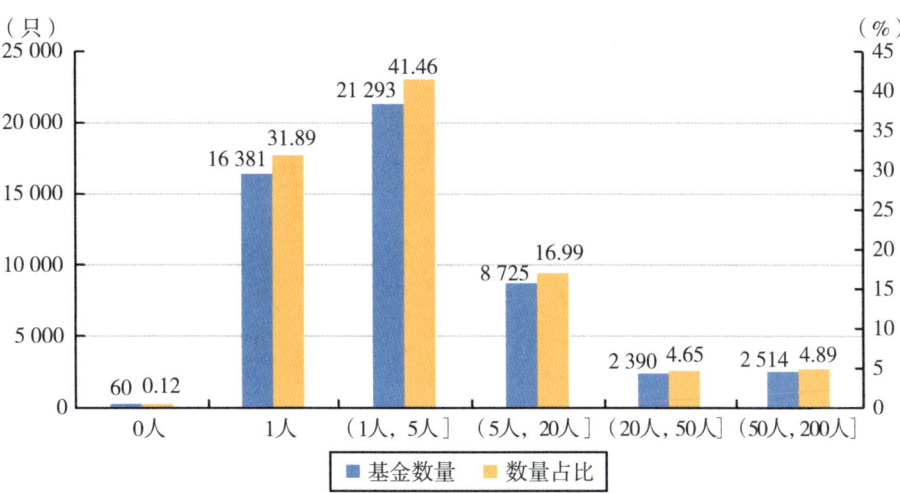

图5-23　私募证券投资基金数量分布情况（按投资者人数）

资料来源：中国证券投资基金业协会（AMAC）。

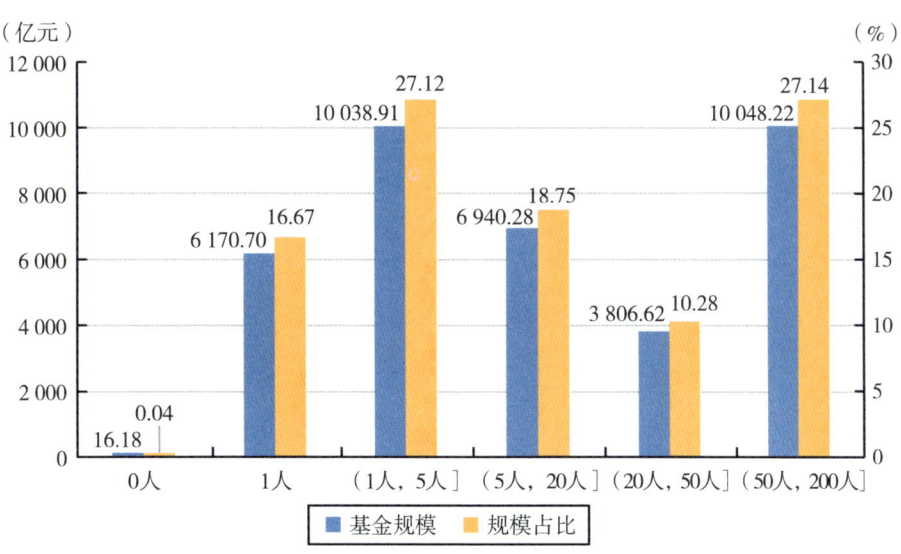

图5-24　私募证券投资基金规模分布情况（按投资者人数）

注：部分在原私募基金登记备案系统完成备案的私募证券投资基金，暂未根据中国证券投资基金业协会要求在"资产管理业务综合报送平台"补录投资者结构化数据信息或未及时进行清算，投资者数量暂时显示为0。

资料来源：中国证券投资基金业协会（AMAC）。

（三）基金各类投资者出资情况

截至2020年末，私募证券投资基金的各类型投资者中，居民数量占比达87.77%，相关资金占比为45.99%；各类资管计划数量占比为8.20%，相关资金占比达37.44%；企业数量占比4.00%，相关资金占比达16.44%（见图5-25）。

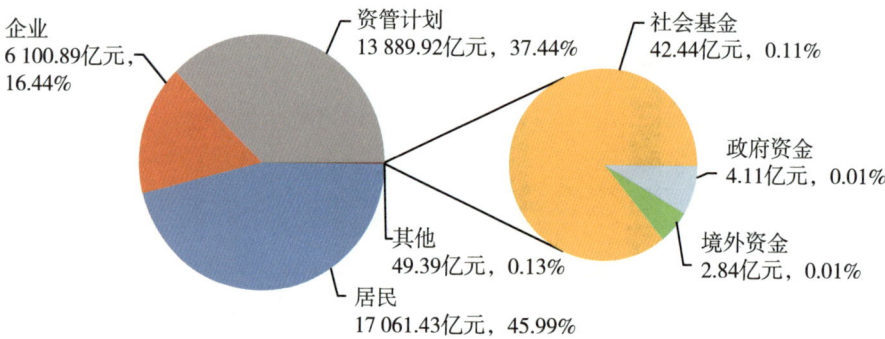

图5-25　2020年末私募证券投资基金各类投资者投资规模比例分布

资料来源：中国证券投资基金业协会（AMAC）。

（四）机构投资者[①]出资比例分布情况

截至2020末，约53.90%私募证券投资基金完全由居民出资，约21.93%的私募证券投资基金完全由机构投资者出资（见图5-26）。

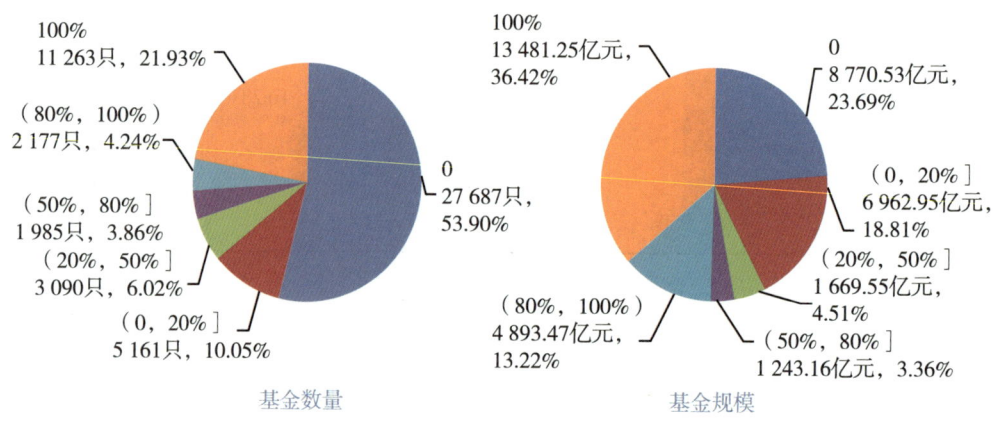

图5-26　私募证券投资基金按机构投资者出资比例分布情况

资料来源：中国证券投资基金业协会（AMAC）。

---

① 本报告中机构投资者包含企业投资者和各类资管计划。

(五)基金实际投向情况

截至2020年末,从私募证券投资基金的具体投资方向来看,投向境内证券的规模最大,投资规模共计2.78万亿元,占所持有各类资产规模的68.33%(见图5-27)。

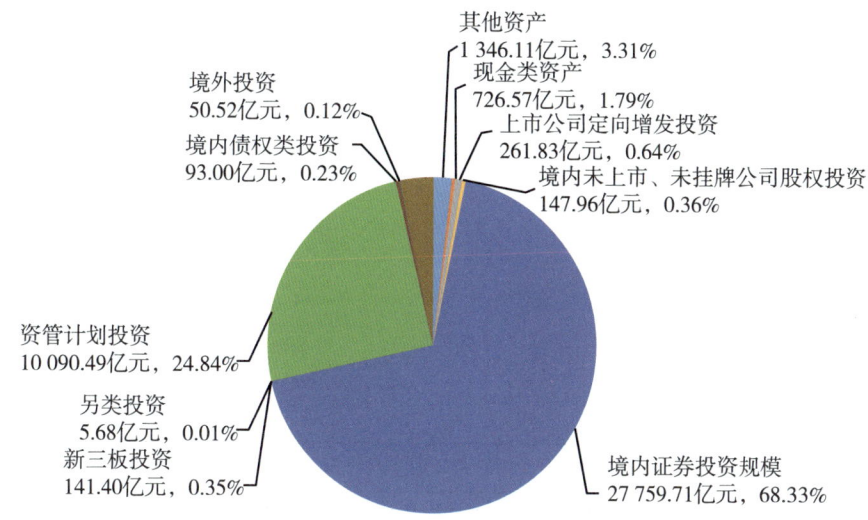

图5-27 私募证券投资基金投向情况

资料来源:中国证券投资基金业协会(AMAC)。

境内证券投资主要投向股票和债券投资,投资规模分别为17 439.30亿元和2 366.83亿元,分别占境内证券投资规模的62.82%和8.53%(见图5-28)。

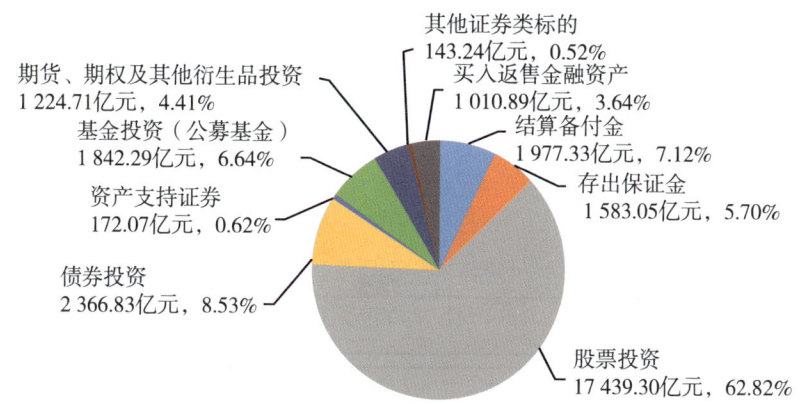

图5-28 私募证券投资基金境内证券投资分布情况

资料来源:中国证券投资基金业协会(AMAC)。

三、顾问管理类产品情况

截至2020年末，存续顾问管理类产品共有2 961只，规模合计5 958.36亿元，顾问管理类产品基金只数和规模均呈上升趋势（见图5-29和图5-30）。2020年新备案顾问管理类产品896只，规模1 224.48亿元。共160只顾问管理类产品涉及跨境投资，规模304.36亿元，分别占所有顾问管理类产品数量和规模的5.40%和5.11%。

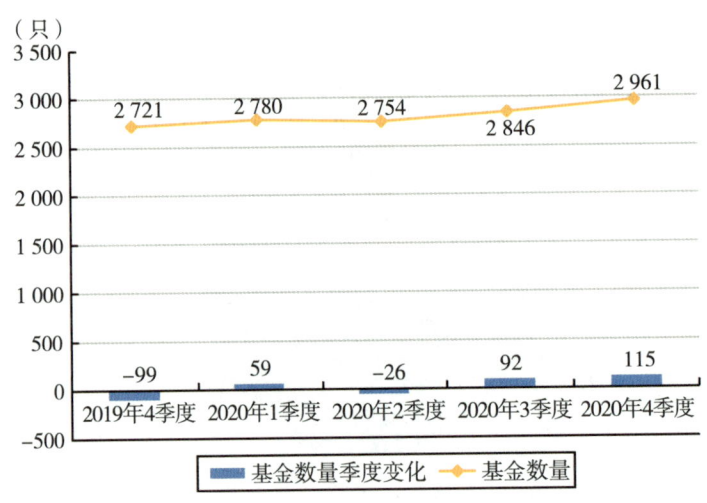

图5-29 顾问管理类产品数量变化

资料来源：中国证券投资基金业协会（AMAC）。

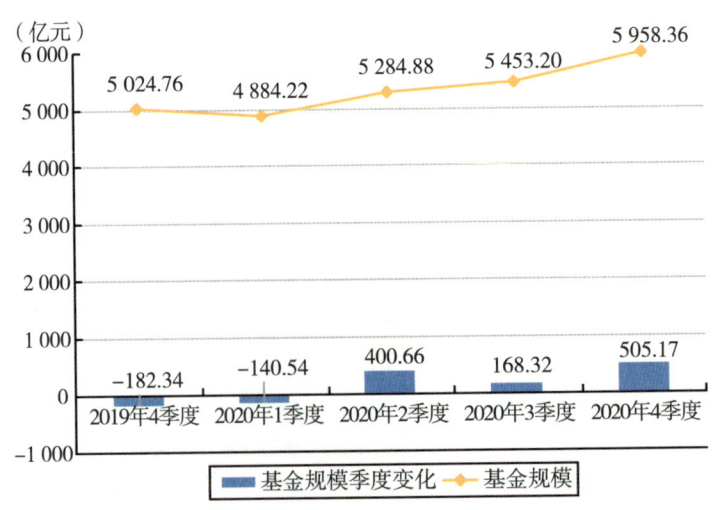

图5-30 顾问管理类产品规模变化

资料来源：中国证券投资基金业协会（AMAC）。

(一)产品规模分布情况

截至2020年末,顾问管理类产品中,0.1亿~0.5亿元和1亿~5亿元的基金数量最多,均为900只,均占比30.40%(见图5-31)。1亿~5亿元的基金规模最大,占比33.29%(见图5-32)。

2020年备案的896只顾问管理类产品,平均单只规模约为1.37亿元。

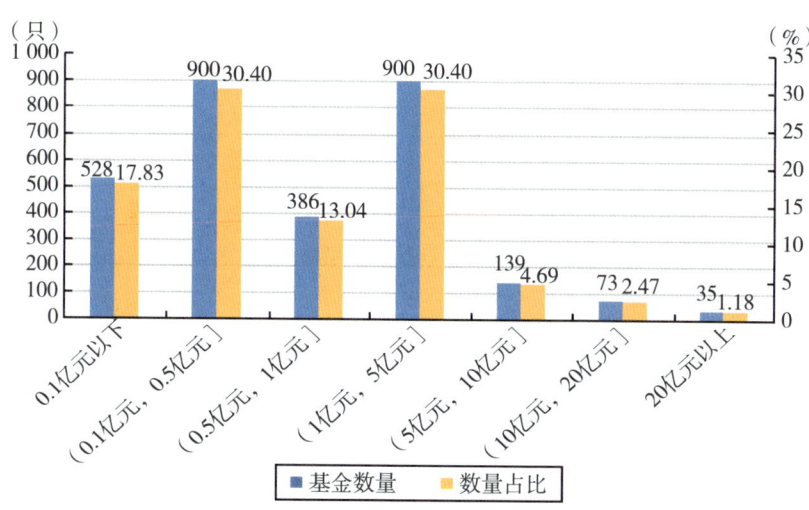

图5-31 顾问管理类产品数量分布情况

资料来源:中国证券投资基金业协会(AMAC)。

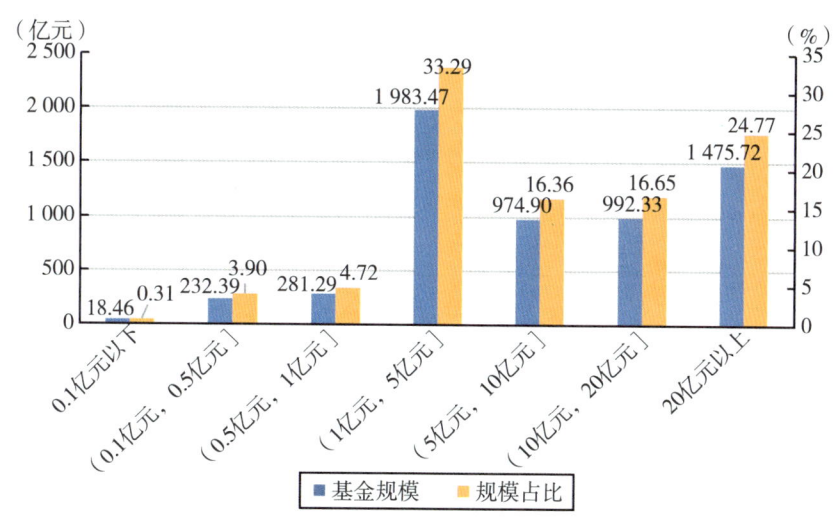

图5-32 顾问管理类产品规模分布情况

资料来源:中国证券投资基金业协会(AMAC)。

(二)产品类型分布情况

截至2020年末,产品类型实际为信托计划的顾问管理类产品只数为1 872只,规模为3 989.24亿元,在顾问管理类产品中的占比最高(见图5-33和图5-34)。2020年新备案的顾问管理类产品中,产品类型为信托计划的顾问管理类产品数量最多共计585只,占比65.29%,其规模最高,占比86.21%。

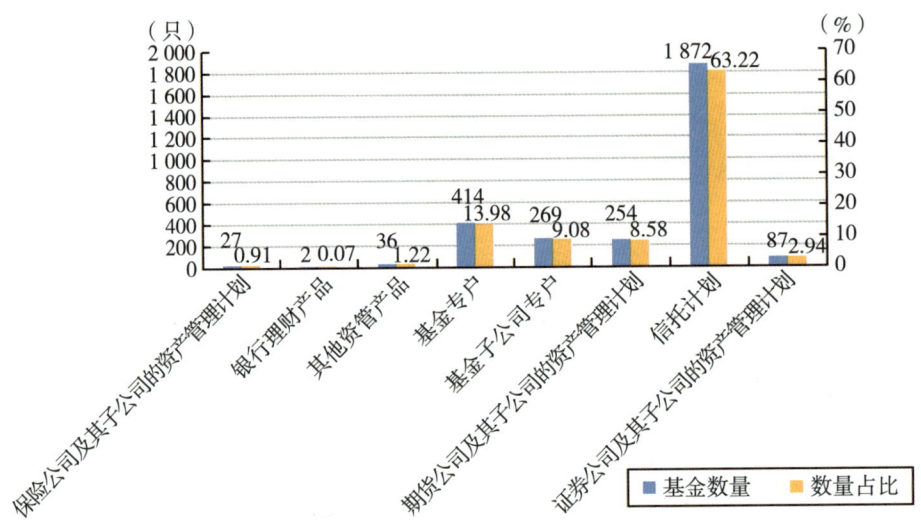

图5-33 顾问管理类产品数量分布情况(按产品类型)

资料来源:中国证券投资基金业协会(AMAC)。

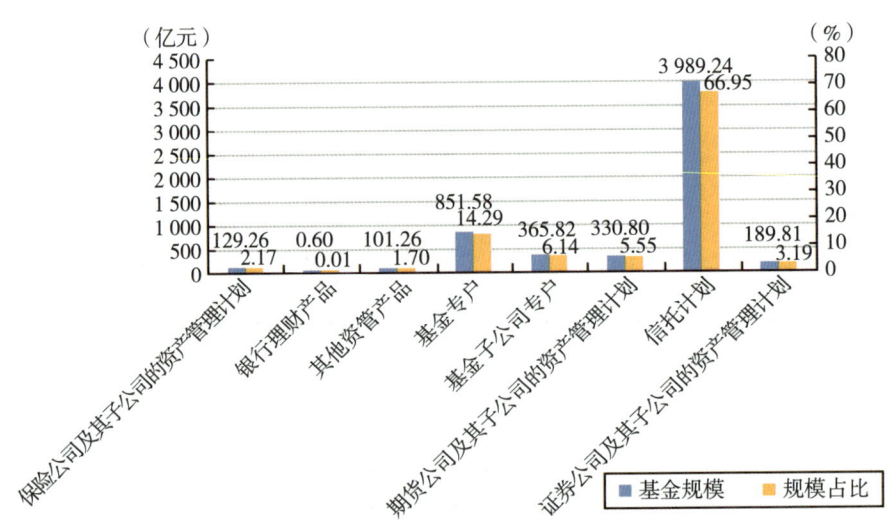

图5-34 顾问管理类产品规模分布情况(按产品类型)

资料来源:中国证券投资基金业协会(AMAC)。

（三）产品投资类型分布情况

截至2020年末，顾问管理类产品中，主要的投资类型为股票类基金、固定收益类基金和混合类基金，三者合计占所有顾问管理类产品数量的95.10%，占所有顾问管理类产品规模的96.88%（见图5-35和图5-36）。2020年新备案顾问管理类产品，以上三类基金合计839只，规模1 196.30亿元，分别占新备案顾问管理类产品的93.64%和97.70%。

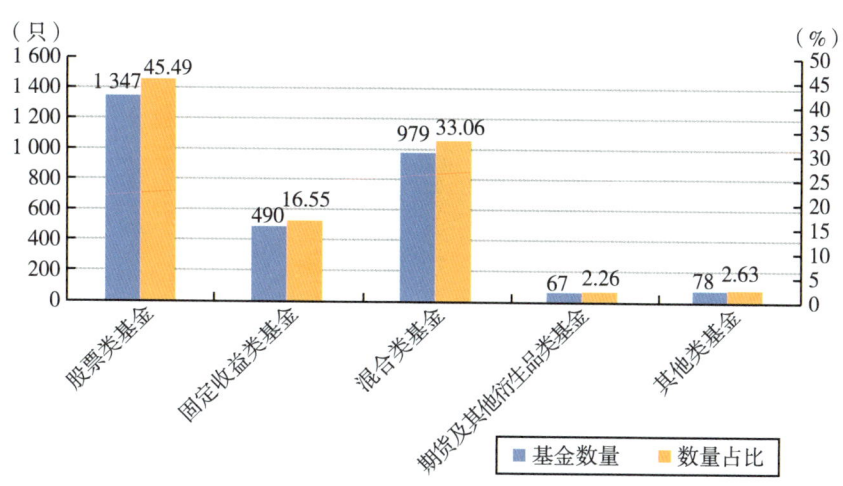

图5-35　顾问管理类产品数量分布情况（按投资类型）

资料来源：中国证券投资基金业协会（AMAC）。

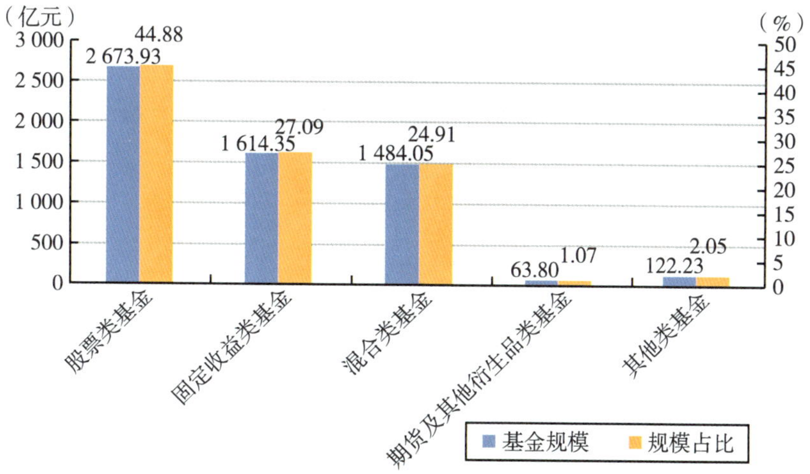

图5-36　顾问管理类产品规模分布情况（按投资类型）

资料来源：中国证券投资基金业协会（AMAC）。

第五章 私募投资基金

(四)产品实际投向情况

截至2020年末,顾问管理类产品主要投向境内证券,所持相关证券的规模合计3 746.61亿元,占所投各类资产规模的61.70%(见图5-37)。

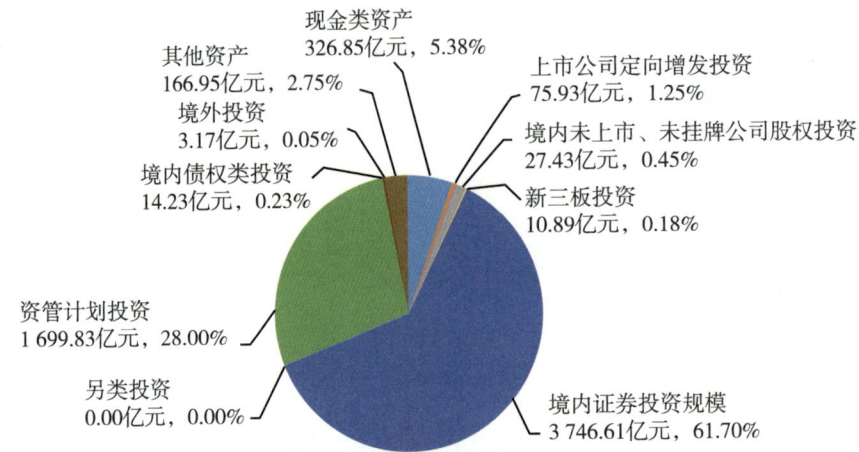

图5-37 顾问管理类产品投向情况

资料来源:中国证券投资基金业协会(AMAC)。

在顾问管理类产品境内证券投资中,股票投资和债券投资是主要部分,占比分别为51.95%和32.20%(见图5-38)。

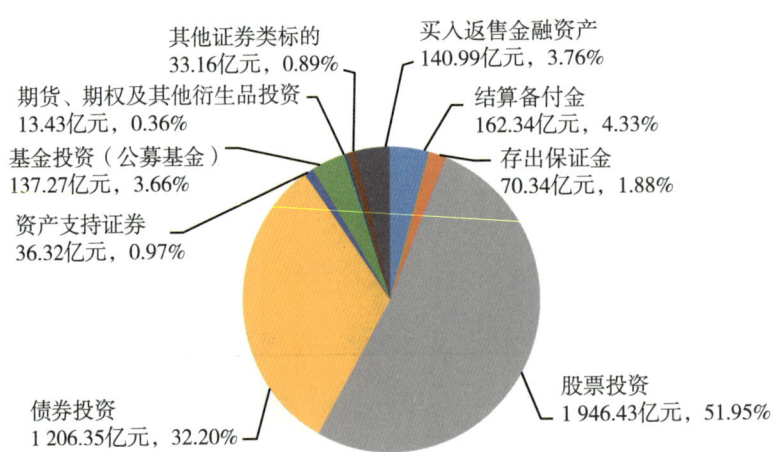

图5-38 顾问管理类产品境内证券投资分布情况

资料来源:中国证券投资基金业协会(AMAC)。

四、私募证券投资基金运行情况分析[①]

(一)私募证券投资基金仓位波动情况

截至2020年末,存续私募证券投资基金共计54 324只,规模4.30万亿元,持有流通股票市值1.97万亿元,同比增长90.75%;持有上市公司定增股票337.76亿元;总股票持仓占比44.01%,较2019年末增长2.02个百分点(见表5–1)。

截至2020年末,股票型私募基金持有流通股票仓位为65.72%,较2019年末增长3.50个百分点;持有总股票(含定增)仓位为66.38%,较2019年末增长1.23个百分点(见表5–2)。

表 5–1　　　　　私募证券投资基金持有股票仓位情况

季度	私募证券投资基金规模（亿元）	私募证券投资基金持有股票市值（亿元）	持有流通股票仓位（算术平均,%）	持有股票(含上市定增股票)平均仓位（算术平均,%）
2018年4季度末	21 385.06	5 755.58	32.20	33.76
2019年1季度末	23 466.17	8 495.12	37.57	38.16
2019年2季度末	24 061.87	8 150.88	37.43	38.17
2019年3季度末	24 562.64	8 975.34	36.76	38.05
2019年4季度末	25 610.85	10 338.54	40.79	41.99
2020年1季度末	26 244.98	9 210.15	35.49	36.57
2020年2季度末	30 592.38	12 359.33	40.88	41.25
2020年3季度末	36 659.35	15 430.39	40.98	41.33
2020年4季度末	42 979.27	19 720.94	43.70	44.01

资料来源:中国证券投资基金业协会(AMAC)。

表 5–2　　　　　股票型私募基金持有股票仓位情况

季度	股票型私募基金规模（亿元）	股票型私募基金持有股票市值（亿元）	持有流通股票仓位（算术平均,%）	持有股票(含定增股票)平均仓位（算术平均,%）
2018年4季度末	6 740.74	3 426.24	51.79	55.28
2019年1季度末	7 500.99	4 885.00	61.05	62.37
2019年2季度末	7 285.80	4 441.50	60.63	63.58
2019年3季度末	7 394.20	4 670.87	56.64	59.71

[①] 如无特殊说明,本节私募证券投资基金均包含顾问管理类产品。

续表

季度	股票型私募基金规模（亿元）	股票型私募基金持有股票市值（亿元）	持有流通股票仓位（算术平均，%）	持有股票（含定增股票）平均仓位（算术平均，%）
2019年4季度末	7 624.89	5 250.04	62.22	65.15
2020年1季度末	7 848.00	4 725.68	55.37	58.08
2020年2季度末	9 528.00	6 283.07	62.89	63.70
2020年3季度末	12 049.50	7 795.88	61.40	62.17
2020年4季度末	14 920.31	10 202.87	65.72	66.38

资料来源：中国证券投资基金业协会（AMAC）。

（二）私募证券投资基金单位净值情况

截至2020年末，已填报单位基金净值的私募证券投资基金53 838只[1]，规模4.20万亿元（见表5–3）。其中，单位净值低于1的私募证券投资基金共15 743只，占比29.24%，规模4 777.28亿元，占比11.37%，持有流通股票规模1 938.89亿元。单位净值低于1的基金净值主要集中于0.9到1之间，共计7 514只，规模3 033.45亿元。单位净值低于0.9的私募证券投资基金8 229只，规模1 743.82亿元。

表 5–3 私募证券投资基金单位净值分布情况

单位净值	基金数量（只）	占比（%）	基金规模（亿元）	占比（%）	持有流通股规模（亿元）	持有上市公司定增股票规模（亿元）	持有股票总规模（亿元）
[0, 0.5)	2 681	4.98	415.18	0.99	177.37	14.88	192.25
[0.5, 0.8)	3 183	5.91	717.43	1.71	350.65	27.10	377.75
[0.8, 0.9)	2 365	4.39	611.22	1.45	257.02	20.07	277.09
[0.9, 1)	7 514	13.96	3 033.45	7.22	1 153.85	9.01	1 162.86
[1, 1.5)	29 016	53.90	20 981.07	49.90	7 805.62	54.45	7 860.07
[1.5, 2)	5 352	9.94	6 375.32	15.16	3 217.97	16.01	3 233.98
2以上	3 727	6.92	9 909.75	23.57	6 309.72	22.75	6 332.47
合 计	53 838	—	42 043.42	—	19 272.20	164.27	19 436.47

资料来源：中国证券投资基金业协会（AMAC）。

---

[1] 已排除单位基金净值为负、季报未报送、已报送季报但单位基金净值为空的三类基金，合计727只。

已填报基金单位净值的自主发行类私募证券投资基金中,已触及预警线的基金数量2 082只,规模169.70亿元;已触及止损线的基金数量1 470只,规模111.46亿元;触及预警线和止损线的基金规模占比均不到2%。其中已触及止损线的基金共持有上市公司股票市值67.37亿元,此类基金因触及止损线而被动清仓风险较高。

第三节 私募股权投资基金

一、私募股权投资基金基本情况

(一)基金数量和规模变化情况

截至2020年末,已备案私募股权投资基金29 402只,较2019年末增加925只,同比增长3.25%(见图5-39);基金规模9.87万亿元,较2019年末增加1.00万亿元,同比增长11.28%(见图5-40)。

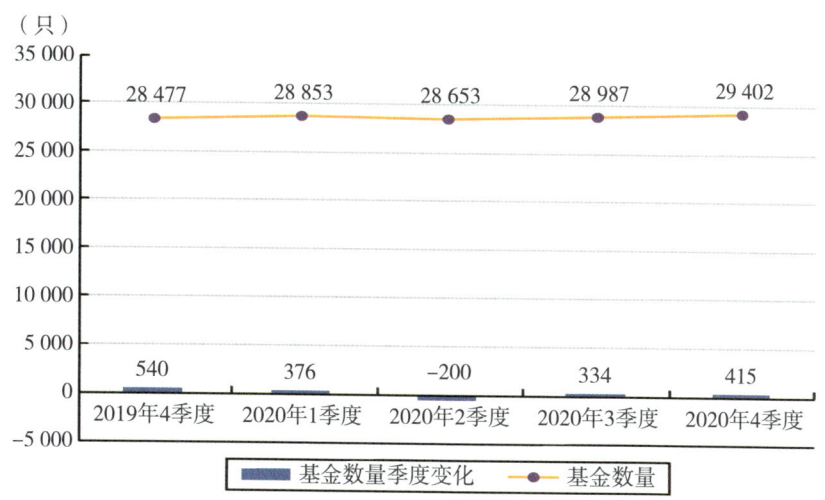

图5-39 私募股权投资基金数量变化

资料来源:中国证券投资基金业协会(AMAC)。

2020年当年,新备案私募股权投资基金3 860只,备案基金规模4 705.37亿元,占当年新备案各类型私募基金的比例达44.03%。

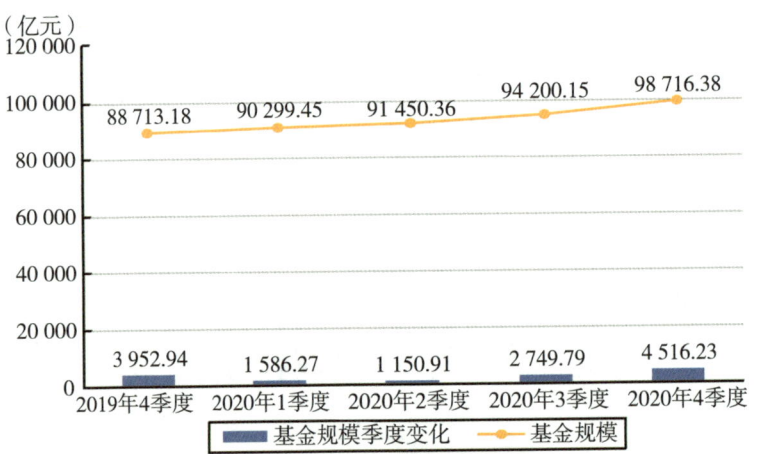

图 5-40　私募股权投资基金规模变化

资料来源：中国证券投资基金业协会（AMAC）。

（二）基金规模分布情况

截至 2020 年末，私募股权投资基金平均规模约为 3.36 亿元，较 2019 年末增加 0.24 亿元。从私募股权投资基金规模分布来看，单只基金规模主要集中于 ［2 000 万元，5 000 万元）区间，占比 19.02%（见图 5-41）。

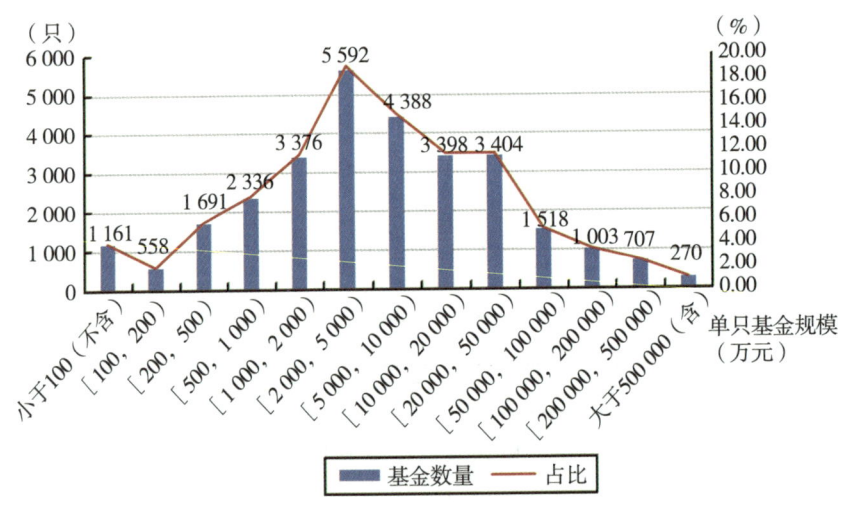

图 5-41　单只私募股权投资基金规模分布情况

资料来源：中国证券投资基金业协会（AMAC）。

2020 年当年备案私募股权投资基金的平均备案规模约为 1.22 亿元，单只基金规模分布同样主要集中于[2 000万元，5 000万元)区间，占比22.67%。此外，单只基金规模在[5 000万元，1亿元)区间的基金数量占比15.03%，在[1亿元，5亿元)区间的基金数量占比17.12%。

（三）基金产品类型分布情况

截至2020年末，中国证券投资基金业协会已备案私募股权投资基金（不含FOF类）24 767只，基金规模8.49万亿元。从私募股权投资基金（不含FOF类）产品类型来看，多数私募基金只进行一般性股权投资，产品类型为"其他基金"的数量与规模占比均为最高，分别为67.31%和56.82%（见图5-42和图5-43）；房地产基金的数量、规模较2019年末分别增长3.65%和14.94%；从各产品类型基金的平均规模来看，基础设施基金平均规模较大，达9.24亿元。

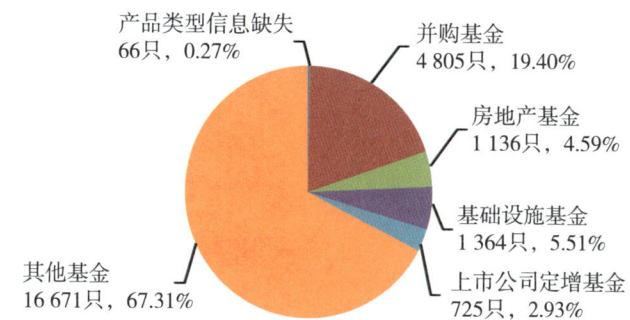

图5-42　私募股权投资基金产品类型按基金数量分布情况

资料来源：中国证券投资基金业协会（AMAC）。

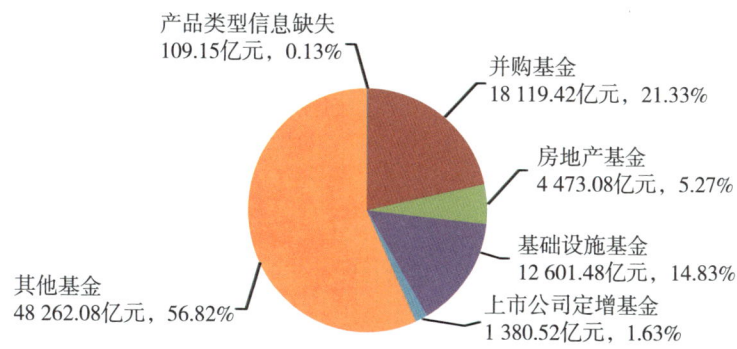

图5-43　私募股权投资基金产品类型按基金规模分布情况

资料来源：中国证券投资基金业协会（AMAC）。

2020年当年备案的私募股权投资基金（不含FOF类）中，产品类型为并购基金的数量和规模占比分别为16.70%和14.98%，产品类型为基础设施基金的数量和规模占比分别为6.04%和7.63%，产品类型为上市公司定增基金的数量和规模占比分别为3.28%和1.33%，产品类型为房地产基金的数量和规模占比分别为9.05%和11.49%。

（四）基金组织形式分布情况

截至2020年末，从私募股权投资基金的组织形式来看，合伙型的数量和规模占比最高，分别为77.17%和79.69%（见图5-44和图5-45）。从不同组织形式基金的平均规模来看，公司型的基金平均规模最大，达19.71亿元。

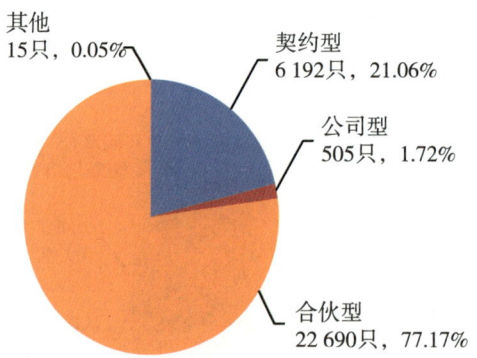

图 5-44　私募股权投资基金组织形式按基金数量分布情况

资料来源：中国证券投资基金业协会（AMAC）。

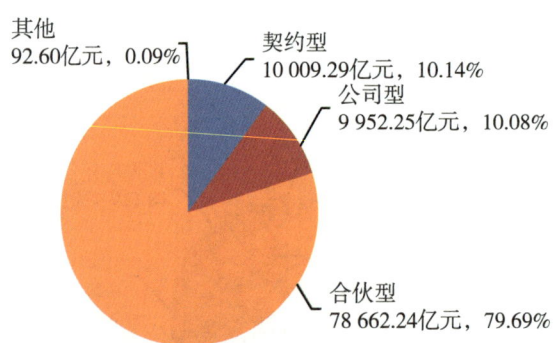

图 5-45　私募股权投资基金组织形式按基金规模分布情况

资料来源：中国证券投资基金业协会（AMAC）。

与2019年末相比，合伙型基金数量占比上升4.09个百分点，契约型基金、公司型基金的数量占比分别下降3.02个和0.03个百分点；从基金规模上来看，公司型基金规模占比上升0.66个百分点，契约型基金和合伙型基金规模占比分别下降1.92个百分点和上升1.30个百分点。

2020年当年备案的私募股权投资基金中，合伙型的基金数量和规模最大，占比分别为83.78%和70.17%；从不同组织形式基金的平均规模来看，公司型的基金平均规模达到16.42亿元。

（五）基金托管情况

截至2020年末，中国证券投资基金业协会已备案私募股权投资基金中，已托管的基金数量为19 049只，托管率达64.79%；已托管的基金规模为7.75万亿元，占私募股权投资基金总规模的比例为78.55%（见图5-46）。从单只基金平均规模来看，已托管基金平均规模4.07亿元，未托管基金平均规模2.05亿元。

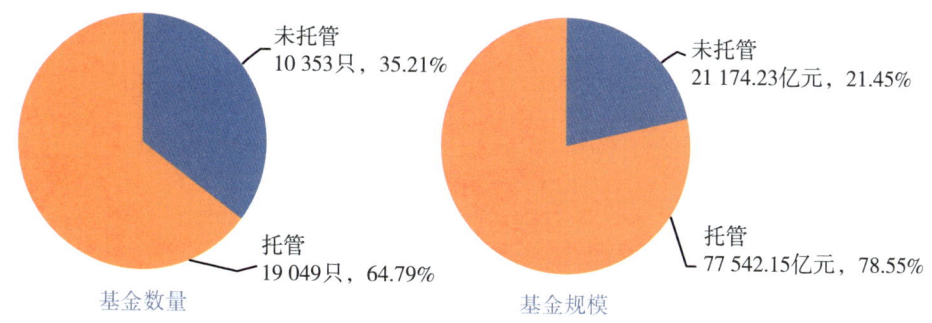

图5-46　私募股权投资基金托管情况

资料来源：中国证券投资基金业协会（AMAC）。

2020年当年备案私募股权投资基金的托管率达77.64%；托管基金规模占2020年备案私募股权投资基金总规模的90.43%。可见，随着私募基金市场的规范发展，越来越高比例的私募股权投资基金，尤其是小规模私募股权投资基金选择将基金财产进行托管。

（六）基金外包情况[①]

截至2020年末，采用外包服务的私募股权投资基金数量6 069只，占比20.64%；

[①] 根据"资产管理业务综合报送平台"关于基金外包情况的填报说明，私募基金外包服务的类型主要包括份额登记、估值核算、信息技术服务等，同一基金可以选择多种类型外包服务。

基金规模8 333.76亿元，占比为8.44%，规模、数量逐步攀升，但大部分私募股权投资基金仍未采用外包服务（见图5-47）。从单只基金的平均规模来看，采用外包服务的私募股权投资基金平均规模1.37亿元，未采用外包服务的平均规模3.87亿元。

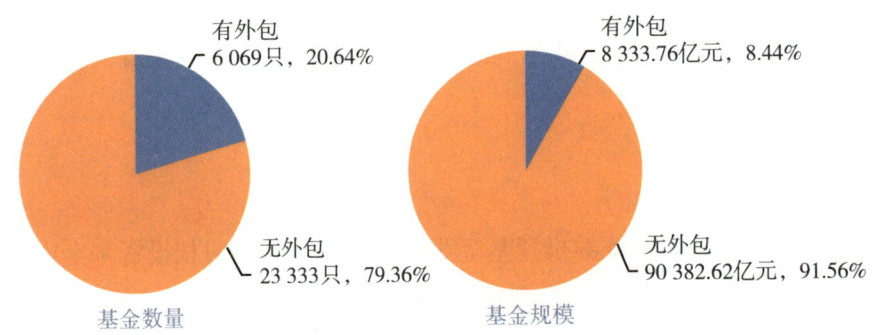

图5-47 私募股权投资基金外包情况

资料来源：中国证券投资基金业协会（AMAC）。

私募股权投资基金采用的主要外包服务是份额登记服务和估值核算服务，其中，采用份额登记服务的私募股权投资基金5 526只，占有采用外包服务私募股权投资基金数量的91.05%；采用估值核算服务的5 630只，占有采用外包服务私募股权投资基金数量的92.77%（见图5-48）。

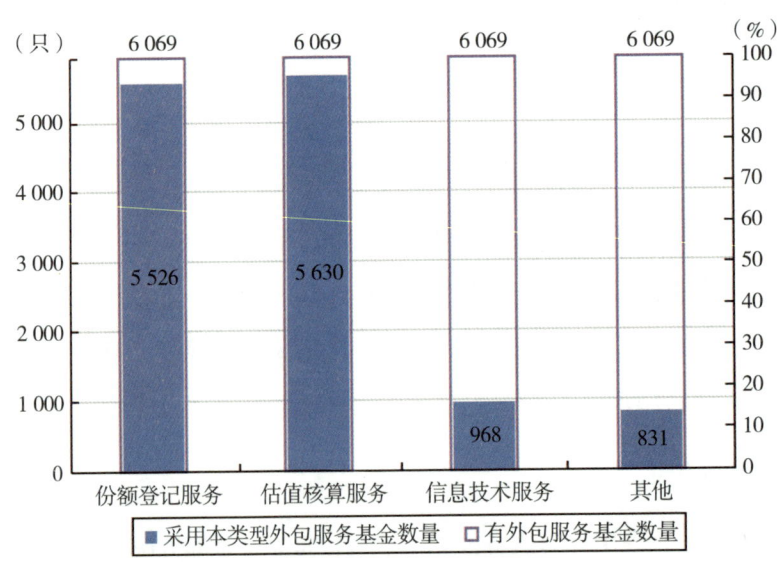

图5-48 私募股权投资基金外包服务类型分布

资料来源：中国证券投资基金业协会（AMAC）。

2020年当年备案的私募股权投资基金中,采用外包服务的基金数量和规模占比分别为26.22%和16.75%。其中,采用份额登记服务的私募股权投资基金占有采用外包服务私募股权投资基金数量的90.22%;采用估值核算服务的私募股权投资基金占有采用外包服务私募股权投资基金数量的95.16%。

(七)私募股权投资类FOF情况

截至2020年末,私募股权投资类FOF共4 635只,占私募股权投资基金总数量的15.76%;基金规模1.38万亿元,占私募股权投资基金规模的13.95%,基金数量和规模较2019年末分别增长1.07%和9.52%。

从基金种类来看,母基金数量和规模分别为2 400只和1.04万亿元,占私募股权投资类FOF的比例分别为51.78%和75.76%;投向单一资管计划基金的数量和规模分别为2 232只和3 325.60亿元,占私募股权投资类FOF的比例分别为48.16%和24.15%(见图5-49)。

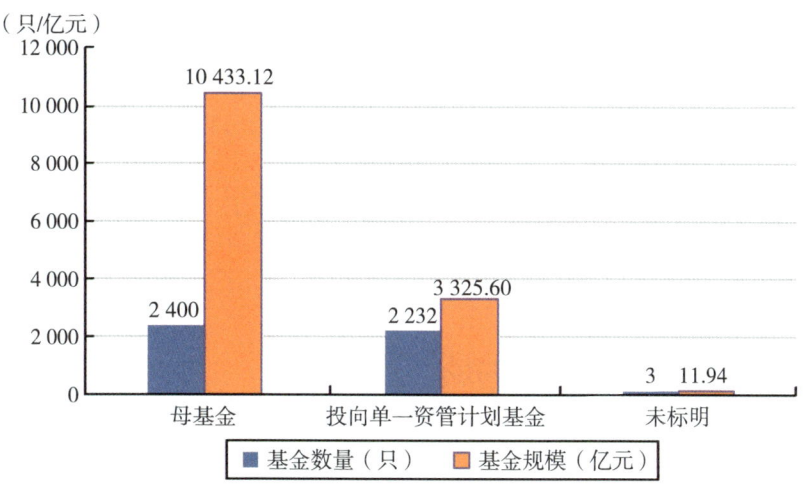

图5-49 私募股权投资类FOF产品种类分布情况*

注:*截至统计时点,仍有部分私募基金未完成信息补录,FOF产品类型缺失。
资料来源:中国证券投资基金业协会(AMAC)。

从私募股权投资类FOF平均规模来看,母基金平均规模4.35亿元,而投向单一资管计划基金平均规模1.49亿元,远小于母基金。

2020年当年备案的私募股权投资类FOF共447只,基金规模398.22亿元,占当年备案私募股权投资基金的比例分别为11.58%和8.46%。其中，母基金207只，基金规模215.40亿元；投向单一资管计划基金240只，基金规模182.82亿元。

（八）政府引导基金情况

截至2020年末，勾选了"政府引导基金"标签的私募股权投资基金1 049只，占全部私募股权投资基金数量的3.57%；基金规模7 704.68亿元，占全部私募股权投资基金规模的7.80%。从单只基金平均规模来看，勾选了"政府引导基金"标签的私募股权投资基金平均规模为7.34亿元，远高于私募股权投资基金平均规模。

2020年当年备案勾选了"政府引导基金"标签的私募股权投资基金155只，占新备案私募股权投资基金数量的4.02%；基金规模387.24亿元，占新备案私募股权投资基金规模的8.23%，单只基金的平均规模为2.50亿元。

二、私募股权投资基金募集出资情况

截至2020年末，私募股权投资基金各类投资者合计出资9.42万亿元，较2019年末增加6 836.41亿元，同比增长7.83%；所涉投资者36.81万个，较2019年末减少15 631个，同比降低4.07%。从年末存量私募基金投资者的出资金额和数量变化情况来看，2019年末存量私募股权投资基金投资者在2020年出资减少2 500.92亿元，所涉投资者数量减少5.42万个。

（一）基金募集账户监督机构情况①

截至2020年末，私募股权投资基金募集账户监督机构主要为取得基金销售业务资格的商业银行和证券公司，基金数量占比分别为79.77%和19.47%，基金规模占比分别为92.20%和7.17%；从单只基金平均规模来看，募集账户监督机构为商业银行的私募股权投资基金平均规模为3.81亿元，而募集账户监督机构为证券公司的平均规模为1.21亿元，远小于前者。

---

① 《私募投资基金募集行为管理办法》所称"监督机构"，是指中国证券登记结算有限责任公司、取得基金销售业务资格的商业银行、证券公司以及中国证券投资基金业协会规定的其他机构。其中，其他机构主要包括招商基金管理有限公司、长安基金管理有限公司等8家已在中国证券投资基金业协会登记为私募基金服务机构的公募基金公司。

2020年当年备案的私募股权投资基金中，以取得基金销售业务资格的商业银行作为募集账户监督机构的基金最多，占比达78.28%（见图5-50）。商业银行在私募股权投资基金募集账户监督环节占据主导地位，是私募股权投资基金尤其是新备案、大规模基金的主要选择。

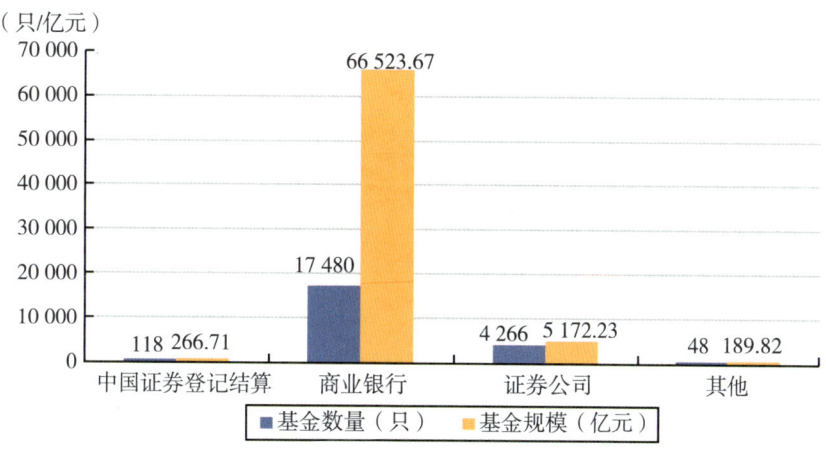

图5-50　私募股权投资基金募集账户监督机构情况*

注：*根据"资产管理业务综合报送平台"相关填报规则，单只基金可同时选择多家募集账户监督机构。其中2016年7月15日之前成立的私募基金如监督机构可选择"不适用"，无须填写募集账户监督机构信息。

资料来源：中国证券投资基金业协会（AMAC）。

（二）基金投资者[①]数量分布情况

截至2020年末，在中国证券投资基金业协会备案的私募股权投资基金中，投资者数量主要集中在1个至5个（含），基金数量达15 355只，占比52.22%（见图5-51）；基金规模5.56万亿元，占比56.33%（见图5-52）。此外，还有部分未进行信息补录或未及时清算的私募股权投资基金投资者数量显示为"0"。

2020年当年备案的私募股权投资基金，无论从基金数量还是从基金规模来看，投资者数量均主要集中在1个至5个（含），基金数量2 336只，占比60.52%；基金规模2 049.03亿元，占比达43.55%。

---

① 本报告所统计投资者人数及出资额，基于基金直接投资者（一级投资者）统计。合伙型、公司型基金的投资者出资额取其实缴出资额，契约型基金的投资者出资额取其持有的基金份额乘以同期末基金单位净值。

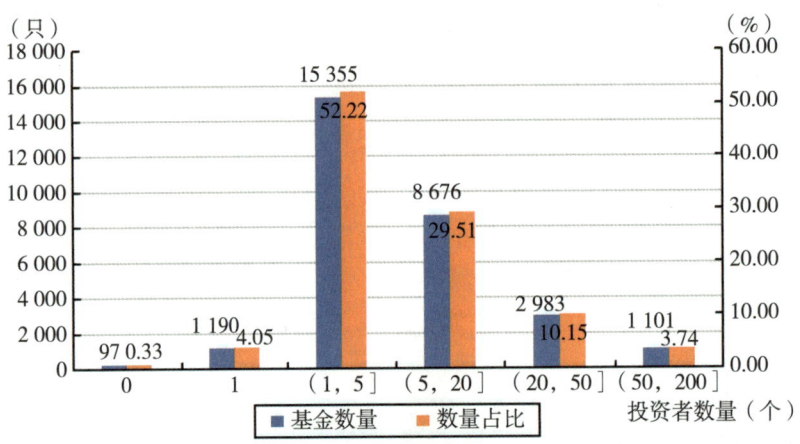

图 5-51　私募股权投资基金按投资者数量分类的数量分布

资料来源：中国证券投资基金业协会（AMAC）。

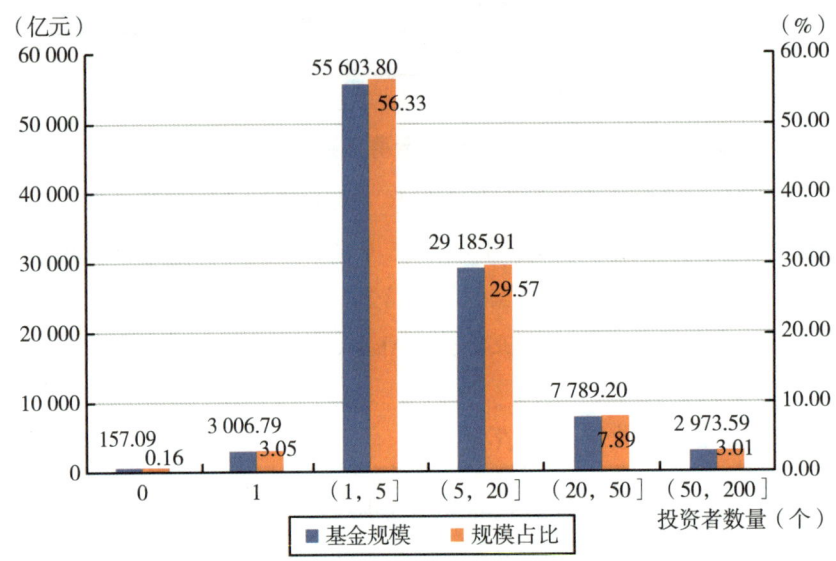

图 5-52　私募股权投资基金按投资者数量分类的规模分布

资料来源：中国证券投资基金业协会（AMAC）。

（三）基金投资者出资情况

截至2020年末，私募股权投资基金的各类投资者中，居民投资者数量占比达79.21%，相关资金占比仅为9.76%；企业投资者数量占比16.65%，但相关资金占比达56.17%；各类资管计划投资者数量占比仅为3.87%，相关资金占比达30.57%（见图5-53）。

第三节 私募股权投资基金

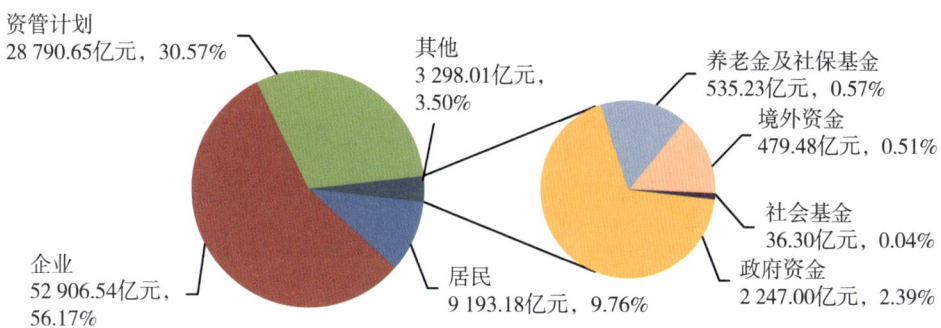

图 5-53　2020 年末私募股权投资基金投资者出资比例分布

资料来源：中国证券投资基金业协会（AMAC）。

截至 2020 年末，私募股权投资基金的主要出资方为企业投资者及各类投资计划，出资金额 8.17 万亿元，出资占比达 86.74%，居民投资者出资 9 193.18 亿元，占比 9.76%。具体来看，在所有类型投资者中，境内公司等法人机构出资最高，占出资总额的 52.24%。私募基金产品出资占比 15.98%，自然人（非员工跟投）出资占比 9.33%。其余类型投资者均不足 6%（见图 5-54）。

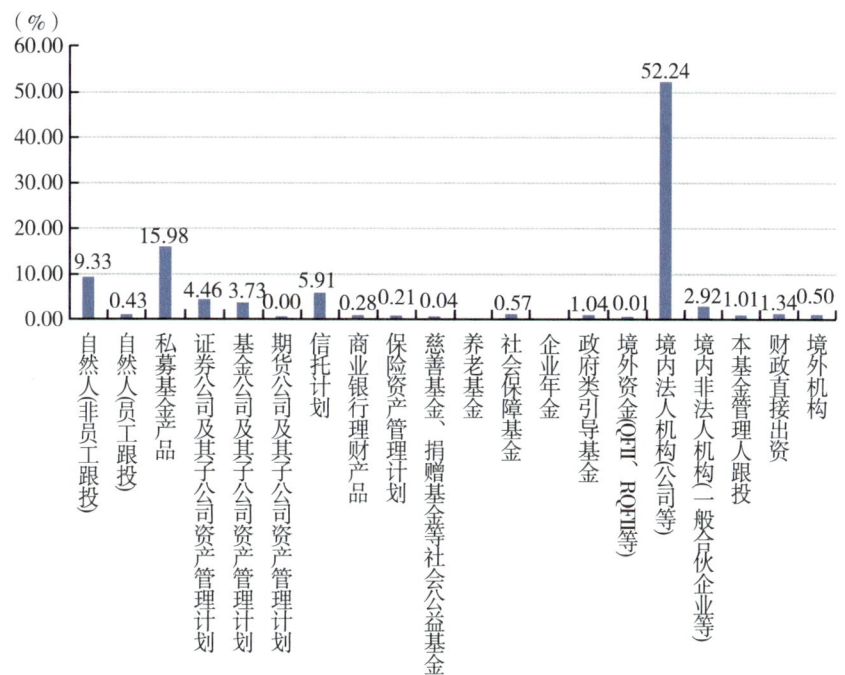

图 5-54　私募股权投资基金投资者出资比例明细

资料来源：中国证券投资基金业协会（AMAC）。

2020年当年新备案私募股权投资基金中，居民投资者数量占比达67.66%，相关资金占比仅为14.18%；企业投资者数量占比27.38%，但相关资金占比达58.37%；各类资管计划投资者数量占比为4.44%，相关资金占比达25.49%。具体来看，在所有类型投资者中，境内公司等法人机构出资最高，占出资总额的54.68%。私募基金产品出资占比15.74%，自然人（非员工跟投）出资占比13.78%。其余类型投资者均不足5%。

（四）机构投资者①出资比例分布情况

截至2020年末，从数量上看，41.10%的私募股权投资基金均由机构投资者出资（见图5-55），此类基金规模占比81.94%（见图5-56）；15.16%的基金全部由自然人投资者出资，基金规模占比仅为2.03%。

从单只基金的规模看，由机构投资者100%出资的基金平均规模6.69亿元；自然人投资者100%出资的基金平均规模0.45亿元。

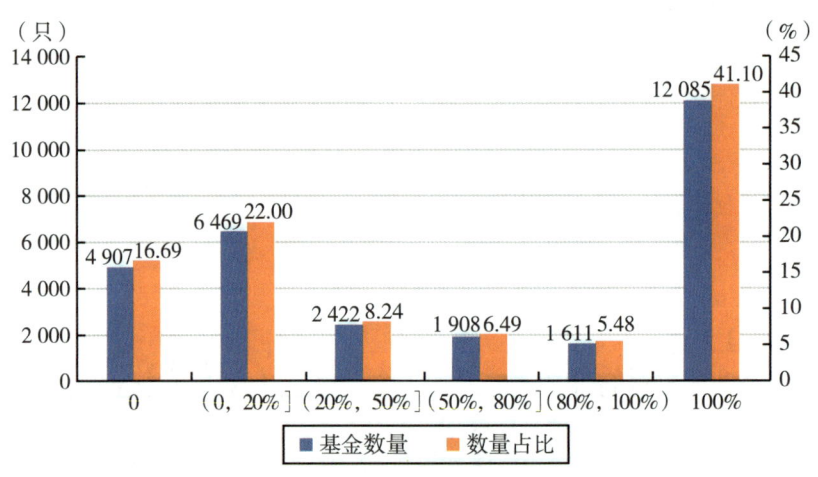

图5-55 2020年末私募股权投资基金按机构投资者出资数量及占比分布

资料来源：中国证券投资基金业协会（AMAC）。

2020年当年备案的私募股权投资基金中，从数量上看，52.15%的私募股权投资基金均由机构投资者出资，此类基金规模占比达78.08%；13.58%的基金全部由自然人投资者出资，相关基金规模占比仅为4.13%。总体来看，机构投资者

---

① 机构投资者是指企业投资者和各类资管计划。

依然是私募股权投资基金的主要出资者。

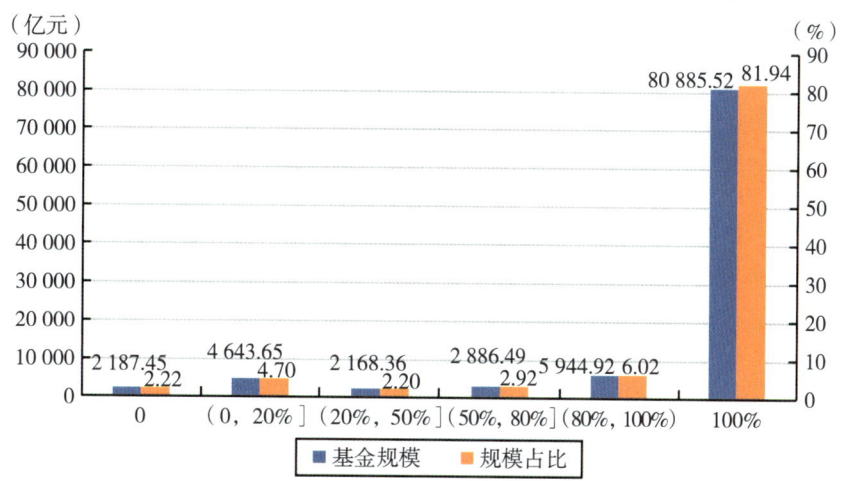

图 5-56　2020 年末私募股权投资基金按机构投资者出资规模及占比分布

资料来源：中国证券投资基金业协会（AMAC）。

三、私募股权投资基金投资运作情况

截至 2020 年末，已进行季度更新、完成运行监测表填报的存续私募股权投资基金期末总资产为 10.28 万亿元，期末净资产 9.83 万亿元。从私募股权投资基金的配置效率来看，存续私募股权投资基金已实现资金退出及收益分配达 1.99 万亿元。

（一）基金实际投资方向分布情况

截至 2020 年末，从私募股权投资基金的具体投资方向情况来看，投资境内未上市、未挂牌公司股权的规模最大，总计 4.83 万亿元，占所持有各类资产规模的 46.99%；投资资管计划的规模 2.15 万亿元，占比 20.92%；投资现金类资产的规模 7 205.98 亿元，占比 7.01%（见图 5-57）。

截至 2020 年末，2020 年当年备案的私募股权投资基金主要投资于境内未上市、未挂牌公司股权和资管计划，总计 6 745.94 亿元，占该类基金产品已投资规模的 69.65%。其中，投资于境内未上市、未挂牌公司股权的规模达 5 139.16 亿元，占已投资规模的 53.06%。

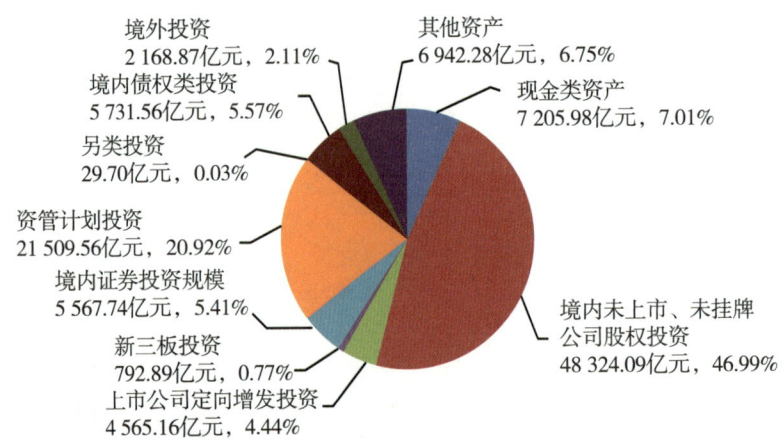

图 5-57　2020 年末私募股权投资基金实际投资方向分布

资料来源：中国证券投资基金业协会（AMAC）。

（二）基金投资案例情况

截至2020年末，已进行季度更新、完成运行监测表填报的存续私募股权投资基金，已投资且暂未完全退出的境内未上市、未挂牌公司股权投资、上市公司定向增发投资、股票协议转让、股票大宗交易、新三板投资、境内债权类投资以及境外股权、债权投资的投资案例55 383个，账面价值6.78万亿元，在投金额6.26万亿元，较2019年末分别增长7.69%、11.83%和8.67%。2020年当年，私募股权投资基金新增投资案例11 362个，投资金额1.18万亿元。

1. 基金投资案例特征情况

私募股权投资基金是支持实体经济、助力创新型企业发展的中坚力量。从本质上说，私募股权投资基金是从承担企业发展的各种风险中获取未来成长的价值收益，风险承受能力远高于债权资本，这就决定了私募股权投资基金对于高科技企业和创新型中小企业等具有浓厚的投资偏好。

截至2020年末，私募股权投资基金投资属于中小企业的案例32 115个，占所有投资案例的57.99%；在投金额1.53万亿元，占比24.40%。私募股权投资基金的投资案例中属于高新技术企业的案例19 181个，在投金额1.23万亿元，占比分别为34.63%和19.58%。私募股权投资基金的投资案例中属于初创科技型企业的案例5 179个，在投金额1 242.78亿元，占比分别为9.35%和1.98%（见图

5-58）。

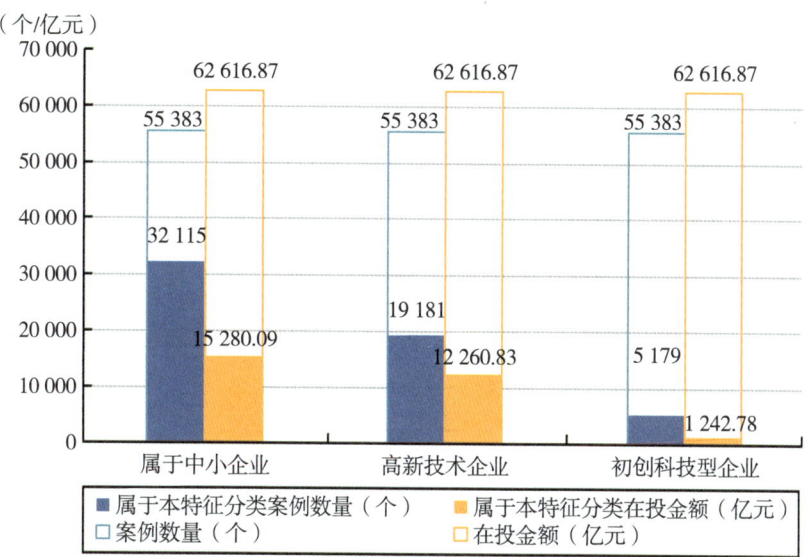

图5-58 2020年末私募股权投资基金投资案例特征数量及规模分布

资料来源：中国证券投资基金业协会（AMAC）。

2020年当年，私募股权投资基金新增投资案例中属于中小企业的案例5 780个，占当年新增投资案例数量的50.87%；投资金额2 828.69亿元，占比24.00%。此外，属于高新技术企业投资的案例4 277个，投资金额2 841.26亿元；属于初创科技型企业的案例1 473个，投资金额385.98亿元。

2.基金投资案例地域分布情况

截至2020年末，从投资案例地域分布来看，投资案例数量排名前五的地区为北京、广东、上海、江苏和浙江，合计36 198个，占案例总数量的65.36%，超过境内其他区域数量占比合计的2倍（见图5-59）；投资案例在投金额排名前五的地区为广东、北京、上海、江苏和浙江，合计3.22万亿元，占投资案例在投金额总数的51.42%（见图5-60）。

2020年当年，私募股权投资基金投资案例数量排名前五的地区是广东、北京、江苏、上海和浙江，数量合计7 170个，占2020年新增投资案例数量的63.11%；投资金额排名前五的是广东、北京、上海、江苏和浙江，投资金额合计6 794.01亿元，占2020年新增投资案例金额的57.65%。

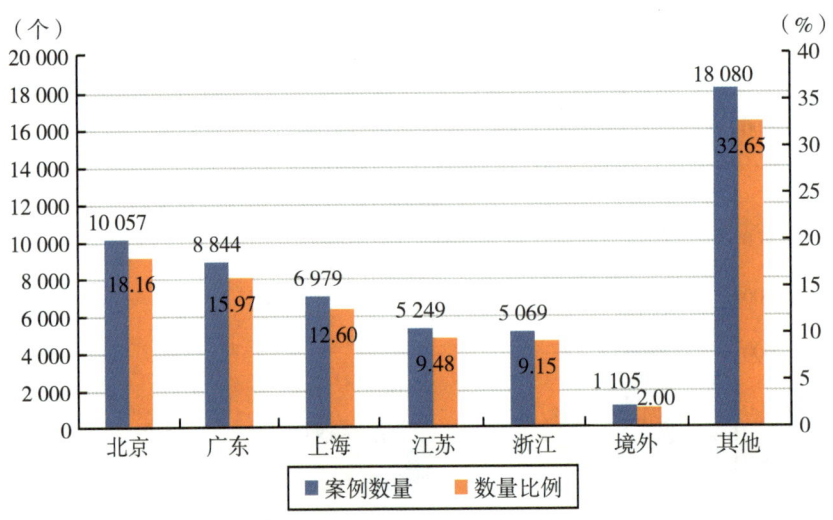

图 5-59 2020 年末私募股权投资基金投资案例数量排名前五地域分布

资料来源：中国证券投资基金业协会（AMAC）。

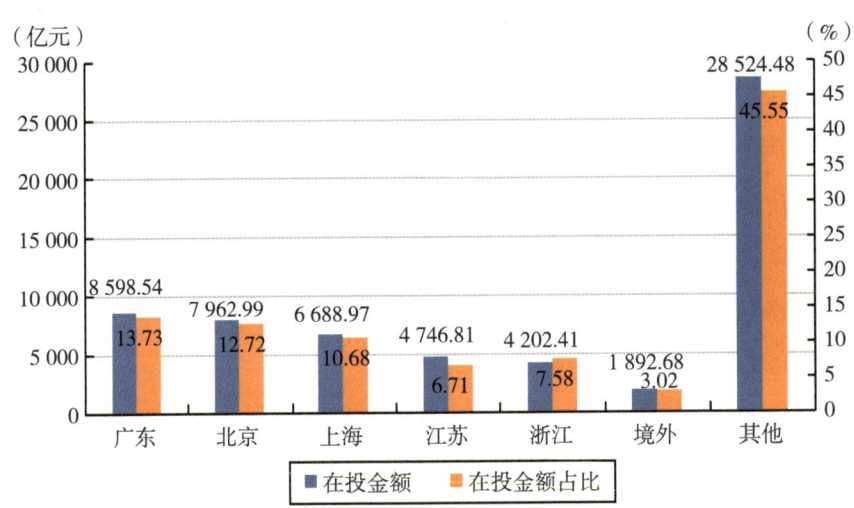

图 5-60 2020 年末私募股权投资基金投资案例在投金额排名前五地域分布

资料来源：中国证券投资基金业协会（AMAC）。

3.基金投资案例行业分布情况

从投资案例数量的行业分布来看，前五大行业为"计算机运用""资本品""医药生物""医疗器械与服务"和"原材料"，各行业投资案例数量分别为 13 129 个、6 634 个、3 919 个、3 611 个和 3 250 个，占比分别为 23.71%、11.98%、7.08%、6.52% 和 5.87%（见图 5-61）。

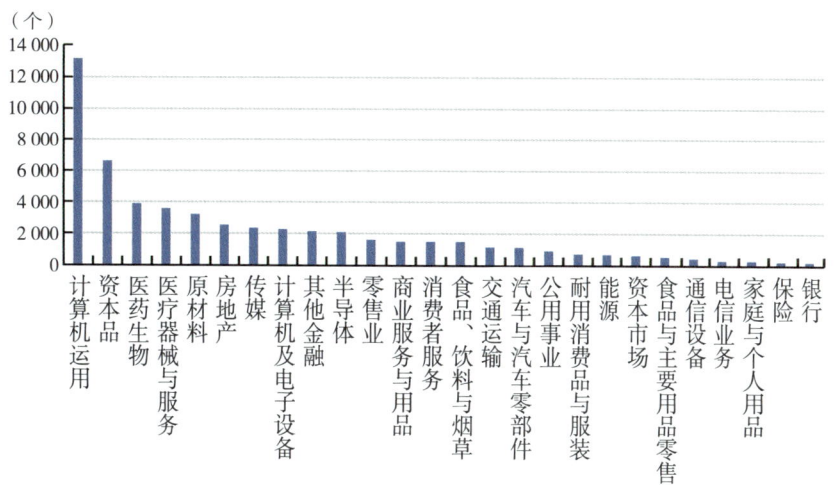

图 5-61 私募股权投资基金投资案例数量行业分布情况

资料来源：中国证券投资基金业协会（AMAC）。

从投资案例在投金额的行业分布来看，前五大行业分别为"资本品""房地产""计算机运用""交通运输"和"其他金融"，各行业在投金额分别为9 404.85亿元、8 430.07亿元、5 725.58亿元、5 384.53亿元和4 278.88亿元，占比分别为15.02%、13.46%、9.14%、8.60%和6.83%（见图5-62）。

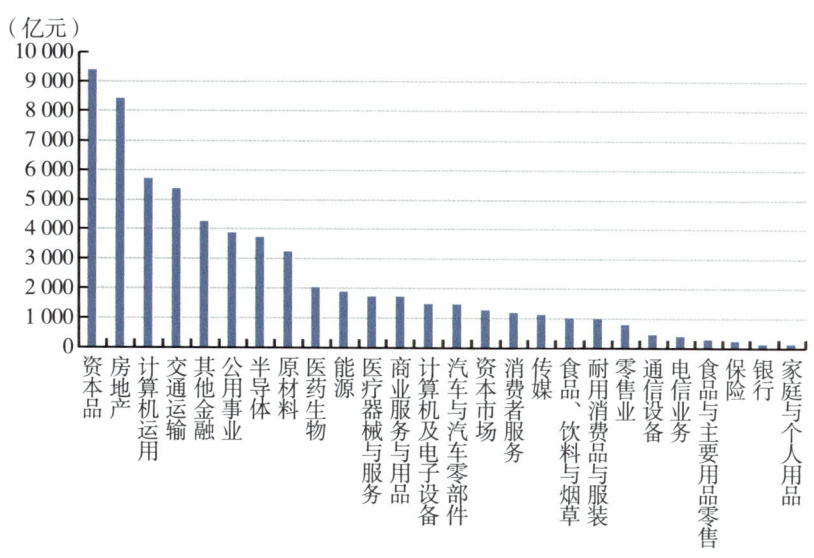

图 5-62 私募股权投资基金投资案例在投金额行业分布情况

资料来源：中国证券投资基金业协会（AMAC）。

单个投资案例从在投金额的行业分布来看，前五大行业分别为"交通运输""保险""公用事业""银行"和"房地产"，在投金额分别为4.51亿元、4.10亿元、4.02亿元、3.42亿元和3.27亿元。

2020年当年新增投资案例数量从行业分布来看，前五大行业为"计算机运用""资本品""医药生物""房地产"和"半导体"，数量占比分别为17.82%、11.80%、9.47%、8.80%和8.55%；投资案例金额从行业分布来看，前五大行业为"房地产""资本品""半导体""计算机运用"和"公用事业"，投资金额占比分别为20.34%、11.92%、10.28%、8.72%和6.41%；单个案例投资金额从行业分布来看，排名前五的行业分别为"公用事业""房地产""交通运输""汽车与汽车零部件"和"资本市场"，平均投资金额分别为3.85亿元、2.40亿元、2.15亿元、1.80亿元和1.76亿元，行业分布变动明显，平均规模大幅降低。

四、私募股权投资基金投资案例退出情况

截至2020年末，已完成运行监测表或清算表填报的私募股权投资基金（含已清算基金）退出案例20 476个，发生退出行为40 704次，退出本金2.02万亿元，实际退出金额2.62万亿元；退出案例的平均回报率29.71%，平均投资期限33.57个月。2020年当年股权投资基金（含已清算基金）退出案例7 313个，发生退出行为11 682次，退出本金6 845.41亿元，实际退出金额8 261.90亿元；退出案例的平均回报率20.69%，平均投资期限38.50个月。

（一）基金投资案例退出总体情况

截至2020年末，已进行季度更新、完成运行监测表填报且存续的私募股权投资基金投资案例共退出15 968个，发生退出行为32 713次，退出本金1.32万亿元，实际退出金额1.83万亿元；退出案例的平均回报率38.75%[1]，平均投资期限36.65个月。其中，私募股权投资基金完全退出的投资案例10 165个，发生退出行为17 102次，退出本金8 894.66亿元，实际退出金额1.21万亿元；退出案例的

---

[1] 本报告中"平均回报率=（实际退出金额–退出本金）/退出本金"。

平均回报率35.86%，平均投资期限37.12个月。

2020年当年新增退出案例6 135个，发生退出行为9 857次，退出本金5 144.69亿元，实际退出金额6 521.14亿元；退出案例的平均回报率26.75%，平均投资期限39.91个月。其中，完全退出的案例3 114个，发生退出行为4 310次，退出本金3 218.52亿元，实际退出金额3 890.67亿元；退出案例的平均回报率20.88%，平均投资期限40.65个月。

（二）基金投资案例退出方式分布情况

截至2020年末，私募股权投资基金退出方式主要为"协议转让""新三板挂牌""融资人还款""被投企业分红""企业回购"，上述方式合计占所有退出次数的88.82%。

私募股权投资基金的资产配置，在做好流动资金管理的基础上，理应将更多的资产投到企业股权中去，通过主动管理获取企业股权的增值回报。但事实上，现有私募股权投资基金将相当多的资产通过股东借款的方式纳入投资组合，谋求债权类固定回报，削弱了私募股权投资基金的真正价值。从退出本金来看，"融资人还款"占比高达23.79%，"协议转让"占比达35.95%；从实际退出金额来看，"融资人还款"占比18.29%。具体数据见图5-63。

从单次退出的实际退出金额来看，"境内上市（除IPO）"[①]"境内IPO""境外上市"和"整体收购"领先于其他退出方式，平均实际退出金额分别为2.60亿元、2.42亿元、2.41亿元和1.13亿元；从平均回报率来看，"境内IPO""境外上市""境内上市（除IPO）"和"新三板挂牌"领先于其他退出方式，平均回报率分别为289.85%、143.26%、109.30%和50.88%。以"境内上市"方式退出平均回报率明显高于其他退出方式；"新三板挂牌"退出的平均回报率低于2019年末水平。

2020年当年新增退出案例通过"协议转让"和"企业回购"方式发生的退出行为较多，占所有退出数量的58.23%，退出本金占比达61.36%，实际退出金额占比52.03%。其中，通过"协议转让"发生的退出行为3 517次，退出本金2 189.22亿元，实际退出金额2 391.16亿元；通过"企业回购"发生的退出行为

---

① "境内上市（除IPO）"包括"上市公司定向增发""股票协议转让"和"股票大宗交易"。

2 223次，退出本金967.50亿元，实际退出金额1 001.66亿元。

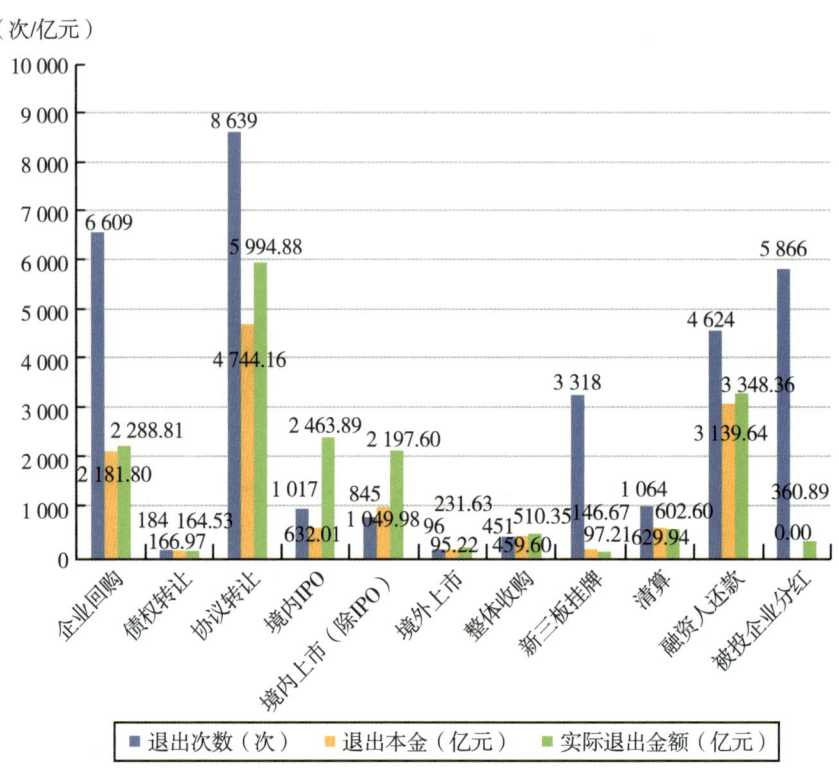

图5-63　私募股权投资基金投资案例退出方式情况

资料来源：中国证券投资基金业协会（AMAC）。

（三）基金投资案例退出地域分布情况

截至2020年末，从私募股权投资基金投资案例退出的地域分布来看，退出案例数量排名前五的地区为广东、北京、上海、浙江和江苏，退出案例数量合计10 169个，数量占比63.68%（见图5-64）；案例退出本金排名前五的地区为广东、上海、北京、江苏和浙江，退出本金合计7 337.85亿元，退出本金占比55.60%（见图5-65）；案例实际退出金额排名前五的地区为广东、上海、北京、江苏和浙江，实际退出金额1.07万亿元，实际退出金额占比58.67%（见图5-66）。

从私募股权投资基金2020年当年新增退出案例的地域分布来看，退出案例数量排名前五的地区为广东、北京、上海、浙江和江苏，退出案例数量合计

3 809个，数量占比62.07%；案例退出本金排名前五的地区为广东、北京、上海、浙江和江苏，退出本金合计2 885.24亿元，退出本金占比56.07%；案例实际退出金额排名前五的地区为上海、广东、北京、浙江和江苏，实际退出金额合计3 976.95亿元，实际退出金额占比60.97%。

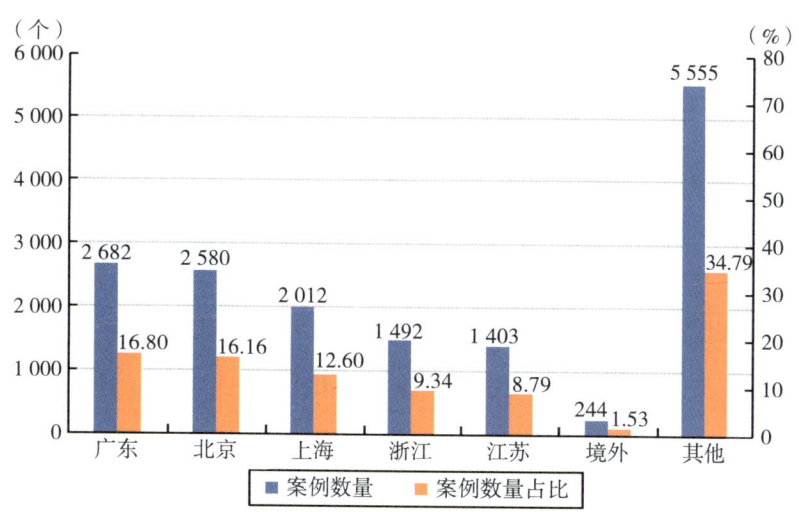

图5-64 2020年末私募股权投资基金退出案例数量排名前五地域分布

资料来源：中国证券投资基金业协会（AMAC）。

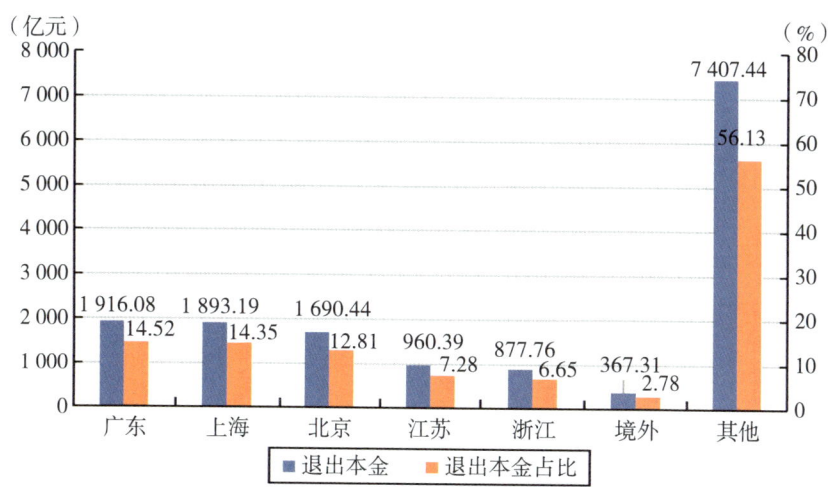

图5-65 2020年末私募股权投资基金投资案例退出本金排名前五地域分布

资料来源：中国证券投资基金业协会（AMAC）。

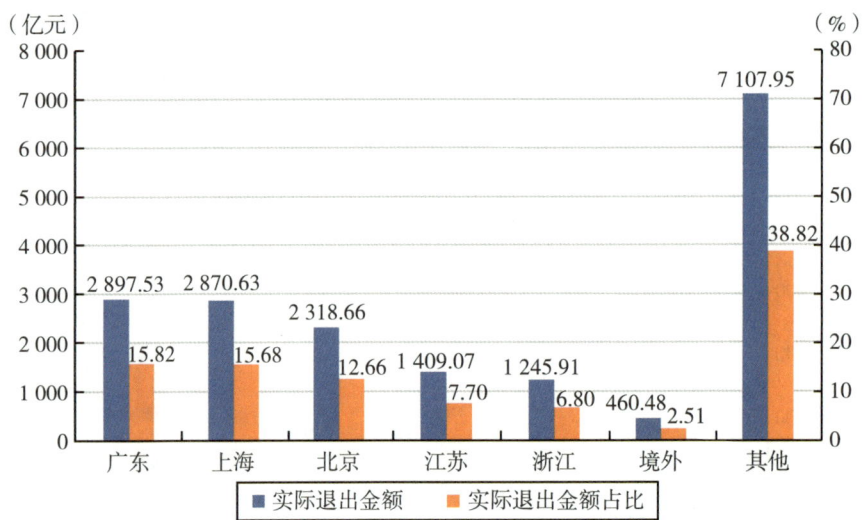

图 5-66 2020 年末私募股权投资基金投资案例实际退出金额排名前五地域分布

资料来源：中国证券投资基金业协会（AMAC）。

（四）基金投资案例退出行业分布情况

从私募股权投资基金退出案例的行业分布来看，截至2020年末，前五大行业为"计算机运用""资本品""房地产""原材料"和"医药生物"，各行业退出案例数量分别为3 312个、2 074个、1 147个、1 137个和997个，合计8 667个；数量占比分别为20.74%、12.99%、7.18%、7.12%和6.24%，合计占比54.28%（见图5-67）。

从私募股权投资基金退出案例退出本金的行业分布来看，前五大行业分别为"房地产""资本品""计算机运用""其他金融"和"交通运输"，各行业退出本金分别为2 907.70亿元、1 671.18亿元、1 141.22亿元、1 139.73亿元和663.70亿元，退出本金合计7 523.54亿元；占比分别为22.03%、12.66%、8.65%、8.64%和5.03%，合计占比57.01%（见图5-68）。

从私募股权投资基金退出案例实际退出金额的行业分布来看，前五大行业分别为"房地产""资本品""计算机运用""其他金融"和"半导体"，各行业退出本金分别为3 344.49亿元、2 183.62亿元、1 579.33亿元、1 339.77亿元和1 037.68亿元，实际退出金额合计9 484.89亿元；占比分别为18.27%、11.93%、8.63%、7.32%和5.67%，合计占比51.80%（见图5-69）。

第三节 私募股权投资基金

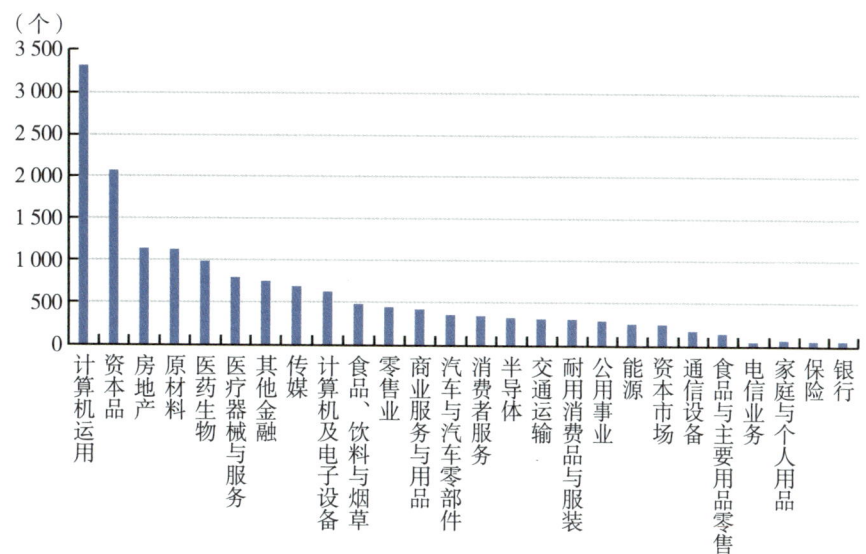

图 5-67 2020 年末私募股权投资基金退出案例数量行业分布

资料来源：中国证券投资基金业协会（AMAC）。

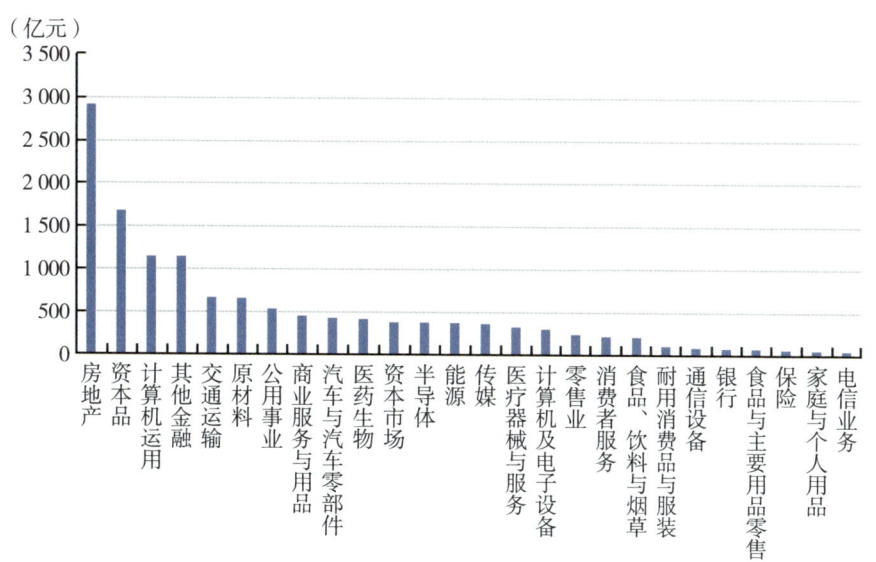

图 5-68 2020 年末私募股权投资基金退出案例退出本金行业分布

资料来源：中国证券投资基金业协会（AMAC）。

2020年当年私募股权投资基金新增退出案例中，退出案例数量排名前五的行业为"计算机运用""资本品""房地产""原材料"和"医药生物"，各行业退出案例数量分别为1 146个、756个、684个、399个和381个，合计占比54.85%；

退出本金前五大行业为"房地产""资本品""其他金融""计算机运用"和"原材料",各行业退出本金分别为1 425.10亿元、816.84亿元、352.45亿元、332.23亿元和255.80亿元,合计占比61.84%;实际退出金额前五大行业为"房地产""资本品""半导体""计算机运用"和"其他金融",各行业实际退出金额分别为1 390.09亿元、953.72亿元、689.35亿元、479.69亿元和376.18亿元,合计占比59.62%。

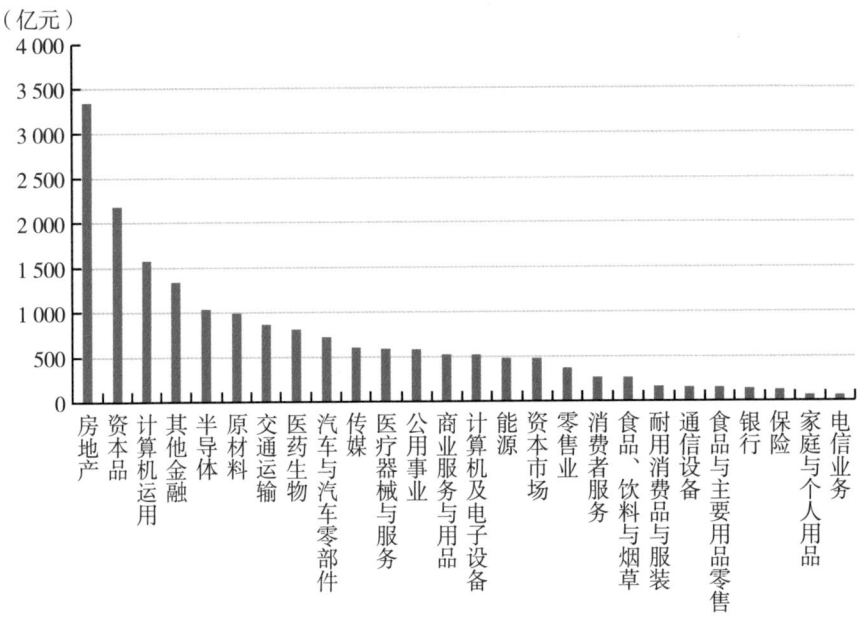

图 5-69 2020 年末私募股权投资基金退出案例实际退出金额行业分布

资料来源:中国证券投资基金业协会(AMAC)。

(五)基金投资案例退出所涉存续期限情况

截至2020年末,私募股权投资基金投资案例在退出时,持有时间为2年(含)至4年的案例数量、退出本金和实际退出金额均最多,占比分别为36.68%、42.98%和42.71%;持有时间为7年(含)以上的退出案例数量、退出本金及实际退出金额均为最少(见图5-70)。

其中,私募股权投资基金完全退出的投资案例中,持有时间为2年(含)至4年的案例数量、退出本金和实际退出金额均最多,占比分别为35.73%、40.57%

和39.57%；持有时间为7年（含）以上的退出案例数量、退出本金及实际退出金额均为最少。

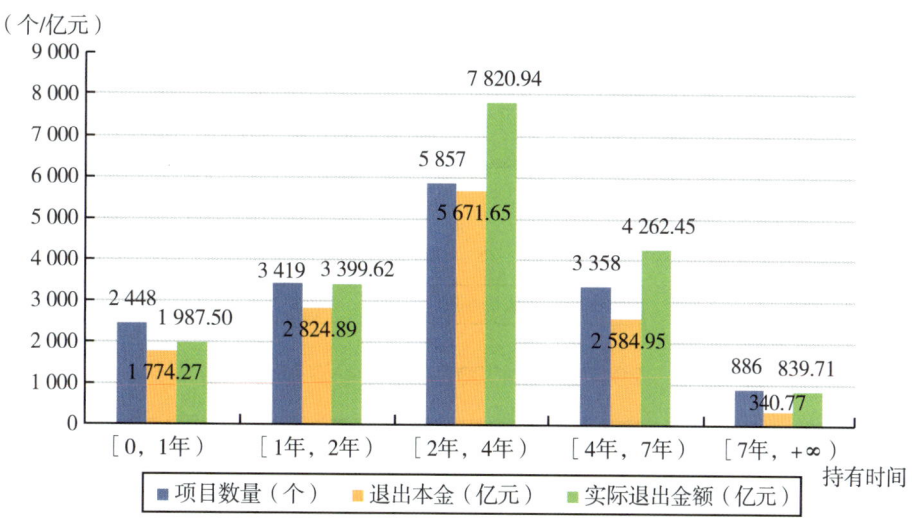

图 5-70　私募股权投资基金投资案例期限情况

资料来源：中国证券投资基金业协会（AMAC）。

2020年当年新增的退出案例，持有时间为2年（含）至4年的案例数量、退出本金和实际退出金额均最多，占比分别为38.79%、48.33%和48.89%。其中完全退出的案例中，持有时间为2年（含）至4年的案例数量、退出本金和实际退出金额同样最多，占比分别为37.41%、45.96%和46.88%。

第四节　创业投资基金

一、创业投资基金基本情况

（一）基金数量和规模变化情况

截至2020年末，已备案创业投资基金10 398只，较2019年末增加2 420只，同比增长30.33%（见图5-71）；已备案创业投资基金规模为1.69万亿元，较2019年末增加4 815.79亿元，同比增长39.84%（见图5-72）；平均每只基金的规模约为1.63亿元。

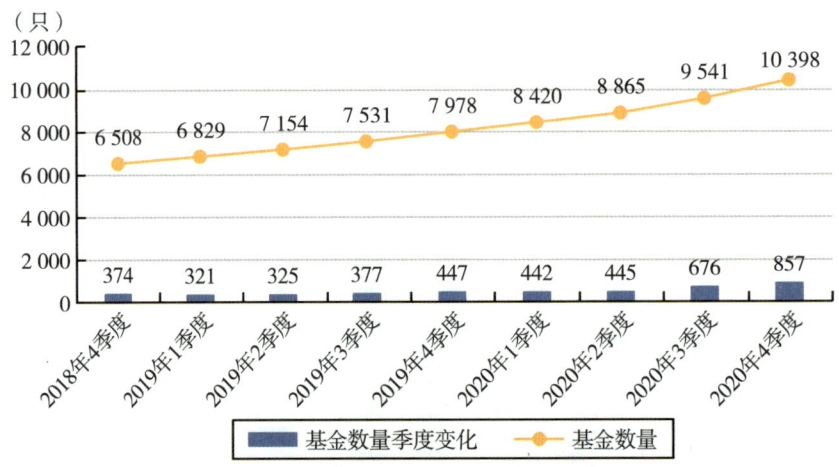

图 5-71 2018Q4—2020Q4 创业投资基金数量变化

资料来源：中国证券投资基金业协会（AMAC）。

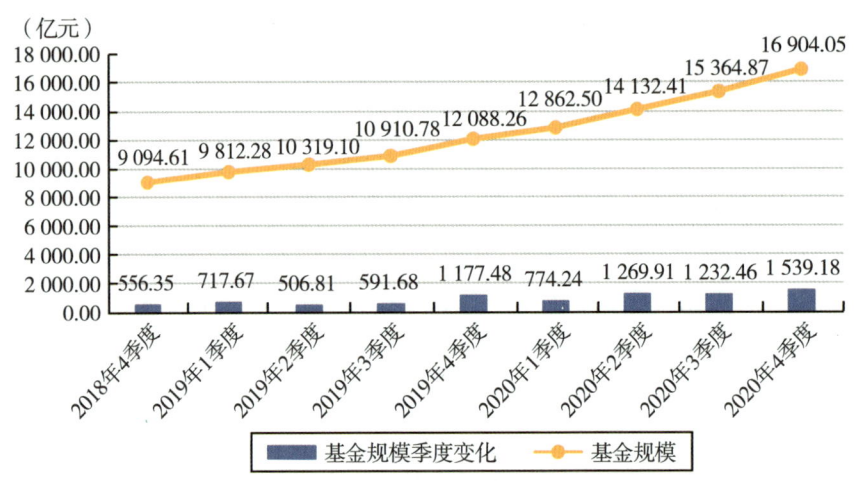

图 5-72 2018Q4—2020Q4 创业投资基金规模变化

资料来源：中国证券投资基金业协会（AMAC）。

2020年当年，创业投资基金继续保持稳定增长，新备案创业投资基金2 623只，备案规模1 687.99亿元，占当年新备案各类型私募基金的比例为9.87%和15.80%。

（二）基金规模分布情况

截至2020年末，创业投资基金单只基金规模主要集中于2 000万元至5 000万元（不含），基金数量为2 375只，占创业投资基金总数的比例为22.84%（见图5-73）。

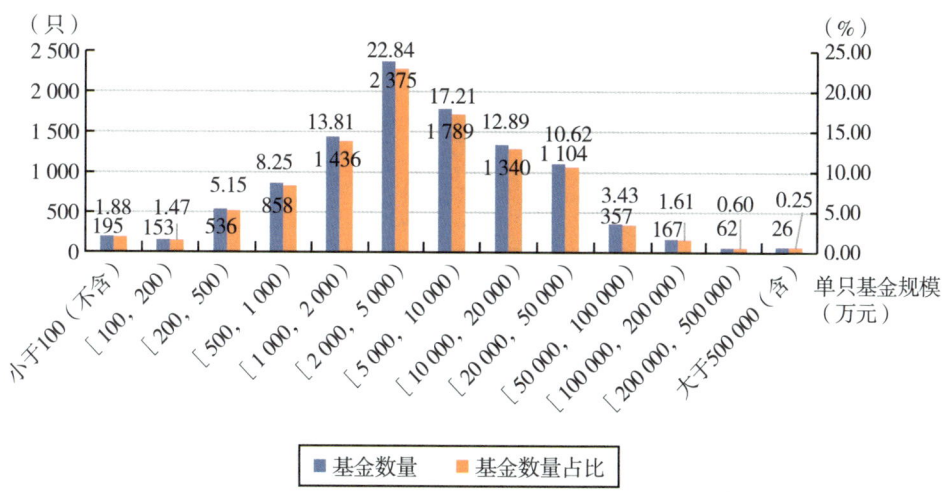

图 5-73　2020 年末单只创业投资基金规模分布

资料来源：中国证券投资基金业协会（AMAC）。

2020 年当年备案的创业投资基金规模普遍较小，单只基金规模主要集中于 1 000 万元至 2 000 万元（不含）和 2 000 万元至 5 000 万元（不含），数量占比分别为 19.82% 和 28.17%；单只基金规模在 5 000 万元以下的基金数量占比合计达 68.58%。

（三）基金组织形式分布情况

截至 2020 年末，从创业投资基金的组织形式来看，合伙型的基金数量和规模均最多，分别为 9 333 只和 1.47 万亿元，占比分别为 89.76% 和 86.89%；组织形式为其他的创业投资基金单只基金规模最大，为 3.00 亿元（见图 5-74 和图 5-75）。

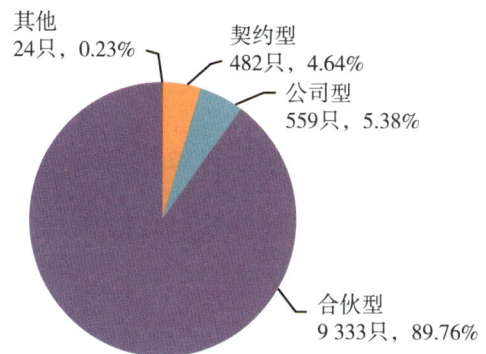

图 5-74　创业投资基金组织形式按基金数量分布

资料来源：中国证券投资基金业协会（AMAC）。

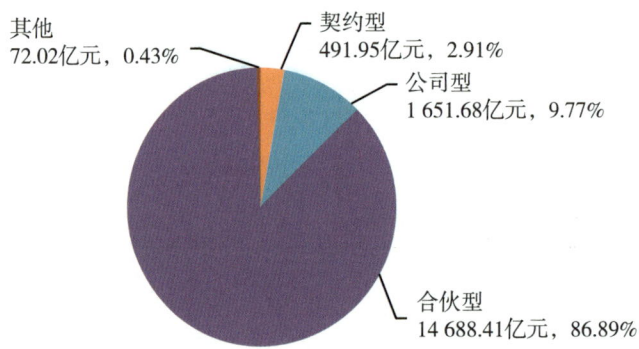

图 5-75 创业投资基金组织形式按基金规模分布

资料来源:中国证券投资基金业协会(AMAC)。

2020年当年备案创业投资基金的组织形式依然以合伙型为主,基金数量2 564只,基金规模1 568.12亿元。此外,契约型基金41只,基金规模19.16亿元;公司型基金18只,基金规模100.71亿元。

(四)基金托管情况

截至2020年末,在中国证券投资基金业协会备案的10 398只创业投资基金中,已托管的基金数量为6 411只,托管率达61.66%,较2019年末增长1.62个百分点;已托管的基金规模为13 116.89亿元,占创业投资基金总规模的77.60%,较2019年末增长3.4个百分点(见图5-76)。从单只基金平均规模来看,已托管基金平均规模2.05亿元,未托管基金平均规模0.95亿元。

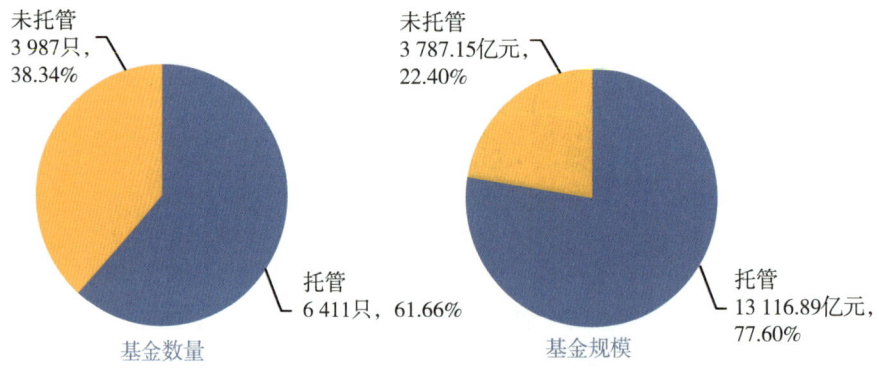

图 5-76 创业投资基金托管情况

资料来源:中国证券投资基金业协会(AMAC)。

从不同组织形式基金的托管情况来看，其他形式和契约型基金的托管率较高；公司型、合伙型基金具有独立的法律地位，在一定程度上受工商行政管理等其他部门监管，运作相对合规，基金托管率低于契约型和其他组织形式基金（见图5-77）。

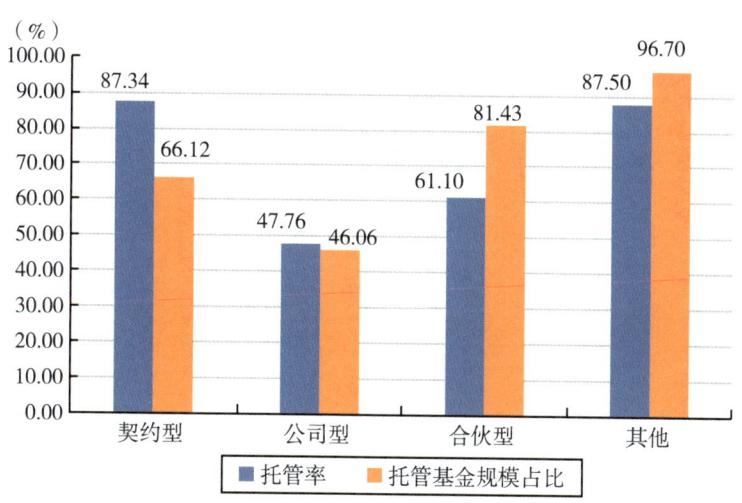

图5-77 不同组织形式创业投资基金托管情况

资料来源：中国证券投资基金业协会（AMAC）。

截至2020年末，2020年当年备案创业投资基金的托管率达64.85%，托管基金规模占比78.14%；从新备案创业投资基金的组织形式来看，契约型基金托管率和托管基金规模占比达100%，公司型基金托管率和托管基金规模占比分别为83.33%和99.01%，合伙型基金托管率和托管基金规模占比分别为64.16%和76.54%。

（五）基金外包情况

截至2020年末，采用外包服务的创业投资基金数量1 334只，占比12.83%；基金规模806.99亿元，占比4.77%。大部分创业投资基金未采用外包服务（见图5-78）。

创业投资基金采用的主要外包服务是份额登记服务和估值核算服务，其中，采用份额登记服务的创业投资基金1 207只，占有采用外包服务创业投资基金数量的90.48%；采用估值核算服务的创业投资基金1 244只，占有采用外包服务创业投资基金数量的93.25%（见图5-79）。

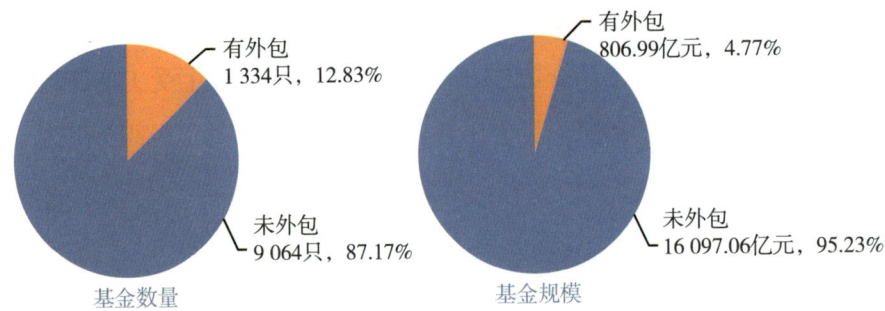

图 5-78 创业投资基金外包情况

资料来源：中国证券投资基金业协会（AMAC）。

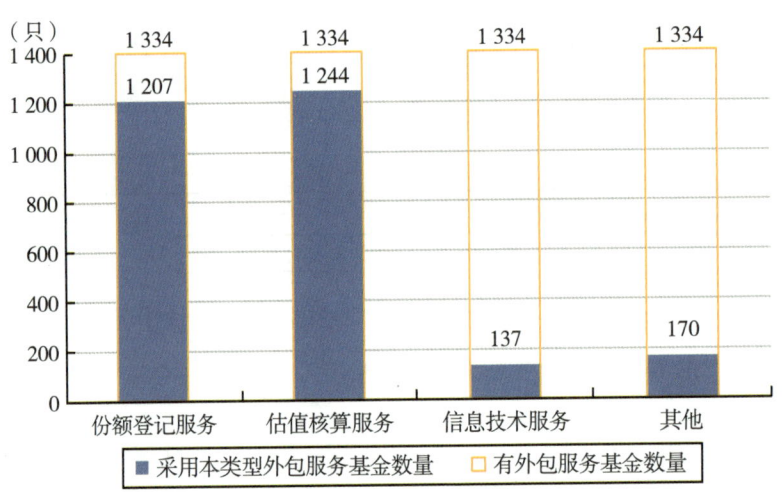

图 5-79 创业投资基金外包服务类型分布

资料来源：中国证券投资基金业协会（AMAC）。

2020年当年备案的创业投资基金中，采用外包服务的创业投资基金数量434只，占比16.55%；基金规模222.55亿元，占比13.18%。其中，创业投资基金主要采用份额登记服务和估值核算服务，占有采用外包服务创业投资基金数量的比例分别为92.40%和93.09%。

（六）创业投资类FOF情况

截至2020年末，创业投资类FOF共833只，基金规模2 390.59亿元，基金数量和规模占比分别为8.01%和14.14%。从单只创业投资类FOF的规模来看，主要集中在2 000万元至5 000万元（不含），数量占比27.25%。

从基金种类来看,母基金数量和规模占创业投资类FOF的比例分别为59.54%和86.71%,投向单一资管计划基金的数量和规模占创业投资类FOF的比例分别为40.34%和12.86%;母基金的平均规模4.18亿元,而投向单一资管计划基金的平均规模为0.92亿元,远小于母基金。具体数据见图5-80。

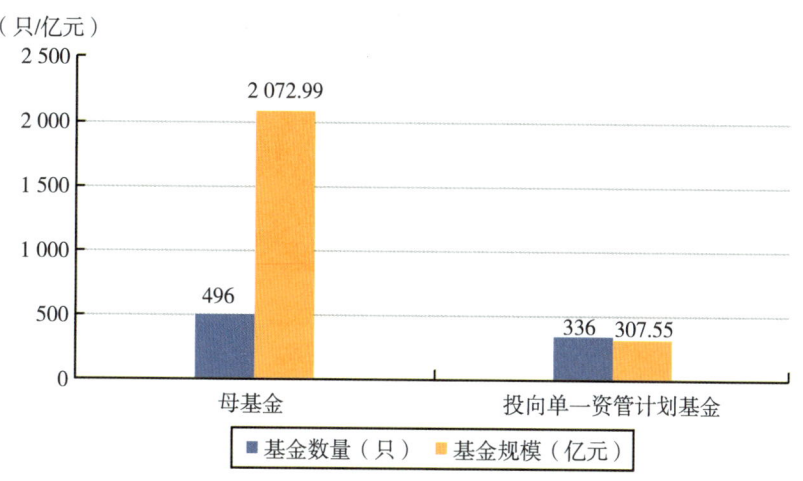

图5-80 创业投资类FOF产品种类分布

注:其中有1只创投FOF分类未明确。

资料来源:中国证券投资基金业协会(AMAC)。

2020年当年备案的创业投资类FOF共265只,基金规模240.73亿元,占新备案创业投资基金的比例分别为10.10%和14.26%;单只基金规模同样主要集中在2 000万元至5 000万元(不含),基金数量86只,占当年新备案创业投资类FOF的32.45%。其中,母基金153只,基金规模190.51亿元,平均规模1.25亿元。

(七)政府引导基金情况

截至2020年末,勾选了"政府引导基金"标签的创业投资基金572只,占创业投资基金总数量的5.50%;基金规模2 129.64亿元,占全部创业投资基金规模的12.60%;基金数量和规模较2019年末分别增长10.00%和20.65%。从单只基金平均规模来看,勾选了"政府引导基金"标签的创业投资基金平均规模为3.72亿元。

截至2020年末,2020年当年备案创业投资基金中勾选了"政府引导基金"标签的基金54只,占比2.06%;基金规模153.43亿元,占比9.09%。

二、创业投资基金募集出资情况

截至2020年末,创业投资基金各类投资者合计出资1.50万亿元,较2019末增加4 039.95亿元,同比增长36.87%;所涉投资者9.13万个,较2019末增加24 856个,同比增长37.40%。2020年当年新备案创业投资基金的各类投资者合计出资1 687.99亿元,所涉投资者21 796个;截至2020年末新备案创业投资基金投资者合计出资2 670.45亿元,所涉投资者23 518个。从存量私募基金投资者的出资金额和数量变化情况来看,2019年末存量创业投资基金2020年以来新增出资1 369.50亿元,所涉投资者数量增加1 338个。

(一)基金募集账户监督机构情况

截至2020年末,创业投资基金中有募集账户监督机构的基金8 234只,占比79.19%;基金规模11 539.23亿元,占比68.26%。在有募集账户监督机构的创业投资基金中,募集账户监督机构为取得基金销售业务资格商业银行和证券公司的基金数量占比分别为86.34%和13.55%,基金规模占比分别为94.59%和5.30%(见图5-81);从单只基金平均规模来看,募集账户监督机构为商业银行的创业投资基金平均规模为1.54亿元,而募集账户监督机构为证券公司的平均规模仅为5 482.74万元。

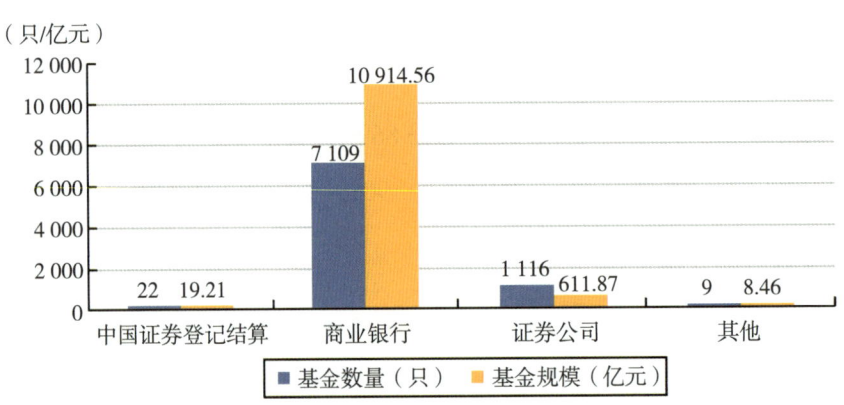

图5-81 创业投资基金募集账户监督机构情况

资料来源:中国证券投资基金业协会(AMAC)。

2020年当年备案的创业投资基金中,有募集账户监督机构的基金2 594只,基金规模1 654.60亿元,占比分别达98.89%和98.02%。新备案有募集账户监督机构的创业投资基金中，以取得基金销售业务资格的商业银行作为募集账户监督机构的基金数量2 207只，基金规模1 485.94亿元；以取得基金销售业务资格的证券公司作为募集账户监督机构的基金392只，基金规模172.20亿元。

（二）基金投资者数量分布情况

截至2020年末，创业投资基金的投资者数量主要集中在1个至20个（含），基金数量达9 343只，占比89.85%；基金规模13 145.15亿元，占比77.76%。此外，还有极少部分未进行信息补录或未及时清算的创业投资基金投资者数量显示为"0"。具体数据见图5-82和图5-83。

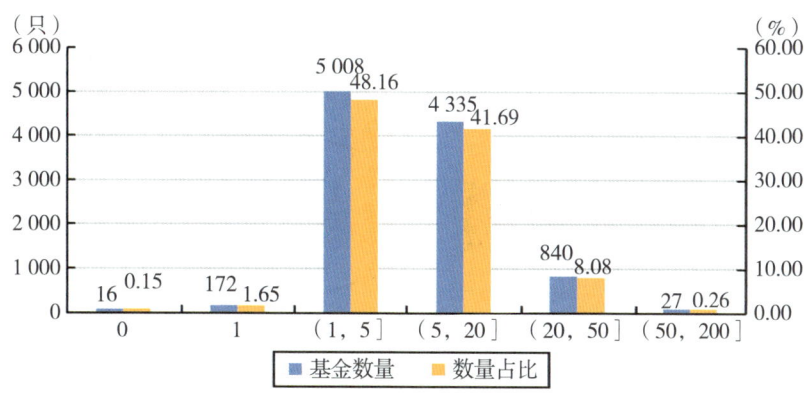

图5-82　2020年末创业投资基金按投资者数量分类的数量分布

资料来源：中国证券投资基金业协会（AMAC）。

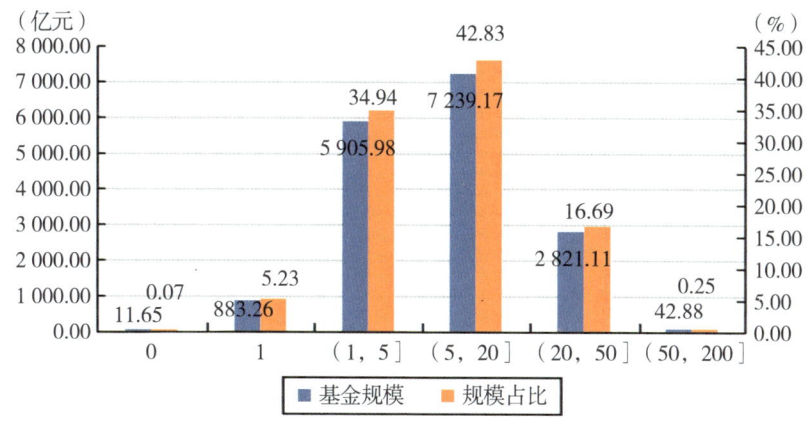

图5-83　2020年末创业投资基金按投资者数量分类的规模分布

资料来源：中国证券投资基金业协会（AMAC）。

2020年当年备案的创业投资基金中,投资者数量主要集中在1个至5个(含),基金数量达1 403只,占比53.49%;基金规模720.42亿元,占比42.68%。投资者数量为5个至20个(含)基金数量1 004只,占比38.28%;基金规模736.67亿元,占比43.64%。

(三)基金投资者出资情况

截至2020年末,创业投资基金的各类投资者中,居民投资者数量占比达63.69%,相关资金占比仅为17.43%;企业投资者数量占比28.46%,但相关资金占比达49.23%;各类资管计划投资者数量占比仅为6.74%,相关资金占比达24.88%(见图5-84)。

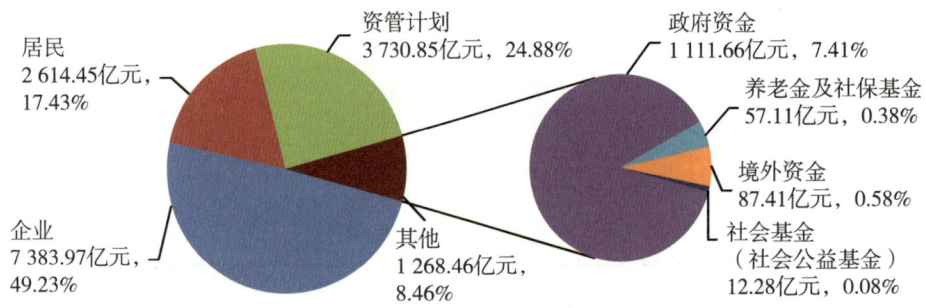

图5-84 2020年末创业投资基金不同类型投资者出资比例分布

资料来源:中国证券投资基金业协会(AMAC)。

具体来看,截至2020年末,境内公司等法人机构出资占比达到41.23%,自然人(非员工跟投)出资占比16.27%,私募基金产品出资占比21.30%,其余类型投资者均不足10%(见图5-85)。

2020年当年备案创业投资基金的投资者中,主要出资方为企业类投资者,占全部出资的49.46%。其中,境内公司等法人机构出资最高,占当年出资总额的38.48%,较2019末减少1.99个百分点。创业投资基金出资者继续呈现机构化、专业化发展趋势。

(四)机构投资者出资比例分布情况

截至2020年末,从数量上看,34.46%的创业投资基金由机构投资者100%出资,此类基金规模占比达56.93%(见图5-86和图5-87);从单只基金的规模看,由机构投资者100%出资的基金平均规模达2.69亿元。

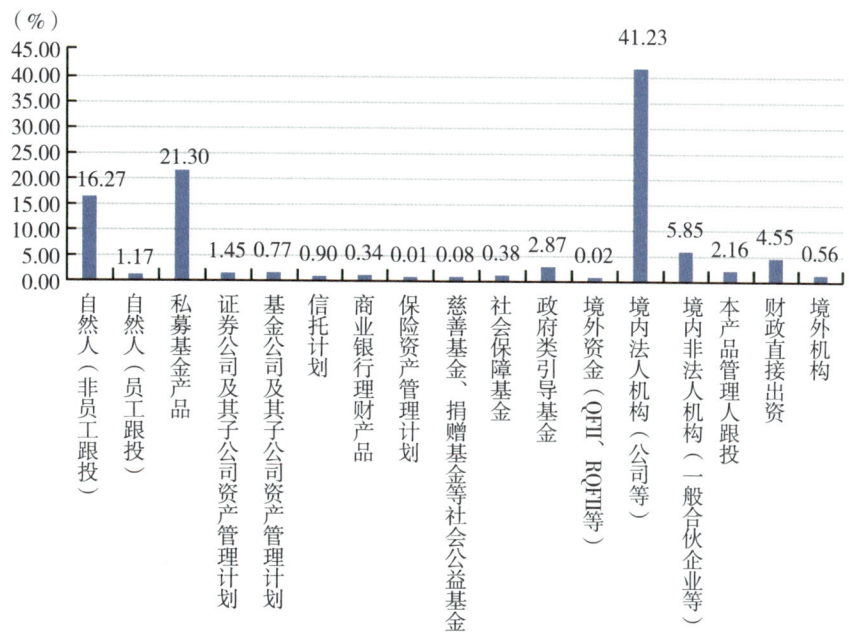

图5-85　2020年末创业投资基金投资者出资比例明细

资料来源：中国证券投资基金业协会（AMAC）。

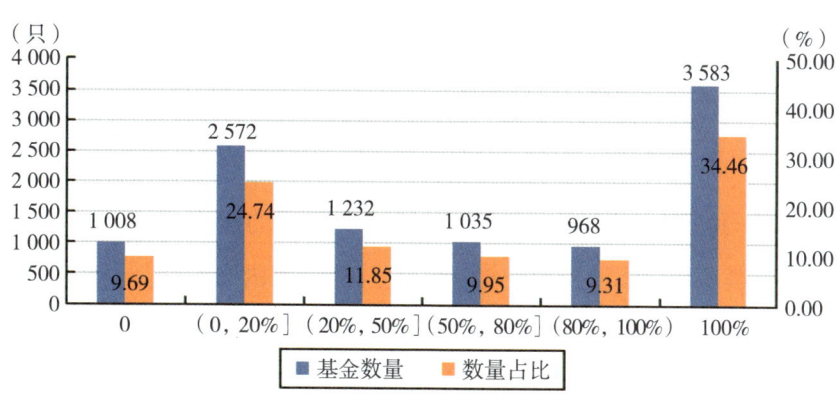

图5-86　2020年末创业投资基金按机构投资者出资数量及占比分布

资料来源：中国证券投资基金业协会（AMAC）。

2020年当年备案的创业投资基金中，从数量上看，34.39%的创业投资基金由机构投资者100%出资，此类基金规模占比达56.34%；从单只基金的规模看，由机构投资者100%出资的基金平均规模达10 543.01万元。

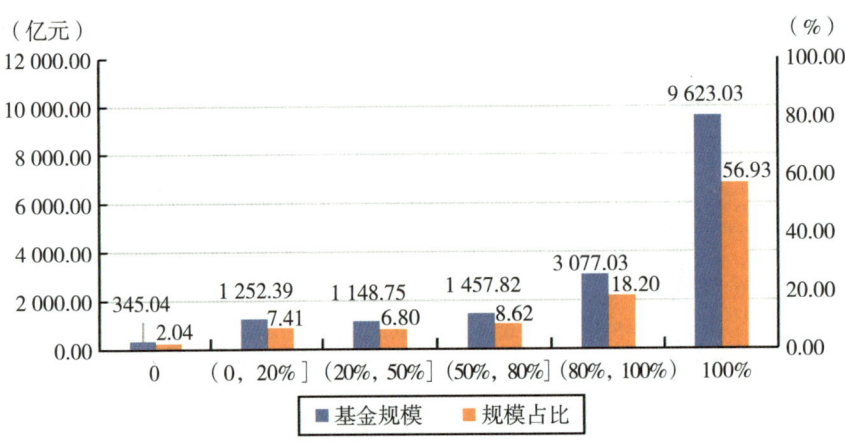

图 5-87　2020 年末创业投资基金按机构投资者出资规模及占比分布

资料来源：中国证券投资基金业协会（AMAC）。

三、创业投资基金投资运作情况

截至2020年末，已进行季度更新、完成运行监测表填报的存续创业投资基金期末总资产规模为1.78万亿元；期末净资产1.68万亿元。从创业投资基金的配置效率来看，存续创业投资基金已实现资金退出及收益分配达3 533.47亿元。

（一）基金实际投资方向分布情况

截至2020年末，从创业投资基金的具体投资方向情况来看，投资境内未上市、未挂牌公司股权、上市公司定向增发及新三板的资产规模合计9 354.93亿元，占所投各类资产规模的52.55%。其中，投资境内未上市、未挂牌公司股权的资产规模最大，达8 627.72亿元，占所投各类资产规模的48.47%，较2019年末降低0.33个百分点（见图5-88）。

截至2020年末，2020年当年备案的创业投资基金投资境内未上市、未挂牌公司股权的资产规模最大，总计1 498.62亿元，占当年所投各类资产规模的54.63%。此外，投资资管计划的资产规模401.09亿元，占比14.62%；投资新三板的资产规模15.09亿元，占比0.55%。

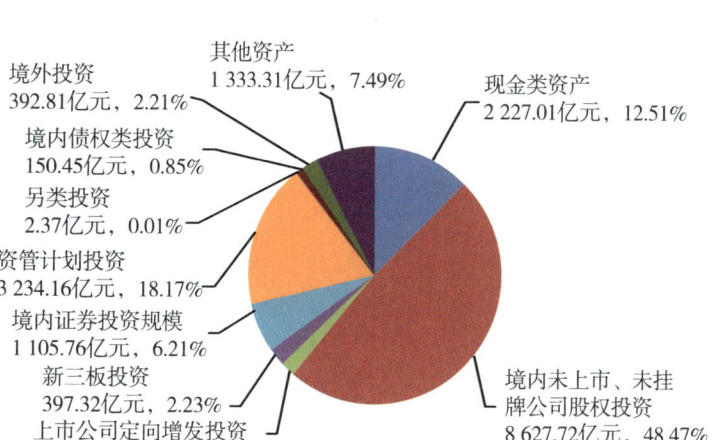

图 5-88　创业投资基金实际投资方向分布

资料来源：中国证券投资基金业协会（AMAC）。

（二）基金投资案例情况

截至2020年末，已进行季度更新、完成运行监测表填报的存续创业投资基金中，已投资且暂未完全退出的境内未上市、未挂牌公司股权投资、上市公司再融资项目、新三板投资、境内债权类投资以及境外股权、债权投资的投资案例43 003个，账面价值11 081.88亿元，在投金额9 149.98亿元；单个案例平均账面价值2 577.00万元，平均在投金额2 127.75万元。2020年当年，创业投资基金新增投资案例10 268个，投资金额2 715.06亿元，单个案例平均投资金额2 644.19万元。

1.基金投资案例特征情况

截至2020年末，创业投资基金所投案例中属于中小企业的案例数量和在投金额占比最大，分别达74.89%和50.13%；属于高新技术企业的案例数量和在投金额占比分别为42.16%和45.09%；属于初创科技型企业的案例数量和在投金额占比分别为22.22%和13.28%，较2019年末分别增长2.00个百分点和2.03个百分点。具体数据见图5-89。

2020年当年创业投资基金新增投资案例中，属于中小企业的案例数量和投资金额分别为6 835个和1 224.08亿元；属于高新技术企业的案例数量和投资金额分别为4 976个和1 343.93亿元；属于初创科技型企业的案例数量和投资金额分别为

2 798个和445.75亿元。

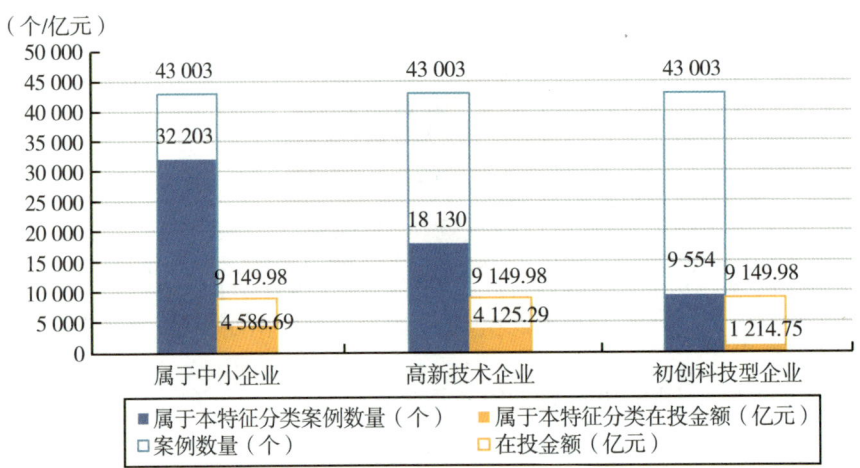

图5-89　2020年末创业投资基金投资案例特征数量及规模分布

资料来源：中国证券投资基金业协会（AMAC）。

2.基金投资案例地域分布情况

截至2020年末，从创业投资基金投资案例地域分布来看，投资案例数量排名前五的地区为北京、广东、上海、江苏和浙江，合计32 507个，占案例总数量的75.59%（见图5-90）；投资案例在投金额排名前五的地区为北京、广东、上海、江苏和浙江，合计6 529.52亿元，占案例在投金额总数的71.36%（见图5-91）。

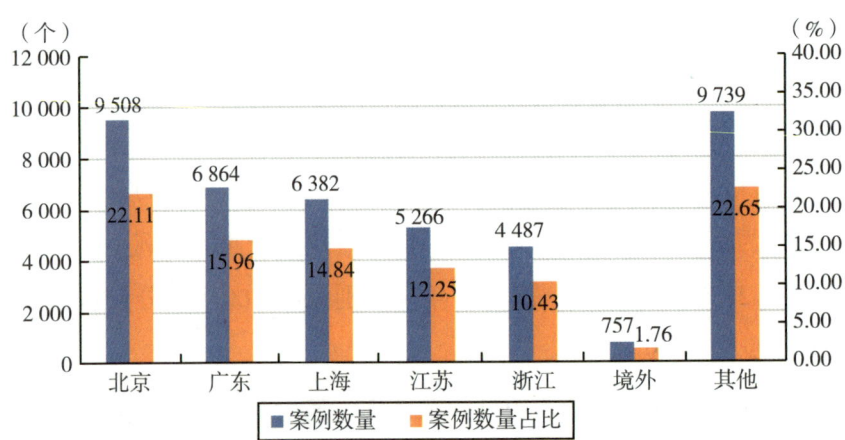

图5-90　2020年末创业投资基金投资案例数量排名前五地域分布

资料来源：中国证券投资基金业协会（AMAC）。

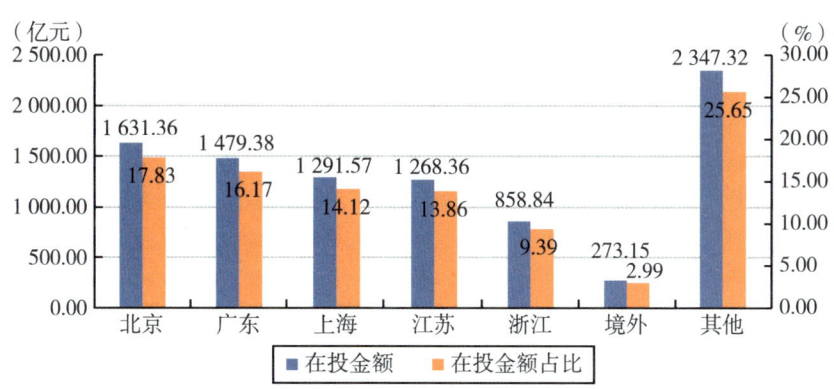

图 5-91 2020 年末创业投资基金投资案例在投金额排名前五地域分布

资料来源：中国证券投资基金业协会（AMAC）。

2020年当年创业投资基金新增投资案例中，投资案例数量排名前五的地区主要集中于北京、广东、上海、江苏和浙江，合计7 837个，占比76.32%；投资金额排名前五的地区为广东、北京、上海、江苏和浙江，合计1 993.27亿元，占比73.42%。

3.基金投资案例行业分布情况

从投资案例数量的行业分布来看，截至2020年末，前五大行业为"计算机运用""资本品""医药生物""医疗器械与服务"和"计算机及电子设备"，各行业投资案例数量分别为15 009个、4 794个、3 444个、3 171个和2 503个，数量合计28 921个，占比67.25%（见图5-92）。

从投资案例在投金额的行业分布来看，截至2020年末，前五大行业分别为"计算机运用""资本品""医药生物""医疗器械与服务"和"半导体"，各行业在投金额分别为2 145.28亿元、1 101.05亿元、826.38亿元、678.99亿元和626.14亿元，在投金额合计5 377.84亿元，占比58.77%（见图5-93）。

综合来看，投资案例平均在投金额排名前五位的行业为"公用事业""交通运输""房地产""其他金融"和"资本市场"，平均在投金额分别为8 535.97万元、5 855.08万元、5 504.39万元、5 274.00万元和4 882.15万元。

2020年当年创业投资基金新增投资案例中，投资案例数量排名前五的行业为"计算机运用""医药生物""资本品""半导体"和"医疗器械与服务"，各行业投资案例数量分别为2 911个、1 300个、1 188个、955个和878个，数量合计7 232个，占比70.43%；投资金额前五大行业为"计算机运用""半导体""资本品""医药生物"和"医疗器械与服务",各行业投资金额分别为525.18亿元、363.55亿元、348.83亿元、318.72亿元和211.68亿元,投资金额合计1 767.97亿元,占比65.12%;新增投资案例平均投资金额排名前五的行业为"公用事业""其他金融""房地产""通信设备"和"交通运输",平均投资金额分别为16 451.75万元、12 945.94万元、11 931.59万元、4 790.70万元和4 511.39万元。

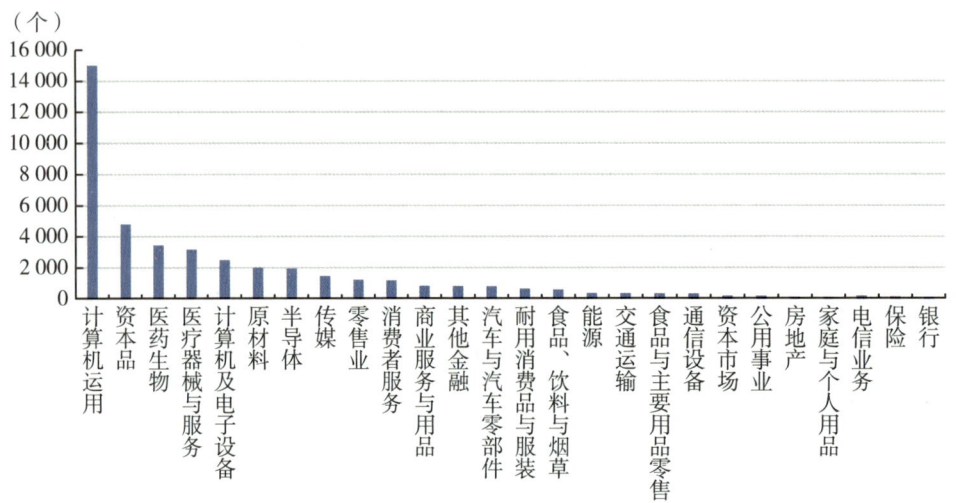

图5-92　2020年末创业投资基金投资案例数量行业分布

资料来源:中国证券投资基金业协会(AMAC)。

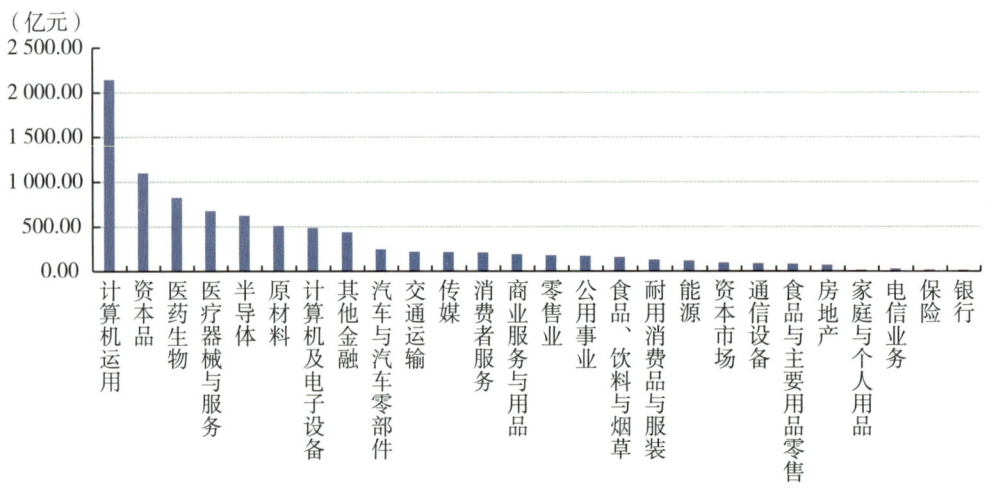

图5-93　2020年末创业投资基金投资案例在投金额行业分布

资料来源:中国证券投资基金业协会(AMAC)。

四、创业投资基金投资案例退出情况

截至2020年末,已完成运行监测表或清算表填报的创业投资基金(含已清算基金)退出案例11 375个,发生退出行为18 310次,退出本金1 824.61亿元,实际退出金额4 134.84亿元;退出案例的平均回报率126.62%,平均投资期限39.68个月。2020年当年创业投资基金(含已清算基金)退出案例3 815个,发生退出行为5 432次,退出本金525.10亿元,实际退出金额1 074.18亿元;退出案例的平均回报率104.57%,平均投资期限40.66个月。

(一)存续基金投资案例退出情况

截至2020年末,已进行季度更新、完成运行监测表填报且存续的创业投资基金投资案例退出共10 740个,发生退出行为17 362次,退出本金1 561.14亿元,实际退出金额3 747.77亿元;退出案例的平均回报率140.07%,平均投资期限41.69个月。其中,完全退出案例7 436个,发生退出行为10 725次,退出本金1 234.93亿元,实际退出金额2 796.97亿元;退出案例的平均回报率126.49%,平均投资期限39.91个月。

1.存续基金投资案例退出方式分布情况

截至2020年末,创业投资基金投资案例退出方式,从退出次数来看主要为"协议转让""企业回购""被投企业分红"和"新三板挂牌",上述方式合计占所有退出次数的79.96%;从退出本金来看,"协议转让""企业回购""境内IPO"退出本金占比较高,共81.20%;从实际退出金额来看,"境内IPO""协议转让""企业回购"实际退出金额占比较高,达85.15%(见图5-94)。

2.存续基金投资案例退出地域分布情况

截至2020年末,从创业投资基金投资案例退出的地域分布来看,退出案例数量排名前五的地区为北京、上海、广东、江苏和浙江,退出案例数量合计7 703个,数量占比71.72%(见图5-95);案例退出本金排名前五的地区为北京、上海、江苏、广东和浙江,退出本金合计1 027.66亿元,退出本金占比65.83%(见图5-96);案例实际退出金额排名前五的地区为北京、广东、江苏、上海和浙江，实际退出金额合计2 439.13亿元，实际退出金额占比65.08%（见图5-97）。

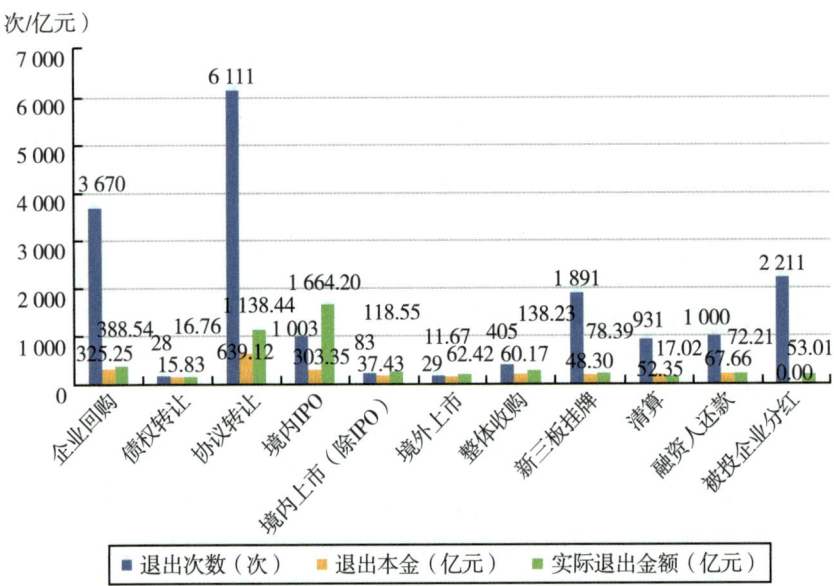

图 5-94 2020年末存续创业投资基金投资案例退出方式分布

注："境内上市（除IPO）"包括"上市公司定向增发""股票协议转让"和"股票大宗交易"。

资料来源：中国证券投资基金业协会（AMAC）。

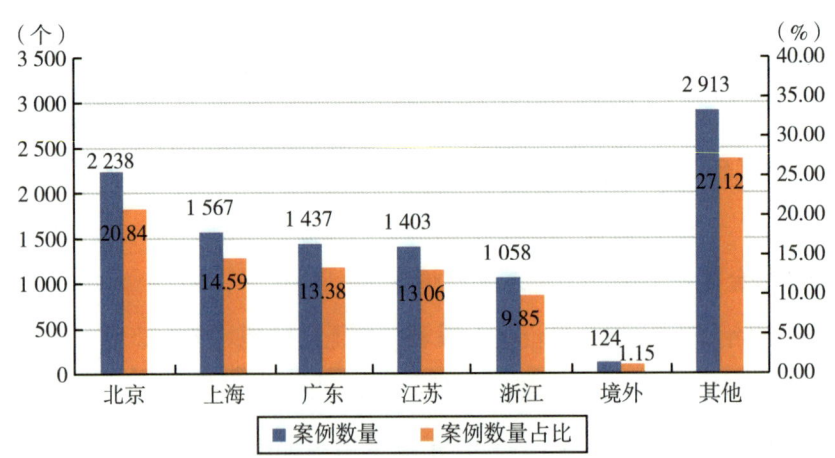

图 5-95 2020年末存续创业投资基金退出案例数量排名前五地域分布

资料来源：中国证券投资基金业协会（AMAC）。

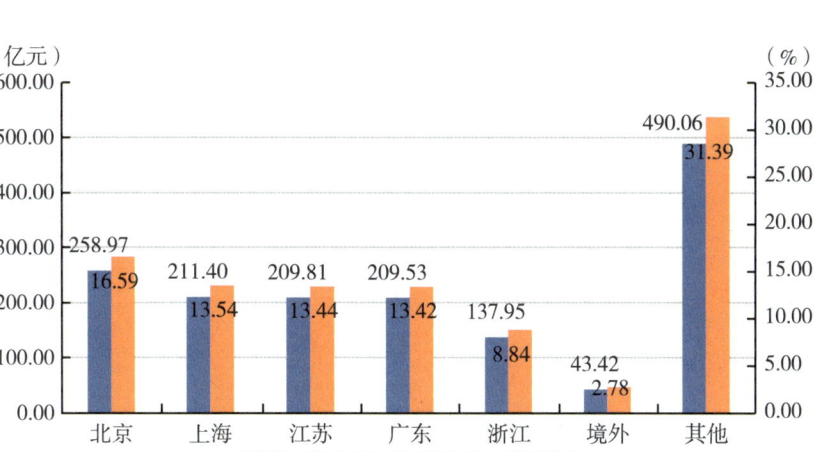

图5-96　2020年末存续创业投资基金投资案例退出本金排名前五地域分布

资料来源：中国证券投资基金业协会（AMAC）。

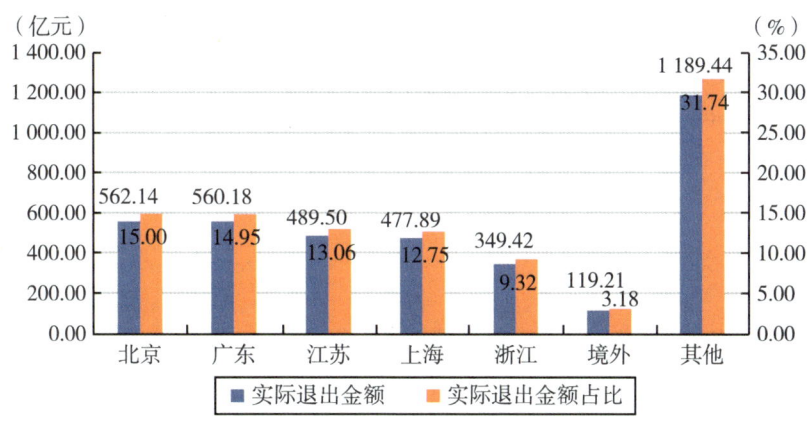

图5-97　2020年末存续创业投资基金投资案例实际退出金额排名前五地域分布

资料来源：中国证券投资基金业协会（AMAC）。

3.存续基金投资案例退出行业分布情况

从创业投资基金退出案例数量的行业分布来看，截至2020年末，前五大行业为"计算机运用""资本品""原材料""医药生物"和"医疗器械与服务"，各行业退出案例数量分别为3 440个、1 468个、797个、778个和618个，数量合计7 101个，占比65.86%（见图5-98）。

从创业投资基金退出案例退出本金的行业分布来看，前五大行业分别为"计算机运用""资本品""医药生物""原材料"和"医疗器械与服务"，各行业退出本金分别为298.20亿元、214.20亿元、148.46亿元、127.27亿元和112.48亿元，退出本金合计900.61亿元，占比57.69%（见图5-99）。

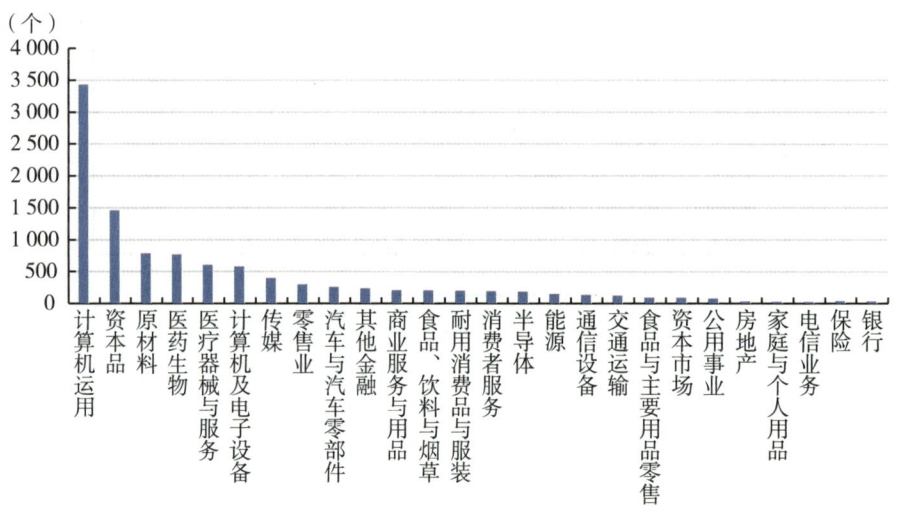

图5-98　2020年末存续创业投资基金退出案例数量行业分布

资料来源：中国证券投资基金业协会（AMAC）。

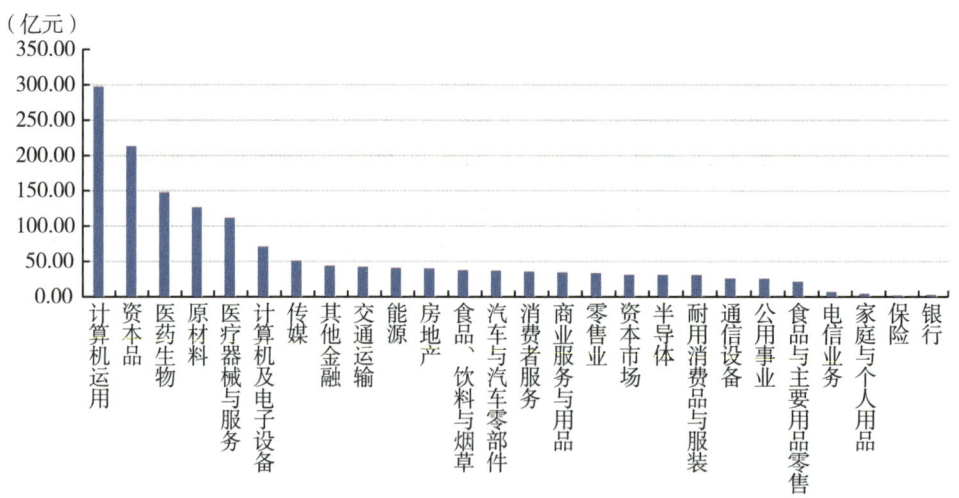

图5-99　2020年末存续创业投资基金退出案例退出本金行业分布

资料来源：中国证券投资基金业协会（AMAC）。

从创业投资基金退出案例实际退出金额的行业分布来看，前五大行业分别为"计算机运用""资本品""医药生物""原材料"和"医疗器械与服务"，各行业实际退出金额分别为687.32亿元、499.60亿元、401.05亿元、338.19亿元和

277.85亿元，实际退出金额合计2 204.01亿元，占比58.81%（见图5-100）。

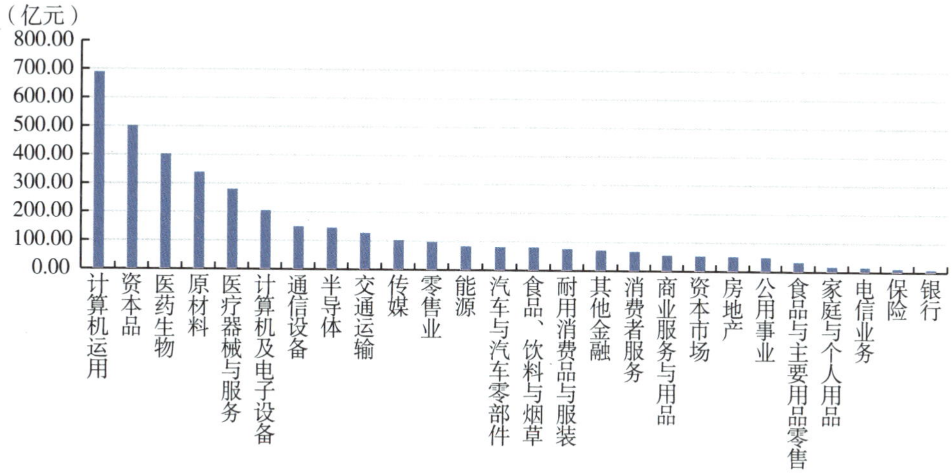

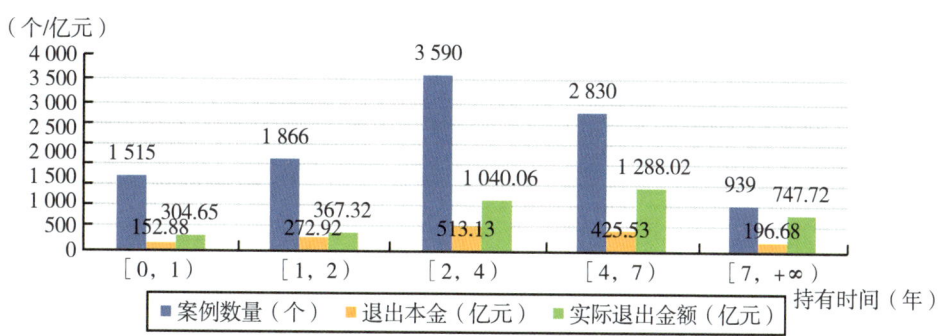

图 5-100　2020年末存续创业投资基金退出案例实际退出金额行业分布

资料来源：中国证券投资基金业协会（AMAC）。

4.存续基金投资案例退出所涉持有期限情况

截至2020年末，创业投资基金投资案例在退出时，持有时间为2年（含）至4年的案例数量和退出本金最多，占所有退出案例的比例分别为33.43%和32.87%；持有时间为4年（含）至7年的实际退出金额最多，占比34.37%（见图5-101）。

图 5-101　2020年末存续创业投资基金投资案例期限分布

资料来源：中国证券投资基金业协会（AMAC）。

其中，创业投资基金完全退出的投资案例中，持有时间为2年（含）至4年的案例数量和退出本金最多，占所有退出案例的比例分别为32.87%和31.83%；持有时间为4年（含）至7年的实际退出金额最多，占比33.84%。

（二）已清算基金投资案例退出情况

截至2020年末，在资产管理业务综合报送平台完成清算情况表填报的已清算创业投资基金退出案例635个，发生退出行为948次，退出本金263.46亿元，实际退出金额387.07亿元；平均收益率46.91%，平均投资期限37.10个月。

（三）当年新增退出案例情况

2020年当年创业投资基金新增退出案例3 616个，发生退出行为5 105次，退出本金452.85亿元，实际退出金额982.56亿元；退出案例的平均回报率116.97%，平均投资期限44.06个月。其中，完全退出案例2 132个，发生退出行为2 816次，退出本金324.67亿元，实际退出金额632.68亿元；退出案例的平均回报率94.87%，平均投资期限40.54个月。

从相关退出案例的退出方式来看，主要为"协议转让""企业回购"和"新三板挂牌"，上述方式占所有退出次数的76.89%；从退出本金来看，"协议转让"和"企业回购"退出本金占比较高，合计占比70.78%；从实际退出金额来看，"协议转让""境内IPO"和"企业回购"实际退出金额占比较高，合计占比达85.32%。

从相关退出案例的地域分布来看，退出案例数量排名前五的地区为北京、广东、上海、江苏和浙江，退出案例数量合计2 563个，数量占比70.88%；案例退出本金排名前五的地区为北京、广东、上海、江苏和浙江，退出本金合计299.54亿元，退出本金占比66.14%；案例实际退出金额排名前五的地区为上海、江苏、北京、湖北和浙江，实际退出金额合计627.04亿元，实际退出金额占比63.82%。

从相关退出案例的行业分布来看，退出案例数量排名前五的行业为"计算机运用""资本品""医药生物""原材料"和"医疗器械与服务"，各行业退出案例数量分别为1 127个、462个、289个、257个和234个，数量合计2 369个，占比65.51%；退出本金前五大行业为"计算机运用""资本品""医药生物""医疗器械与服务"和"原材料"，各行业退出本金分别为96.89亿元、46.44亿元、36.63亿元、34.44亿元和33.01亿元，退出本金合计247.41亿元，占比54.63%；实际退出金额前五大行业为"计算机运用""通信设备""医药生物""医疗器械与服务"和"资本品",各行业实际退出金额分别为171.04亿元、105.56亿元、93.23亿元、88.82亿元和71.71亿元,实际退出金额合计530.36亿元,占比53.98%。

从相关案例退出所涉持有期限来看,持有时间为2年(含)至4年的案例数量、退出本金和实际退出金额最多,占新增退出案例的比例分别为31.91%、37.90%和27.85%。其中,完全退出的案例中,持有时间为2年(含)至4年的案例数量、退出本金和实际退出金额最多,占新增退出案例的比例分别为29.92%、36.32%和28.54%。

第六章 公募基金管理机构[①]

截至2020年末，我国境内已获批的公募基金管理机构有153家，已成立153家[②]。其中，中外合资公司44家，外商独资企业1家[③]，取得公募基金管理资格的证券公司或证券公司资管子公司13家，保险资管公司2家。与2019年相比，增加9家公募基金管理机构（均已获批并成立），1家证券公司不再从事公开募集证券投资基金管理业务资格[④]。

第一节 公募基金管理机构股东情况

一、国有、中外合资、民企、其他

按股东背景[⑤]将基金管理机构分为：国有企业、中外合资企业、民营企业、

[①] 本章主体内容由上海证券协助撰写。

[②] 截至2020年末，中国证监会批复153家，已成立153家。本章以基金管理人获批日区分年限。民生基金于2020年5月14日重新核准设立，由于民生基金已于2020年2月10日核准设立，因此此处计算时不重复计入新增获批基金管理机构。

[③] 公司性质基础数据来源于Wind。

[④] 华融证券股份有限公司已于2018年12月25日不再从事公开募集证券投资基金管理业务，另行成立了华融基金。

[⑤] 具体分类标准如下：国有企业，指大股东或实际控制人属于国务院/地方各级国资委、中央国家机关及地方各政府/部门、中央国有及地方国有企/事业单位；中外合资企业，指由外国公司或其他经济组织或个人与中国公司或其他经济组织按法律规定共同投资设立、共同经营，按各自的出资比例共担风险、共负盈亏，各方出资折算成一定的出资比例，外国合营者的出资比例一般不低于25%，或由外国公司或其他经济组织或个人，依照中国法律在中国境内设立的全部资本由外国投资者投资的企业（可以是一个外国投资者独资，也可以是若干外国投资者合资）；民营企业，指非公有制企业，例如个体企业、私营企业等，特点是没有国有资本，非国家控股；外商独资企业，指外国的公司、企业、其他经济组织或者个人，依照中国法律在中国境内设立的全部资本由外国投资者投资的企业；其他企业，指除以上四种类型外的企业单位。

外商独资企业、其他企业。

属于国有企业的公募基金管理机构共36家,其中多为地方政府或财政部出资,个别公募基金管理机构由财政部或国资委直接出资。从机构类型来看,有27家为基金公司,9家持牌机构;从控股模式看,有27家公募基金管理机构为国有企业绝对控股,其中有13家公募基金管理机构由国有企业独资。目前,国有企业仍然是基金管理机构股东群体中的重要力量。

属于中外合资企业的公募基金管理机构共44家,机构类型上均为基金公司,无持牌机构;从控股模式来看,绝对控股[①]的公募基金管理机构有31家,其中大部分均由单家内资企业控股超过50%(即绝对控股),少部分为外资控股。13家机构为相对控股[②],无分散持股[③]的机构。从外资股东所处区域来看,外资股东多是来自美国、欧洲等的大型国家投资机构,也包括中国香港、澳门和台湾地区,以及日本、新加坡等国的亚洲市场金融机构。

属于民营企业的公募基金管理机构的共31家。从机构类型看,有29家基金公司,2家持牌机构;从控股模式上看,15家公募基金管理机构股权为绝对控股,其余16家为相对控股,股东中多数为民营企业与自然人。从第一大股东来看,19家公募基金管理机构第一大股东为自然人。

属于外商独资企业的公募基金管理机构共1家。2020年8月21日,中国证监会核准设立了我国首家外商独资公募基金管理公司——贝莱德基金管理有限公司。该公司由贝莱德金融管理公司全资控股,注册资本3亿元。

总体来看,我国公募基金管理机构股权结构呈现出多元化的特点,各种各样的机构参与到公募基金管理领域,为基金管理机构在丰富社会投资、提升服务能力、激励人才方面奠定了基础。相关资料见图6-1和图6-2。

二、不同类型股东背景

从主要控股股东所处行业来划分,大致可分为四个类型[④]:银行系、券商系、

---

① 绝对控股,是指第一大股东持有公司全部股份的50%以上,处于绝对控股地位。
② 相对控股,是指第一大股东持股比例在20%~50%之间,这种股权结构也称为股权相对集中模式。
③ 分散持股,是指第一大股东持股比例在20%以下,相当数量的股东持股比例较接近。
④ 机构派系基础数据来源于Wind。

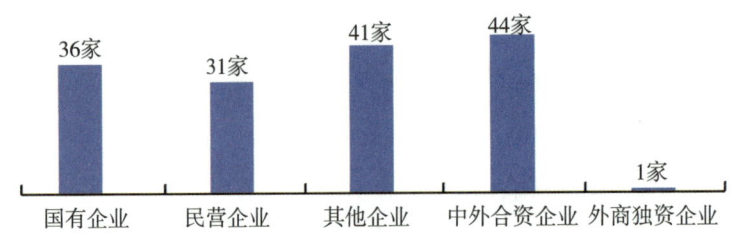

图 6-1　2020 年国有、中外合资、民营、外商独资、其他公募基金管理机构数量分布

资料来源：Wind，上海证券基金评价研究中心。

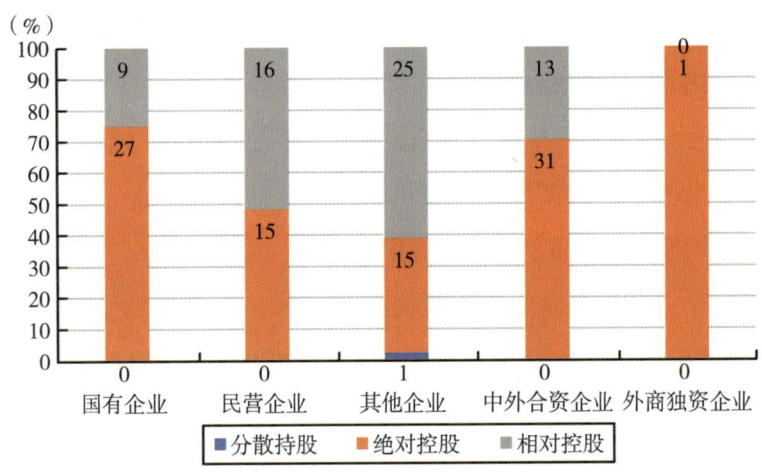

图 6-2　2020 年各类公募基金管理机构股权模式占比

资料来源：Wind，上海证券基金评价研究中心。

信托系和其他系。一直以来，无论从公募基金管理机构数量还是从管理资产规模来看，券商系公募基金管理机构都在行业中占据领先地位。尽管银行系中有建信基金、工银瑞信基金等规模较大的基金公司，但是券商系公募基金管理机构具有数量优势，因此整体规模占优。

2020 年共有 69 家券商系公募基金管理机构，数量较 2019 年增加了 2 家。券商系公募基金管理机构在全部公募基金管理机构中数量占比 45.10%，规模占比 53.10%。此外，共有 5 家证券公司及 8 家证券公司资管子公司获得公募基金管理人资格。

银行系公募基金管理机构有 15 家，规模占全部公募基金管理机构的 19.89%，较去年略有下降。从数量上看，占比 9.80%；相比 2019 年，机构数量未发生变化。

信托系公募基金管理机构共计22家，在全部公募基金管理机构中数量占比14.38%，规模占比12.17%，略有下降。从数量上看，较2019年，信托系公募基金管理机构数量未发生变化。

其他系公募基金管理机构共计47家，主要包括多类金融机构共同控股或资产管理公司为控股股东的公募基金管理机构。随着混业经营的态势持续深化，其他系公募基金管理机构包括保险、期货、私募等金融机构，也包括地产、互联网等机构。由此可以清晰地看出，近年来其他系公募基金管理机构的占比逐步上升，以往以券商系为主导的市场，可能随着其他系基金管理机构的加入变得更加活跃。

相关资料见图6-3至图6-6。

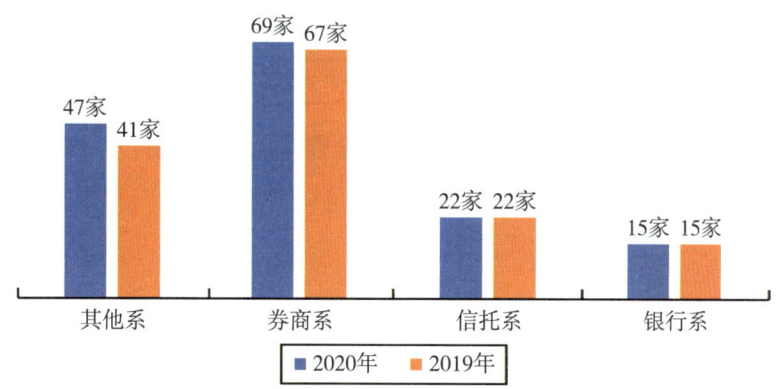

图6-3　2019年末和2020年末各类公募基金管理机构数量

资料来源：Wind，上海证券基金评价研究中心。

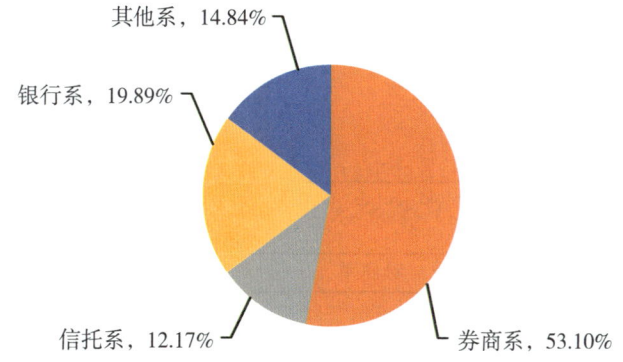

图6-4　2020年各类公募基金管理机构资产规模占比

资料来源：Wind，上海证券基金评价研究中心。

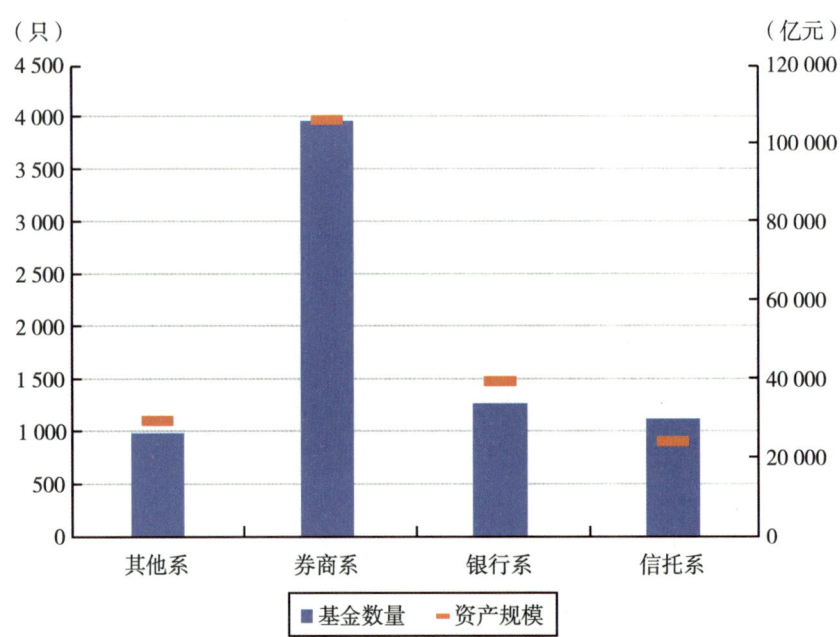

图 6-5　2020 年末各类公募基金管理机构管理资产情况

资料来源：Wind，上海证券基金评价研究中心。

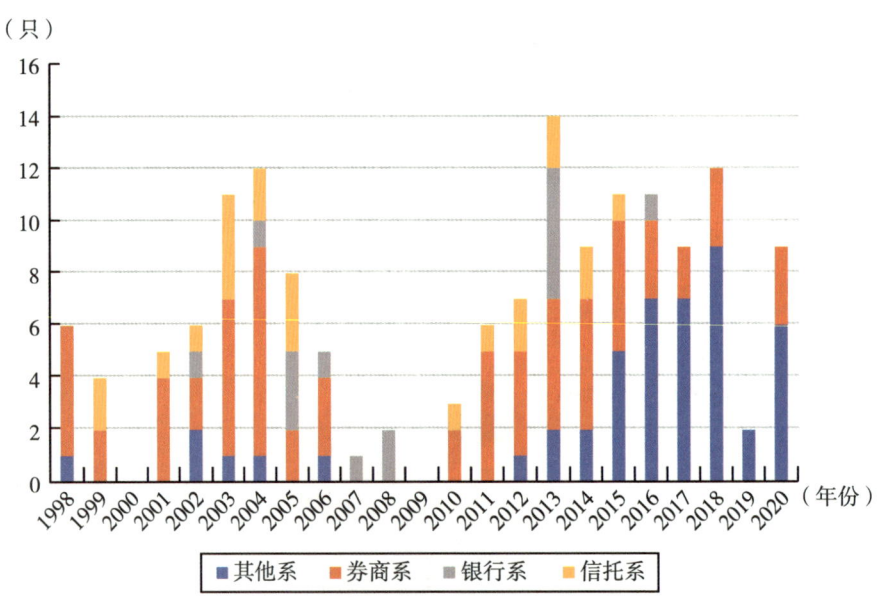

图 6-6　1998—2020 年各年新成立公募基金管理机构类别及数量（以获批日期为准）

资料来源：Wind，上海证券基金评价研究中心。

第二节 公募基金管理机构股权结构

一、控股模式

2020年，89家公募基金管理机构采用绝对控股模式，占比为58.17%，其中包含21家独资控股公司；另有63家公募基金管理机构采用相对控股模式；1家公募基金管理机构采用分散持股模式（见图6-7）。

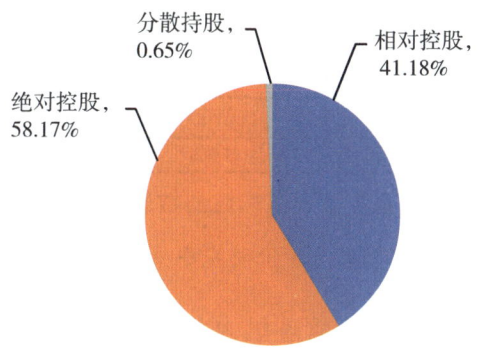

图6-7 2020年公募基金管理机构股权结构数量分布（参、控股）

资料来源：Wind，上海证券基金评价研究中心。

从公司性质上看，分散持股与相对控股在民营企业与其他企业中占比较大，合计超过50%（见图6-8）；而在国有企业、外商独资企业与中外合资企业中绝对控股占大多数，占比均在60%以上。

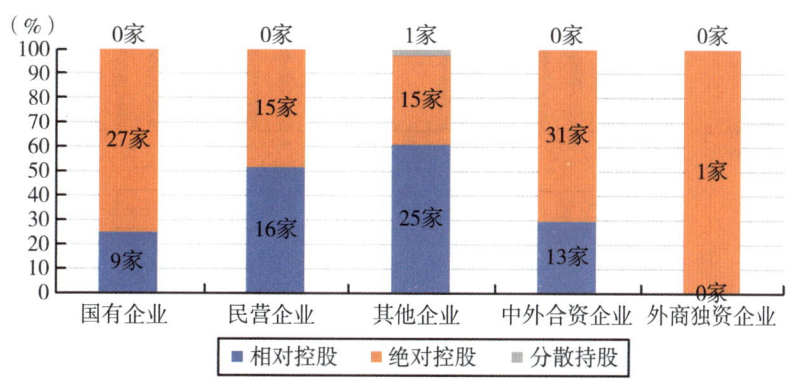

图6-8 2020年各类公募基金管理机构股权结构（参、控股）

资料来源：Wind，上海证券基金评价研究中心。

从公募基金管理机构分布的地域上看（见图6-9），基金管理机构主要分布在上海、深圳、北京三地。其中，上海与北京地区公募基金管理机构多采用绝对控股模式；而深圳地区的公募基金管理机构采用相对控股模式的较多。

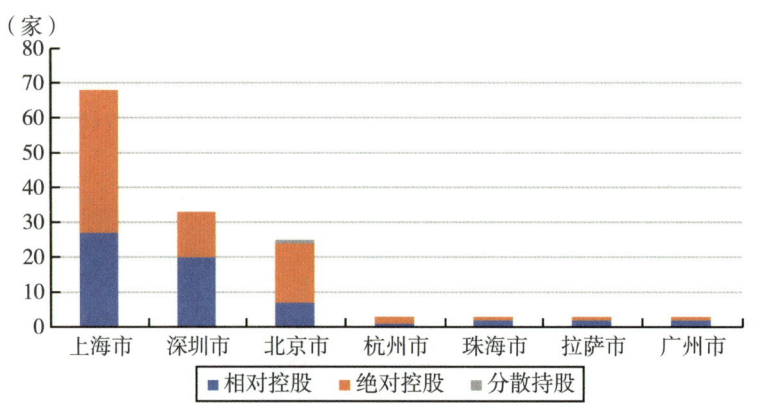

图6-9 公募基金管理机构注册数量较多的六个区域

资料来源：Wind，上海证券基金评价研究中心。

从图6-10可以看出公募基金管理机构在选择控股模式上，大致经历了从相对控股为主到绝对控股与相对控股持平的状态。从新增公募基金管理机构股权模式来看，在大多数年份，公募基金管理机构大概率选择绝对控股，但总体上，相对控股与绝对控股的控股模式趋于平衡。

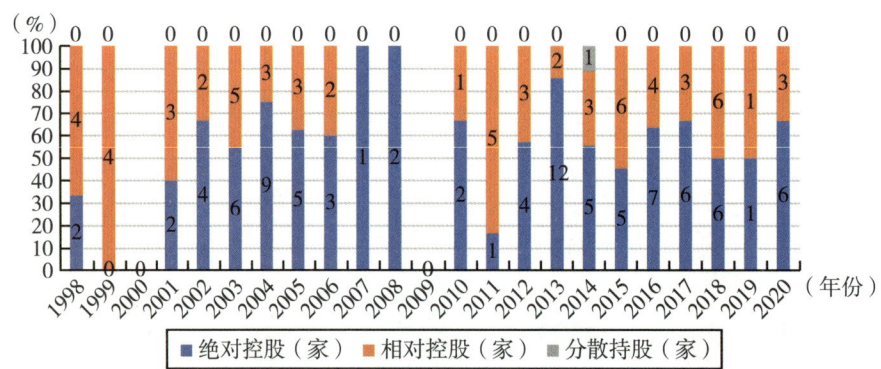

图6-10 每年新增公募基金管理机构的控股模式选择（以获批日期为准）

注：基金公司与持牌机构的股权数据采用2020年获取的截面数据，我们假设绝大部分基金公司的股权结构自获批以来，并未发生大幅度的变动，以大致展现基金管理机构控股模式的变迁。

资料来源：Wind，上海证券基金评价研究中心。

由于两种模式优势与劣势各不相同，公募基金管理机构在选择时，都会选择更适合自己公司的模式，这使这两者并没有明显的占比优势（见图6-11）。

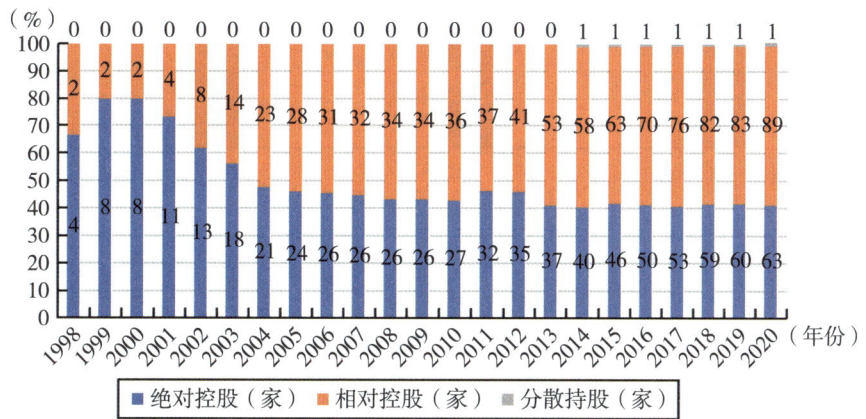

图6-11　公募基金管理机构整体控股模式占比趋势（以获批日期为准）
资料来源：Wind，上海证券基金评价研究中心。

二、股权集中度

在纳入统计的153家公募基金管理机构中，第一大股东平均持股集中度为57.96%，较2019年略有提升；前两大股东和前三大股东平均持股集中度为83.42%和92.21%（见图6-12），较2019年前两大股东平均持股集中度略有提升，而前三大股东平均持股集中度略有下降。第一大股东的持股比例达到50%以上的有89家公募基金管理机构，在公司运作中掌握绝对话语权。62家公募基金管理机构由两家及以下股东控制全部的股份，另有31家公募基金管理机构由三家股东共同控制100%的股份（见图6-13）。个别公募基金管理机构股东较为分散，多数股东为个人或民营企业。

股权集中度，指全部股东因持股比例不同所表现出来的股权集中（分散）的数量化指标，是衡量公司的股权分布状态、公司结构、公司稳定性强弱的重要指标。上述数据显示，多数公募基金管理机构股权集中度较高，加上股东大部分为金融机构，使得股东之间利益关系较为一致，认知差异较小，较为有利于公募基金管理机构的稳定发展。

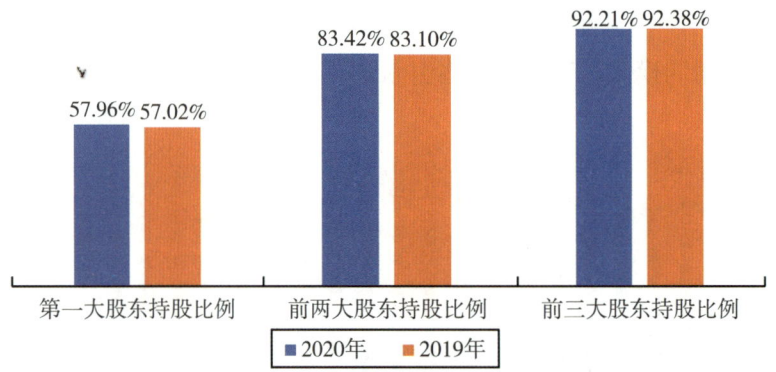

图 6-12 2020 年与 2019 年公募基金管理机构参股机构合资与独资情况

资料来源：Wind，上海证券基金评价研究中心。

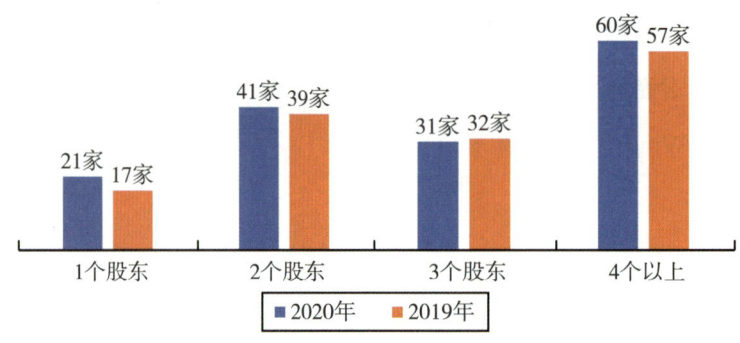

图 6-13 2020 年与 2019 年公募基金管理机构股东数量情况

资料来源：Wind，上海证券基金评价研究中心。

第三节　公募基金管理机构人力资本情况

一、从业人员整体情况

截至2020年末，公募基金管理机构有从业人员26 225人，较2019年末增加2 517人，增加幅度为8.22%。其中，男性从业人员14 730人，占比56.17%；女性从业人员11 495人，占43.83%。

（一）学历构成

从学历构成看，公募基金管理机构从业人员中，本科及以上学历占比达

98.25%，其中，博士研究生学历959人，占比3.65%；硕士研究生学历16 062人，占比61.25%；本科学历8 745人，占比33.35%；大专及以下学历459人，占比1.75%（见图6-14）。

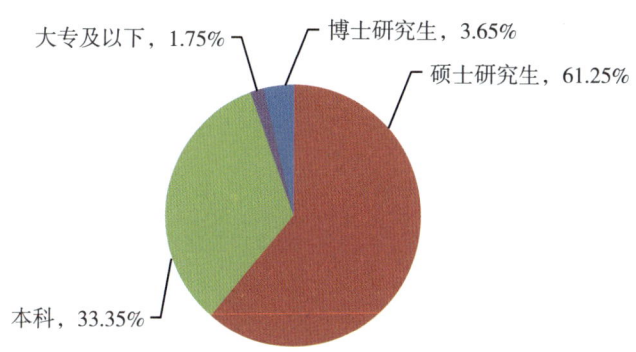

图6-14　2020年公募基金行业从业人员学历构成

资料来源：中国证券投资基金业协会（AMAC）。

（二）年龄构成

从年龄构成看，公募基金管理机构从业人员主要集中在30～39岁，其次为20～29岁，这两个年龄段的人群在从业人员中的占比分别为55.89%、27.02%（见图6-15）。

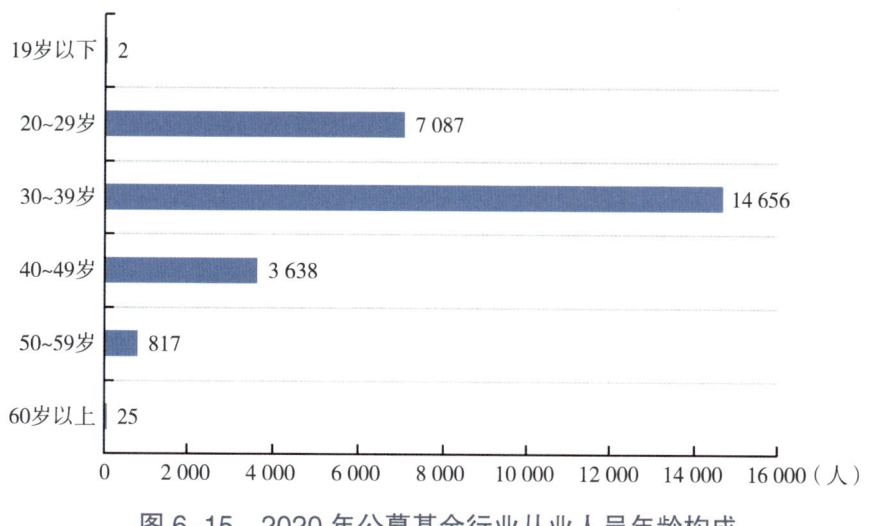

图6-15　2020年公募基金行业从业人员年龄构成

资料来源：中国证券投资基金业协会（AMAC）。

（三）工作地域分布

从工作地域分布来看，城市密度越大，基金从业人员越多。大城市依然是基金从业人员分布密集的城市。从地域上看，目前基金从业人员依然主要集中于北京、上海、深圳等重点城市，上海、北京、广东（含深圳）等三个省市从业人员数量占总人数的比值达到92.8%（见图6-16）。

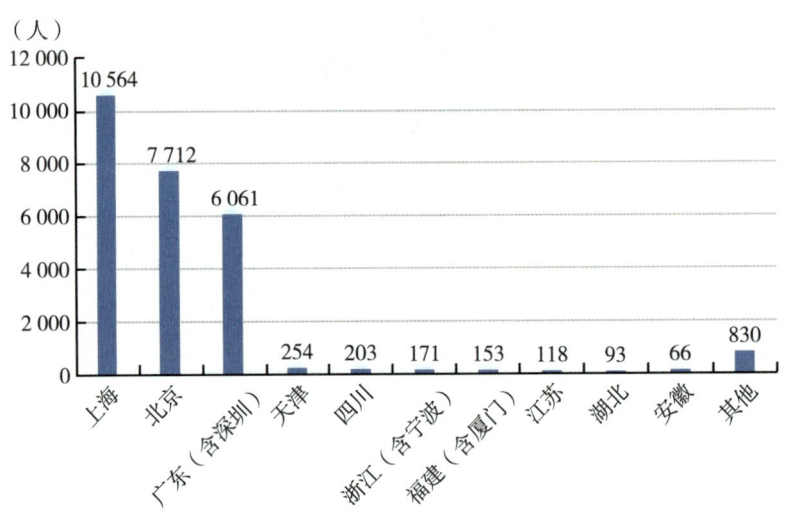

图6-16　2020年公募基金行业从业人员工作地域分布

资料来源：中国证券投资基金业协会（AMAC）。

二、高管情况

（一）基金管理公司高管人员基本情况

截至2020年底，基金管理公司高管人员共计737人，董事长兼法定代表人109人，总经理126人（其中兼任法定代表人的总经理有30位），督察长126人，副总经理349人，总经理助理27人[①]。基金管理公司高管人员人数平均为6人，中位数为6人。

1. 学历构成

从学历结构上看，高管人员学历以硕士研究生为主。其中，博士研究生学

---

① 根据相关法规规定，协会对高管人员的统计口径为法定代表人、总经理、督察长、副总经理及实际履行高管职责的其他人员，没有担任法定代表人的董事长未纳入统计口径。

历高管112人，占比15.20%；硕士研究生学历高管468人，占比63.50%；大学本科学历高管154人，占比20.90%；大专学历高管3人，占比0.41%（见图6-17）。

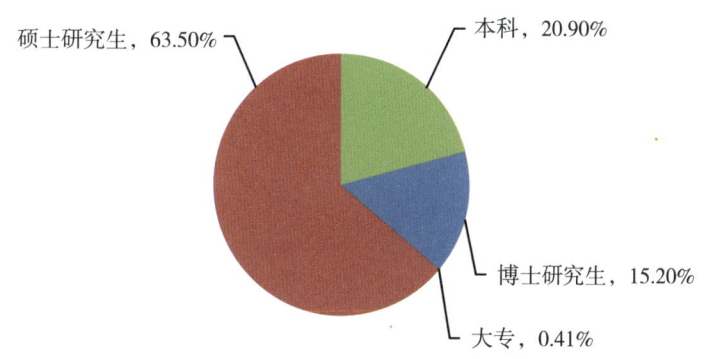

图6-17 基金管理公司高管人员学历结构图

资料来源：中国证券投资基金业协会（AMAC）。

2. 年龄构成

从年龄看，高管人员平均年龄47岁，年龄主要集中在41~50岁之间（见表6-1）。具体情况如下：董事长兼法定代表人平均年龄52岁，总经理平均年龄48岁，督察长平均年龄46岁，副总经理平均年龄46岁，总经理助理平均年龄44岁。

表6-1 基金管理公司高管人员年龄结构

年龄区间	数量（人）	占比（%）
35岁以下	8	1.09
36~40岁	87	11.80
41~45岁	192	26.05
46~50岁	235	31.89
51~55岁	161	21.85
56岁以上	54	7.33
合　计	737	100.00

资料来源：中国证券投资基金业协会（AMAC）。

3.性别构成

从性别上看,男性高管580人,占比78.7%,女性高管157人,占比21.3%。具体见表6-2。

表6-2　　　　　基金管理公司高管人员性别结构　　　　（单位:人）

高管职位	女性	男性
董事长兼法定代表人	19	90
总经理(含兼任法定代表人)	17	109
督察长	48	78
副总经理	68	281
总经理助理	5	22
合　计	157	580

资料来源:中国证券投资基金业协会(AMAC)。

4.地域构成

从所属地域上看,有16人来自境外,8人来自中国香港和台湾地区,其余713人来自中国内地。

5.聘任和离任情况

除公司内部转任的情况,有91家基金管理公司新聘任了171名高管人员,有67家基金管理公司对116名高管人员进行了解聘。

(二)其他公募基金管理机构高管人员基本情况

截至2020年底,其他公募基金管理机构高管人员共计70人,平均任职年限3.06年。其中[①]:董事长兼法定代表人11人,总经理(含兼任法定代表人的情况)14人,合规负责人14人,副总经理19人,总经理助理2人,公募业务部门总经理10人,公募业务部门副总经理4人,其中有4人存在担任2个及以上职务的情况。[②]

---

① 各职务人数统计包含兼任情况,有重复计算。
② 根据相关法规规定,协会对其他公募基金管理机构高管人员的统计口径为法定代表人、总经理、合规负责人、负责公募业务的副总经理、公募基金业务部门总经理及副总经理,没有担任法定代表人的董事长未纳入统计口径。

1. 学历构成

从学历结构上看，高管人员学历以硕士研究生为主。其中：博士研究生学历高管人员4人，占比7.84%；硕士研究生学历高管人员34人，占比66.67%；大学本科学历高管人员13人，占比25.49%。

2. 性别构成

从性别上看，男性高管人员58人，占比82.86%，女性高管人员12人，占比17.14%（见表6-3）。

表6-3　　　　　其他公募基金管理机构高管人员性别结构　　　　　（单位：人）

高管职位	女性	男性
董事长兼法定代表人	2	9
总经理	4	8
合规负责人	1	12
副总经理	3	15
总经理助理	0	2
公募业务部门总经理	2	12
合　　计	12	58

注：因高管存在兼任情况，本表以所担任的最高职务为统计标准。
资料来源：中国证券投资基金业协会（AMAC）。

3. 聘任和离任情况

从人员流动情况上看，2020年有8家其他公募基金管理人聘任了14名高管，有6家其他公募基金管理人共计10名高管离任。

三、基金经理情况

截至2020年末，146家公募基金管理机构注册的在职基金经理共计2 588人，较2019年末的2 236人增加15.74%。其中，男性基金经理占74.38%，女性基金经理占25.62%。绝大多数为我国内地的基金经理，我国港澳台地区同胞或外籍的基金经理共38人，其中香港和台湾地区有17人。

(一)学历构成

从学历构成看,2 588位基金经理中,具有硕士学历者共计2 201人,占比85.05%;具有博士学历者共计278人,占比10.74%;具备本科及以下学历109人,占比4.21%(见图6-18)。与2019年末相比,基金经理学历构成未发生大幅变化,硕士学历者占据八成以上,本科及以下学历者不足一成。

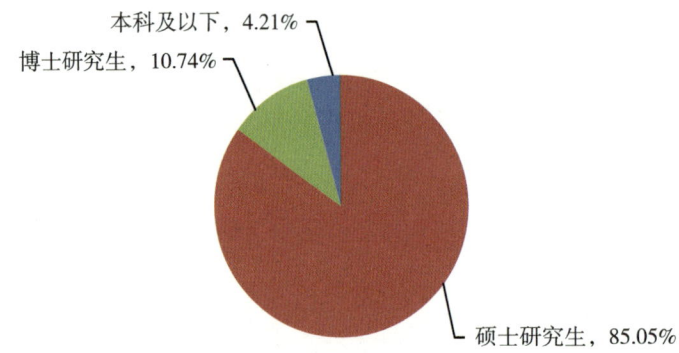

图6-18 2020年基金经理学历构成

资料来源:中国证券投资基金业协会(AMAC)。

(二)年龄构成

从年龄构成看,基金经理平均年龄为36.81岁,有44%的基金经理年龄在35岁及以下。基金经理主要集中在36~45岁,其次为31~35岁,这两个年龄段的基金经理人数占比分别为49%、41%(见图6-19)。

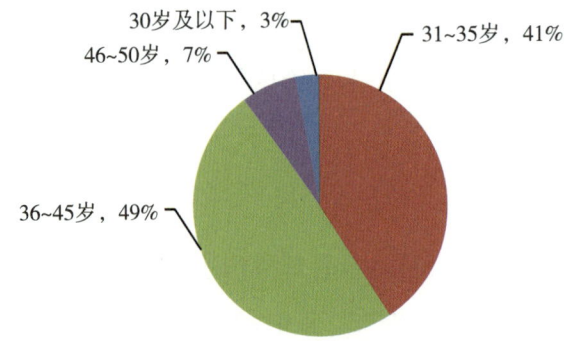

图6-19 2020年基金经理年龄构成

资料来源:中国证券投资基金业协会(AMAC)。

（三）证券从业年限

从证券从业年限看，基金经理的证券从业平均年限为9.76年。其中，证券从业不超过5年者占比最高，达47%；其次是5～10年者，占比35%；10年以上者，占比18%（见图6-20）。

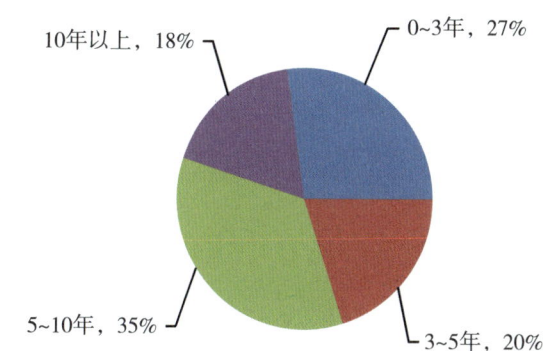

图6-20　2020年基金经理证券从业年限构成

资料来源：中国证券投资基金业协会（AMAC）。

（四）任职年限

从担任基金经理职务的年限看，基金经理平均任职年限为3.91年。其中，任职年限在1年以下的582人，占比22.49%；1～2年的338人，占比13.06%；2～3年的285人，占比11.01%；3～4年的298人，占比11.51%；4～5年的262人，占比10.12%；5年及以上的823人，占比31.80%（见图6-21）。

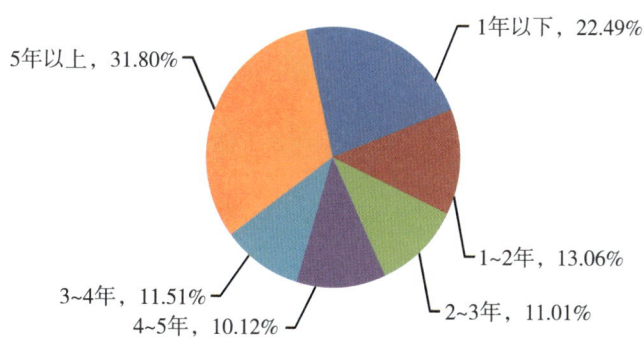

图6-21　2020年基金经理任职年限构成

资料来源：中国证券投资基金业协会（AMAC）。

（五）基金经理注册变更情况

2020年，公募基金经理新增注册人数438人，与上年持平，平均每月注册约37人。按其来源统计（近3年任职过的单位），2020年新注册的基金经理中，有234人曾任职于公募机构，占53.42%；有47人来曾任职于券商或券商资管，占10.73%；有23人曾任职于私募机构；有15人曾任职于保险或保险资管；有11人曾任职于商业银行；其余曾任职单位包括政策研究所、咨询机构、基金销售机构、境外投资公司等。新注册的基金经理中有94.29%为硕士研究生及以上学历；有56.62%的基金经理年龄在35岁及以下。基金经理兼任私募资产管理计划投资经理的47人。

（六）基金经理注销情况

2020年，共有来自105家公募基金管理机构的254名基金经理办理注销，其中，因公司内部岗位调整注销的17人，因离职注销的237人。经统计离职去向，离职的基金经理中有60人选择到其他公募基金管理机构任职，41人选择到券商（保险）资管、私募基金或商业银行理财子公司任职。

第七章 私募基金管理人

截至2020年末，存续私募基金管理人24 561家[1]，较上年末增加90家。其中，私募证券投资基金管理人8 908家[2]，私募股权、创业投资基金管理人14 986家[3]。

第一节 全部私募基金管理人

一、数量与类型情况

私募基金管理人在经过2014年、2015年两年的集中登记期之后，新登记数量[4]逐步减少，存续总数量逐步趋于稳定。其中，私募证券投资基金管理人数量占比逐步下降，并稳定在36%左右；而私募股权、创业投资基金管理人数量占比稳步上升至61%左右（见图7-1和图7-2）。

---

[1] 该数据指登记通过且截至2020年末未注销机构数量，各类型私募基金管理人存量家数同此含义。本章所有数据来源于中国证券投资基金业协会，未标明时间节点的存量数据均指截至2020年末，以登记备案报送数据为准。

[2] 私募证券投资基金管理人，含未在AMBERS系统中确定自身机构类型但在原备案系统中主要业务类型为私募证券投资基金的管理人，以下同。

[3] 私募股权、创业投资基金管理人，含未在AMBERS系统中确定自身机构类型但在原备案系统中主要业务类型为私募股权投资基金或创业投资基金的管理人，以下同。

[4] 指当季登记通过的机构（含当季登记当季注销的机构）数量，按管理人初始登记日期统计。

第七章 私募基金管理人

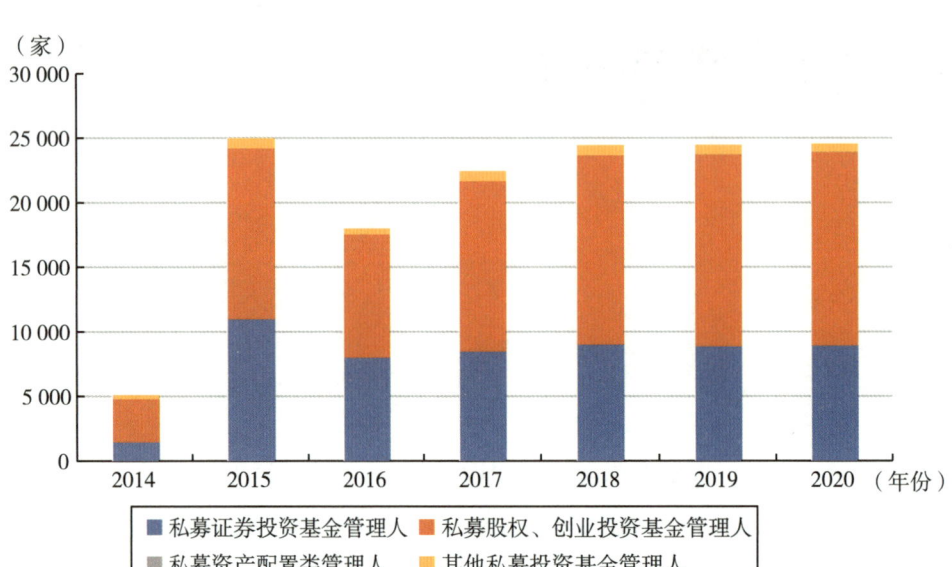

图 7-1 存续私募基金管理人数量与类型

资料来源：中国证券投资基金业协会（AMAC）。

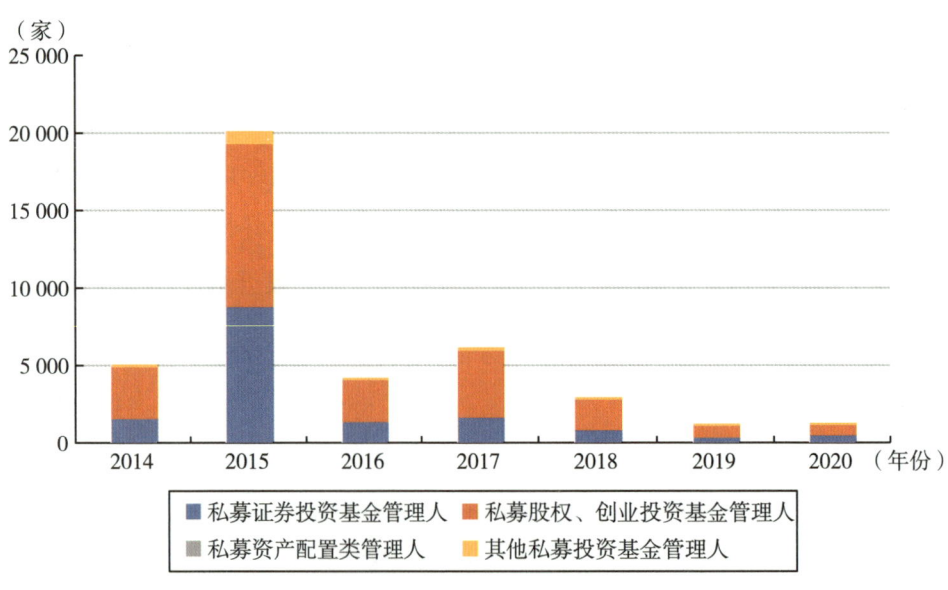

图 7-2 当期登记私募基金管理人数量与类型

资料来源：中国证券投资基金业协会（AMAC）。

二、管理规模集中度情况

截至2020年末，全部私募基金管理人中位列管理规模前20名的管理人，管理规模占比12.13%，较2019年末上升1.38个百分点；管理规模位列行业前20%的管理人，管理规模占比93.93%，较2019年末下降0.06个百分点（见表7-1）。

表7-1　　　　　　　　　　私募基金管理人管理规模集中度

行业前5管理规模占比	行业前10管理规模占比	行业前20管理规模占比
5.28%	8.13%	12.13%
行业前5%管理规模占比	行业前10%管理规模占比	行业前20%管理规模占比
73.94%	85.56%	93.93%

资料来源：中国证券投资基金业协会（AMAC）。

三、注册资本与实收资本情况

截至2020年末，注册资本在[1 000万元，2 000万元)的私募基金管理人共13 419家，占比54.64%；注册资本在[2 000，5 000万元)区间的管理人3 406家，占比13.87%；注册资本500万元以下的管理人1 414家，占比5.76%；注册资本1亿元及以上的管理人2 509家，占比10.22%（见图7-3）。

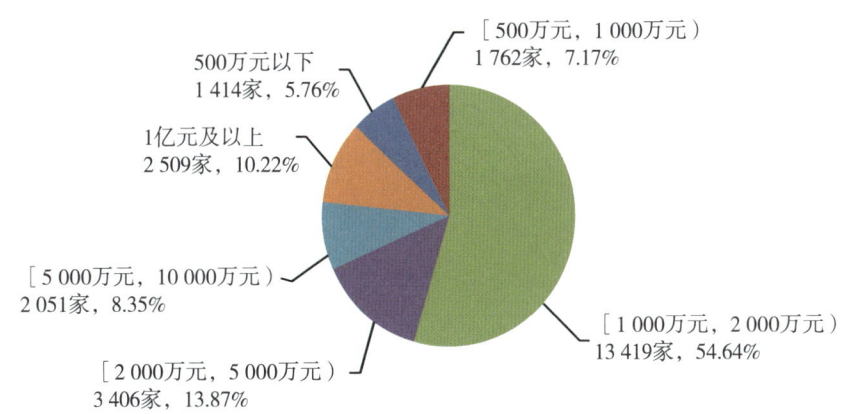

图7-3　私募基金管理人注册资本分布

资料来源：中国证券投资基金业协会（AMAC）。

截至2020年末，实收资本5 000万元以下的私募基金管理人共22 190家，占比90.35%；实收资本在［5 000万元，10 000万元）区间的管理人1 066家，占比4.34%；实收资本1亿元及以上的管理人1 305家，占比5.31%（见图7-4）。

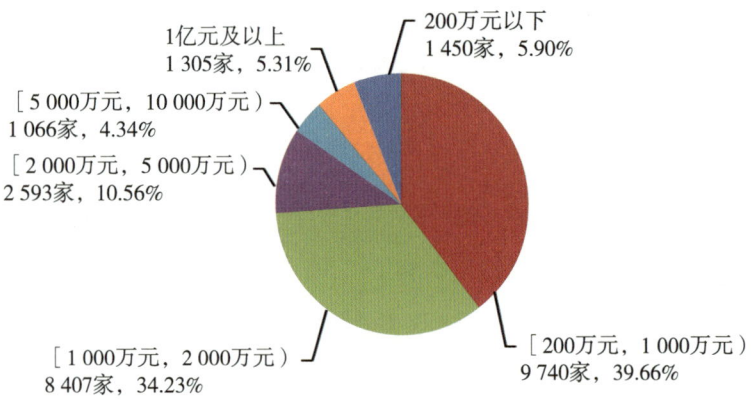

图7-4　私募基金管理人实收资本分布

资料来源：中国证券投资基金业协会（AMAC）。

四、组织形式与控股类型情况

从组织形式看，截至2020年末，公司制的私募基金管理人占比92.20%，其余为合伙企业及其他。其中，93.38%的私募证券投资基金管理人为公司制，91.31%的私募股权、创业投资基金管理人为公司制，100%的私募资产配置类管理人为公司制，96.50%的其他私募投资基金管理人为公司制。

从控股类型看，自然人及其所控制民营企业控股的管理人数量最多，共计20 764家，占所有管理人数量的84.54%（见图7-5）。

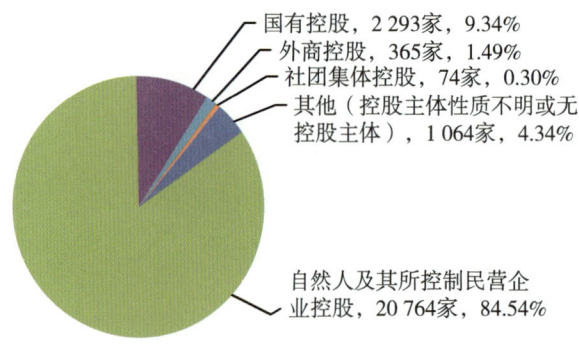

图7-5　2020年末私募基金管理人控股类型分布

资料来源：中国证券投资基金业协会（AMAC）。

五、地域分布①情况

（一）注册地分布

从注册地分布看，截至2020年末，上海、深圳和北京三大辖区的私募基金管理人数量合计13 457家，占全国总数的54.79%；上海、深圳、北京、浙江及广东五大辖区的管理人数量合计17 277家，占比70.34%；管理人数量排名前10的辖区合计有20 573家私募基金管理人，占比83.76%。具体数据见图7-6。

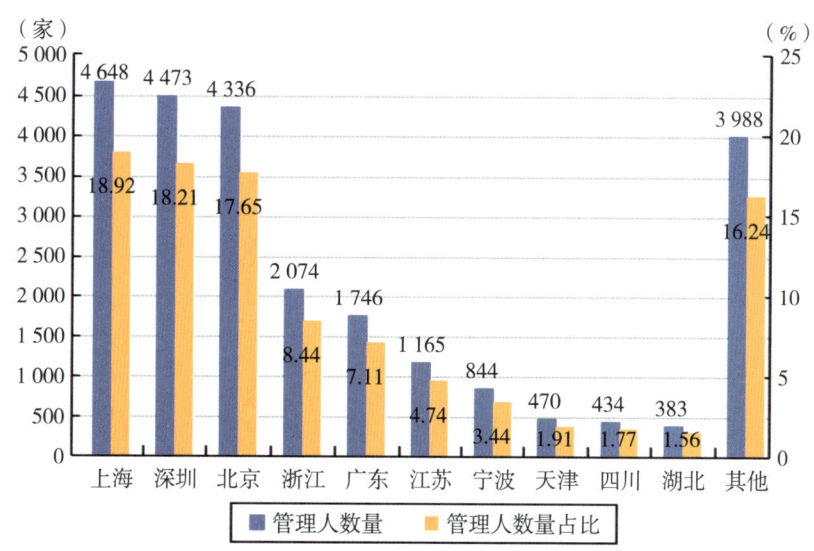

图7-6 2020年末私募基金管理人数量按注册地分布

资料来源：中国证券投资基金业协会（AMAC）。

从管理基金数量看，上海、深圳、北京三大辖区的私募基金管理人管理的基金数量合计59 417只，占全国总数的61.37%；上海、深圳、北京、浙江、广东五大辖区的管理人管理基金数量合计74 286只，占比76.73%；排名前10的辖区私募基金管理人管理的基金数量合计86 001只，占比88.83%。具体数据见图7-7。

---

① 本部分地域分布以中国证监会派出机构36个证监局监管辖区作为划分依据。

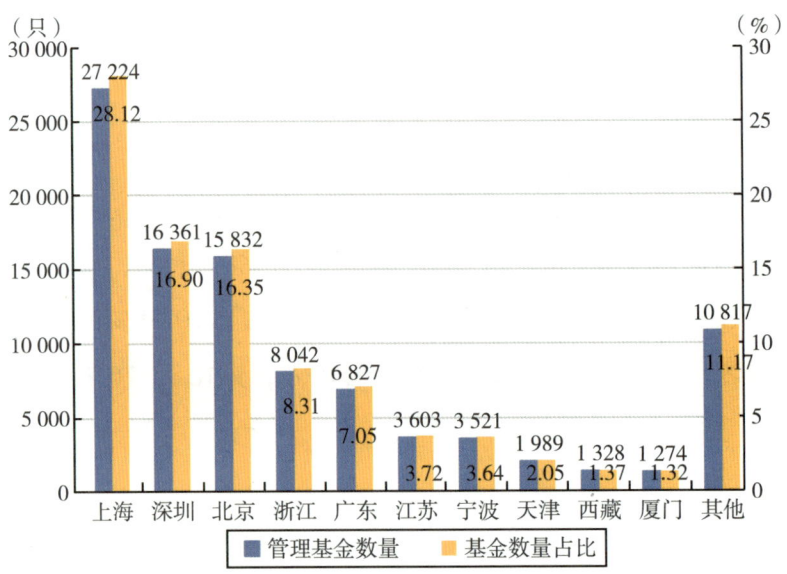

图 7-7 2020 年末私募基金管理人管理基金数量按注册地分布

资料来源：中国证券投资基金业协会（AMAC）。

从管理基金规模看，上海、北京、深圳三大辖区的私募基金管理人管理基金规模合计9.82万亿元，占全国总规模的57.91%；上海、北京、深圳、浙江、广东五大辖区的管理人管理基金规模合计11.75万亿元，占比69.31%；排名前10的辖区私募基金管理人管理基金规模合计14.65万亿元，占比86.40%。具体数据见图7-8。

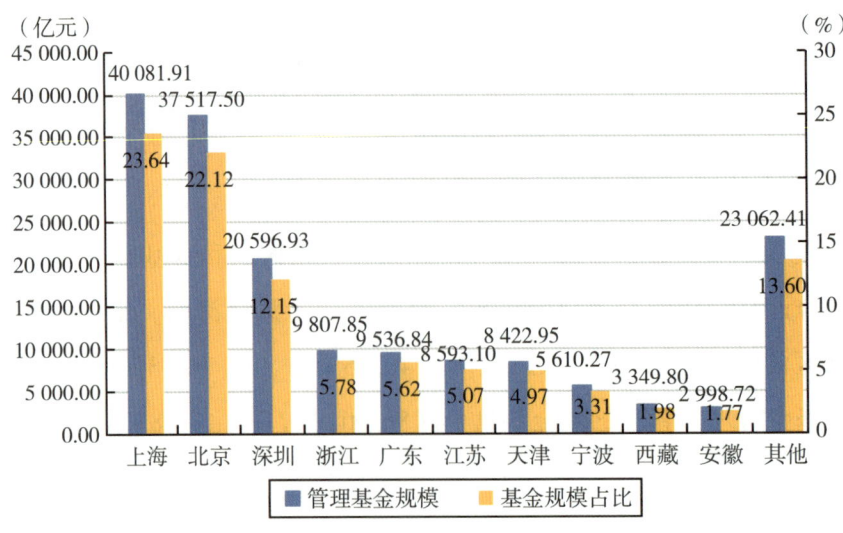

图 7-8 2020 年末私募基金管理人管理基金规模按注册地分布

资料来源：中国证券投资基金业协会（AMAC）。

第一节 全部私募基金管理人

2020年登记的私募基金管理人中,上海、北京和深圳三大辖区的管理人数量合计446家,占当年登记管理人总数的38.85%;上海、北京、深圳、青岛和广东五大辖区的管理人数量合计639家,占比55.66%;管理人数量排名前10的辖区合计登记896家私募基金管理人,占比78.05%。具体数据见图7-9。

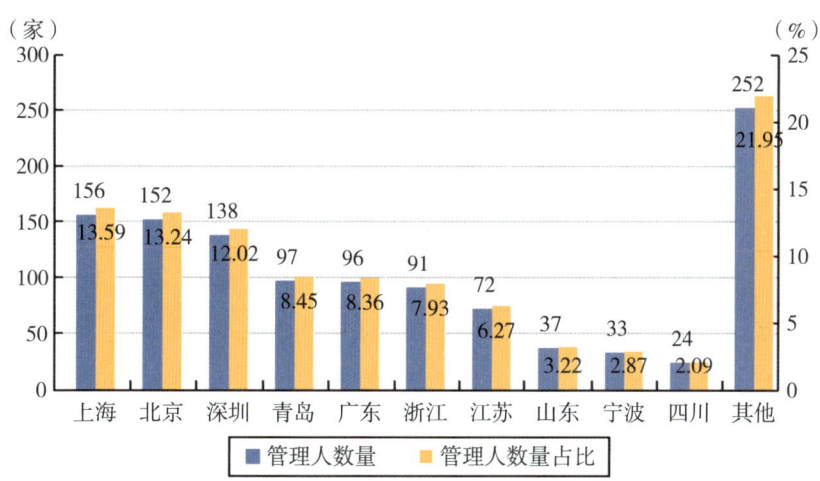

图7-9 2020年登记且截至年末未注销私募基金管理人数量按注册地分布
资料来源:中国证券投资基金业协会(AMAC)。

(二)办公地分布

从办公地分布看,截至2020年末,北京、上海和深圳三大辖区的私募基金管理人数量合计14 386家,占全国总数的58.57%;北京、上海、深圳、广东、浙江五大辖区的管理人数量合计17 743家,占比72.24%;管理人数量排名前10的辖区合计有20 626家私募基金管理人,占比83.98%。具体数据见图7-10。

从管理基金数量看,上海、北京、深圳三大辖区的私募基金管理人管理的基金数量合计64 661只,占全国总数的66.79%;上海、北京、深圳、浙江、广东五大辖区管理人管理的基金数量合计78 528只,占比81.11%;排名前10的辖区私募基金管理人管理的基金数量合计86 579只,占比89.42%。具体数据见图7-11。

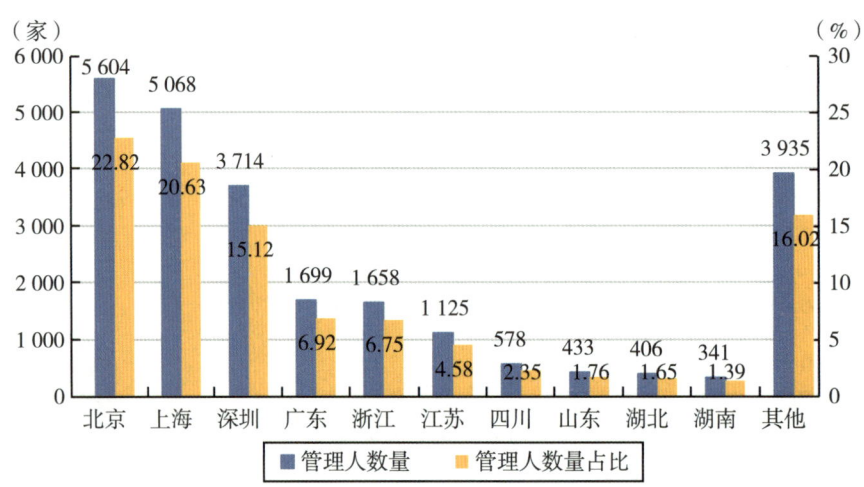

图 7-10 2020 年末私募基金管理人数量按办公地分布

资料来源：中国证券投资基金业协会（AMAC）。

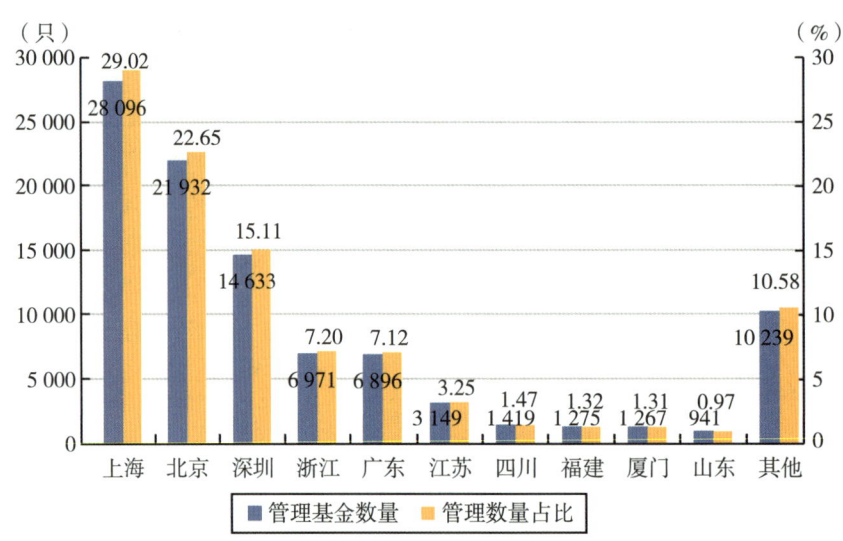

图 7-11 2020 年末私募基金管理人管理基金数量按办公地分布

资料来源：中国证券投资基金业协会（AMAC）。

从管理基金规模看，北京、上海、深圳三大辖区的私募基金管理人管理的基金规模合计11.84万亿元，占全国总规模的69.84%；北京、上海、深圳、浙江、广东五大辖区的管理人管理规模合计13.62万亿元，占比80.33%；排名前10的辖区私募基金管理人管理规模合计15.18万亿元，占比89.51%。具体数据见图7-12。

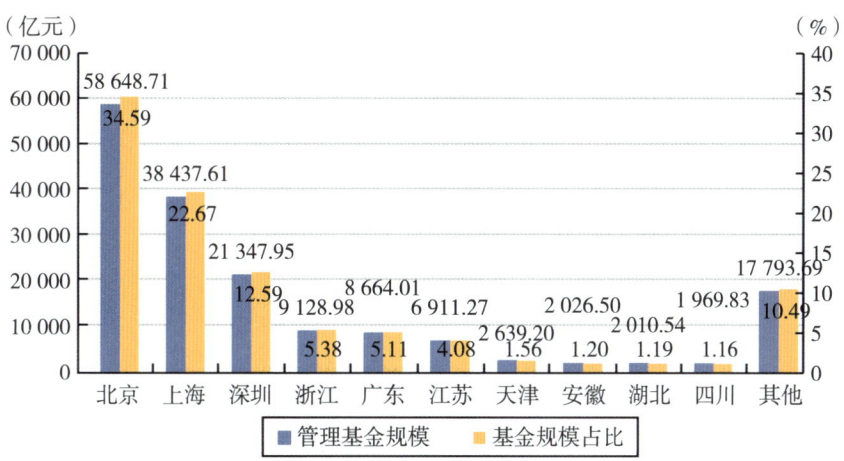

图 7-12　2020 年末私募基金管理人管理基金规模按办公地分布

资料来源：中国证券投资基金业协会（AMAC）。

2020 年登记的私募基金管理人中，办公地在上海、北京和深圳三大辖区的管理人数量合计 601 家，占全国总数的 52.35%；上海、北京、深圳、广东、江苏五大辖区的管理人数量合计 736 家，占比 64.11%；管理人数量排名前 10 的辖区合计登记 917 家私募基金管理人，占比 79.88%。具体数据见图 7-13。

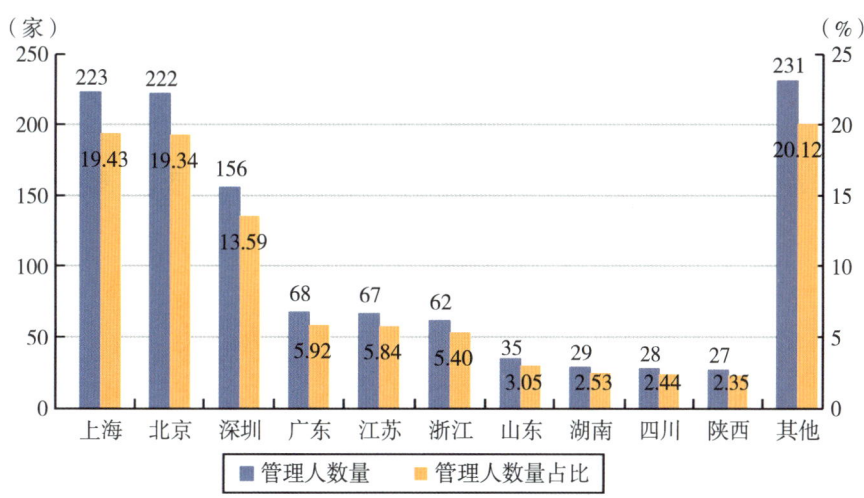

图 7-13　2020 年登记且截至年末未注销私募基金管理人数量按办公地分布

资料来源：中国证券投资基金业协会（AMAC）。

第二节 私募证券投资基金管理人

一、私募证券投资基金管理人情况分析

（一）管理人登记数量变化情况

截至2020年末，在中国证券投资基金业协会已登记的私募证券投资基金管理人共8 908家，较2019年末增加51家，同比增长0.58%（见图7-14）。2020年新登记私募证券投资基金管理人431家，占当年登记私募基金管理人总数的37.54%；与2019年相比，新登记私募证券投资基金管理人数量增加146家，同比增长51.23%。

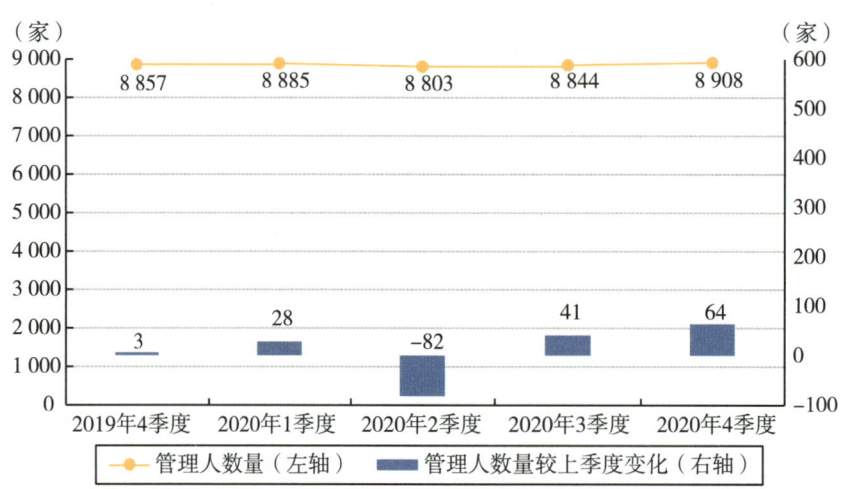

图7-14　2019Q4—2020Q4 私募证券投资基金管理人登记数量变化

资料来源：中国证券投资基金业协会（AMAC）。

（二）管理人管理基金数量及规模情况

1. 管理人管理基金概况

截至2020年末，8 908家私募证券投资基金管理人所管理的正在运作的私募基金共53 761只，较2019年末增加13 175只，同比增长32.46%（见图7-15）；管理基金规模①合计为4.32万亿元，较2019年末增加1.77万亿元，同比增长

---

① 本报告所统计基金数量和基金规模，均指截至统计时点正在运作的基金数量及规模，不含已清盘基金数据。管理人管理规模和基金规模以相关管理人填报的基金运行表中期末净资产为准；若相关基金新设立且暂未更新运行表，以基金募集资金规模为准。

69.23%（见图7-16）。

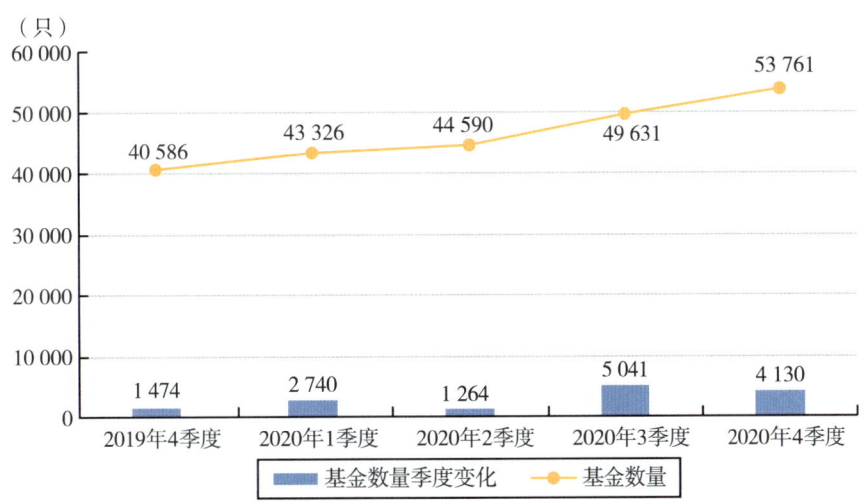

图7-15 私募证券投资基金管理人管理基金数量变化

资料来源：中国证券投资基金业协会（AMAC）。

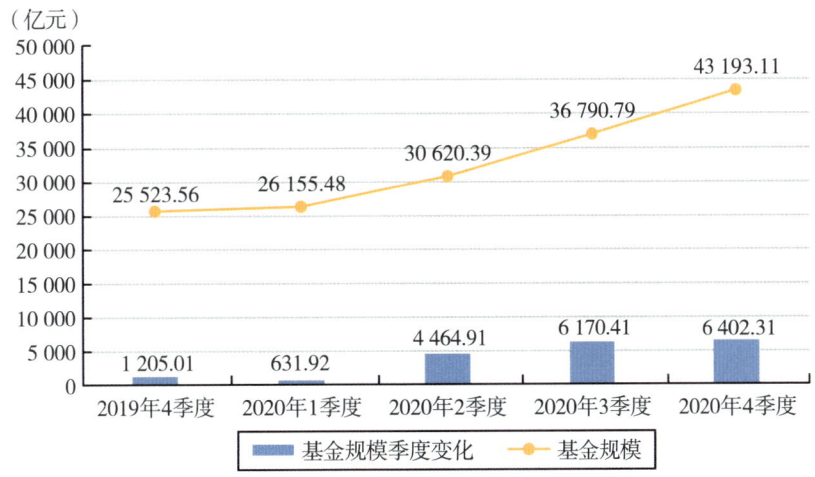

图7-16 私募证券投资基金管理人管理基金规模变化

资料来源：中国证券投资基金业协会（AMAC）。

2020年当年新登记私募证券投资基金管理人，已备案私募基金889只，管理基金规模635.14亿元。

2.管理人管理基金数量及规模分布情况

截至2020年末，已登记的8 908家私募证券投资基金管理人中，无在管基金的管理人有1 004家；有管理正在运作基金的私募证券投资基金管理人7 904家，占管理人总数的88.73%，平均每家管理人在管基金数量约为6.8只（见图7-17）。

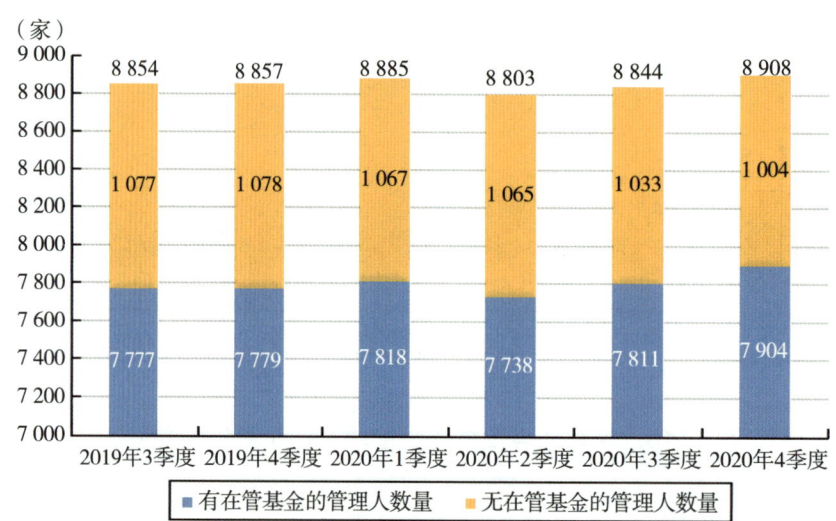

图7-17　2019Q3—2020Q4私募证券投资基金管理人展业数量对比变化

资料来源：中国证券投资基金业协会（AMAC）。

从在管基金数量分布看，私募证券投资基金管理人在管基金数量依然集中在1~4只（见图7-18）。

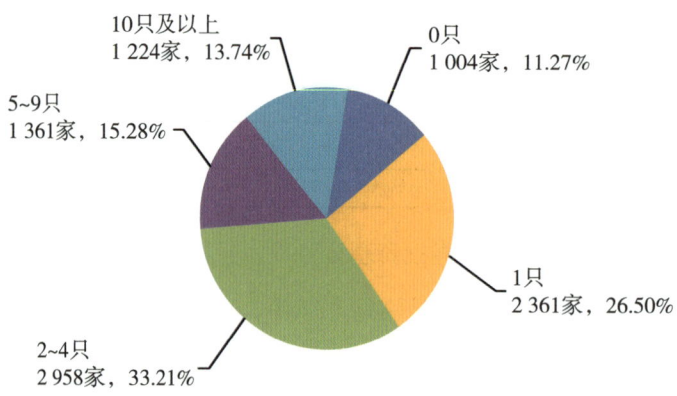

图7-18　私募证券投资基金管理人管理基金数量分布

资料来源：中国证券投资基金业协会（AMAC）。

截至2020年末，有实际管理规模的私募证券投资基金管理人为7 872家[①]，其中管理规模在5 000万元以下的管理人数量占比61.09%（见图7-19）。

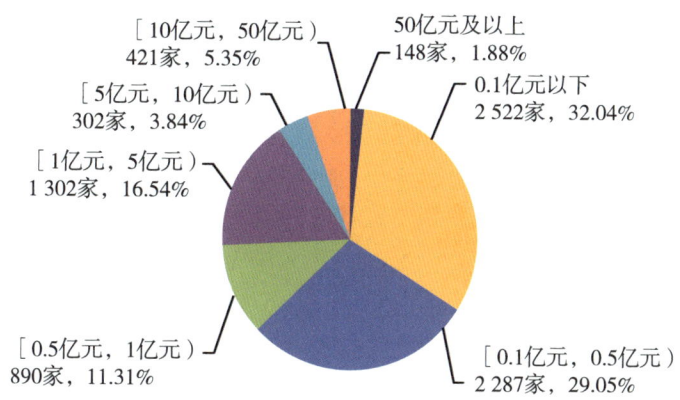

图7-19　2020年末私募证券投资基金管理人管理规模分布

资料来源：中国证券投资基金业协会（AMAC）。

3.管理人管理规模集中度情况

截至2020年末，在所有私募证券投资基金管理人中位列管理规模前20名的管理人，管理规模占比31.21%，较2019年末上升4.94个百分点；管理规模位列行业前20%的管理人，管理规模占比95.13%，较2019年末上升0.65个百分点（见图7-20）。

	行业前5管理规模占比	行业前10管理规模占比	行业前20管理规模占比
私募证券投资基金管理人行业集中度	16.79%	23.46%	31.21%
	行业前5%管理规模占比	行业前10%管理规模占比	行业前20%管理规模占比
	80.30%	89.34%	95.13%

图7-20　私募证券投资基金管理人管理规模集中度

资料来源：中国证券投资基金业协会（AMAC）。

4.管理人成立时间及注册/实收资本情况

从成立时间来看，截至2020年末，超过一半私募证券投资基金管理人成立时间在3~6年；2020年当年登记的私募证券投资基金管理人成立时间则大部分处在

---

① 此处管理规模为0的私募证券投资基金管理人未统计在内。

3~6年，占比38.98%。

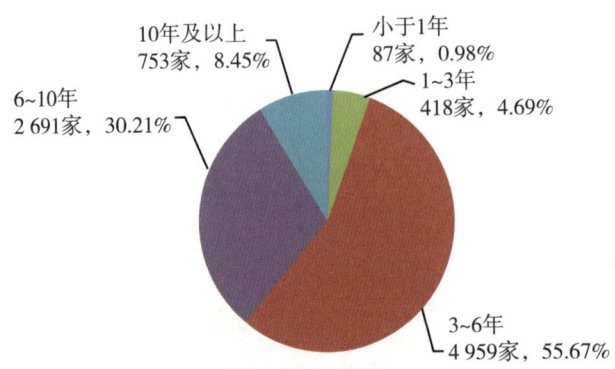

图7-21 私募证券投资基金管理人成立时间分布

资料来源：中国证券投资基金业协会（AMAC）。

就管理人注册资本而言，私募证券投资基金管理人注册资本主要集中在［1 000万元，5 000万元）区间，共有7 359家，数量占比达到82.61%（见图7-22）；2020年当年登记的私募证券投资基金管理人注册资本同样集中在［1 000万元，5 000万元）区间，占比80.97%。

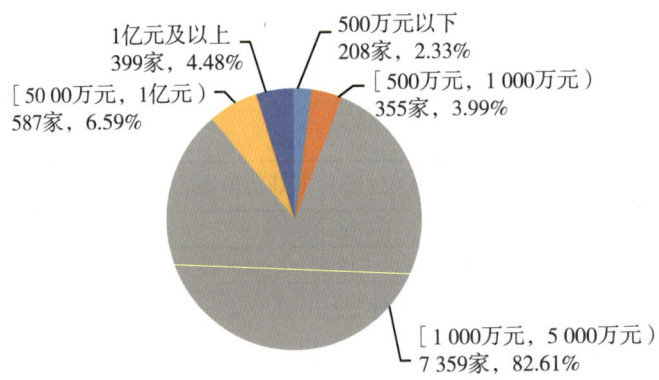

图7-22 私募证券投资基金管理人注册资本分布

资料来源：中国证券投资基金业协会（AMAC）。

从实收资本来看，近半数的私募证券投资基金管理人实收资本也已达到［1 000万元，5 000万元）区间（见图7-23）；2020年当年登记的私募证券投资基金管理人实收资本则主要集中在［1 000万元，2 000万元）区间，相关管理人占比60.55%。

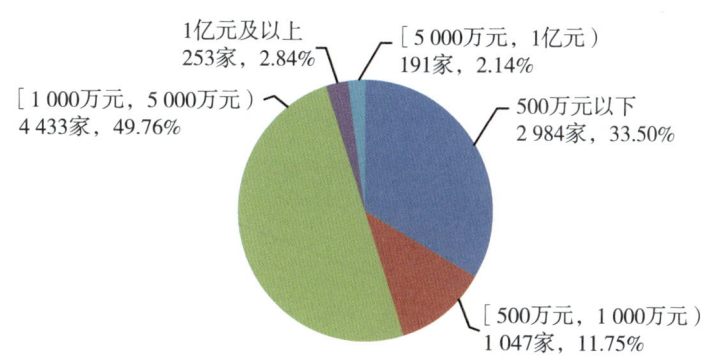

图 7-23　私募证券投资基金管理人实收资本分布

资料来源：中国证券投资基金业协会（AMAC）。

根据协会发布的《私募基金管理人登记须知》，针对私募基金管理人的实收资本/实缴资本比例未达到注册资本/认缴资本的25%的情况，协会将在私募基金管理人公示信息中予以特别提示，并在私募基金管理人分类公示中予以公示。

截至2020年末，在私募证券投资基金管理人中，实收资本比例低于25%的管理人数量共有668家，占所有私募证券投资基金管理人数量的7.50%；2020年当年登记的私募证券投资基金管理人中，实缴资本比例低于25%的管理人3家，占比0.70%（见图7-24）。

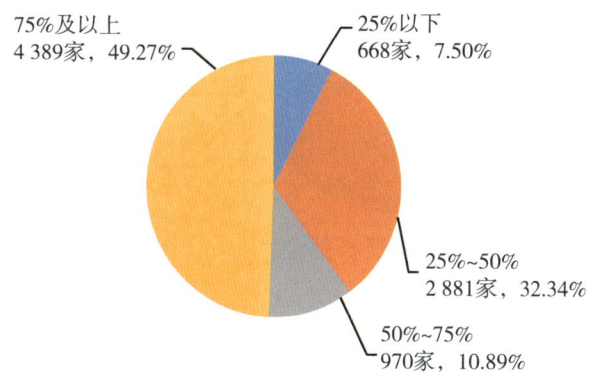

图 7-24　私募证券投资基金管理人实收资本比例分布

资料来源：中国证券投资基金业协会（AMAC）。

（三）管理人组织形式、股权性质与控股类型分布情况

截至2020年末，公司制是私募证券投资基金管理人的最主要组织形式，占比

高达93.38%（见图7-25）；2020年当年登记私募证券投资基金管理人中只有36家未采用公司制或有限合伙制组织形式，其中公司制占比91.65%。

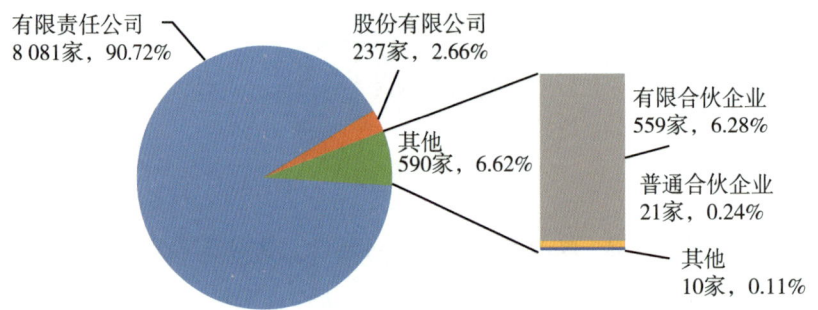

图 7-25　私募证券基金管理人组织形式分布

资料来源：中国证券投资基金业协会（AMAC）。

截至2020年末，从私募证券投资基金管理人股权的中外性质来看，股权性质中含有外资成分的管理人数量有53家，其中外商独资企业35家；2020年当年登记私募证券投资基金管理人中，含有外资成分的管理人数量11家，其中外商独资私募证券投资基金管理人9家，中外合资企业2家（见图7-26）。

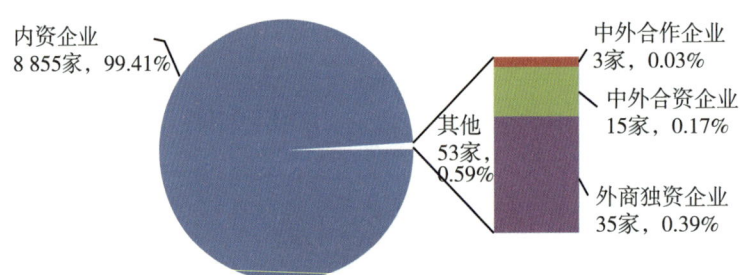

图 7-26　私募证券基金管理人中外性质分布

资料来源：中国证券投资基金业协会（AMAC）。

从私募证券投资基金管理人的控股类型[①]来看，自然人及其所控制民营企业控股的管理人数量最多，共计8 542家，占比95.89%（见图7-27）；2020年当年登记私募证券投资基金管理人，自然人及其所控制民营企业控股的管理人数量占

---

① 截至统计时点，仍有96家私募证券投资基金管理人未补充填报"控股类型"信息，为更好地分析私募证券投资基金管理人控股类型分布情况，将96个空字段进行剔除。

比有所提升，为94.90%。

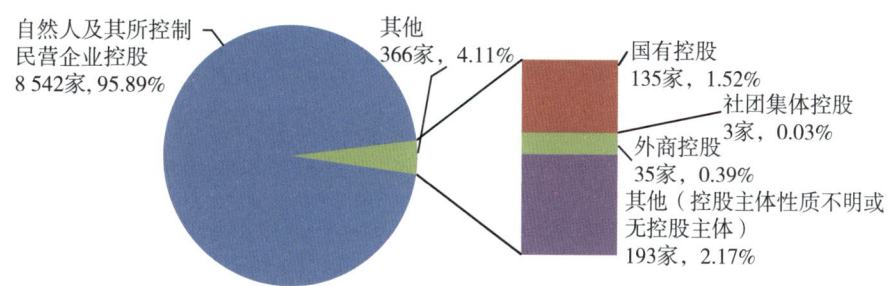

图7-27 2020年末私募证券基金管理人控股类型分布

资料来源：中国证券投资基金业协会（AMAC）。

(四)管理人股东数量分布情况

截至2020年末，从私募证券投资基金管理人的股东数量来看，大部分管理人股东数量为(1个，5个]，共计6 543家，占比73.45%（见图7-28）；2020年当年登记私募证券投资基金管理人，股东数量为(1个，5个]的管理人占比79.12%。

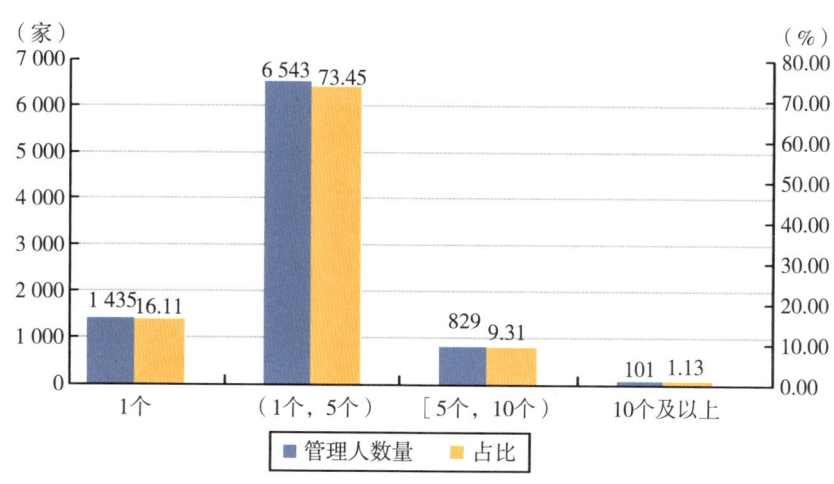

图7-28 私募证券投资基金管理人股东数量分布

资料来源：中国证券投资基金业协会（AMAC）。

(五)管理人地域分布情况

1.管理人注册地分布

截至2020年末，从管理人数量来看，注册地在上海、深圳、北京、广东、浙

第七章　私募基金管理人

江前五大证监会派出机构辖区的私募证券投资基金管理人数量合计7 034家，占全国所有私募证券投资基金管理人的78.96%，较2019年末降低0.88个百分点。

从注册在各辖区的私募证券投资基金管理人管理的基金只数和规模来看，只数排名前五的上海、深圳、北京、浙江、广东五大辖区管理的基金只数之和为44 638只；规模排名前五的上海、北京、深圳、浙江、宁波管理规模为3.62万亿元，分别占全国私募证券投资基金管理人管理的基金总只数和总规模的83.03%和83.70%，较2019年末分别降低1.08个百分点和2.10个百分点。具体数据见表7-2。

表7-2　2020年末私募证券投资基金管理人注册地前10辖区情况

序号	管理人数量前10			管理基金数量前10			管理规模前10		
	辖区	管理人数量（家）	管理人数量占比（%）	辖区	管理基金数量（只）	基金数量占比（%）	辖区	管理基金规模（亿元）	基金规模占比（%）
1	上海	2 189	24.57	上海	19 369	36.03	上海	19 905.09	46.08
2	深圳	1 947	21.86	深圳	9 303	17.30	北京	6 113.88	14.15
3	北京	1 374	15.42	北京	7 432	13.82	深圳	4 877.23	11.29
4	广东	770	8.64	浙江	4 433	8.25	浙江	3 036.35	7.03
5	浙江	754	8.46	广东	4 101	7.63	宁波	2 219.53	5.14
6	宁波	242	2.72	宁波	1 960	3.65	天津	2 009.36	4.65
7	江苏	234	2.63	江苏	914	1.70	广东	1 916.53	4.44
8	青岛	146	1.64	厦门	784	1.46	江苏	729.28	1.69
9	厦门	118	1.32	天津	733	1.36	西藏	636.33	1.47
10	福建	114	1.28	福建	697	1.30	福建	202.08	0.47

资料来源：中国证券投资基金业协会（AMAC）。

从2020年当年登记私募证券投资基金管理人注册地来看，管理人数量排名前五的辖区依次为上海、深圳、青岛、北京、广东。新登记私募证券投资基金管理人注册地分布变化应与各地商事环境有关：一部分辖区大力发展基金小镇，为私募基金管理人的注册登记提供便利性，吸引了一定量的私募基金管理人在当地注册；另有一部分辖区限制了投资类公司注册登记，从而导致部分确有需求的管理人分流至其他辖区。

2. 管理人办公地分布

截至2020年末，上海、深圳、北京、广东、浙江五大辖区内共有6 762家私募证券投资基金管理人办公，占全国所有私募证券投资基金管理人数量的75.91%，较2019年末下降0.17个百分点。

从在各辖区办公的私募证券投资基金管理人所管理的基金数量和规模来看，基金数量排名前五的上海、北京、深圳、广东、浙江五大辖区管理的基金数量之和为45 213只，规模排名前五的上海、北京、深圳、浙江、广东管理规模为3.83万亿元，分别占全国私募证券投资基金管理人管理的基金总数量和总规模的84.10%与88.65%。具体数据见表7-3。

表7-3 2020年末私募证券投资基金管理人办公地前10辖区情况

序号	管理人数量前10			管理基金数量前10			管理规模前10		
	辖区	管理人数量（家）	管理人数量占比（%）	辖区	管理基金数量（只）	基金数量占比（%）	辖区	管理基金规模（亿元）	基金规模占比（%）
1	上海	2 213	24.84	上海	18 816	35.00	上海	16 195.19	37.49
2	深圳	1 568	17.60	北京	9 777	18.19	北京	9 359.60	21.67
3	北京	1 558	17.49	深圳	8 437	15.69	深圳	7 401.86	17.14
4	广东	832	9.34	广东	4 398	8.18	浙江	3 208.39	7.43
5	浙江	591	6.63	浙江	3 785	7.04	广东	2 124.39	4.92
6	江苏	291	3.27	江苏	981	1.82	天津	1 424.92	3.30
7	四川	186	2.09	福建	965	1.79	江苏	808.39	1.87
8	湖南	131	1.47	厦门	798	1.48	湖北	434.06	1.00
9	福建	129	1.45	四川	702	1.31	宁波	349.45	0.81
10	山东	129	1.45	宁波	525	0.98	福建	254.93	0.59

资料来源：中国证券投资基金业协会（AMAC）。

从2020年当年登记私募证券投资基金管理人办公地来看，数量排名前五的辖区依然为上海、北京、深圳、广东、浙江五个辖区，又体现出各地经济基础和市场容量对管理人实际展业地选择的影响。相较于所有存量管理人的办公地分布，新登记私募证券投资基金管理人办公地的分布更加均匀。

二、私募证券投资基金管理人从业人员及高管情况分析

截至2020年末，私募证券投资基金管理人在从业人员管理平台完成注册的全职员工总人数为79 828人，其中，具有从业资格的员工53 382人，占比66.87%。私募证券投资基金管理人高管总数22 854人，具有基金从业资格高管21 950人，占比达96.04%。

2020年当年登记私募证券投资基金管理人的员工人数2 761人，其中具有从业资格的有2 451人，占比88.77%；私募证券投资基金管理人高管1 121人，均具有从业资格。

（一）从业人员情况分析

截至2020年末，8 908家私募证券投资基金管理人中，绝大部分管理人在从业人员管理平台完成注册的全职员工数量在9人以下。从员工数量角度，目前私募证券投资基金管理人还是以中小型为主（见图7-29）。

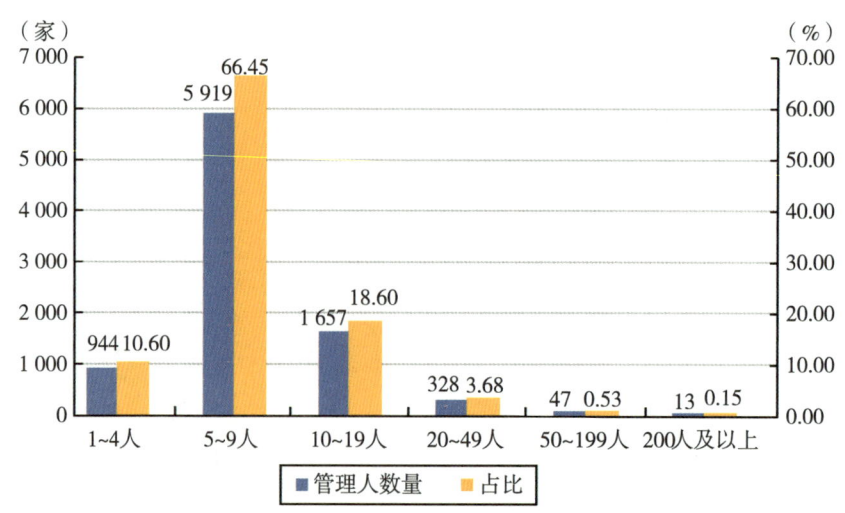

图7-29 私募证券投资基金管理人分布情况（按员工数量）

资料来源：中国证券投资基金业协会（AMAC）。

私募证券投资基金管理人员工数量与其管理基金规模有明显正相关性，管理基金规模较大的私募证券投资基金管理人配备的员工数量相对较多（见图7-30）。

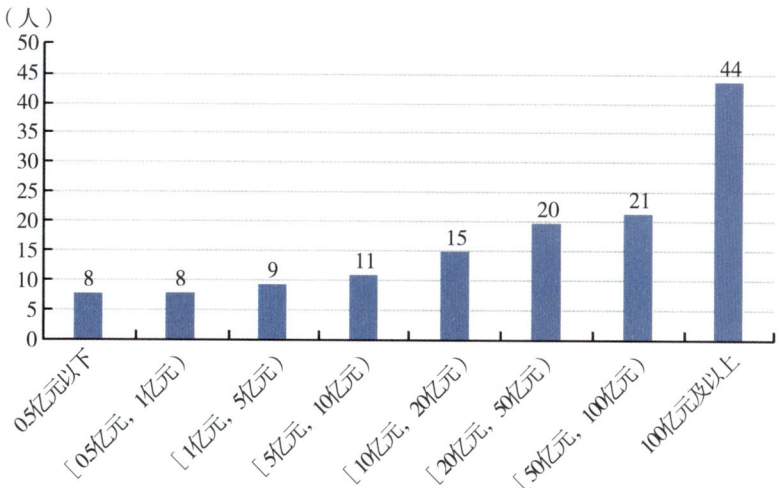

图7-30 私募证券投资基金管理人平均员工数量分布（按管理规模）

资料来源：中国证券投资基金业协会（AMAC）。

（二）高管情况分析

1.管理人高管人数分布情况

截至2020年末，从单个私募证券投资基金管理人所配备的高管数量来看，近一半的管理人配备了3名及以上高管（见图7-31）。

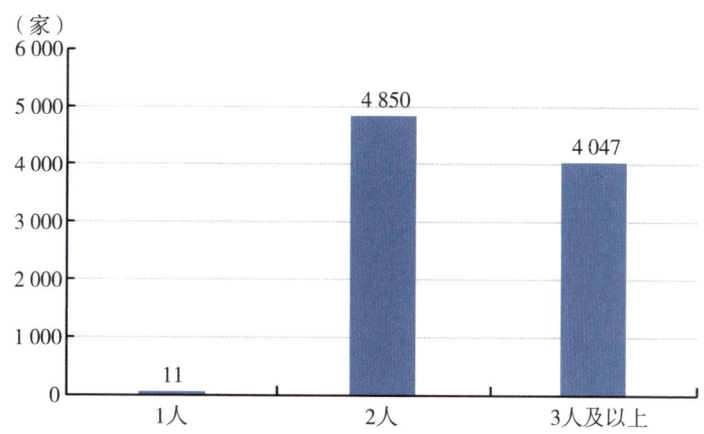

图7-31 私募证券投资基金管理人高管人数分布

资料来源：中国证券投资基金业协会（AMAC）。

2. 管理人高管取得从业资格情况

截至2020年末，在22 854名私募证券投资基金管理人高管中，有21 950名高管拥有基金从业资格；其中，有19 437名通过参加基金从业考试取得从业资格，2 513名通过资格认定程序取得从业资格（见图7-32）。

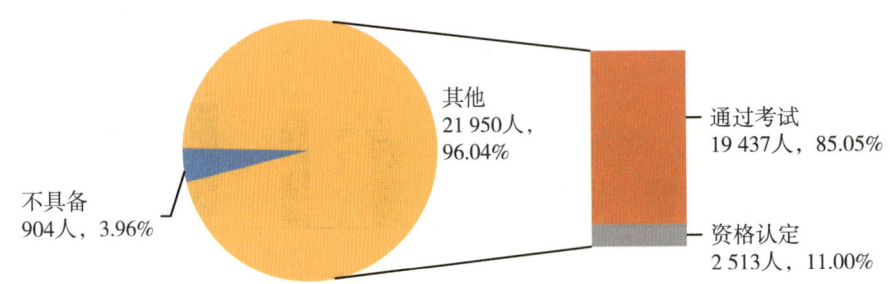

图 7-32　私募证券投资基金管理人高管取得从业资格情况

资料来源：中国证券投资基金业协会（AMAC）。

3. 管理人高管最高学历分布和高管人数分布情况

截至2020年末私募证券投资基金管理人所有高管，以及2020年当年登记私募证券投资基金管理人高管，最高学历均主要为本科及以上（见图7-33）。

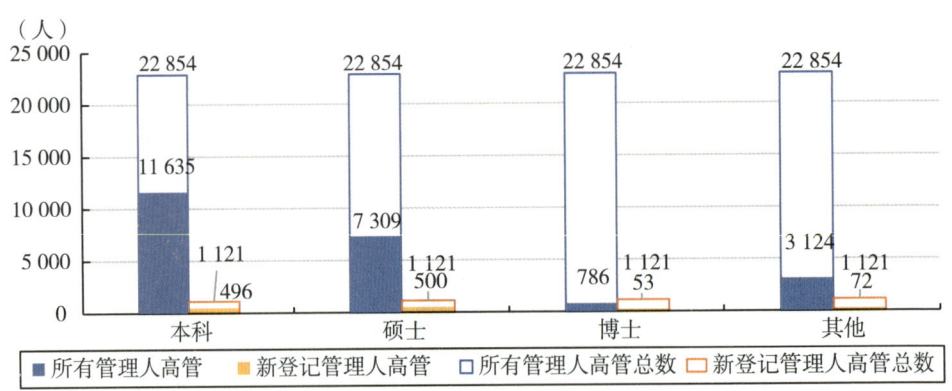

图 7-33　私募证券投资基金管理人高管最高学历分布

资料来源：中国证券投资基金业协会（AMAC）。

4. 管理人高管年龄分布情况

从高管年龄分布来看，无论是所有私募证券投资基金管理人的高管，还是2020年当年登记的私募证券投资基金管理人的高管，年龄都主要集中在30~39

岁,"80后"是私募证券投资基金管理人高管的主力军(见图7-34)。

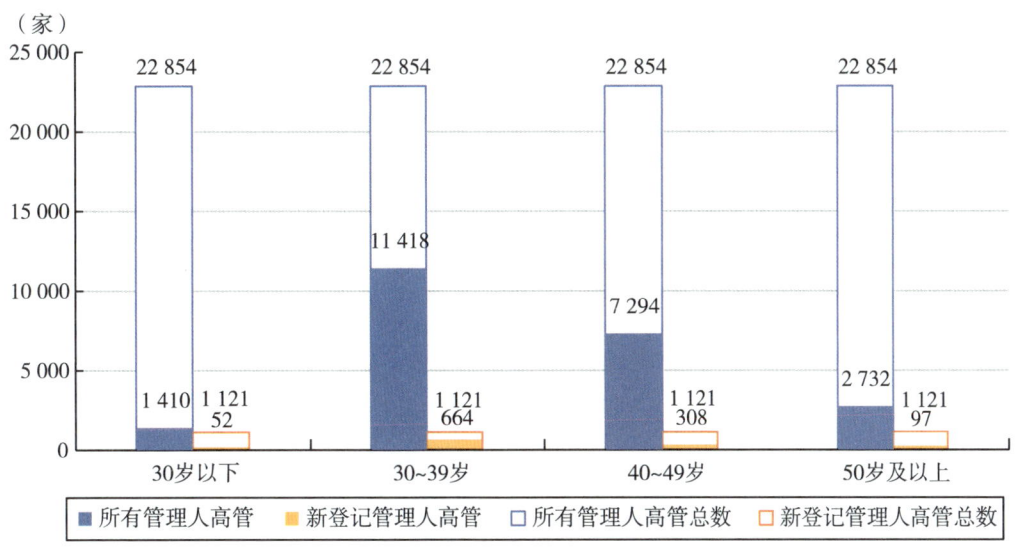

图7-34 私募证券投资基金管理人高管年龄分布情况

资料来源:中国证券投资基金业协会(AMAC)。

5.管理人高管从业年限分布情况

从高管从业年限分布来看,截至2020年末,私募证券投资基金管理人中77.33%的高管从业年限在10年及以上,整体从业年限较长(见图7-35)。

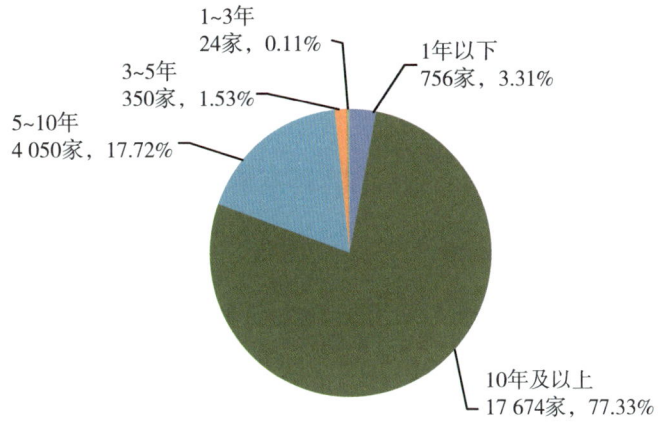

图7-35 私募证券投资基金管理人高管从业年限分布情况

资料来源:中国证券投资基金业协会(AMAC)。

6. 管理人高管任职年限分布情况

从高管任职年限分布来看，截至2020年末，私募证券投资基金管理人的任职年限主要集中在2~5年，这部分高管数量占比为44.68%（见图7-36）。

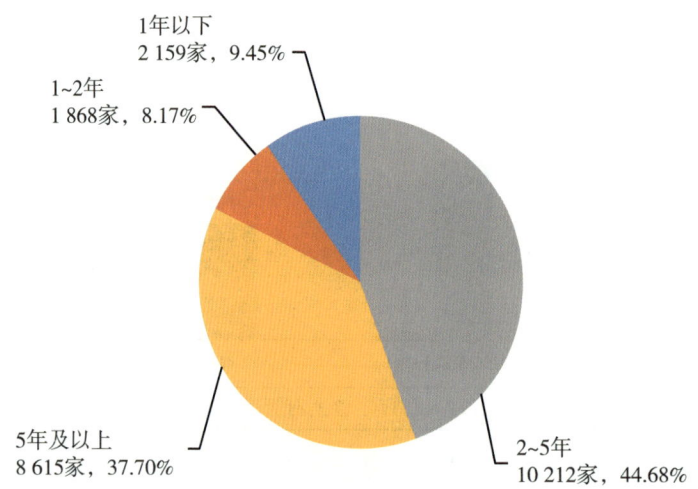

图7-36 私募证券投资基金管理人高管任职年限分布情况

资料来源：中国证券投资基金业协会（AMAC）。

第三节 私募股权、创业投资基金管理人

一、私募股权、创业投资基金管理人总体情况

（一）私募股权、创业投资基金管理人基本情况

1. 管理人登记数量变化情况

截至2020年末，协会已登记私募股权、创业投资基金管理人14 986家，较2019年末增加104家，同比增长0.70%（见图7-37）；占私募基金管理人总数量的比例为61.02%，较2019年末增长0.2个百分点。其中，有在管基金的私募基金管理人12 879家，占比达85.94%。2020年当年新登记私募股权、创业投资基金管理人709家，占当年登记私募基金管理人总数的61.76%；与2019

年相比，新登记私募股权、创业投资基金管理人数量减少83家，同比下降10.48%。

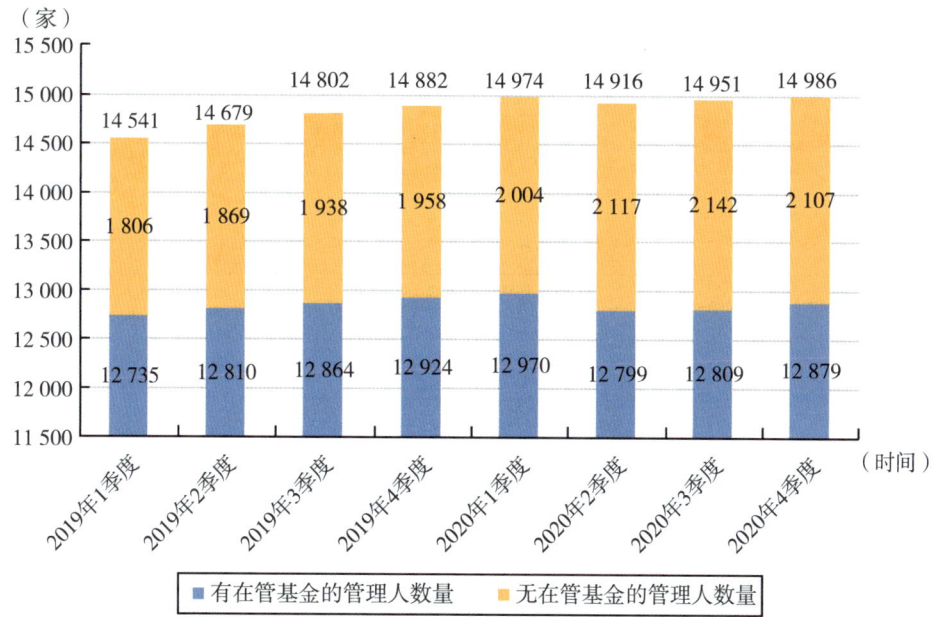

图7-37 2019Q1—2020Q4 私募股权、创业投资基金管理人数量变化

资料来源：中国证券投资基金业协会（AMAC）。

2.管理人管理基金数量及规模变化情况

截至2020年末，已登记私募股权、创业投资基金管理人管理各类型私募基金40 261只，较2019年末增加3 053只，同比增长8.21%（见图7-38）；管理基金规模11.64万亿元，较2019年末增加1.43万亿元，同比增长13.99%[①]（见图7-39）。平均来看，有在管基金的私募股权、创业投资基金管理人平均管理基金规模9.04亿元。

---

① 本报告所统计基金数量和基金规模，均指截至统计时点正在运作的基金数量及规模，不含已清盘基金数据。管理人管理规模和基金规模以相关管理人填报的基金运行表中期末净资产为准；若相关基金新设立且暂未更新运行表，以基金募集资金规模为准。

第七章 私募基金管理人

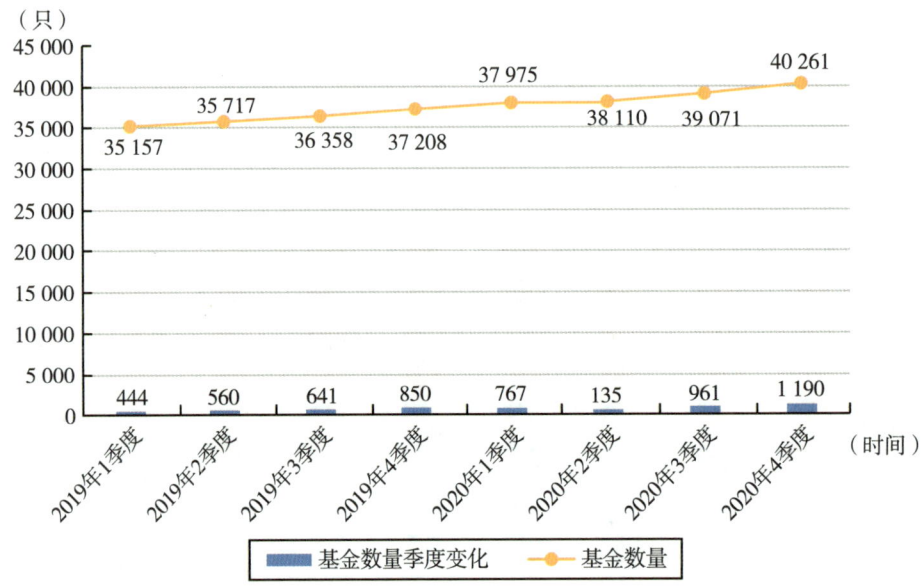

图 7-38　2019Q1—2020Q4 私募股权、创业投资基金管理人管理基金数量变化

资料来源：中国证券投资基金业协会（AMAC）。

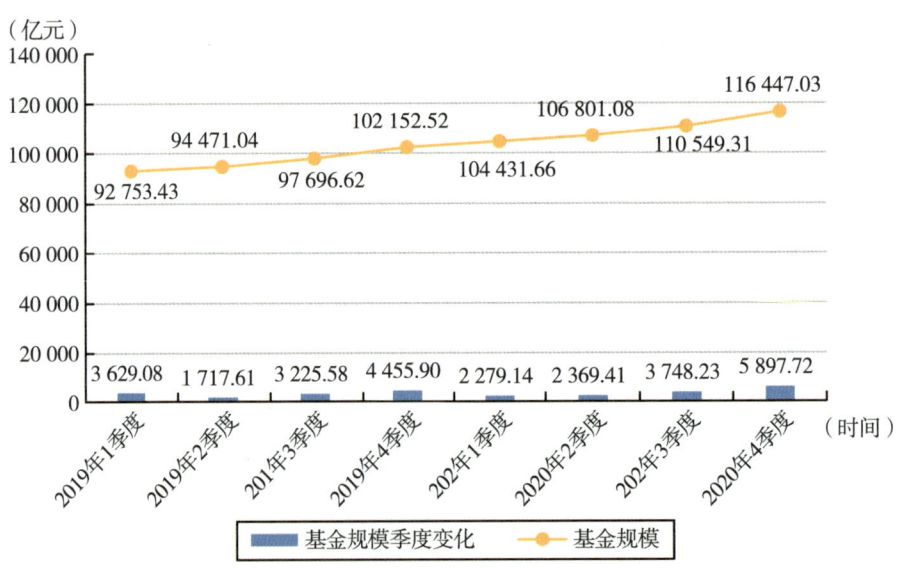

图 7-39　2019Q1—2020Q4 私募股权、创业投资基金管理人管理基金规模变化

资料来源：中国证券投资基金业协会（AMAC）。

截至2020年末，2020年当年新登记私募股权、创业投资基金管理人已备案私募基金396只，管理基金规模1 488.66亿元。

（二）管理人管理基金数量及规模分布情况

1.管理人管理基金数量分布

截至2020年末，43.41%的私募股权、创业投资基金管理人仅管理1只基金，管理10只及以上基金的管理人仅678家，占比4.52%。平均来看，有在管基金的私募股权、创业投资基金管理人平均管理基金数量约3只（见图7-40）。

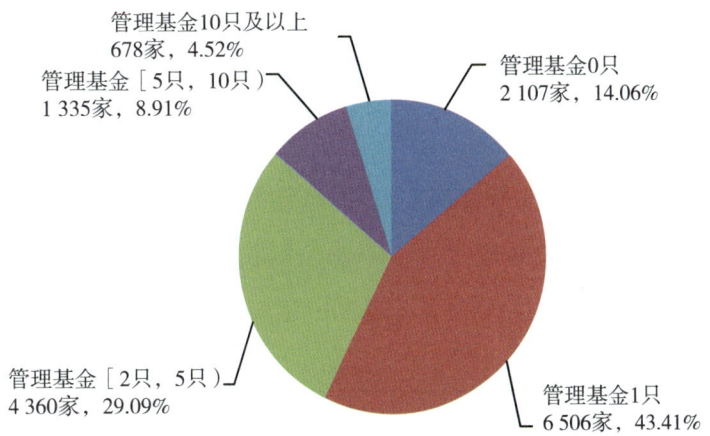

图7-40 私募股权、创业投资基金管理人管理基金数量分布

资料来源：中国证券投资基金业协会（AMAC）。

2.管理人管理基金规模分布[①]

截至2020年末，有在管基金的私募股权、创业投资基金管理人中，小型私募股权、创业投资基金管理人仍占多数，27.58%的管理人管理基金规模在2 000万元以下；管理基金规模在5亿元以下的私募股权、创业投资基金管理人10 063家，占比达78.15%（见图7-41）。

---

① 本节中管理规模为0的私募股权、创业投资基金管理人未统计在内。

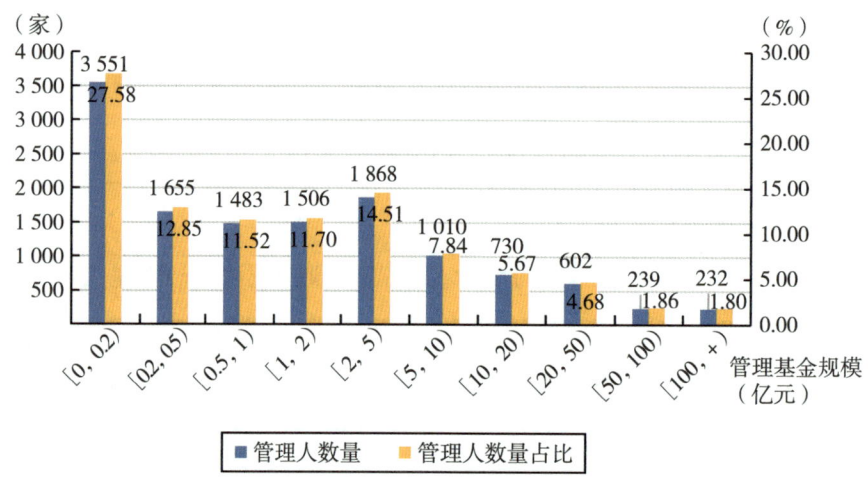

图 7-41　私募股权、创业投资基金管理人管理基金规模分布

资料来源：中国证券投资基金业协会（AMAC）。

3.管理人管理规模集中度

私募股权、创业投资基金管理人管理规模的行业集中度较高，其中行业排名前20的管理人管理规模占比12.74%，较2019年末上升0.07个百分点；行业排名前20%的管理人管理规模占比达90.31%，较2019年末下降0.14个百分点（见图7-42）。

行业前5管理规模占比（%）	行业前10管理规模占比（%）	行业前20管理规模占比（%）
5.56	8.48	12.74
行业前5%管理规模占比（%）	行业前10%管理规模占比（%）	行业前20%管理规模占比（%）
66.65	79.69	90.31

图 7-42　私募股权、创业投资基金管理人管理规模集中度

资料来源：中国证券投资基金业协会（AMAC）。

（三）管理人专业化管理情况

私募股权、创业投资基金管理人管理基金业务回归本源、立足专业的趋势愈加显著。截至2020年末，私募股权、创业投资基金管理人管理的各类私募基金中，私募股权投资基金、创业投资基金[①]数量合计38 491只，规模合计为11.26万

---

① 本报告中私募股权投资基金、创业投资基金，如无特别说明均包含相应FOF类基金。

亿元，私募股权投资基金、创业投资基金总数量和总规模占比分别达95.60%和96.71%，较2019年末分别上升1.66和1.34个百分点（见图7-43和图7-44）。

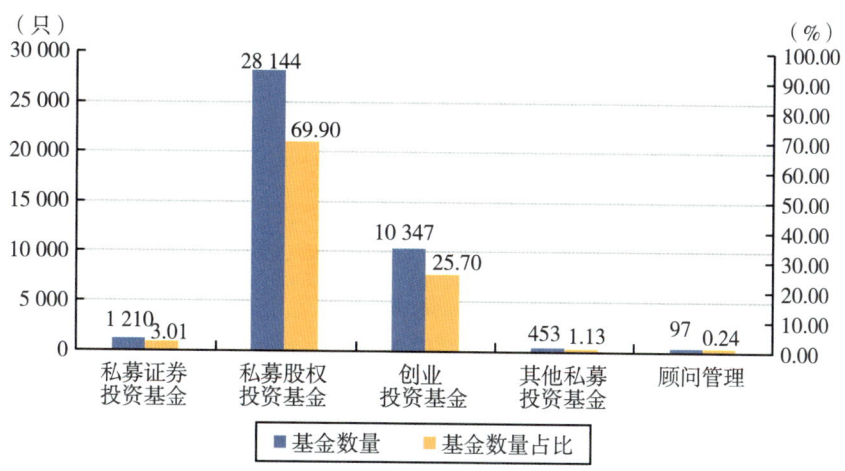

图7-43 2020年末私募股权、创业投资基金管理人专业化管理情况（按管理基金数量）

资料来源：中国证券投资基金业协会（AMAC）。

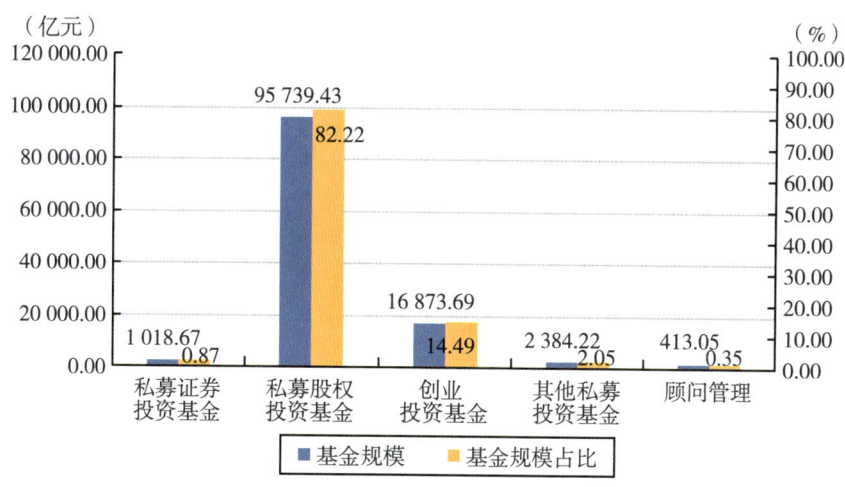

图7-44 私募股权、创业投资基金管理人专业化管理情况（按管理基金规模）

资料来源：中国证券投资基金业协会（AMAC）。

(四)管理人成立时间及注册/实收资本情况

1.管理人成立时间分布

从成立时间来看,大部分私募股权、创业投资基金管理人成立时间在6年以下,占比达63.18%,其中成立时间在1年以下的管理人数量占比最低为1.14%(见图7-45)。

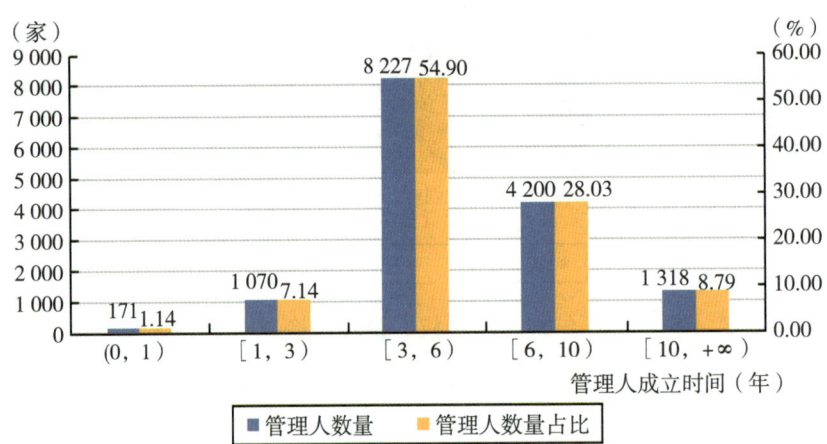

图7-45 私募股权、创业投资基金管理人成立时间分布

资料来源:中国证券投资基金业协会(AMAC)。

2020年当年登记的私募股权、创业投资基金管理人中,多数管理人成立时间不足3年,数量占比达74.33%;成立时间在1~3年(不含)年的管理人数量占比50.21%。

2.管理人注册资本分布

从管理人注册资本来看,私募股权、创业投资基金管理人的注册资本集中在[1 000万元,2 000万元),管理人数量占比46.05%;注册资本在2 000万元及以上管理人数量占比合计为37.06%(见图7-46)。

2020年当年登记的私募股权、创业投资基金管理人,注册资本也主要集中在[1 000万元,2 000万元),管理人数量占比63.05%;注册资本在2 000万元及以上管理人数量占比合计为25.81%。

3.管理人实收资本分布

从管理人实收资本来看,93.72%的私募股权、创业投资基金管理人实收资本在200万元及以上。其中，实收资本在［200万元，500万元）、［1 000万元，2 000万元）的管理人数量较为集中（见图7-47）。

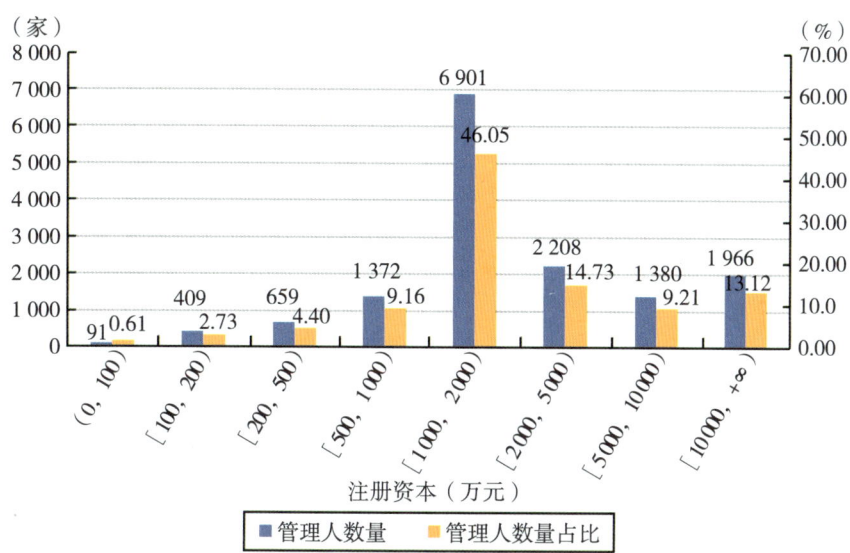

图7-46　私募股权、创业投资基金管理人注册资本分布

资料来源：中国证券投资基金业协会（AMAC）。

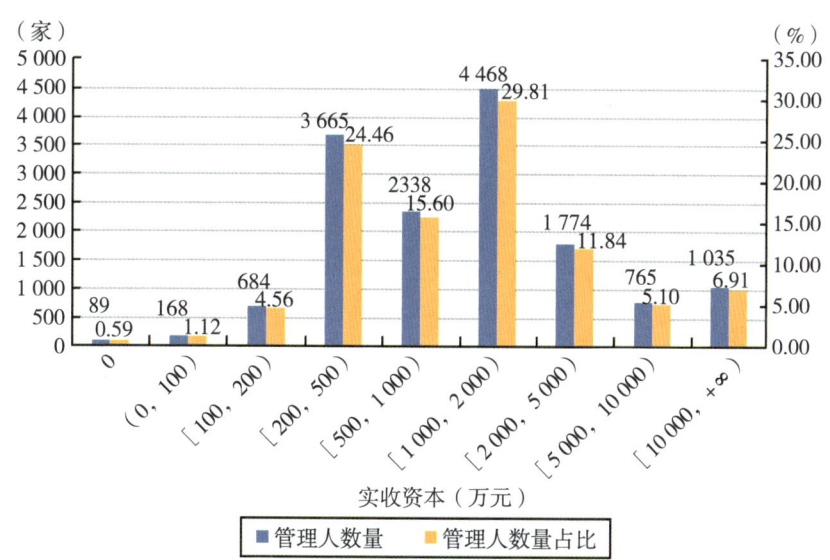

图7-47　私募股权、创业投资基金管理人实收资本分布

资料来源：中国证券投资基金业协会（AMAC）。

从管理人实收资本比例来看，近半数私募股权、创业投资基金管理人实收资本比例达到100%，实收资本比例在25%及以上的管理人数量占比达92.27%（见图7-48）。

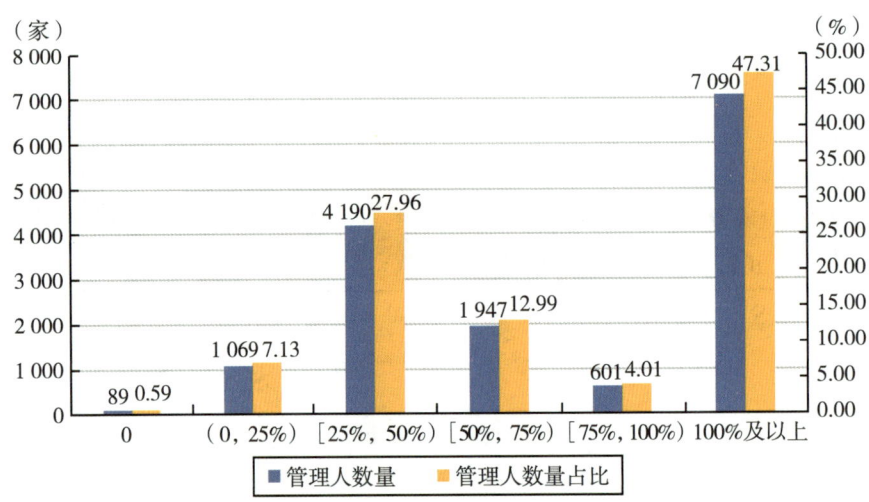

图7-48 私募股权、创业投资基金管理人实收资本比例分布

资料来源：中国证券投资基金业协会（AMAC）。

2020年当年登记的私募股权、创业投资基金管理人，实收资本主要集中在[200万元，500万元），占比43.58%；实收资本比例在25%及以上的管理人数量占比达到97.74%。

（五）管理人组织形式、股权性质及控股类型情况

1. 管理人组织形式分布

截至2020年末，从私募股权、创业投资基金管理人组织形式看，公司制管理人最多，达13 684家，占比91.31%；合伙制管理人仅1 277家，占比8.52%（见图7-49）。

2020年当年登记的私募股权、创业投资基金管理人主要为公司制管理人，数量占比达94.64%。其中有限责任公司668家，为全部登记的公司制管理人。

2. 管理人股权性质分布

从管理人股权中外性质来看，私募股权、创业投资基金管理人的主要股权性质仍然是内资，管理人数量和管理基金规模分别为14 728家和11.27万亿元，占比分别达98.28%和96.79%（见图7-50和图7-51）；外商独资管理人平均管理规

模最大,达14.84亿元。

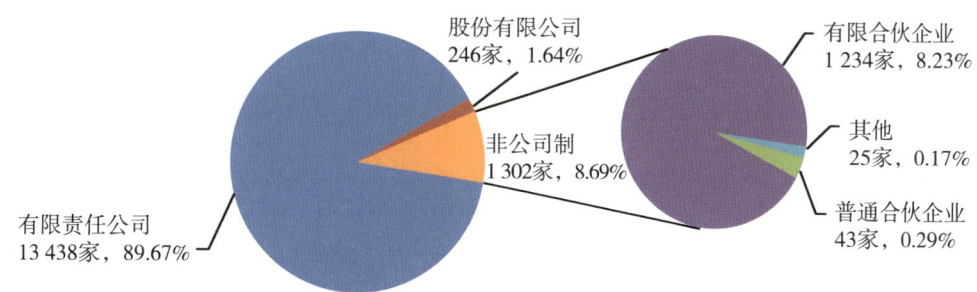

图7-49　2020年末私募股权、创业投资基金管理人组织形式分布

资料来源:中国证券投资基金业协会(AMAC)。

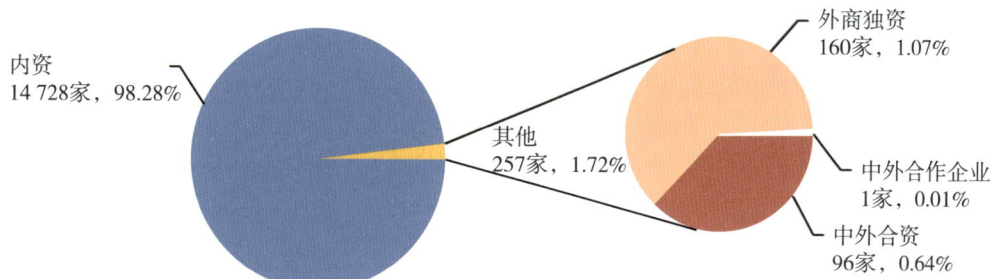

图7-50　私募股权、创业投资基金管理人股权中外性质分布

资料来源:中国证券投资基金业协会(AMAC)。

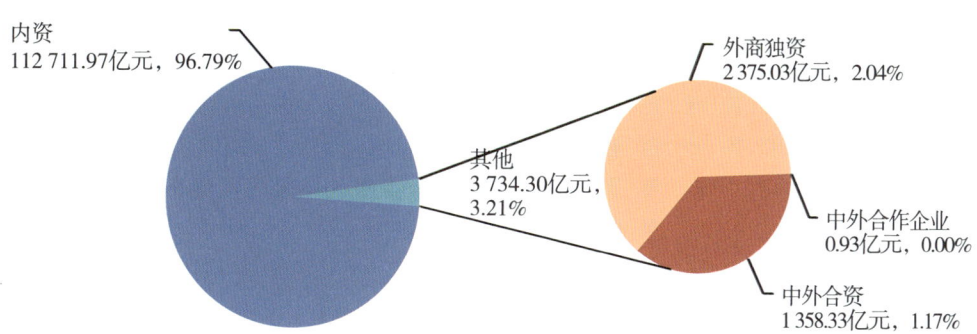

图7-51　私募股权、创业投资基金管理人股权中外性质分布

资料来源:中国证券投资基金业协会(AMAC)。

2020年当年登记的私募股权、创业投资基金管理人,主要股权性质仍然是内资,达685家,占比96.61%。此外,外商独资管理人12家,中外合资企业12家。

3.管理人控股类型分布

从控股类型[①]来看,私募股权、创业投资基金管理人中,自然人及其所控制民营企业控股的管理人数量最多,有 11 741 家,占比 79.37%;国有控股管理人平均管理规模最大,平均管理规模 20.06 亿元(见图 7-52 和图 7-53)。

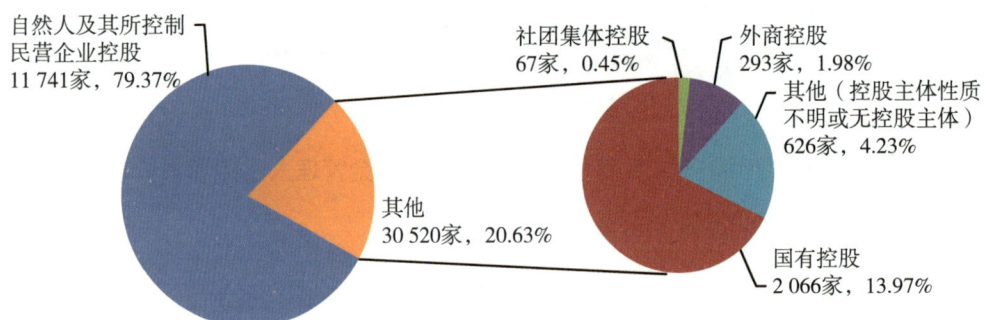

图 7-52　私募股权、创业投资基金管理人控股类型分布

资料来源:中国证券投资基金业协会(AMAC)。

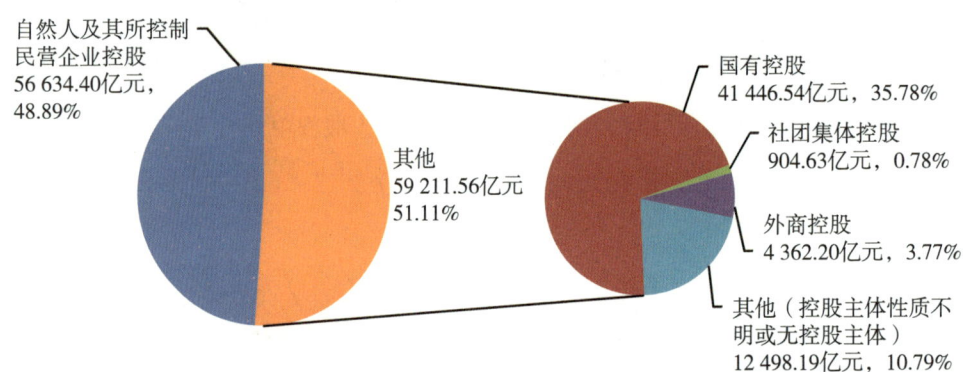

图 7-53　私募股权、创业投资基金管理人控股类型分布

资料来源:中国证券投资基金业协会(AMAC)。

2020 年当年登记的私募股权、创业投资基金管理人,控股类型主要为自然人及其所控制民营企业控股,达 444 家,占比 62.62%。此外,控股类型为国有控股的管理人 201 家,外商控股管理人 29 家,社团集体控股私募基金管理人 2 家,其他(控股主体性质不明或无控股主体)管理人 33 家。

---

① 截至统计时点,仍有 193 家私募股权、创业投资基金管理人未补充填报"控股类型"信息,为更好地分析私募股权、创业投资基金管理人控股类型分布情况,将 193 个空字段进行剔除。

(六)管理人股东数量及单一最大股东持股比例分布情况

1.管理人股东数量分布

截至2020年末,从私募股权、创业投资基金管理人的股东数量来看,股东数量在5个以下的管理人数量占据绝对多数,合计13 280家,占比88.62%(见图7-54)。

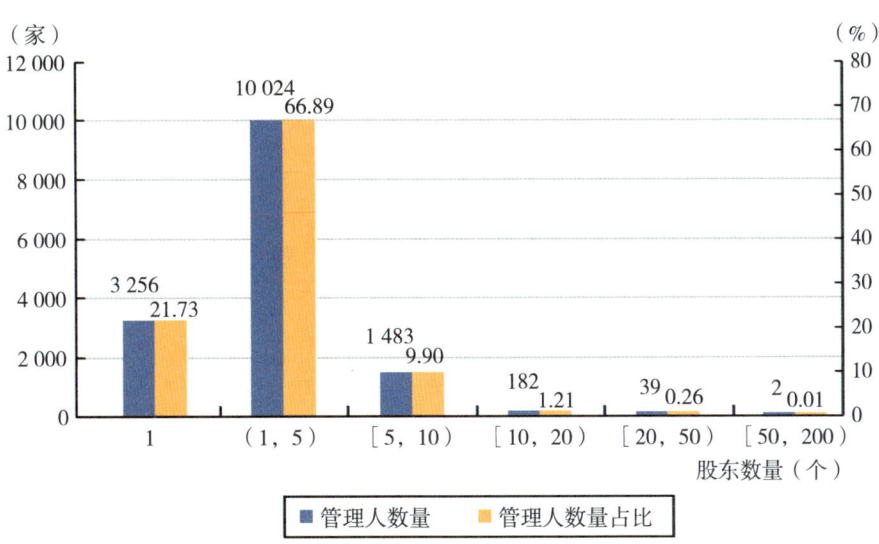

图7-54 私募股权、创业投资基金管理人股东数量分布

资料来源:中国证券投资基金业协会(AMAC)。

2020年当年登记的私募股权、创业投资基金管理人,股东数量同样主要集中在5个以下,合计649家,占比91.54%。

2.管理人单一最大股东持股比例分布

从大股东对私募基金管理人的控制权来看,单一最大股东持股比例达到50%及以上的私募股权、创业投资基金管理人11 970家,占比79.87%,其中21.65%的私募基金管理人由单一最大股东100%完全控股(见图7-55)。由此可见,私募股权、创业投资基金管理人仍主要偏向股权集中的形式,以维持机构长期稳健经营。

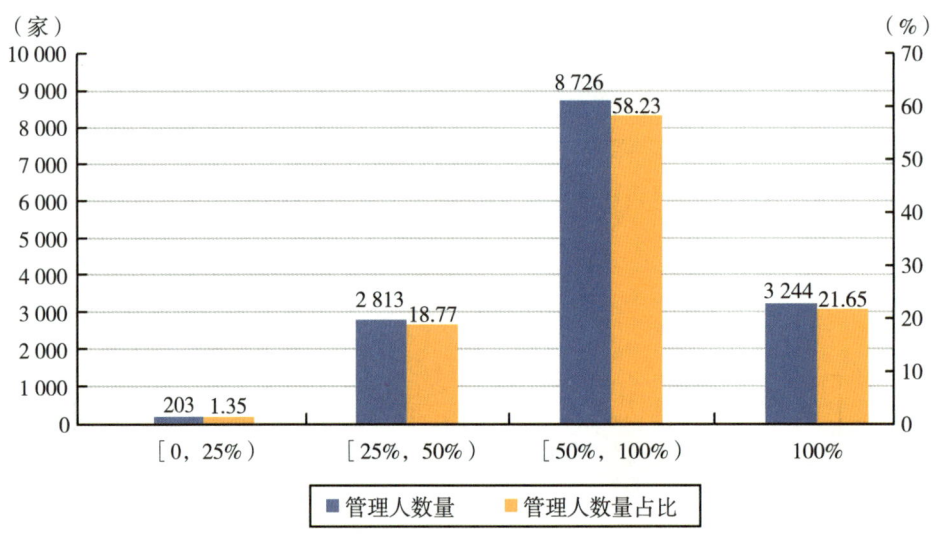

图 7-55　私募股权、创业投资基金管理人单一最大股东持股比例分布

资料来源：中国证券投资基金业协会（AMAC）。

2020年当年登记的私募股权、创业投资基金管理人中，单一最大股东持股比例达到50%及以上的管理人562家，占比79.27%，其中27.79%的管理人由单一最大股东100%完全控股。

（七）管理人地域分布情况

以中国证监会派出机构所在辖区划分，从私募基金管理人注册地和办公地两个角度出发分别分析全国私募股权、创业投资基金管理人地域分布情况。总体来看，排名前10的私募股权、创业投资基金管理人数量、管理基金数量及管理基金规模注册地集中度、办公地集中度较2019年末略有下降，仍主要集中在少数一线城市及东南沿海等经济较发达地区，随着中西部等欠发达地区的经济发展与政策倾斜，私募股权、创业投资基金作为支持当地实体经济发展的重要融资方式，其规模也在不断增长。

1.管理人数量、管理基金数量及规模按注册地分布

截至2020年末，全国私募股权、创业投资基金管理人中，注册地在北京、深圳和上海三大辖区的管理人数量合计7 511家，占全国总数的50.12%；注册地在北京、深圳、上海、浙江、广东五大辖区的管理人数量合计9 726家，占比

64.90%；管理人数量排名前10的辖区合计有12 161家私募股权、创业投资基金管理人，占比81.15%（见图7-76）。

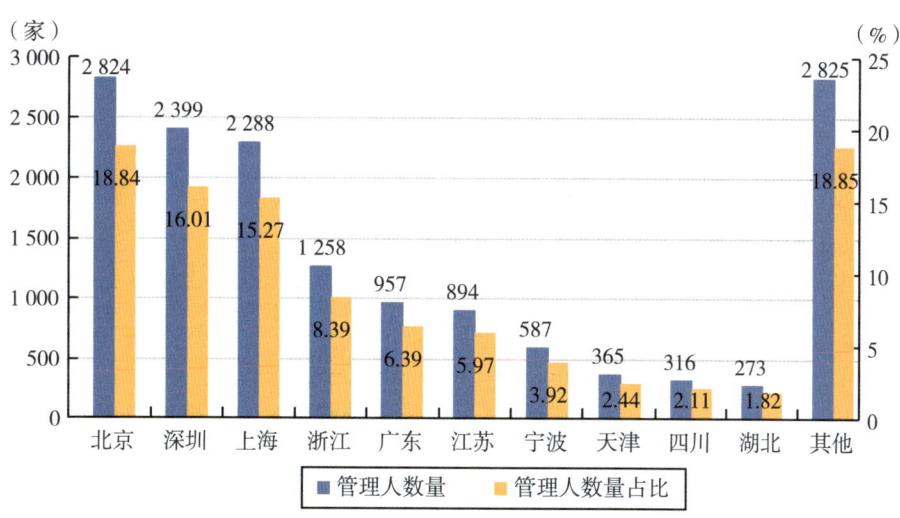

图7-56 私募股权、创业投资基金管理人数量按注册地分布

资料来源：中国证券投资基金业协会（AMAC）。

从各辖区内管理人管理基金数量来看，注册地在北京、上海、深圳三大辖区内的私募股权、创业投资基金管理人管理的基金数量合计21 465只，占全国私募股权、创业投资基金管理人所管理基金总数的53.31%；注册地在北京、上海、深圳、浙江、广东五大辖区内的管理人管理基金数量合计27 517只，占比68.35%；排名前10的辖区内私募基金管理人管理的基金数量合计34 077，占比84.64%（见图7-57）。

从各辖区内管理人管理基金规模来看，注册地在北京、上海、深圳三大辖区内的私募股权、创业投资基金管理人管理基金规模合计6.22万亿元，占全国私募股权、创业投资基金管理人所管理基金总规模的53.44%；注册地在北京、上海、深圳、江苏、广东五大辖区内的管理人管理基金规模合计7.76万亿元，占比66.60%；排名前10的辖区内机构管理规模合计9.66万亿元，占比82.95%（见图7-58）。

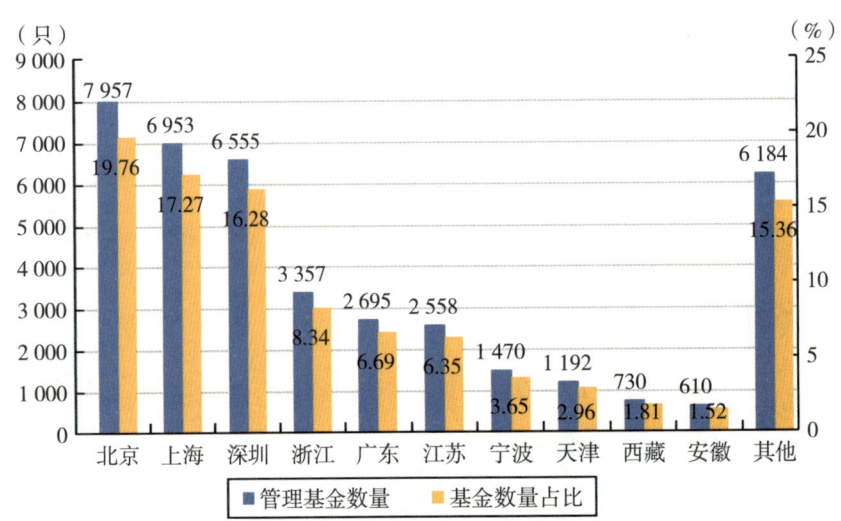

图 7-57 私募股权、创业投资基金管理人管理基金数量按注册地分布

资料来源：中国证券投资基金业协会（AMAC）。

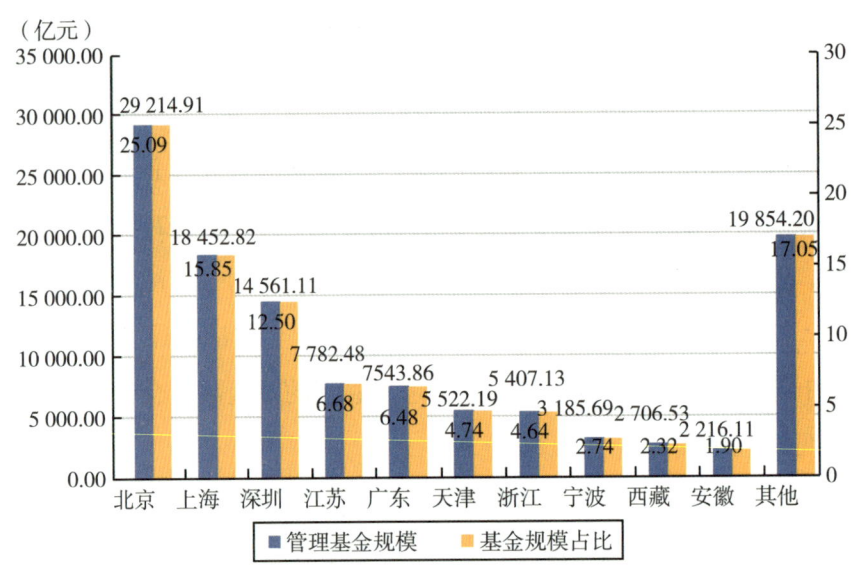

图 7-58 私募股权、创业投资基金管理人管理基金规模按注册地分布

资料来源：中国证券投资基金业协会（AMAC）。

2020年当年登记的私募股权、创业投资基金管理人中，注册地在北京、深圳和上海三大辖区的管理人数量合计237家，占新登记管理人总数的33.43%；注册地在北京、深圳、上海、浙江和江苏五大辖区的管理人数量合计363家，占比51.20%；管理人数量排名前10的辖区合计有524家私募股权、创业投资基金管理人,占比73.91%(见图7-59)。2020年当年新登记私募股权、创业投资基金管理人注册地仍主要集中于经济发达地区。

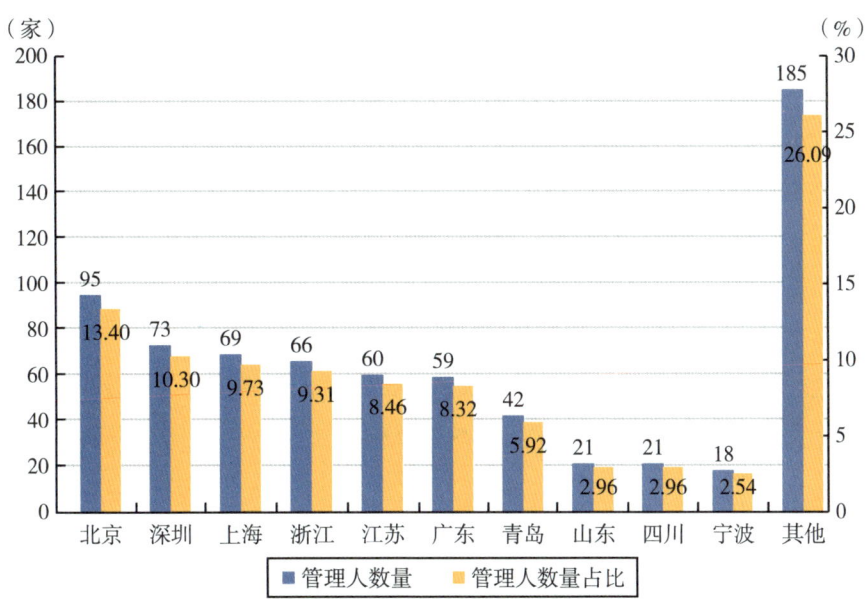

图7-59 2020年登记私募股权、创业投资基金管理人数量按注册地分布
资料来源:中国证券投资基金业协会(AMAC)。

2.管理人数量、管理基金数量及规模按办公地分布

截至2020年末,私募股权、创业投资基金管理人中,办公地在北京、上海和深圳三大辖区的管理人数量合计8 584家,占全国总数的57.28%;办公地在北京、上海、深圳、浙江、广东五大辖区的管理人数量合计10 446家,占比69.71%;管理人数量排名前10的辖区合计有12 415家私募股权、创业投资基金管理人,占比82.84%(见图7-60)。

从各辖区内管理人管理基金数量来看,办公地在北京、上海、深圳三大辖区内的私募股权、创业投资基金管理人管理的基金数量合计25 535只,占全国总数的63.43%;办公地在北京、上海、深圳、浙江、广东五大辖区内管理人管理的基金数量合计30 977只,占比76.95%;排名前十的辖区内管理人管理的基金数量合计35 162只,占比87.35%(见图7-61)。

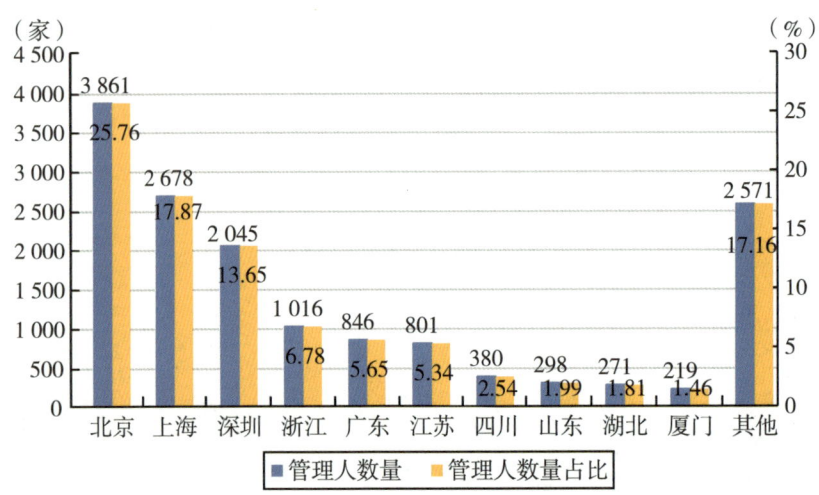

图 7-60 私募股权、创业投资基金管理人数量按办公地分布

资料来源：中国证券投资基金业协会（AMAC）。

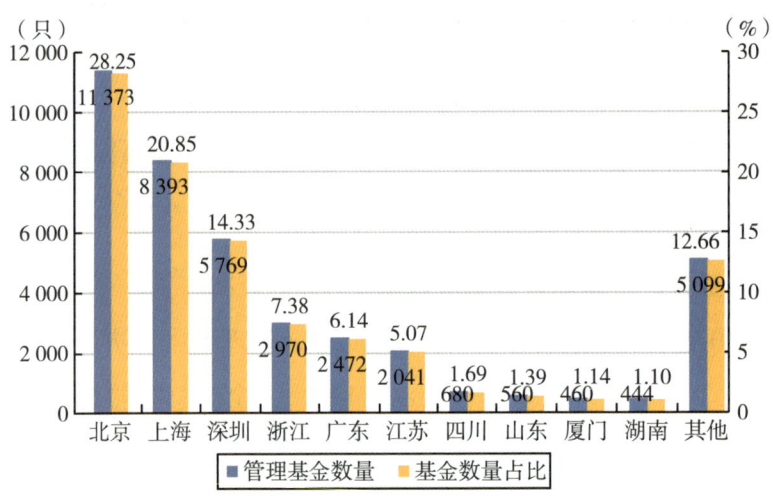

图 7-61 私募股权、创业投资基金管理人管理基金数量按办公地分布

资料来源：中国证券投资基金业协会（AMAC）。

从各辖区内管理人管理的基金规模来看，办公地在北京、上海、深圳三大辖区的私募股权、创业投资基金管理人管理的基金规模合计7.82万亿元，占全国私募股权、创业投资基金管理人管理基金总规模的67.13%，其中北京远超上海和深圳，为规模最大辖区；在北京、上海、深圳、广东、江苏五大辖区的管理人管理规模合计9.07万亿元，占比77.90%；排名前10的辖区内管理人管理规模合计10.16万亿元，占比87.28%（见图7-62）。

第三节 私募股权、创业投资基金管理人

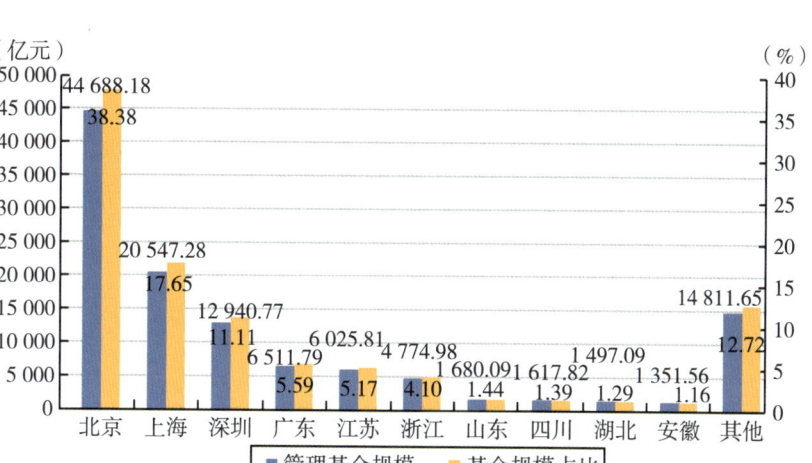

图 7-62 私募股权、创业投资基金管理人管理基金规模按办公地分布

资料来源：中国证券投资基金业协会（AMAC）。

2020年当年登记的私募股权、创业投资基金管理人，办公地在北京、上海和深圳三大辖区的管理人数量合计327家，占全国总数的46.12%；办公地在北京、上海、深圳、江苏和广东五大辖区的管理人数量合计424家，占比59.80%；管理人数量排名前十的辖区合计有550家私募股权、创业投资基金管理人，占比77.57%（见图7-63）。2020年当年新登记的私募股权、创业投资基金管理人办公地同样主要集中于经济发达地区。

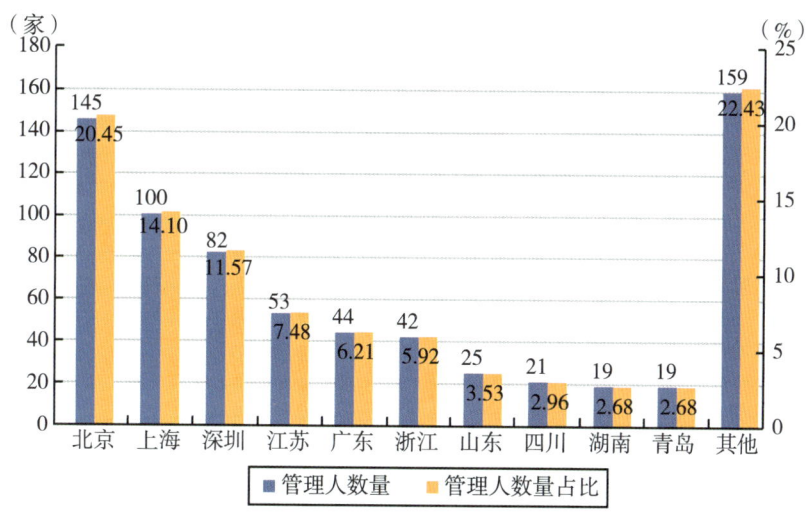

图 7-63 2020年登记私募股权、创业投资基金管理人数量按办公地分布

资料来源：中国证券投资基金业协会（AMAC）。

253

二、私募股权、创业投资基金管理人从业人员及高管情况

截至2020年末,私募股权、创业投资基金基金管理人在从业人员管理平台完成注册的全职员工总人数9.54万人,其中,具有基金从业资格的员工8.77万人,数量占比91.92%。私募股权、创业投资基金管理人高管总数3.89万人,具有基金从业资格高管3.59万人,数量占比达92.13%,较2019年末下降2.37个百分点(见图7-64)。

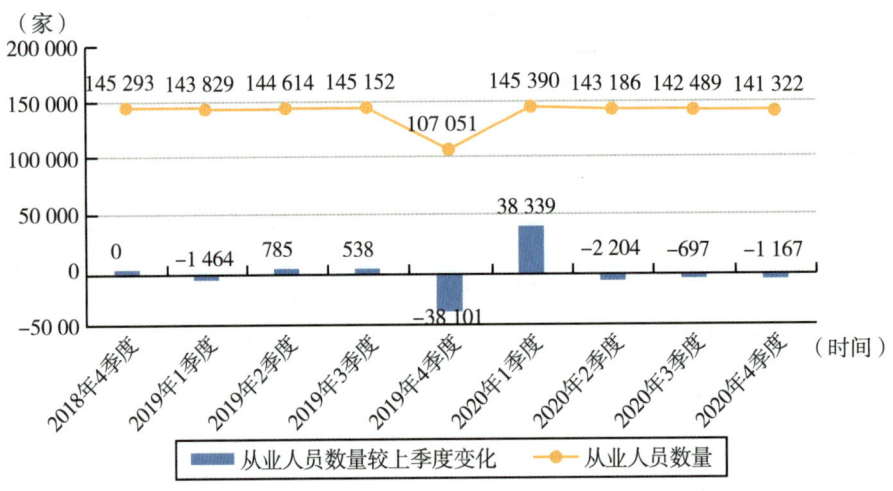

图7-64 2018Q4—2020Q4 私募股权、创业投资基金管理人从业人员数量变化

资料来源:中国证券投资基金业协会(AMAC)。

2020年当年登记并在从业人员管理平台完成注册的私募股权、创业投资基金管理人的员工人数4 219人,其中具有基金从业资格的员工3 540人,占比83.91%;私募股权、创业投资基金管理人高管1 869人,其中具有基金从业资格的高管1 808人,占比达96.74%。

(一)管理人从业人员情况

截至2020年末,大多数私募股权、创业投资基金管理人具有5名及以上员工,其中,半数以上管理人的员工数量在[5人,10人)区间。整体来看,私募股权、创业投资基金管理人平均具有7名员工(见图7-65)。

第三节 私募股权、创业投资基金管理人

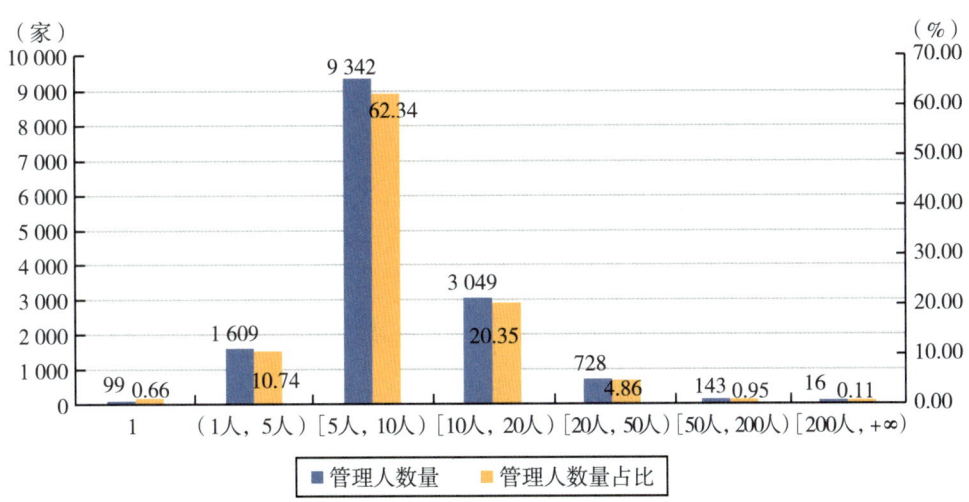

图 7-65 私募股权、创业投资基金管理人从业人员
数量分布（按家数统计）

资料来源：中国证券投资基金业协会（AMAC）。

从单家私募股权、创业投资基金管理人从业人员数量来看，管理基金规模较大的管理人具有的从业人员普遍较多。截至2020年末，管理规模在5亿元以下的管理人平均具有8名员工，而管理规模在100亿元及以上的管理人平均具有34名员工（见图7-66）。

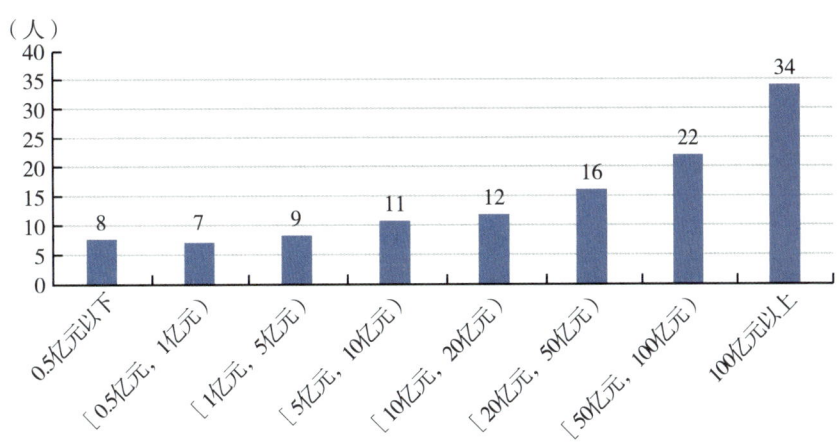

图 7-66 私募股权、创业投资基金管理人平均从业人员
数量分布（按规模统计）

资料来源：中国证券投资基金业协会（AMAC）。

2020年当年登记的私募股权、创业投资基金管理人,从业人员数量主要集中于[5人,10人),占比达92.81%;平均每家私募基金管理人具有6名员工。

(二)管理人高管情况

1. 管理人高管人数分布情况

截至2020年末,从单个私募股权、创业投资基金管理人的高管数量来看,99.69%的管理人具有2名或2名以上高管(见图7-67)。

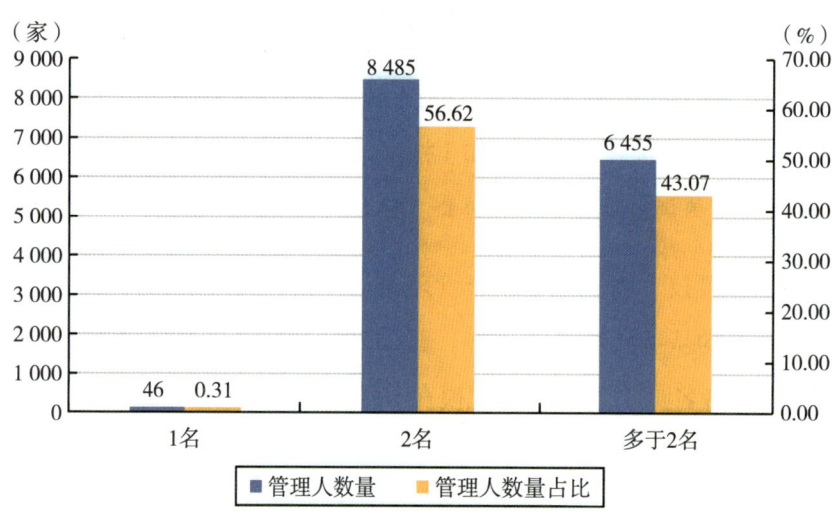

图7-67 私募股权、创业投资基金管理人高管人数分布(按家数统计)

资料来源:中国证券投资基金业协会(AMAC)。

2020年当年登记的私募股权、创业投资基金管理人均具有2名或2名以上高管,其中有3名及以上高管的管理人数量占比53.60%。

2. 管理人高管取得从业资格情况

截至2020年末,私募股权、创业投资基金管理人高管中,具备基金从业资格的有3.59万人,占高管总数的92.13%(见图7-68)。其中,12 786家管理人的所有高管都具备基金从业资格,占比85.32%(见图7-69);法定代表人与合规风控负责人具备基金从业资格的管理人13 782家,占私募股权、创业投资基金管理人数量的91.97%。

第三节 私募股权、创业投资基金管理人

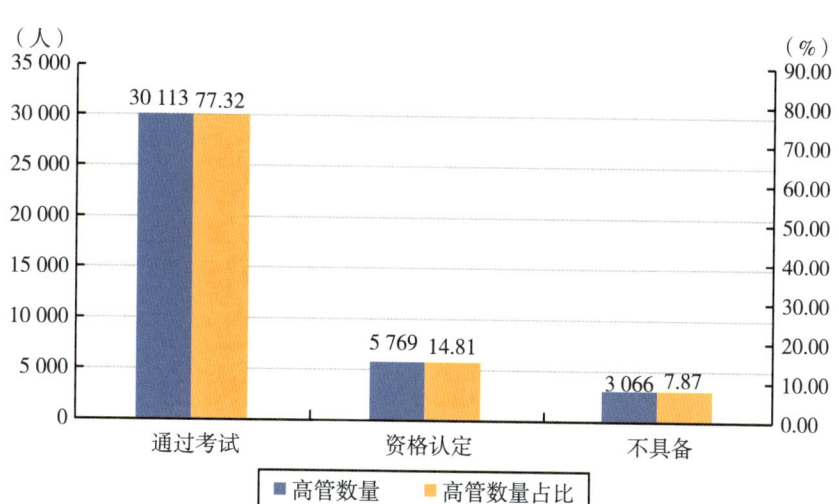

图 7-68 私募股权、创业投资基金管理人基金从业资格取得情况（按人数统计）

资料来源：中国证券投资基金业协会（AMAC）。

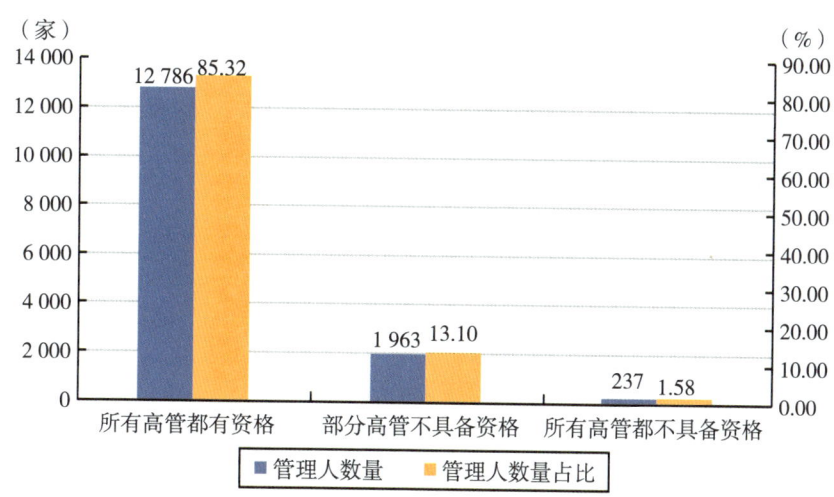

图 7-69 私募股权、创业投资基金管理人基金从业资格取得情况（按家数统计）

资料来源：中国证券投资基金业协会（AMAC）。

2020年当年登记的私募股权、创业投资基金管理人的高管中，具备基金从业资格的高管1 808人，占比达95.35%；所有高管都具备基金从业资格的管理人651家，占比达91.82%。

3. 管理人高管人员学历分布情况

从高管最高学历来看,截至2020年末,私募股权、创业投资基金管理人高管普遍学历背景良好,最高学历为本科及以上的为35 941人,占比92.27%,其中硕博占比为48.94%(见图7-70)。

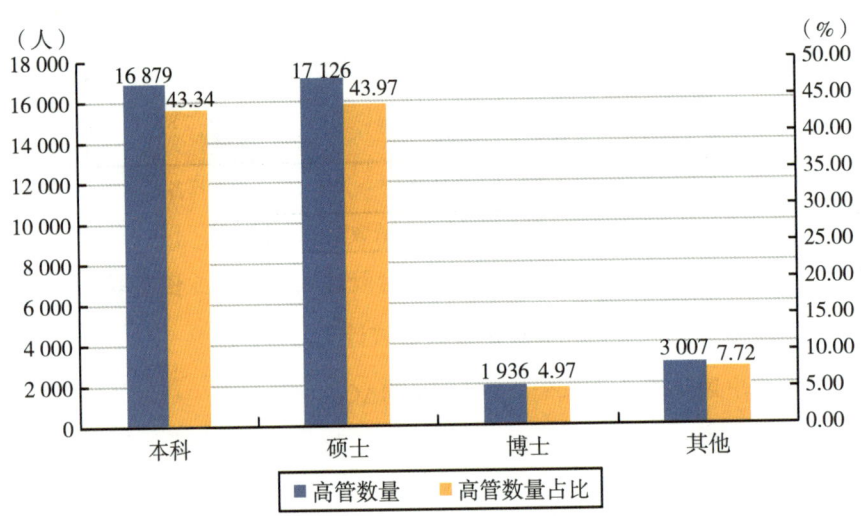

图7-70 私募股权、创业投资基金管理人高管最高学历分布情况(按人数统计)

资料来源:中国证券投资基金业协会(AMAC)。

2020年当年登记的私募股权、创业投资基金管理人中,最高学历为本科及以上的高管数量占比达96.58%,其中硕博占比为61.69%。

4. 管理人高管人员年龄分布情况

从高管年龄分布来看,截至2020年末,私募股权、创业投资基金管理人高管年龄主要集中在30~50岁(不含),占比76.79%,其中年龄在30~40岁(不含)的青壮年人士,成为私募股权、创业投资从业的中坚力量,占全部高管数量的比例达41.90%(见图7-71)。

2020年当年登记的私募股权、创业投资基金管理人高管年龄也集中在30~50岁(不含),占比81.86%,其中年龄在30~40岁(不含)的青壮年人士,占全部高管数量的50.88%。

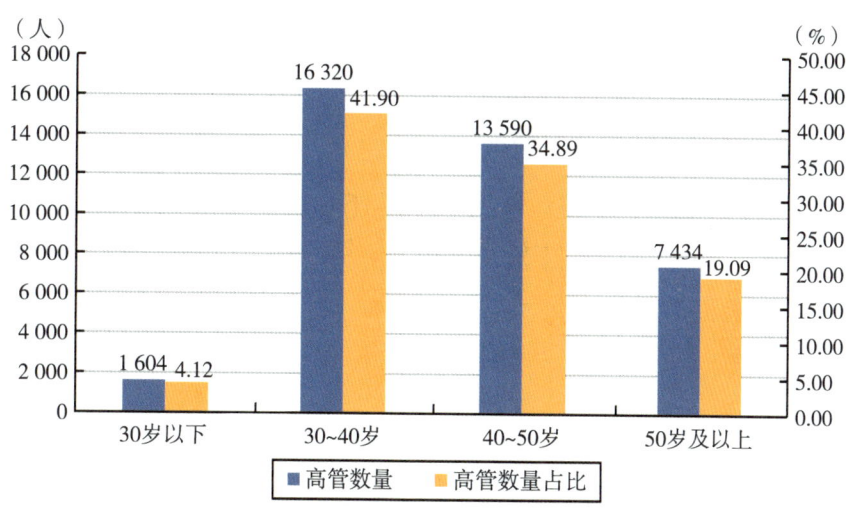

图 7-71 私募股权、创业投资基金管理人高管年龄分布（按人数统计）

资料来源：中国证券投资基金业协会（AMAC）。

5.管理人高管从业年限分布情况①

从高管从业年限分布来看，截至2020年末，私募股权、创业投资基金管理人中77.78%的高管从业年限在10年及以上，整体从业年限较长（见图7-72）。

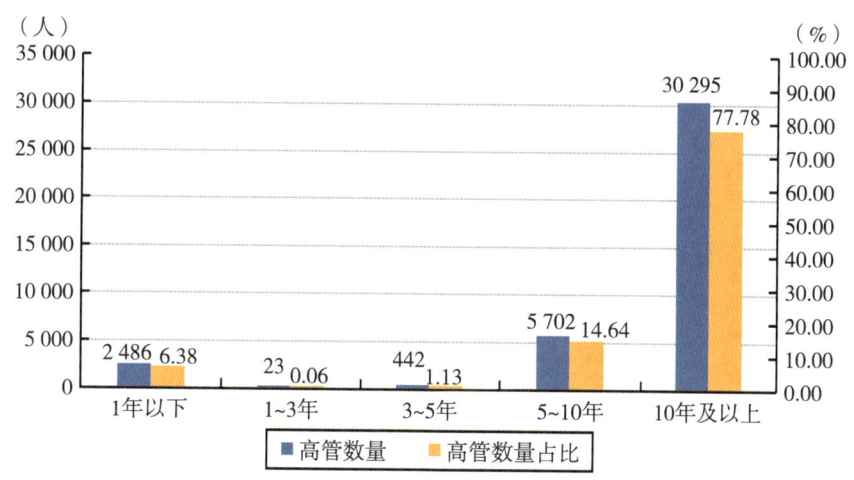

图 7-72 私募股权、创业投资基金管理人高管从业年限分布（按人数统计）

资料来源：中国证券投资基金业协会（AMAC）。

---

① 本报告中高管从业年限自高管毕业以来从事第一份工作的起始时间算起。

第七章 私募基金管理人

2020年当年登记的私募股权、创业投资基金管理人高管从业年限主要集中在10年及以上,占比达80.68%;从业年限在1年以下的高管仅1人。

6.管理人高管任职年限分布情况

从高管任职年限分布来看,截至2020年末,私募股权、创业投资基金管理人高管在现有管理人任职时间主要集中在2~5年(不含),占比达50.25%(见图7-73)。

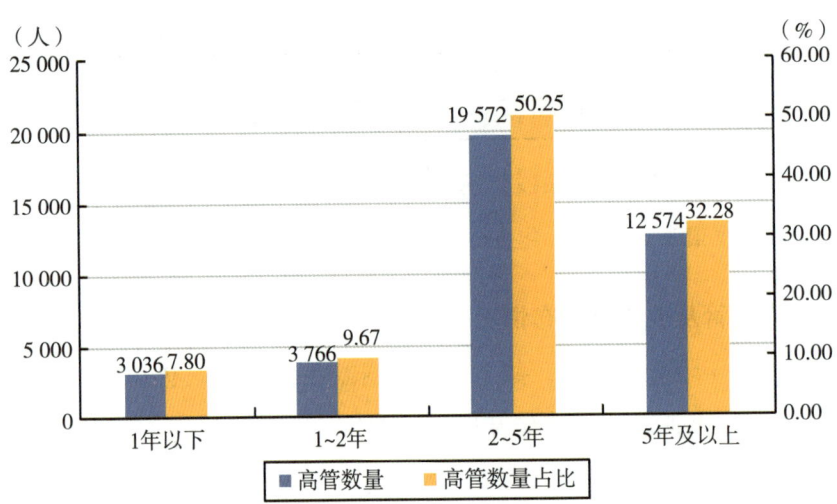

图7-73 私募股权、创业投资基金管理人高管任职年限分布(按人数统计)

资料来源:中国证券投资基金业协会(AMAC)。

第八章 基金托管机构

第一节 托管机构登记情况

一、基金托管人登记情况

金融机构从事基金托管业务，应当经中国证监会核准，依法取得基金托管资格，申请基金托管资格的金融机构应当符合《证券投资基金托管业务管理办法》要求。

根据中国证监会发布的《证券投资基金托管人名录》，截至2020年12月31日，共51家托管人经中国证监会核准，依法取得证券投资基金托管业务展业资格。其中，包括28家银行、21家证券公司以及2家其他类型托管机构（见图8-1）。具体名录见行业数据篇。

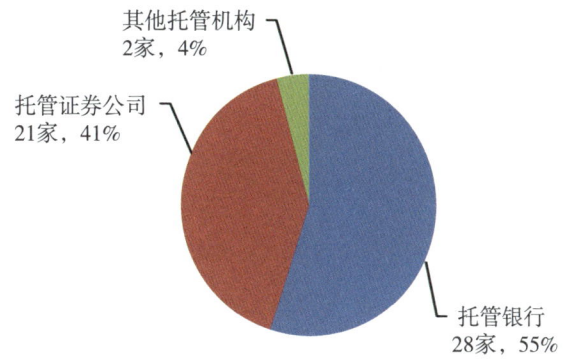

图8-1 托管机构类型分布

资料来源：中国证监会官网。

二、合格境外机构投资者托管人登记情况

《合格境外机构投资者境内证券投资管理办法》第12条要求:"取得托管人资格,必须经中国证监会和国家外汇局审批。中国证监会收到完整的申请文件后,于30个工作日内会签国家外汇局做出托管资格许可。"

截至2020年12月31日,共19家托管人取得合格境外机构投资者托管业务资格,全部为银行类托管机构。具体名录见行业数据篇。

第二节 托管业务发展情况

一、托管产品数量及资产规模

截至2020年末,托管人开展托管业务或资产保管业务的产品共计292 210只,资产规模达到171.85万亿元①。从产品类型来看,按照产品数量统计(见图8-2),私募基金的数量最多,总计76 864只,占比26.31%;公募基金7 325只,占比2.51%;证券期货经营机构发行的资管产品38 889只,占比13.31%;跨境或者管理人为外资的基金2 569只,占比0.88%;银行理财38 732只,占比13.26%;信托(保管)52 789只,占比18.07%;保险产品8 154只,占比2.79%;养老金9 985只,占比3.42%;其他产品(托管或保管)56 903只,占比19.48%。

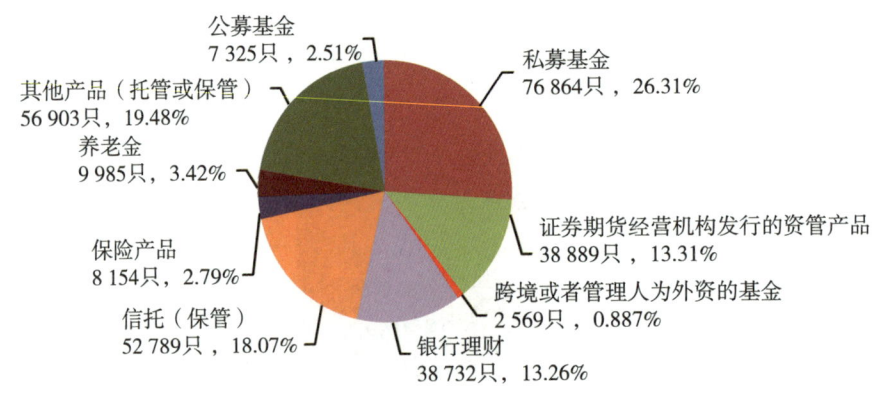

图8-2 托管产品数量占比(按产品类型)

资料来源:中国证券投资基金业协会(AMAC)。

---
① 本次统计范围从托管机构业务角度出发,不仅包括资管产品托管业务,也包括资产保管等其他业务。

按照资产规模统计（见图8-3），银行理财的规模最大，总计288 524.02亿元，占比16.79%；公募基金200 350.03亿元，占比11.66%；私募基金138 295.53亿元，占比8.05%；证券期货经营机构发行的资管产品189 813.85亿元，占比11.05%；跨境或者管理人为外资的基金16 286.61亿元，占比0.95%；信托（保管）190 376.53亿元，占比11.08%；保险产品242 596.07亿元，占比14.12%；养老金91 938.8亿元，占比5.35%；其他产品（托管或保管）360 299.48亿元，占比20.97%。

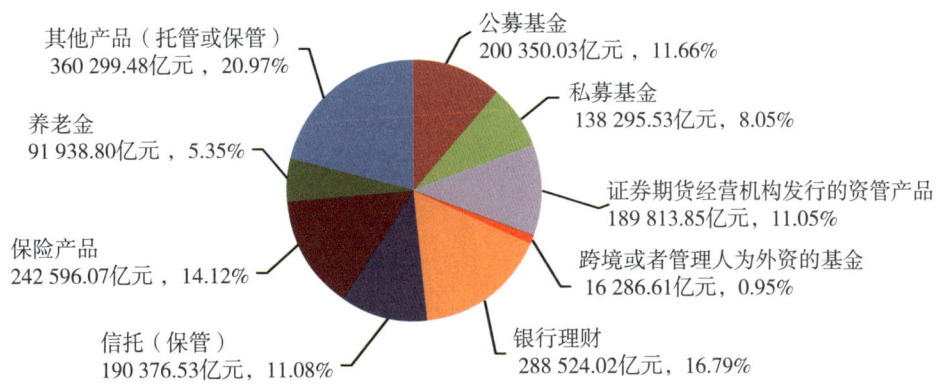

图8-3 托管资产规模占比（按产品类型）

资料来源：中国证券投资基金业协会（AMAC）。

二、不同类型托管人的基金托管业务开展情况

（一）公募基金的托管业务开展情况

截至2020年末，托管人托管的公募基金产品共计7 325只，资产规模200 350.03亿元。其中，商业银行托管7 101只公募基金，托管规模197 282.84亿元；证券公司托管224只公募基金，托管规模3 067.19亿元；其他类型托管人未托管公募基金（见图8-4）。

（二）私募基金的托管业务开展情况

截至2020年末，托管人托管的私募基金产品共计76 864只，资产规模138 295.53亿元。其中，私募证券投资基金51 846只，资产规模48 957.39亿元，

第八章 基金托管机构

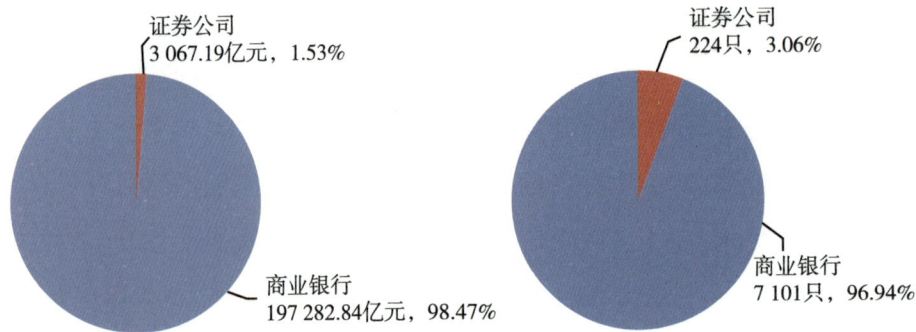

图 8-4 托管公募基金的数量及规模占比（按托管人类型）

资料来源：中国证券投资基金业协会（AMAC）。

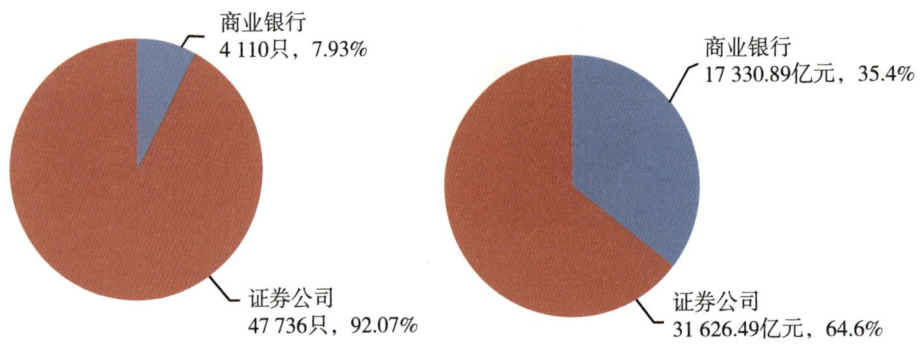

图 8-5 托管私募证券投资基金的数量及规模占比（按托管人类型）

资料来源：中国证券投资基金业协会（AMAC）。

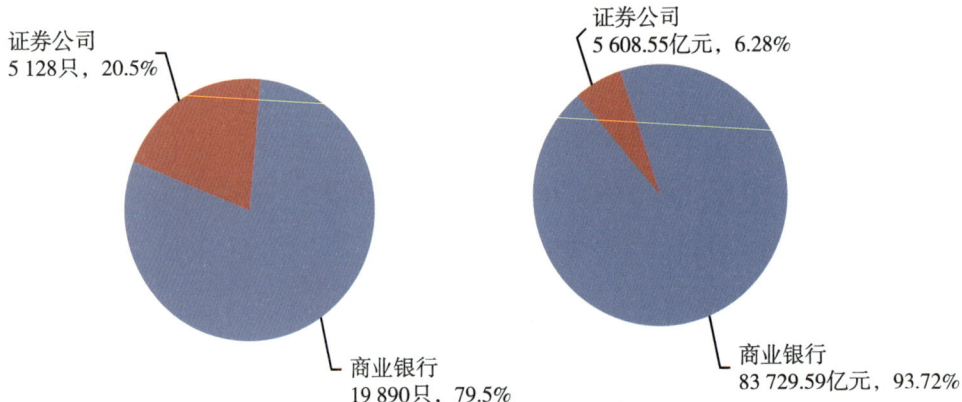

图 8-6 托管私募股权投资基金的数量及规模占比（按托管人类型）

资料来源：中国证券投资基金业协会（AMAC）。

商业银行托管4 110只，托管规模17 330.89亿元，证券公司托管47 736只，托管规模31 626.49亿元（见图8-5）；私募股权投资基金25 018只，资产规模89 338.14亿元，商业银行托管19 890只，托管规模83 729.59亿元，证券公司托管5 128只，托管规模5 608.55亿元（见图8-6）；其他类型托管人未托管私募基金。

（三）证券期货经营机构发行的资管产品的托管业务开展情况

截至2020年末，托管人托管的证券期货经营机构发行的资管产品（以下简称资管计划）共计38 889只，资产规模189 813.85亿元。其中，商业银行托管36 055只资管计划，托管规模184 208.94亿元；证券公司托管2 788只资管计划，托管规模3 128.43亿元；其他类型托管人托管46只资管计划，托管规模2 476.48亿元（见图8-7）。

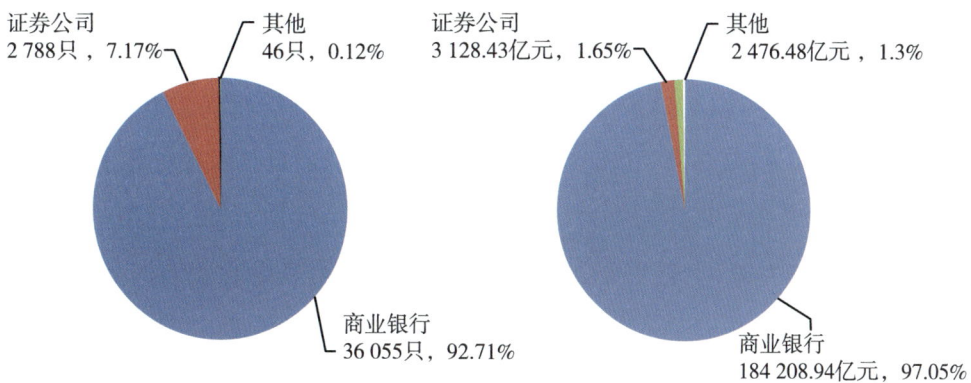

图8-7　托管资管计划的数量及规模占比（按托管人类型）

资料来源：中国证券投资基金业协会（AMAC）。

第九章 基金服务机构

第一节 基金服务业务发展历程

我国私募基金服务业务大概可以分为四个阶段。

第一阶段：初创探索阶段（2013—2014年）：2013年6月1日起开始实施的《证券投资基金法》，设置"基金服务机构"单独章节，为基金服务业务和基金行业专业化分工奠定了法律基础。首次明确基金管理人可以委托基金服务机构代为办理基金的销售、销售支付、份额登记、核算、估值、信息技术系统等事项。

第二阶段：蓬勃发展阶段（2015—2016年）：2015年协会开始对第一批基金服务机构进行备案，专业的基金服务机构不仅帮助私募基金管理人提高了效率，降低了成本，还给予更多的业务支持，包括产品设计，信息披露等服务，基金服务业务有效促进了私募基金行业的发展。

第三阶段：高速创新阶段（2017—2018年）：2017开始，国内服务机构发展进入高速发展阶段，协会围绕"7+2"自律框架，重新梳理对私募基金服务业务的规范要求，发布《私募基金服务业务管理办法（试行）》（以下简称《服务办法》）。按照《服务办法》要求改造并重新上线了私募基金服务机构登记系统，通过培育专业的私募基金服务机构梯队，搭建私募基金行业生态体系，促进管理人、托管人和服务机构三类市场主体之间的合作和博弈，提升私募基金行业的专业化水平。

第四阶段：扶优限劣、生态培育阶段（2019年至今）。

2019年7月，协会正式公布第四批完成登记的私募基金服务机构名单。根据《证券投资基金法》及其他私募基金法规要求，秉持会员管理标准，依照《证券投资基金法》信义义务要求，按照合规风控、人力资本、运营能力、金融科技、生态培育等五大维度，筛选符合条件的私募基金服务机构登记入会。为完善私募基金生态体系建设，协会着手修订《服务办法》。《服务办法》修订工作主要围绕三大目标：一是落实"放管服"和大数据监管的要求，探索市场化博弈和制衡，加强事中事后自律管理，培育私募基金行业生态；二是探索化解私募基金风险，多方式保障基金财产安全；三是落实对外开放承诺，推动引入外资服务机构，提升境内基金服务能力。

2020年10月，协会就《私募投资基金电子合同业务管理办法（试行）（征求意见稿）》正式公开征求意见。电子合同业务是金融科技在私募基金领域的落地场景，通过电子合同缔约能够衔接投资者、基金管理人、基金托管人和基金服务机构等主体，为托管人履行投资监督、募集机构销售适当性、份额登记机构份额确权等法定职责提供了有效手段，同时大大提高了缔约效率。电子合同的推广也有利于科技监管和自律管理，通过电子合同服务机构能够一定程度上丰富数据源，降低私募基金行业风险，保护投资者利益。

第二节 基金服务机构登记情况

截至2020年末，在协会完成登记的基金服务机构共计48家（具体名录见行业数据篇），按照机构类型划分，服务机构包括证券公司、商业银行、基金公司、IT公司及第三方独立服务机构等五类，其中证券公司的数量最多（见图9-1）。

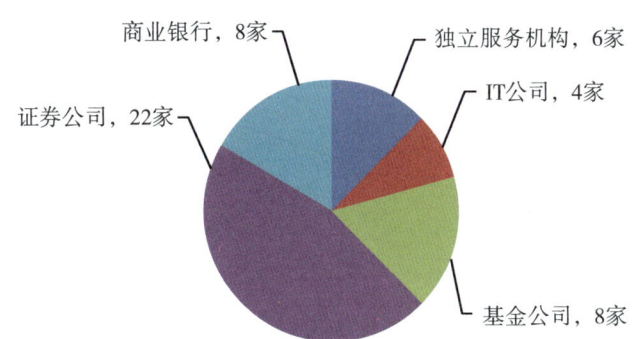

图 9-1 机构类型分布

资料来源：中国证券投资基金业协会（AMAC）。

第三节 基金服务业务开展情况

一、基金服务产品数量和规模

作为《证券投资基金法》下的三类主体之一,基金服务机构的发展初衷是提高基金行业专业能力,搭建基金行业良性发展生态圈。服务机构在协会登记以来,服务对象已经从私募投资基金,不断扩大至公募基金、券商资管、期货资管、基金公司专户等大资管行业各类产品。服务内容除了份额登记和估值核算两项涉及系统重要性数据的核心业务之外,在围绕信息科技建设、助力基金小镇建设等发展目标下,不断扩展至整个基金运作链条,提供了全方位、多功能的各项专业服务,对基金行业发展起到了重要推动作用。

截至2020年末,服务机构对外(不含完全控股下属公司)提供份额登记及估值核算服务的基金产品共计73 436只,服务的资产规模达到62 415.71亿元,分别比2019年底增长了29.91%和12.94%。从服务对象的类型来看,按照服务业务数量统计,私募基金的数量最多,总计62 165只,占比84.65%;公募基金(含证券公司大集合产品)6只,占比0.01%;证券期货经营机构发行的私募资管产品1 735只,占比2.36%;银行、保险和信托发行的资管产品9 158只,占比12.47%;跨境或者管理人为外资的基金119只,占比0.16%;其他资管产品253只,占比0.34%(见图9-2)。

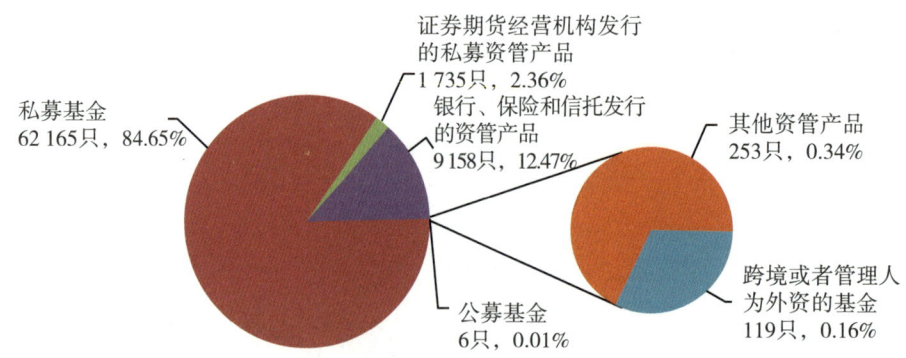

图9-2 2020年末服务业务数量占比(按服务基金类型)

资料来源:中国证券投资基金业协会(AMAC)。

按照服务业务规模统计,私募基金是服务机构服务规模最大的产品类型,总计44 961.42亿元，占比72.04%；公募基金规模38.32亿元，占比0.06%；证券期货经营机构发行的私募资管产品规模3 157.54亿元，占比5.06%；银行、保险和信托发行的资管产品12 719.52亿元，占比20.38%；跨境或者管理人为外资的基金154.50亿元，占比0.25%；其他资管产品1 384.41亿元，占比2.22%（见图9-3）。

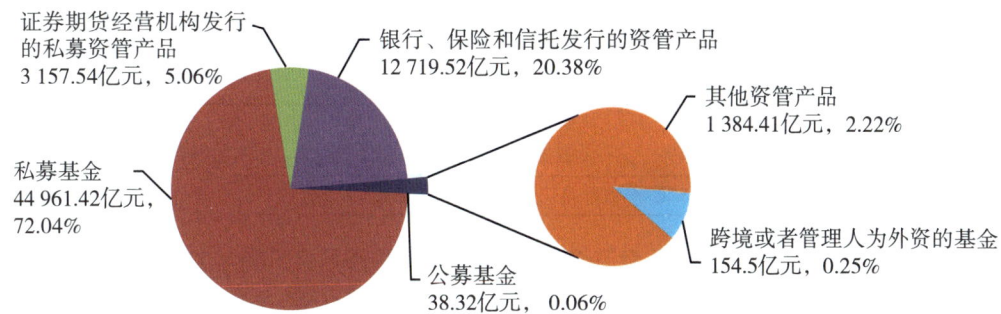

图9-3　2020年末服务业务规模占比（按服务基金类型）

资料来源：中国证券投资基金业协会（AMAC）。

截至2020年末，在协会备案的存续私募证券投资基金54 355只，存续基金规模37 662.3亿元；存续私募股权投资基金29 403只，存续基金规模94 603.65亿元；创业投资基金10 399只，基金规模16 006.36亿元；其他私募基金2 685只，基金规模11 467亿元。相应地，服务机构服务的私募证券投资基金53 068只，基金规模33 891.54亿元；私募股权投资基金6 422只，基金规模8 211.75亿元；创业投资基金1 154只，基金规模685.12亿元；其他类私募基金1 521只，基金规模2 173.02亿元（见图9-4至图9-6）。

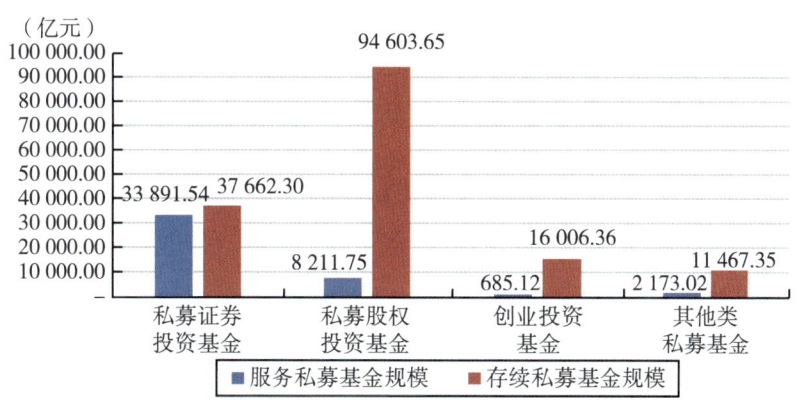

图9-4　服务机构服务的私募基金规模与已备案私募基金规模（按基金类型）

资料来源：中国证券投资基金业协会（AMAC）。

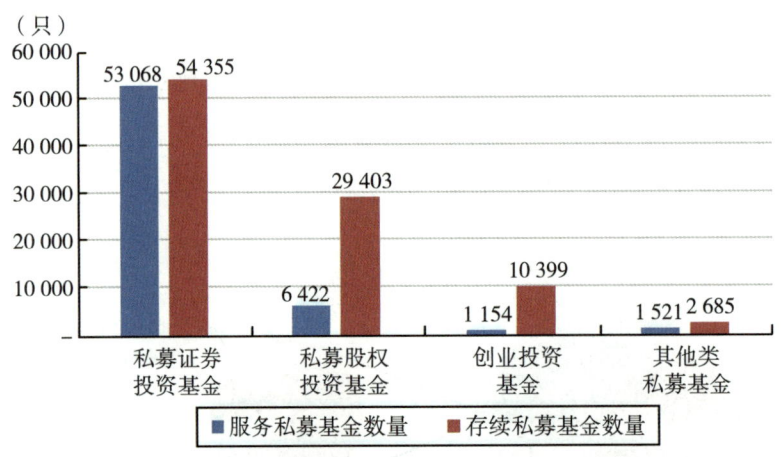

图 9-5 服务机构服务的私募基金数量与已备案私募基金数量（按基金类型）

资料来源：中国证券投资基金业协会（AMAC）。

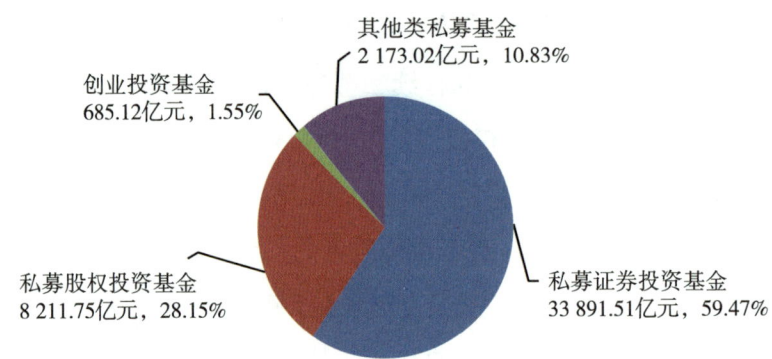

图 9-6 2020 年末私募投资基金服务业务规模占比（按基金类型）

资料来源：中国证券投资基金业协会（AMAC）。

二、行业集中度情况

截至 2020 年末，服务机构对外服务业务规模排名前三的服务机构服务资产规模占总规模的 46.83%，排名前十的服务机构服务资产规模共计占总规模的 75.35%，行业集中度较高（见表 9-1）。相较 2019 年底，基金服务行业的整体格局基本稳定，第一梯队优势愈发明显，服务规模突破千亿元的第二梯队继续扩大，具体表现为"3+13+n"的特点（见图 9-7）。其中，第一梯队 3 家，规模均超过 8 000 亿元，合计占总规模的 46.83%；第二梯队 13 家，规模均在 1 000 亿~4 000 亿元之间，合计占总规模的42.65%；其余的服务机构为第三梯队，规模均不超过1 000亿元，合计占总规模的10.51%。相关资料详见图9-7。

表 9-1　　　　　各服务机构服务的基金规模和数量

序号	机构名称	服务规模（亿元）	数量（只）
1	招商证券	11 223.98	14 262
2	国泰君安	9 167.21	11 073
3	中信中证	8 839.73	8 059
4	华泰证券	3 388.51	4 881
5	国信证券	3 084.86	3 795
6	华夏基金	2 782.58	1 560
7	工商银行	2 477.32	1 876
8	国金道富	2 195.97	2 852
9	创金合信基金	2 047.83	1 618
10	宁波银行	1 823.61	1 720

资料来源：中国证券投资基金业协会（AMAC）。

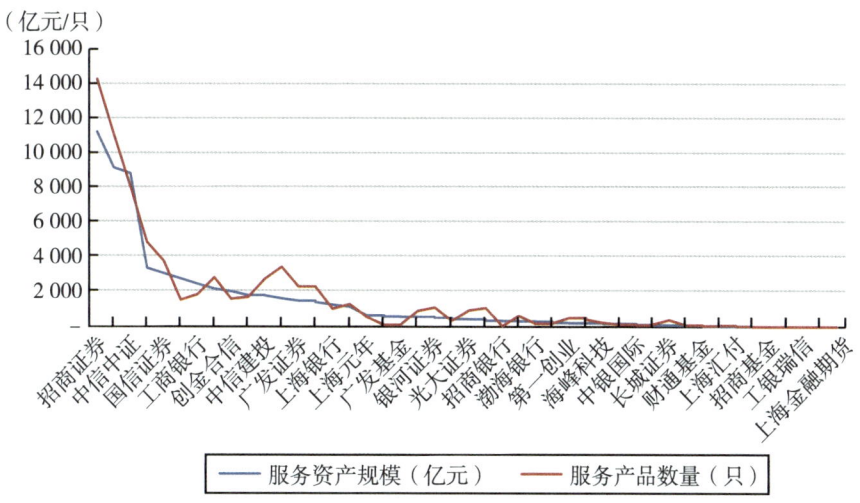

图9-7　排除服务机构服务的集团内部资管产品的行业集中度

注：图中横轴未完整显示出所有服务机构。

资料来源：中国证券投资基金业协会（AMAC）。

三、收入情况

2020年度服务机构对外开展服务业务的总收入（见表9-2）为11.44亿元，较2019年度增长33.06%。其中，私募证券投资基金对基金服务行业的收入贡献度最高，为79.57%；私募股权投资基金其次，收入贡献度为8.75%。

表9-2　　2019年基金服务业务（份额登记和估值核算）收入情况（按基金类型分）

服务基金类型	规模（亿元）	收入（万元）	收入贡献度（%）
私募证券投资基金	33 891.54	90 990.11	79.57
私募股权投资基金	8 211.75	10 004.67	8.75
创业投资基金	685.12	1 252.33	1.10
其他类私募基金	2 173.02	3 573.87	3.13
证券期货经营机构发行的私募资管产品	3 157.54	2 308.40	2.02
银行、保险和信托发行的资管产品	12 719.52	4 146.75	3.63
其他资管产品	1 577.23	2 074.49	1.81

资料来源：中国证券投资基金业协会（AMAC）。

02 第二篇
行业数据篇

一、公开募集证券投资基金数据

表1　　　　　　　　公开募集证券投资基金数量　　　　　　　（单位：只）

年份	封闭式	开放式						合计
		小计	股票	混合	货币	债券	QDII	
1998	5	0	—	—	—	—	—	5
1999	16	0	—	—	—	—	—	16
2000	34	0	—	—	—	—	—	34
2001	48	3	—	—	—	—	—	51
2002	54	17	—	—	—	—	—	71
2003	54	41	—	—	—	—	—	95
2004	54	107	—	—	—	—	—	161
2005	54	164	—	—	—	—	—	218
2006	53	254	—	—	—	—	—	307
2007	36	310	—	—	—	—	—	346
2008	33	406	162	138	40	61	10	439
2009	31	516	239	158	43	81	10	547
2010	39	665	332	166	46	103	28	704
2011	57	857	434	192	51	129	51	914
2012	68	1 105	534	218	61	225	67	1 173
2013	137	1 415	611	287	94	341	82	1 552
2014	134	1 763	699	395	171	409	89	1 897
2015	164	2 558	587	1 184	220	466	101	2 722
2016	303	3 564	661	1 707	286	789	121	3 867
2017	480	4 361	791	2 096	348	989	137	4 841
2018	669	4 957	927	2 375	347	1 172	136	5 626
2019	861	5 683	1 135	2 593	335	1 471	149	6 544
2020	1 024	6 213	1 268	3 030	332	1 417	166	7 237

注：2008—2010年按投资类型合计与开放式有差异，鉴于历史数据已不可考，无法探究修正。基金数量以报送净值非0口径统计，因统计时点、数据修正等原因，截至2020年末基金数量、份额及净值与此前公布有差异。数据来源于中国证监会。

表 2　　　　　　　　公开募集证券投资基金份额　　　　　　（单位：亿份）

年份	封闭式	开放式						合计
		小计	股票	混合	货币	债券	QDII	
1998	100.00	0.00	—	—	—	—	—	100.00
1999	505.00	0.00	—	—	—	—	—	505.00
2000	562.00	0.00	—	—	—	—	—	562.00
2001	686.73	117.50	—	—	—	—	—	804.23
2002	817.00	501.85	—	—	—	—	—	1 318.85
2003	817.00	797.67	—	—	—	—	—	1 614.67
2004	817.00	2 491.79	—	—	—	—	—	3 308.79
2005	817.00	3 897.18	—	—	—	—	—	4 714.18
2006	812.00	5 408.67	—	—	—	—	—	6 220.67
2007	844.14	21 495.70	—	—	—	—	—	22 339.84
2008	890.32	24 851.46	10 866.30	7 395.81	3 891.73	1 745.23	1 094.01	25 741.78
2009	945.02	22 573.53	12 454.50	6 692.64	2 581.41	765.82	1 017.35	23 518.55
2010	1 119.80	22 835.53	12 945.64	6 651.08	1 532.77	1 359.03	940.50	23 955.33
2011	1 371.32	25 139.05	13 323.36	6 771.72	2 948.85	1 181.67	913.45	26 510.37
2012	1 424.85	30 283.56	13 510.10	6 493.14	5 717.28	3 687.60	875.46	31 708.41
2013	2 121.81	29 058.03	11 722.02	5 919.76	7 478.71	3 176.76	760.78	31 179.84
2014	1 253.71	40 758.28	10 772.46	5 525.28	20 804.36	3 039.70	616.48	42 011.99
2015	1 669.54	75 004.59	5 988.13	17 948.31	44 371.59	5 895.92	800.64	76 674.13
2016	6 179.14	82 249.17	6 450.19	18 667.35	42 730.63	13 310.59	1 090.41	88 428.31
2017	5 863.27	104 326.82	5 847.66	16 315.05	67 253.81	14 091.62	818.68	110 190.09
2018	8 706.16	120 263.35	7 716.98	14 152.74	76 150.94	21 552.75	689.94	128 969.51
2019	15 214.3	121 723.12	9 346.83	14 784.25	71 110.11	25 687.88	794.05	136 937.42
2020	23 961.85	146 012.44	11 746.07	27 857.78	80 915.99	24 478.4	1 014.21	169 974.29

注：2008—2010年按投资类型合计与开放式有差异，鉴于历史数据已不可考，无法探究修正。基金数量以报送净值非0口径统计，因统计时点、数据修正等原因，截至2020年末基金数量、份额及净值与此前公布有差异。数据来源于中国证监会。

一、公开募集证券投资基金数据

表3　　　　　公开募集证券投资基金资产净值　　　　（单位：亿元）

年份	封闭式	开放式						合计
		小计	股票	混合	货币	债券	QDII	
1998	107.00	0.00	—	—	—	—	—	107.00
1999	577.00	0.00	—	—	—	—	—	577.00
2000	847.35	0.00	—	—	—	—	—	847.35
2001	691.15	118.09	—	—	—	—	—	809.24
2002	717.06	468.50	—	—	—	—	—	1 185.56
2003	862.00	837.22	—	—	—	—	—	1 699.22
2004	809.71	2 436.63	—	—	—	—	—	3 246.34
2005	822.17	3 869.21	—	—	—	—	—	4 691.38
2006	1 623.64	6 941.41	—	—	—	—	—	8 565.05
2007	2 442.17	30 320.15	—	—	—	—	—	32 762.32
2008	758.95	18 644.30	7 242.57	5 193.09	3 892.43	1 880.36	522.41	19 403.25
2009	1 238.78	24 786.02	13 702.50	7 478.45	2 581.41	839.37	742.24	26 024.80
2010	1 299.00	23 741.86	13 214.94	7 300.67	1 532.78	1 449.76	735.50	25 040.86
2011	1 234.15	20 684.40	10 248.35	5 706.69	2 948.86	1 204.47	576.02	21 918.55
2012	1 413.01	27 248.80	11 476.71	5 646.86	5 717.28	3 776.94	632.02	28 661.81
2013	2 150.84	27 869.87	10 958.45	5 626.59	7 475.90	3 224.84	584.09	30 020.71
2014	1 363.79	43 989.82	13 142.02	6 025.23	20 862.43	3 473.40	486.75	45 353.61
2015	1 947.72	82 024.11	7 657.13	22 287.25	44 443.36	6 973.84	662.53	83 971.83
2016	6 340.11	85 252.94	7 059.02	20 090.29	42 840.57	14 239.10	1 023.96	91 593.05
2017	6 097.99	109 898.87	7 602.40	19 378.46	67 357.02	14 647.40	913.59	115 996.86
2018	8 985.29	121 361.21	8 244.63	13 603.91	76 178.14	22 628.80	705.73	130 346.50
2019	16 024.00	131 648.03	12 992.62	18 893.19	71 170.56	27 660.83	930.83	147 672.03
2020	25 606.39	172 912.94	20 017.48	43 600.75	80 521.47	27 484.3	1 288.94	198 519.33

注：2008—2010年按投资类型合计与开放式有差异，鉴于历史数据已不可考，无法探究修正。基金数量以报送净值非0口径统计，因统计时点、数据修正等原因，截至2020年末基金数量、份额及净值与此前公布有差异。数据来源于中国证监会。

表 4　开放式基金（认）申购与赎回

（单位：亿元）

年份	股票型 认申购	赎回	净认申赎	债券型 认申购	赎回	净认申赎	货币型 认申购	赎回	净认申赎	QDII 认申购	赎回	净认申赎
2011	6664.00	6000.00	664.00	1882.00	1652.00	230.00	12122.00	10763.00	1359.00	164.00	166.00	-2.00
2012	5601.00	5373.00	228.00	9501.00	6672.00	2829.00	25467.00	22880.00	2586.00	249.00	177.00	73.00
2013	8168.00	9769.00	-1602.00	11495.00	11176.00	319.00	33018.00	31425.00	1593.00	113.00	209.00	-96.00

年份	偏股型 认申购	赎回	净认申赎	混合型 认申购	赎回	净认申赎	债券型 认申购	赎回	净认申赎	货币型 认申购	赎回	净认申赎	QDII 认申购	赎回	净认申赎
2014	10492.00	11067.00	-575.00	3095.00	3544.00	-448.00	7732.00	7523.00	209.00	104725.00	93509.00	11216.00	121.00	216.00	-100.00
2015	42706.00	44420.00	-1715.00	34667.00	24981.00	9686.00	10913.00	7412.00	3501.00	189558.00	171904.00	10363.00	953.00	568.00	385.00
2016	6611.00	5552.00	1059.00	15994.00	14929.00	1065.00	20818.00	13213.00	7605.00	234377.00	236051.00	-1674.00	652.00	417.00	235.00
2017	5603.11	5824.86	-221.74	12655.95	15207.99	-2552.04	14288.37	13258.71	1029.66	346960.79	319037.21	27923.58	347.86	633.55	-285.69
2018	5956.35	4697.08	1259.26	7284.57	10384.15	-3099.57	16704.97	9990.33	6714.63	372288.88	372392.77	-103.89	363.26	431.61	-68.35
2019	14638.00	12903.00	1735.00	13794.00	12589.00	1205.00	33685.00	21508.00	12177.00	467820.00	472928.00	-5108.00	579.00	526.00	53.00
2020	30908.01	32133.89	-1225.88	40941.14	35309.91	5631.23	61701.96	41250.11	20451.85	677303.15	663720.85	13582.30	1332.42	1197.16	135.26

注：2018年及以前数据来源于中国证监会，2019年及以后数据来自中国证券投资基金业协会。

一、公开募集证券投资基金数据

表5　　　　　　　　开放式公募基金账户情况　　　　　　（单位：万户）

年份	基金账户数	基金有效账户数	个人有效账户数	机构有效账户数
2007	14 776.83	9 091.34	9 086.80	4.54
2008	16 846.51	8 459.42	8 454.35	5.07
2009	18 640.66	8 092.47	8 084.09	8.38
2010	19 533.39	7 494.94	7 491.45	3.49
2011	21 636.55	7 973.62	7 968.36	5.26
2012	22 717.42	7 635.71	7 630.14	5.57
2013	28 773.46	8 696.72	8 691.34	5.38
2014	46 408.83	12 742.26	12 734.55	7.71
2015	67 917.39	18 758.55	18 750.76	7.80
2016	94 303.67	26 954.59	26 946.09	8.50
2017	134 903.48	41 891.60	41 880.38	11.23
2018	212 637.27	61 728.43	61 715.86	12.57
2019	279 859.00	79 341.83	79 316.61	25.22
2020	387 155.04	118 530.97	118 493.78	37.19

资料来源：中国证监会。

二、证券期货经营机构私募资产管理业务数据

表1　　　　基金管理公司私募资产管理计划数量与规模

年份	数量(只)	规模(亿元)
2013	1 668	4 739.01
2014	3 104	12 240.41
2015	5 122	28 943.83
2016	7 147	51 043.24
2017	6 402	49 625.25
2018	5 962	43 701.91
2019	5 374	43 444.46
2020	6 507	46 654.19

注：不含基金管理公司管理的养老金。
资料来源：中国证券投资基金业协会（AMAC）。

表2　　　　基金子公司私募资产管理计划数量与规模

年份	数量(只)	规模(亿元)
2013	3 094	9 707.28
2014	9 389	37 390.06
2015	16 092	85 712.74
2016	14 494	105 030.91
2017	9 999	73 098.54
2018	7 592	52 469.94
2019	5 678	41 884.70
2020	4 938	33 902.64

资料来源：中国证券投资基金业协会（AMAC）。

表3　　　　证券公司私募资产管理计划数量与规模

年份	数量(只)	规模(亿元)
2013	7 329	52 059.25
2014	12 485	79 463.29
2015	18 228	118 948.07
2016	24 281	173 110.74

二、证券期货经营机构私募资产管理业务数据

续表

年份	数量(只)	规模(亿元)
2017	22 031	165 152.16
2018	18 923	129 106.07
2019	16 041	103 367.29
2020	16 854	80 106.56

注：不含证券公司私募子公司管理的私募基金。

资料来源：中国证券投资基金业协会（AMAC）。

表4　　　　期货公司私募资产管理计划数量与规模

年份	数量(只)	规模(亿元)
2014	—	124.82
2015	3 478	1 063.74
2016	3 644	2 791.72
2017	3 319	2 458.40
2018	1 809	1 276.34
2019	1 219	1 428.62
2020	1 265	2 196.69

资料来源：中国证券投资基金业协会（AMAC）。

表5　　　　证券公司私募子公司私募基金数量与规模

年份	数量(只)	规模(亿元)
2015	175	1 193.23
2016	501	2 671.38
2017	714	3 690.79
2018	817	4 463.23
2019	925	4 937.19
2020	989	5 424.06

资料来源：中国证券投资基金业协会（AMAC）。

三、私募投资基金数据

（一）私募投资基金管理人数据

表 1　　私募投资基金管理人登记通过情况　　（单位：家）

年份	私募证券投资基金管理人	私募股权、创业投资基金管理人	私募资产配置类基金管理人	其他私募投资基金管理人	合计
2014	1 534	3 346	1	183	5 064
2015	8 730	10 552	1	832	20 115
2016	1 321	2 729	0	144	4 194
2017	1 605	4 329	1	81	6 016
2018	791	2 001	0	16	2 808
2019	286	808	2	4	1 100
2020	431	709	4	4	1 148

注：当期登记通过的机构，含当期登记当期注销的机构，按管理人初始登记日期统计。

资料来源：中国证券投资基金业协会（AMAC）。

表 2　　私募投资基金管理人存量　　（单位：家）

年份	私募证券投资基金管理人	私募股权、创业投资基金管理人	私募资产配置类基金管理人	其他私募投资基金管理人	合计
2014	1 438	3 366	0	151	4 955
2015	10 965	13 241	0	799	25 005
2016	7 996	9 540	0	452	17 988
2017	8 467	13 200	0	779	22 446
2018	8 989	14 683	0	776	24 448
2019	8 857	14 882	5	727	24 471
2020	8 908	14 986	9	658	24 561

注：存量指登记通过且当期末未注销机构数量。

资料来源：中国证券投资基金业协会（AMAC）。

三、私募投资基金数据

表 3-1 2020 年登记通过的私募投资基金管理人地域分布（按注册地）

注册地	管理人数量（家）	管理人数量占比（%）	基金数量（只）	基金数量占比（%）	基金规模（亿元）	基金规模占比（%）
上海市	156	13.59	274	21.29	569.76	26.78
北京市	152	13.24	126	9.79	976.40	45.90
深圳市	138	12.02	184	14.30	90.55	4.26
青岛市	97	8.45	120	9.32	44.96	2.11
广东省（不含深圳）	96	8.36	84	6.53	41.61	1.96
浙江省（不含宁波）	91	7.93	91	7.07	72.40	3.40
江苏省	72	6.27	54	4.20	33.66	1.58
山东省（不含青岛）	37	3.22	60	4.66	23.41	1.10
宁波市	33	2.87	46	3.57	23.16	1.09
湖南省	24	2.09	19	1.48	5.80	0.27
四川省	24	2.09	17	1.32	12.93	0.61
陕西省	24	2.09	24	1.86	7.74	0.36
湖北省	22	1.92	33	2.56	84.72	3.98
天津市	19	1.66	9	0.70	25.32	1.19
安徽省	19	1.66	28	2.18	18.96	0.89
江西省	19	1.66	25	1.94	7.65	0.36
福建省（不含厦门）	18	1.57	36	2.80	15.11	0.71
河南省	17	1.48	14	1.09	3.42	0.16
厦门市	17	1.48	10	0.78	13.74	0.65
海南省	13	1.13	6	0.47	2.51	0.12
内蒙古自治区	9	0.78	4	0.31	0.86	0.04
重庆市	8	0.70	2	0.16	1.50	0.07
山西省	7	0.61	2	0.16	0.74	0.03
辽宁省（不含大连）	6	0.52	0	0.00	0.00	0.00
云南省	5	0.44	5	0.39	3.02	0.14
广西壮族自治区	4	0.35	7	0.54	46.01	2.16

续表

注册地	管理人数量（家）	管理人数量占比（%）	基金数量（只）	基金数量占比（%）	基金规模（亿元）	基金规模占比（%）
贵州省	4	0.35	1	0.08	0.10	0.00
河北省	3	0.26	0	0.00	0.00	0.00
黑龙江省	3	0.26	0	0.00	0.00	0.00
甘肃省	3	0.26	0	0.00	0.00	0.00
西藏自治区	2	0.17	4	0.31	0.21	0.01
大连市	2	0.17	0	0.00	0.00	0.00
吉林省	1	0.09	0	0.00	0.00	0.00
青海省	1	0.09	0	0.00	0.00	0.00
宁夏回族自治区	1	0.09	1	0.08	0.54	0.03
新疆维吾尔自治区	1	0.09	1	0.08	0.50	0.02
合计	1 148	100.00	1 287	100.00	2 127.29	100.00

注：该统计口径下管理人数量为0的地域未列示。

资料来源：中国证券投资基金业协会（AMAC）。

表3-2　2020年登记通过的私募证券投资基金管理人地域分布（按注册地）

注册地	管理人数量（家）	管理人数量占比（%）	基金数量（只）	基金数量占比（%）	基金规模（亿元）	基金规模占比（%）
上海市	83	19.26	236	26.55	431.41	67.92
深圳市	64	14.85	133	14.96	46.76	7.36
青岛市	55	12.76	100	11.25	18.88	2.97
北京市	54	12.53	82	9.22	26.63	4.19
广东省（不含深圳）	37	8.58	63	7.09	13.04	2.05
浙江省（不含宁波）	25	5.80	45	5.06	28.80	4.53
山东省（不含青岛）	16	3.71	43	4.84	5.63	0.89
宁波市	15	3.48	36	4.05	18.04	2.84
江苏省	12	2.78	20	2.25	10.03	1.58

续表

注册地	管理人数量(家)	管理人数量占比(%)	基金数量(只)	基金数量占比(%)	基金规模(亿元)	基金规模占比(%)
福建省(不含厦门)	11	2.55	32	3.60	12.18	1.92
陕西省	10	2.32	15	1.69	2.01	0.32
江西省	9	2.09	17	1.91	2.27	0.36
海南省	8	1.86	4	0.45	1.56	0.25
湖南省	7	1.62	10	1.12	0.94	0.15
湖北省	6	1.39	19	2.14	6.77	1.07
河南省	5	1.16	9	1.01	2.11	0.33
安徽省	3	0.70	8	0.90	5.02	0.79
四川省	3	0.70	8	0.90	1.93	0.30
天津市	2	0.46	0	0.00	0.00	0.00
厦门市	2	0.46	3	0.34	0.69	0.11
山西省	1	0.23	0	0.00	0.00	0.00
辽宁省	1	0.23	0	0.00	0.00	0.00
云南省	1	0.23	3	0.34	0.32	0.05
西藏自治区	1	0.23	3	0.34	0.09	0.01
合计	431	100.00	889	100.00	635.14	100.00

注：该统计口径下管理人数量为0的地域未列示。

资料来源：中国证券投资基金业协会（AMAC）。

表3-3 2020年登记的私募股权、创业投资基金管理人地域分布（按注册地）

注册地	管理人数量(家)	管理人数量占比(%)	基金数量(只)	基金数量占比(%)	基金规模(亿元)	基金规模占比(%)
北京市	95	13.40	43	10.86	949.71	63.80
深圳市	73	10.30	51	12.88	43.78	2.94
上海市	69	9.73	37	9.34	134.92	9.06
浙江省(不含宁波)	66	9.31	46	11.62	43.60	2.93

续表1

注册地	管理人数量（家）	管理人数量占比（%）	基金数量（只）	基金数量占比（%）	基金规模（亿元）	基金规模占比（%）
江苏省	60	8.46	34	8.59	23.62	1.59
广东省（不含深圳）	59	8.32	21	5.30	28.57	1.92
青岛市	42	5.92	20	5.05	26.08	1.75
山东省（不含青岛）	21	2.96	17	4.29	17.77	1.19
四川省	21	2.96	9	2.27	10.99	0.74
宁波市	18	2.54	10	2.53	5.12	0.34
天津市	17	2.40	9	2.27	25.32	1.70
湖南省	17	2.40	9	2.27	4.87	0.33
安徽省	16	2.26	20	5.05	13.94	0.94
湖北省	16	2.26	14	3.54	77.95	5.24
厦门市	15	2.12	7	1.77	13.05	0.88
陕西省	14	1.97	9	2.27	5.73	0.39
河南省	12	1.69	5	1.26	1.31	0.09
江西省	10	1.41	8	2.02	5.38	0.36
内蒙古自治区	9	1.27	4	1.01	0.86	0.06
重庆市	8	1.13	2	0.51	1.50	0.10
福建省（不含厦门）	7	0.99	4	1.01	2.92	0.20
山西省	6	0.85	2	0.51	0.74	0.05
辽宁省（不含大连）	5	0.71	0	0.00	0.00	0.00
海南省	5	0.71	2	0.51	0.95	0.06
广西壮族自治区	4	0.56	7	1.77	46.01	3.09
贵州省	4	0.56	1	0.25	0.10	0.01
云南省	4	0.56	2	0.51	2.70	0.18
河北省	3	0.42	0	0.00	0.00	0.00

续表2

注册地	管理人数量(家)	管理人数量占比(%)	基金数量(只)	基金数量占比(%)	基金规模(亿元)	基金规模占比(%)
黑龙江省	3	0.42	0	0.00	0.00	0.00
甘肃省	3	0.42	0	0.00	0.00	0.00
大连市	2	0.28	0	0.00	0.00	0.00
吉林省	1	0.14	0	0.00	0.00	0.00
西藏自治区	1	0.14	1	0.25	0.12	0.01
青海省	1	0.14	0	0.00	0.00	0.00
宁夏回族自治区	1	0.14	1	0.25	0.54	0.04
新疆维吾尔自治区	1	0.14	1	0.25	0.50	0.03
合计	709	100.00	396	100.00	1 488.66	100.00

注：该统计口径下管理人数量为0的地域未列示。

资料来源：中国证券投资基金业协会（AMAC）。

表4-1 2020年末存量私募投资基金管理人地域分布（按注册地）

注册地	管理人数量(家)	管理人数量占比(%)	基金数量(只)	基金数量占比(%)	基金规模(亿元)	基金规模占比(%)
上海市	4 648	18.92	27 224	28.12	40 081.91	23.64
深圳市	4 473	18.21	16 361	16.90	20 596.93	12.15
北京市	4 336	17.65	15 832	16.35	37 517.50	22.12
浙江省（不含宁波）	2 074	8.44	8 042	8.31	9 807.85	5.78
广东省（不含深圳）	1 746	7.11	6 827	7.05	9 536.84	5.62
江苏省	1 165	4.74	3 603	3.72	8 593.10	5.07
宁波市	844	3.44	3 521	3.64	5 610.27	3.31
天津市	470	1.91	1 989	2.05	8 422.95	4.97
四川省	434	1.77	1 039	1.07	2 017.80	1.19
湖北省	383	1.56	805	0.83	1 832.88	1.08
青岛市	362	1.47	887	0.92	1 106.58	0.65

续表

注册地	管理人数量（家）	管理人数量占比（%）	基金数量（只）	基金数量占比（%）	基金规模（亿元）	基金规模占比（%）
厦门市	353	1.44	1 274	1.32	972.26	0.57
山东省（不含青岛）	345	1.40	824	0.85	1 574.11	0.93
江西省	265	1.08	718	0.74	1 612.81	0.95
湖南省	263	1.07	686	0.71	882.23	0.52
陕西省	260	1.06	620	0.64	1 050.28	0.62
福建省（不含厦门）	239	0.97	1 086	1.12	1 783.37	1.05
安徽省	224	0.91	886	0.92	2 998.72	1.77
西藏自治区	214	0.87	1 328	1.37	3 349.80	1.98
重庆市	210	0.86	504	0.52	1 551.78	0.92
河南省	148	0.60	375	0.39	810.61	0.48
新疆维吾尔自治区	135	0.55	331	0.34	1 352.26	0.80
河北省	125	0.51	233	0.24	535.93	0.32
大连市	88	0.36	229	0.24	116.04	0.07
云南省	87	0.35	164	0.17	1 215.34	0.72
广西壮族自治区	86	0.35	213	0.22	645.09	0.38
贵州省	85	0.35	222	0.23	1 397.31	0.82
辽宁省（不含大连）	76	0.31	133	0.14	110.12	0.06
海南省	70	0.29	175	0.18	363.38	0.21
吉林省	69	0.28	122	0.13	302.57	0.18
山西省	65	0.26	136	0.14	819.35	0.48
黑龙江省	60	0.24	92	0.10	102.02	0.06
宁夏回族自治区	55	0.22	137	0.14	258.01	0.15
内蒙古自治区	54	0.22	115	0.12	323.76	0.19
甘肃省	36	0.15	52	0.05	187.77	0.11
青海省	14	0.06	33	0.03	138.75	0.08
合计	24 561	100.00	96 818	100.00	169 578.29	100.00

资料来源：中国证券投资基金业协会（AMAC）。

表 4-2　2020 年末存量私募证券投资基金管理人地域分布（按注册地）

注册地	管理人数量（家）	管理人数量占比（%）	基金数量（只）	基金数量占比（%）	基金规模（亿元）	基金规模占比（%）
上海市	2 189	24.57	19 369	36.03	19 905.09	46.08
深圳市	1 947	21.86	9 303	17.30	4 877.23	11.29
北京市	1 374	15.42	7 432	13.82	6 113.88	14.15
广东省（不含深圳）	770	8.64	4 101	7.63	1 916.53	4.44
浙江省（不含宁波）	754	8.46	4 433	8.25	3 036.35	7.03
宁波市	242	2.72	1 960	3.65	2 219.53	5.14
江苏省	234	2.63	914	1.70	729.28	1.69
青岛市	146	1.64	455	0.85	116.90	0.27
厦门市	118	1.32	784	1.46	139.55	0.32
福建省（不含厦门）	114	1.28	697	1.30	202.08	0.47
四川省	108	1.21	447	0.83	158.55	0.37
湖北省	105	1.18	328	0.61	88.80	0.21
天津市	93	1.04	733	1.36	2 009.36	4.65
江西省	89	1.00	286	0.53	83.13	0.19
湖南省	82	0.92	282	0.52	36.87	0.09
山东省（不含青岛）	80	0.90	291	0.54	101.99	0.24
陕西省	70	0.79	239	0.44	63.81	0.15
西藏自治区	62	0.70	588	1.09	636.33	1.47
安徽省	44	0.49	174	0.32	56.23	0.13
河南省	39	0.44	168	0.31	182.98	0.42
重庆市	39	0.44	144	0.27	29.29	0.07
大连市	38	0.43	131	0.24	39.79	0.09
海南省	27	0.30	115	0.21	171.38	0.40
河北省	22	0.25	36	0.07	2.81	0.01
广西壮族自治区	21	0.24	58	0.11	5.15	0.01
辽宁省（不含大连）	20	0.22	58	0.11	63.31	0.15

续表

注册地	管理人数量(家)	管理人数量占比(%)	基金数量(只)	基金数量占比(%)	基金规模(亿元)	基金规模占比(%)
黑龙江省	15	0.17	28	0.05	2.16	0.01
吉林省	13	0.15	37	0.07	10.22	0.02
云南省	12	0.13	38	0.07	16.71	0.04
宁夏回族自治区	12	0.13	29	0.05	21.52	0.05
山西省	10	0.11	13	0.02	2.66	0.01
新疆维吾尔自治区	8	0.09	18	0.03	2.58	0.01
甘肃省	4	0.04	7	0.01	0.21	0.00
内蒙古自治区	3	0.03	14	0.03	2.95	0.01
贵州省	3	0.03	50	0.09	126.39	0.29
青海省	1	0.01	1	0.00	21.47	0.05
合计	8 908	100.00	53 761	100.00	43 193.11	100.00

资料来源：中国证券投资基金业协会（AMAC）。

表4-3　2020年末存量私募股权、创业投资基金管理人地域分布（按注册地）

注册地	管理人数量(家)	管理人数量占比(%)	基金数量(只)	基金数量占比(%)	基金规模(亿元)	基金规模占比(%)
北京市	2 824	18.84	7 957	19.76	29 214.91	25.09
深圳市	2 399	16.01	6 555	16.28	14 561.11	12.50
上海市	2 288	15.27	6 953	17.27	18 452.82	15.85
浙江省（不含宁波）	1 258	8.39	3 357	8.34	5 407.13	4.64
广东省（不含深圳）	957	6.39	2 695	6.69	7 543.86	6.48
江苏省	894	5.97	2 558	6.35	7 782.48	6.68
宁波市	587	3.92	1 470	3.65	3 185.69	2.74
天津市	365	2.44	1 192	2.96	5 522.19	4.74
四川省	316	2.11	569	1.41	1 756.15	1.51
湖北省	273	1.82	441	1.10	1 666.98	1.43

续表

注册地	管理人数量（家）	管理人数量占比（%）	基金数量（只）	基金数量占比（%）	基金规模（亿元）	基金规模占比（%）
山东省（不含青岛）	260	1.73	527	1.31	1 455.11	1.25
厦门市	232	1.55	483	1.20	809.05	0.69
青岛市	213	1.42	425	1.06	947.96	0.81
陕西省	186	1.24	374	0.93	984.66	0.85
湖南省	179	1.19	402	1.00	844.56	0.73
江西省	170	1.13	391	0.97	1 270.87	1.09
安徽省	169	1.13	610	1.52	2 216.11	1.90
重庆市	162	1.08	342	0.85	1 501.12	1.29
西藏自治区	149	0.99	730	1.81	2 706.53	2.32
新疆维吾尔自治区	124	0.83	276	0.69	1 078.36	0.93
福建省（不含厦门）	121	0.81	362	0.90	1 279.09	1.10
河南省	107	0.71	202	0.50	595.54	0.51
河北省	101	0.67	195	0.48	532.93	0.46
贵州省	78	0.52	165	0.41	1 080.87	0.93
云南省	73	0.49	111	0.28	1 190.63	1.02
广西壮族自治区	65	0.43	155	0.38	639.94	0.55
辽宁省（不含大连）	56	0.37	75	0.19	46.81	0.04
吉林省	56	0.37	85	0.21	292.35	0.25
山西省	55	0.37	123	0.31	816.69	0.70
内蒙古自治区	50	0.33	100	0.25	318.90	0.27
大连市	48	0.32	89	0.22	73.22	0.06
黑龙江省	45	0.30	64	0.16	99.86	0.09
宁夏回族自治区	42	0.28	101	0.25	166.40	0.14
海南省	41	0.27	56	0.14	186.55	0.16
甘肃省	31	0.21	44	0.11	138.57	0.12
青海省	12	0.08	27	0.07	81.02	0.07
合计	14 986	100.00	40 261	100.00	116 447.03	100.00

资料来源：中国证券投资基金业协会（AMAC）。

表 5-1 2020 年登记通过的私募投资基金管理人地域分布（按办公地）

办公地	管理人数量（家）	管理人数量占比（%）	基金数量（只）	基金数量占比（%）	基金规模（亿元）	基金规模占比（%）
上海市	223	19.43	372	28.90	512.55	24.09
北京市	222	19.34	197	15.31	1 135.59	53.38
深圳市	156	13.59	206	16.01	114.59	5.39
广东省（不含深圳）	68	5.92	44	3.42	13.99	0.66
江苏省	67	5.84	50	3.89	26.06	1.22
浙江省（不含宁波）	62	5.40	58	4.51	47.79	2.25
山东省（不含青岛）	35	3.05	32	2.49	19.94	0.94
湖南省	29	2.53	28	2.18	7.26	0.34
四川省	28	2.44	26	2.02	13.90	0.65
陕西省	27	2.35	33	2.56	8.84	0.42
河南省	25	2.18	21	1.63	3.57	0.17
青岛市	25	2.18	16	1.24	15.93	0.75
湖北省	19	1.66	26	2.02	81.83	3.85
厦门市	19	1.66	20	1.55	7.38	0.35
安徽省	16	1.39	38	2.95	24.04	1.13
天津市	15	1.31	8	0.62	17.96	0.84
重庆市	13	1.13	10	0.78	2.77	0.13
宁波市	13	1.13	16	1.24	10.18	0.48
山西省	11	0.96	11	0.85	2.59	0.12
福建省（不含厦门）	10	0.87	23	1.79	3.52	0.17
海南省	9	0.78	4	0.31	1.74	0.08
江西省	8	0.70	5	0.39	2.98	0.14
云南省	8	0.70	25	1.94	4.21	0.20
内蒙古自治区	7	0.61	3	0.23	0.84	0.04
辽宁省（不含大连）	7	0.61	0	0.00	0.00	0.00
黑龙江省	5	0.44	4	0.31	0.06	0.00

续表

办公地	管理人数量（家）	管理人数量占比（%）	基金数量（只）	基金数量占比（%）	基金规模（亿元）	基金规模占比（%）
贵州省	5	0.44	1	0.08	0.10	0.00
广西壮族自治区	4	0.35	7	0.54	46.01	2.16
甘肃省	3	0.26	0	0.00	0.00	0.00
河北省	2	0.17	0	0.00	0.00	0.00
新疆维吾尔自治区	2	0.17	1	0.08	0.50	0.02
大连市	2	0.17	0	0.00	0.00	0.00
吉林省	1	0.09	1	0.08	0.04	0.00
青海省	1	0.09	0	0.00	0.00	0.00
宁夏回族自治区	1	0.09	1	0.08	0.54	0.03
合计	1 148	100.00	1 287	100.00	2 127.29	100.00

注：该统计口径下管理人数量为0的地域未列示。

资料来源：中国证券投资基金业协会（AMAC）。

表5-2 2020年登记通过的私募证券投资基金管理人地域分布（按办公地）

办公地	管理人数量（家）	管理人数量占比（%）	基金数量（只）	基金数量占比（%）	基金规模（亿元）	基金规模占比（%）
上海市	119	27.61	313	35.21	434.34	68.38
北京市	74	17.17	125	14.06	65.50	10.31
深圳市	73	16.94	151	16.99	51.66	8.13
广东省（不含深圳）	24	5.57	31	3.49	6.08	0.96
浙江省（不含宁波）	20	4.64	34	3.82	21.23	3.34
江苏省	14	3.25	19	2.14	9.80	1.54
陕西省	11	2.55	16	1.80	2.25	0.35
山东省（不含青岛）	10	2.32	19	2.14	3.01	0.47
河南省	10	2.32	13	1.46	2.10	0.33
湖南省	10	2.32	16	1.80	1.80	0.28
四川省	7	1.62	17	1.91	2.91	0.46
海南省	6	1.39	3	0.34	1.24	0.20

续表

办公地	管理人数量（家）	管理人数量占比（%）	基金数量（只）	基金数量占比（%）	基金规模（亿元）	基金规模占比（%）
青岛市	6	1.39	5	0.56	0.49	0.08
山西省	5	1.16	9	1.01	1.85	0.29
福建省（不含厦门）	5	1.16	20	2.25	2.70	0.43
重庆市	5	1.16	8	0.90	1.27	0.20
宁波市	5	1.16	12	1.35	2.97	0.47
厦门市	5	1.16	15	1.69	6.47	1.02
天津市	4	0.93	2	0.22	0.17	0.03
湖北省	4	0.93	13	1.46	3.94	0.62
云南省	4	0.93	23	2.59	1.52	0.24
安徽省	3	0.70	20	2.25	11.68	1.84
辽宁省（不含大连）	2	0.46	0	0.00	0.00	0.00
江西省	2	0.46	1	0.11	0.10	0.02
吉林省	1	0.23	1	0.11	0.04	0.01
黑龙江省	1	0.23	3	0.34	0.06	0.01
新疆维吾尔自治区	1	0.23	0	0.00	0.00	0.00
合计	431	100.00	889	100.00	635.14	100.00

注：该统计口径下管理人数量为0的地域未列示。

资料来源：中国证券投资基金业协会（AMAC）。

表5-3 2020年登记通过的私募股权、创业投资基金管理人地域分布（按办公地）

办公地	管理人数量（家）	管理人数量占比（%）	基金数量（只）	基金数量占比（%）	基金规模（亿元）	基金规模占比（%）
北京市	145	20.45	71	17.93	1 070.03	71.88
上海市	100	14.10	58	14.65	74.79	5.02
深圳市	82	11.57	55	13.89	62.93	4.23
江苏省	53	7.48	31	7.83	16.25	1.09
广东省（不含深圳）	44	6.21	13	3.28	7.91	0.53
浙江省（不含宁波）	42	5.92	24	6.06	26.56	1.78

续表

办公地	管理人数量（家）	管理人数量占比（%）	基金数量（只）	基金数量占比（%）	基金规模（亿元）	基金规模占比（%）
山东省（不含青岛）	25	3.53	13	3.28	16.93	1.14
四川省	21	2.96	9	2.27	10.99	0.74
湖南省	19	2.68	12	3.03	5.46	0.37
青岛市	19	2.68	11	2.78	15.44	1.04
陕西省	16	2.26	17	4.29	6.59	0.44
河南省	15	2.12	8	2.02	1.47	0.10
湖北省	15	2.12	13	3.28	77.89	5.23
厦门市	14	1.97	5	1.26	0.91	0.06
安徽省	13	1.83	18	4.55	12.37	0.83
天津市	11	1.55	6	1.52	17.79	1.19
重庆市	8	1.13	2	0.51	1.50	0.10
宁波市	8	1.13	4	1.01	7.21	0.48
内蒙古自治区	7	0.99	3	0.76	0.84	0.06
山西省	6	0.85	2	0.51	0.74	0.05
江西省	6	0.85	4	1.01	2.88	0.19
辽宁省（不含大连）	5	0.71	0	0.00	0.00	0.00
福建省（不含厦门）	5	0.71	3	0.76	0.82	0.05
贵州省	5	0.71	1	0.25	0.10	0.01
黑龙江省	4	0.56	1	0.25	0.00	0.00
广西壮族自治区	4	0.56	7	1.77	46.01	3.09
云南省	4	0.56	2	0.51	2.70	0.18
海南省	3	0.42	1	0.25	0.50	0.03
甘肃省	3	0.42	0	0.00	0.00	0.00
河北省	2	0.28	0	0.00	0.00	0.00
大连市	2	0.28	0	0.00	0.00	0.00
青海省	1	0.14	0	0.00	0.00	0.00
宁夏回族自治区	1	0.14	1	0.25	0.54	0.04
新疆维吾尔自治区	1	0.14	1	0.25	0.50	0.03
合计	709	100.00	396	100.00	1 488.66	100.00

注：该统计口径下管理人数量为0的地域未列示。

资料来源：中国证券投资基金业协会（AMAC）。

表6-1　2020年末存量私募投资基金管理人地域分布（按办公地）

办公地	管理人数量（家）	管理人数量占比（%）	基金数量（只）	基金数量占比（%）	基金规模（亿元）	基金规模占比（%）
北京市	5 604	22.82	21 932	22.65	58 648.71	34.59
上海市	5 068	20.63	28 096	29.02	38 437.61	22.67
深圳市	3 714	15.12	14 633	15.11	21 347.95	12.59
广东省（不含深圳）	1 699	6.92	6 896	7.12	8 664.01	5.11
浙江省（不含宁波）	1 658	6.75	6 971	7.20	9 128.98	5.38
江苏省	1 125	4.58	3 149	3.25	6 911.27	4.08
四川省	578	2.35	1 419	1.47	1 969.83	1.16
山东省（不含青岛）	433	1.76	941	0.97	1 767.04	1.04
湖北省	406	1.65	908	0.94	2 010.54	1.19
湖南省	341	1.39	897	0.93	968.83	0.57
厦门市	341	1.39	1 267	1.31	960.85	0.57
河南省	327	1.33	800	0.83	1 223.51	0.72
陕西省	326	1.33	827	0.85	1 210.30	0.71
重庆市	285	1.16	713	0.74	1 357.82	0.80
宁波市	272	1.11	934	0.96	750.03	0.44
天津市	263	1.07	818	0.84	2 639.20	1.56
福建省（不含厦门）	246	1.00	1 275	1.32	1 194.67	0.70
青岛市	234	0.95	637	0.66	644.78	0.38
安徽省	220	0.90	591	0.61	2 026.50	1.20
河北省	191	0.78	413	0.43	376.96	0.22
江西省	150	0.61	329	0.34	993.70	0.59
大连市	127	0.52	297	0.31	134.94	0.08
山西省	111	0.45	263	0.27	904.36	0.53
云南省	111	0.45	349	0.36	1 267.33	0.75
辽宁省（不含大连）	107	0.44	190	0.20	119.80	0.07
贵州省	94	0.38	261	0.27	1 415.54	0.83

续表

办公地	管理人数量（家）	管理人数量占比（%）	基金数量（只）	基金数量占比（%）	基金规模（亿元）	基金规模占比（%）
广西壮族自治区	89	0.36	221	0.23	663.22	0.39
吉林省	83	0.34	140	0.14	354.12	0.21
黑龙江省	72	0.29	127	0.13	106.59	0.06
新疆维吾尔自治区	69	0.28	130	0.13	442.42	0.26
海南省	61	0.25	75	0.08	91.95	0.05
内蒙古自治区	55	0.22	104	0.11	283.56	0.17
宁夏回族自治区	41	0.17	88	0.09	175.68	0.10
甘肃省	35	0.14	45	0.05	95.57	0.06
青海省	14	0.06	40	0.04	218.26	0.13
西藏自治区	10	0.04	41	0.04	71.83	0.04
中国香港	1	0.00	1	0.00	0.02	0.00
合计	24 561	100.00	96 818	100.00	169 578.29	100.00

资料来源：中国证券投资基金业协会（AMAC）。

表6-2 2020年末存量私募证券投资基金管理人地域分布（按办公地）

办公地	管理人数量（家）	管理人数量占比（%）	基金数量（只）	基金数量占比（%）	基金规模（亿元）	基金规模占比（%）
上海市	2 213	24.84	18 816	35.00	16 195.19	37.49
深圳市	1 568	17.60	8 437	15.69	7 401.86	17.14
北京市	1 558	17.49	9 777	18.19	9 359.60	21.67
广东省（不含深圳）	832	9.34	4 398	8.18	2 124.39	4.92
浙江省（不含宁波）	591	6.63	3 785	7.04	3 208.39	7.43
江苏省	291	3.27	981	1.82	808.39	1.87
四川省	186	2.09	702	1.31	232.05	0.54
湖南省	131	1.47	451	0.84	68.83	0.16
福建省（不含厦门）	129	1.45	965	1.79	254.93	0.59
山东省（不含青岛）	129	1.45	372	0.69	69.66	0.16

续表

办公地	管理人数量（家）	管理人数量占比（%）	基金数量（只）	基金数量占比（%）	基金规模（亿元）	基金规模占比（%）
湖北省	128	1.44	447	0.83	434.06	1.00
河南省	121	1.36	415	0.77	216.30	0.50
厦门市	118	1.32	798	1.48	165.78	0.38
陕西省	109	1.22	386	0.72	113.95	0.26
宁波市	100	1.12	525	0.98	349.45	0.81
天津市	88	0.99	392	0.73	1 424.92	3.30
重庆市	79	0.89	335	0.62	66.44	0.15
河北省	67	0.75	226	0.42	122.40	0.28
青岛市	66	0.74	307	0.57	59.15	0.14
大连市	61	0.68	179	0.33	48.79	0.11
江西省	55	0.62	132	0.25	16.86	0.04
安徽省	48	0.54	171	0.32	49.17	0.11
辽宁省（不含大连）	40	0.45	101	0.19	66.50	0.15
山西省	37	0.42	88	0.16	14.28	0.03
云南省	28	0.31	217	0.40	102.03	0.24
广西壮族自治区	27	0.30	68	0.13	5.57	0.01
黑龙江省	23	0.26	58	0.11	6.18	0.01
海南省	23	0.26	31	0.06	10.23	0.02
吉林省	19	0.21	47	0.09	10.58	0.02
宁夏回族自治区	11	0.12	28	0.05	17.94	0.04
新疆维吾尔自治区	11	0.12	17	0.03	2.06	0.00
贵州省	7	0.08	85	0.16	144.67	0.33
内蒙古自治区	5	0.06	11	0.02	0.74	0.00
甘肃省	5	0.06	7	0.01	0.21	0.00
青海省	2	0.02	5	0.01	21.54	0.05
西藏自治区	1	0.01	0	0.00	0.00	0.00
中国香港	1	0.01	1	0.00	0.02	0.00
合计	8 908	100.00	53 761	100.00	43 193.11	100.00

资料来源：中国证券投资基金业协会（AMAC）。

三、私募投资基金数据

表 6-3 2020 年末存量私募股权、创业投资基金管理人地域分布（按办公地）

办公地	管理人数量（家）	管理人数量占比（%）	基金数量（只）	基金数量占比（%）	基金规模（亿元）	基金规模占比（%）
北京市	3 861	25.76	11 373	28.25	44 688.18	38.38
上海市	2 678	17.87	8 393	20.85	20 547.28	17.65
深圳市	2 045	13.65	5 769	14.33	12 940.77	11.11
浙江省（不含宁波）	1 016	6.78	2 970	7.38	4 774.98	4.10
广东省（不含深圳）	846	5.65	2 472	6.14	6 511.79	5.59
江苏省	801	5.34	2 041	5.07	6 025.81	5.17
四川省	380	2.54	680	1.69	1 617.82	1.39
山东省（不含青岛）	298	1.99	560	1.39	1 680.09	1.44
湖北省	271	1.81	422	1.05	1 497.09	1.29
厦门市	219	1.46	460	1.14	770.99	0.66
陕西省	210	1.40	421	1.05	1 057.64	0.91
湖南省	208	1.39	444	1.10	899.20	0.77
河南省	198	1.32	359	0.89	919.92	0.79
重庆市	198	1.32	364	0.90	1 282.04	1.10
天津市	169	1.13	419	1.04	1 202.31	1.03
宁波市	168	1.12	397	0.99	391.25	0.34
青岛市	165	1.10	326	0.81	583.71	0.50
安徽省	164	1.09	331	0.82	1 351.56	1.16
河北省	120	0.80	180	0.45	247.44	0.21
福建省（不含厦门）	114	0.76	307	0.76	937.58	0.81
江西省	92	0.61	190	0.47	934.23	0.80
贵州省	83	0.55	169	0.42	1 080.83	0.93
云南省	81	0.54	117	0.29	1 157.29	0.99
山西省	74	0.49	175	0.43	890.08	0.76

续表

办公地	管理人数量(家)	管理人数量占比(%)	基金数量(只)	基金数量占比(%)	基金规模(亿元)	基金规模占比(%)
辽宁省(不含大连)	67	0.45	89	0.22	53.30	0.05
吉林省	64	0.43	93	0.23	343.53	0.30
大连市	63	0.42	107	0.27	82.14	0.07
广西壮族自治区	60	0.40	152	0.38	657.55	0.56
新疆维吾尔自治区	58	0.39	113	0.28	440.36	0.38
内蒙古自治区	50	0.33	93	0.23	282.82	0.24
黑龙江省	49	0.33	69	0.17	100.40	0.09
海南省	37	0.25	44	0.11	81.72	0.07
甘肃省	30	0.20	38	0.09	95.37	0.08
宁夏回族自治区	29	0.19	53	0.13	87.65	0.08
青海省	11	0.07	30	0.07	160.47	0.14
西藏自治区	9	0.06	41	0.10	71.83	0.06
合计	14 986	100.00	40 261	100.00	116 447.03	100.00

资料来源：中国证券投资基金业协会（AMAC）。

（二）私募投资基金数据

表1　　　　　私募投资基金备案通过情况（备案数量）　　　　（单位：只）

年份	私募证券投资基金	私募股权投资基金	创业投资基金	私募资产配置类基金	其他私募投资基金	合计
2017	13 678	8 912	2 252	0	3 169	28 011
2018	11 178	7 544	2 501	0	1 285	22 508
2019	13 036	4 047	1 866	5	5	18 959
2020	20 079	3 860	2 623	5	0	26 567

注：指当期备案通过的产品（含当期备案当期清盘的产品）。

三、私募投资基金数据

表2　私募投资基金备案通过情况（备案规模）　（单位：亿元）

年份	私募证券投资基金	私募股权投资基金	创业投资基金	私募资产配置类基金	其他私募投资基金	合计
2017	4 118.54	15 299.26	1 469.10	0.00	4 598.91	25 485.80
2018	2 144.50	9 839.86	1 771.07	0.00	1 107.36	14 862.79
2019	1 512.18	6 057.51	1 148.68	5.38	0.57	8 724.31
2020	4 289.97	4 705.37	1 687.99	3.38	0.00	10 686.70

注：备案规模指当期备案通过产品（含当期备案当期清盘的产品）初始备案时的募集规模（非契约型产品取实缴规模）。

表3　私募投资基金存量（基金数量）　（单位：只）

年份	私募证券投资基金	私募股权投资基金	创业投资基金	私募资产配置类基金	其他私募投资基金	合计
2014	3 766	2 699	718	0	482	7 665
2015	15 182	6 806	1 481	0	1 900	25 369
2016	25 578	14 073	2 206	0	4 153	46 010
2017	34 097	21 827	4 372	0	6 121	66 417
2018	35 675	27 175	6 508	0	5 271	74 629
2019	41 392	28 477	7 978	5	3 858	81 710
2020	54 324	29 402	10 398	10	2 684	96 818

注：存量指备案通过且当期末正在运作产品。

表4　私募投资基金存量（基金规模）　（单位：亿元）

年份	私募证券投资基金	私募股权投资基金	创业投资基金	私募资产配置类基金	其他私募投资基金	合计
2014	4 639.67	8 038.17	1 060.10	0.00	1 207.75	14 945.69
2015	17 289.59	17 270.20	2 119.51	0.00	4 882.15	41 561.45
2016	25 496.32	37 602.75	3 612.37	0.00	15 752.72	82 464.16
2017	25 671.95	62 910.99	6 076.68	0.00	20 332.91	114 992.53
2018	21 385.06	78 014.08	9 094.61	0.00	18 570.44	127 064.20
2019	25 610.41	88 713.18	12 088.26	5.48	14 412.29	140 829.62
2020	42 979.27	98 716.38	16 904.05	9.77	10 968.82	169 578.29

注：（1）存量指备案通过且当期末正在运作产品。
（2）基金规模指当期末最新季报报送的净资产规模。

表 5 　　私募股权、创业投资基金投资案例地域分布

地区名称	2020 年末在投案例		2020 年新增案例	
	案例数量（个）	在投金额（亿元）	案例数量（个）	投资金额（亿元）
广东省	15 708	10 077.92	3 703	2 321.91
北京市	19 565	9 594.35	3 212	2 003.86
江苏省	10 515	6 015.17	3 076	1 470.66
上海市	13 361	7 980.54	2 872	1 722.72
浙江省	9 556	5 061.25	2 144	1 268.12
山东省	3 270	3 012.48	857	607.17
四川省	2 519	2 225.10	663	446.34
安徽省	2 079	1 609.88	569	391.23
湖北省	2 501	1 972.99	505	386.65
福建省	2 137	1 540.06	493	302.80
其他境外	1 764	1 934.32	431	243.56
陕西省	1 571	1 455.70	371	292.94
天津市	1 633	1 802.02	346	389.24
河南省	1 405	1 597.31	317	310.35
湖南省	1 659	1 300.32	303	235.16
重庆市	1 032	1 435.63	231	329.10
河北省	985	1 223.67	212	188.00
江西省	854	1 754.42	205	187.39
辽宁省	910	871.75	181	174.98
广西壮族自治区	454	1 032.63	133	204.19
云南省	594	1 608.65	108	253.58
贵州省	728	1 332.20	107	155.50
吉林省	562	450.69	101	59.76
山西省	392	499.30	96	74.83
内蒙古自治区	425	1 454.98	84	105.33
海南省	346	516.80	67	50.72

续表

地区名称	2020年末在投案例		2020年新增案例	
	案例数量（个）	在投金额（亿元）	案例数量（个）	投资金额（亿元）
黑龙江省	448	263.35	57	53.41
新疆维吾尔自治区	522	862.88	57	88.77
甘肃省	198	258.95	39	51.14
宁夏回族自治区	196	172.42	31	14.20
西藏自治区	258	273.38	23	19.70
青海省	141	344.23	23	84.15
香港特区	98	231.50	13	13.53
合计	98 386	71 766.85	21 630	14 501.00

资料来源：中国证券投资基金业协会（AMAC）。

表6　私募股权、创业投资基金投资案例行业分布

行业分类	2020年末在投案例		2020年新增案例	
	案例数量（个）	在投金额（亿元）	案例数量（个）	投资金额（亿元）
资本品	11 428	10 505.90	2 529	1 753.77
房地产	2 724	8 508.78	1 015	2 415.02
计算机运用	28 138	7 870.86	4 936	1 553.36
交通运输	1 579	5 609.36	325	586.07
其他金融	3 024	4 721.37	408	617.62
公用事业	1 174	4 059.04	238	824.60
原材料	5 272	3 760.84	1 162	628.22
半导体	4 096	4 360.32	1 926	1 574.67
医药生物	7 363	2 873.63	2 376	789.13
能源	1 132	2 028.18	191	193.52
医疗器械与服务	6 782	2 420.64	1 675	603.42
计算机及电子设备	4 806	1 980.49	1 361	570.45
商业服务与用品	2 395	1 936.76	481	473.09
汽车与汽车零部件	2 000	1 735.22	379	461.46

续表

行业分类	2020年末在投案例		2020年新增案例	
	案例数量（个）	在投金额（亿元）	案例数量（个）	投资金额（亿元）
传媒	3 870	1 365.22	300	137.92
资本市场	903	1 393.81	128	168.03
消费者服务	2 740	1 423.11	526	316.15
耐用消费品与服装	1 442	1 140.99	207	92.36
食品、饮料与烟草	2 149	1 193.12	377	271.57
零售业	2 889	1 001.57	549	201.37
通信设备	854	573.88	239	148.94
电信业务	242	437.35	22	3.92
食品与主要用品零售	954	401.23	207	94.05
保险	108	251.60	14	1.48
银行	59	145.67	1	0.49
家庭与个人用品	263	67.93	58	20.31
合计	98 386	71 766.85	21 630	14 501.00

资料来源：中国证券投资基金业协会（AMAC）。

表7　私募股权、创业投资基金退出案例地域分布

地区名称	2020年末累计退出案例			2020年当年退出案例		
	案例数量（个）	退出本金（亿元）	退出金额（亿元）	案例数量（个）	退出本金（亿元）	退出金额（亿元）
上海市	3 579	2 104.59	3 348.52	1 288	582.37	1 213.03
广东省	4 119	2 125.60	3 457.71	1 493	858.05	1 146.26
北京市	4 818	1 949.41	2 880.80	1 514	747.60	879.05
江苏省	2 806	1 170.20	1 898.56	1 055	492.31	683.96
浙江省	2 550	1 015.71	1 595.33	1 022	504.46	681.68
山东省	1 126	658.22	955.27	450	204.91	272.56
四川省	699	321.98	455.03	246	127.46	141.39
天津市	461	396.77	540.51	173	149.13	187.79

续表

地区名称	2020年末累计退出案例			2020年当年退出案例		
	案例数量（个）	退出本金（亿元）	退出金额（亿元）	案例数量（个）	退出本金（亿元）	退出金额（亿元）
河南省	449	516.12	594.86	183	168.58	190.43
重庆市	320	417.98	507.47	120	140.78	159.93
安徽省	540	383.81	569.61	240	114.23	124.34
福建省	633	456.61	824.52	250	218.98	296.33
湖南省	548	245.53	395.17	166	51.02	62.80
湖北省	698	292.33	519.98	264	143.36	260.61
辽宁省	293	236.16	251.65	110	91.92	95.49
山西省	129	127.35	243.04	67	60.68	61.26
云南省	183	250.88	306.16	88	160.83	161.80
广西壮族自治区	168	272.72	308.53	80	109.09	115.84
陕西省	410	221.65	307.72	192	127.83	153.09
贵州省	247	219.13	259.75	81	48.61	63.10
新疆维吾尔自治区	173	113.14	162.21	57	41.17	44.59
河北省	301	194.64	230.22	128	101.92	112.18
海南省	149	154.81	192.04	60	60.19	45.76
青海省	51	37.48	45.13	14	8.75	9.13
江西省	234	113.98	154.56	75	55.78	57.94
内蒙古自治区	154	96.00	106.37	71	44.31	46.13
吉林省	178	57.81	71.94	51	8.41	9.16
黑龙江省	108	65.88	99.22	27	45.46	44.18
西藏自治区	73	37.11	55.24	19	5.98	6.86
甘肃省	60	56.46	72.85	19	8.17	9.10
宁夏回族自治区	60	20.69	37.32	27	10.52	25.77
香港特区	31	18.80	34.81	8	2.73	6.36
其他境外	360	408.11	575.89	115	103.53	137.28
合计	26 708	14 757.67	22 057.99	9 753	5 599.08	7 505.19

资料来源：中国证券投资基金业协会（AMAC）。

表 8　　私募股权、创业投资基金退出案例行业分布

行业分类	2020年末累计退出案例			2020年当年退出案例		
	案例数量（个）	退出本金（亿元）	退出金额（亿元）	案例数量（个）	退出本金（亿元）	退出金额（亿元）
房地产	1 183	2 948.52	3 394.53	694	1 428.26	1 393.59
资本品	3 542	1 885.38	2 683.22	1 218	863.28	1 025.43
计算机运用	6 752	1 439.42	2 266.65	2 273	429.12	650.73
其他金融	1 006	1 184.33	1 409.83	370	365.75	399.56
原材料	1 934	779.86	1 332.13	656	288.81	425.55
医药生物	1 775	560.85	1 208.15	670	159.31	283.65
交通运输	450	706.78	989.34	184	224.21	294.94
传媒	1 106	412.99	704.79	313	78.44	96.82
公用事业	383	555.96	628.79	156	261.45	284.46
医疗器械与服务	1 425	436.42	864.53	563	164.54	283.35
计算机及电子设备	1 231	372.20	723.41	455	133.09	226.15
能源	421	412.33	561.90	171	123.69	148.62
商业服务与用品	643	484.09	576.22	233	157.01	178.93
零售业	762	274.25	465.45	295	66.05	105.55
半导体	528	406.77	1 181.67	249	190.56	757.92
资本市场	354	408.35	529.08	122	134.64	158.03
食品、饮料与烟草	702	245.66	342.09	235	110.87	135.39
汽车与汽车零部件	632	462.80	801.00	242	170.49	230.89
消费者服务	553	251.78	330.49	214	108.53	121.94
耐用消费品与服装	523	136.71	236.80	193	39.93	52.26
食品与主要用品零售	250	96.86	182.59	73	38.47	43.48
保险	41	66.79	127.52	12	2.50	3.01
银行	35	78.15	138.61	6	8.02	9.30
通信设备	323	113.54	303.27	106	45.96	183.70
家庭与个人用品	69	20.53	39.98	19	2.10	3.11
电信业务	85	16.33	35.97	31	4.01	8.82
合计	26 708	14 757.67	22 057.99	9 753	5 599.08	7 505.19

资料来源：中国证券投资基金业协会（AMAC）。

四、托管与基金服务机构名录

表1　　证券投资基金托管服务概况表（截至2020年末）

序号	托管人名称	类型	注册地域	证监会核准批复托管资格时间
1	中国工商银行股份有限公司	银行	北京	1998.02.24
2	中国建设银行股份有限公司	银行	北京	1998.03.18
3	中国农业银行股份有限公司	银行	北京	1998.05.29
4	交通银行股份有限公司	银行	上海	1998.07.03
5	中国银行股份有限公司	银行	北京	1998.07.07
6	中国光大银行股份有限公司	银行	北京	2002.10.23
7	招商银行股份有限公司	银行	深圳	2002.11.06
8	上海浦东发展银行股份有限公司	银行	上海	2003.09.10
9	中国民生银行股份有限公司	银行	北京	2004.07.09
10	中信银行股份有限公司	银行	北京	2004.08.18
11	华夏银行股份有限公司	银行	北京	2005.02.23
12	兴业银行股份有限公司	银行	福建	2005.04.26
13	北京银行股份有限公司	银行	北京	2008.06.03
14	平安银行股份有限公司	银行	深圳	2008.08.06
15	广发银行股份有限公司	银行	广东	2009.05.04
16	中国邮政储蓄银行有限责任公司	银行	北京	2009.07.16
17	上海银行股份有限公司	银行	上海	2009.08.18
18	渤海银行股份有限公司	银行	天津	2010.06.29
19	宁波银行股份有限公司	银行	浙江	2012.11.05
20	浙商银行股份有限公司	银行	浙江	2013.11.29
21	海通证券股份有限公司	证券公司	上海	2013.12.27
22	国信证券股份有限公司	证券公司	深圳	2013.12.31
23	徽商银行股份有限公司	银行	安徽	2014.01.03
24	广州农村商业银行股份有限公司	银行	广东	2014.01.09
25	招商证券股份有限公司	证券公司	深圳	2014.01.10

续表

序号	托管人名称	类型	注册地域	证监会核准批复托管资格时间
26	恒丰银行股份有限公司	银行	山东	2014.02.10
27	包商银行股份有限公司	银行	内蒙古	2014.02.10
28	中国证券登记结算有限责任公司	证券登记结算机构	北京	2014.03.04
29	杭州银行股份有限公司	银行	浙江	2014.03.17
30	南京银行股份有限公司	银行	江苏	2014.04.09
31	国泰君安证券股份有限公司	证券公司	上海	2014.05.20
32	广发证券股份有限公司	证券公司	广东	2014.05.20
33	江苏银行股份有限公司	银行	江苏	2014.05.20
34	中国银河证券股份有限公司	证券公司	北京	2014.06.24
35	华泰证券股份有限公司	证券公司	江苏	2014.09.29
36	中信证券股份有限公司	证券公司	深圳	2014.10.10
37	兴业证券股份有限公司	证券公司	福建	2014.11.05
38	中信建投证券股份有限公司	证券公司	北京	2015.02.06
39	中国国际金融股份有限公司	证券公司	北京	2015.06.30
40	中国证券金融股份有限公司	证券金融公司	北京	2015.06.30
41	恒泰证券股份有限公司	证券公司	内蒙古	2015.08.24
42	中泰证券股份有限公司	证券公司	山东	2015.12.23
43	国金证券股份有限公司	证券公司	四川	2017.06.22
44	安信证券股份有限公司	证券公司	深圳	2018.09.26
45	渣打银行（中国）有限公司	银行	上海	2018.10.16
46	东方证券股份有限公司	证券公司	上海	2018.10.24
47	申万宏源证券有限公司	证券公司	上海	2019.07.01
48	万联证券股份有限公司	证券公司	广东	2020.06.08
49	华鑫证券有限责任公司	证券公司	深圳	2020.06.15
50	华福证券有限责任公司	证券公司	福建	2020.07.07
51	华安证券股份有限公司	证券公司	安徽	2020.07.07

注：上述名单以证监会发布的"证券投资基金托管人名录（2020年12月）"为准。

资料来源：中国证监会。

四、托管与基金服务机构名录

表2　合格境外机构投资者托管人名录（截至2020年末）

序号	QFII托管行中文名称	QFII托管行英文名称
1	汇丰银行（中国）有限公司	HSBC Bank（China）Company Limited
2	花旗银行（中国）有限公司	CitiBank（China）Company Limited
3	渣打银行（中国）有限公司	Standard Chartered Bank（China）Company Limited
4	中国工商银行股份有限公司	Industrial & Commercial Bank of China
5	中国银行股份有限公司	Bank of China
6	中国农业银行股份有限公司	Agricultural Bank of China
7	交通银行股份有限公司	Bank of Communications
8	中国建设银行股份有限公司	China Construction Bank
9	中国光大银行股份有限公司	China Everbright Bank
10	中国招商银行股份有限公司	China Merchants Bank
11	德意志银行（中国）有限公司	Deutsche Bank（China）Company Limited
12	星展银行（中国）有限公司	DBS Bank（China）Limited
13	中国中信银行股份有限公司	China Citic Bank
14	上海浦东发展银行股份有限公司	Shanghai Pudong Development Bank Co.，Ltd.
15	中国民生银行股份有限公司	China Minsheng Bankingcorp.，Ltd.
16	三菱东京日联银行（中国）有限公司	Bank of Tokyo-Mitsubishi UFJ（China）
17	兴业银行股份有限公司	Industrial Bank Co.，Ltd.
18	平安银行股份有限公司	Ping An Bank Co.，Ltd.
19	华夏银行股份有限公司	Hua Xia Bank Co.，Ltd

注：上述名单以证监会发布的"合格境外机构投资者托管人名录（2020年12月）"为标准。

资料来源：中国证监会。

表3　　基金服务机构名录（截至2020年末）

序号	服务机构名称	注册地
1	招商证券股份有限公司	深圳市
2	国信证券股份有限公司	深圳市
3	华泰证券股份有限公司	南京市
4	国泰君安证券股份有限公司	上海市
5	中国工商银行股份有限公司	北京市
6	中国建设银行股份有限公司	北京市
7	招商银行股份有限公司	深圳市
8	平安银行股份有限公司	深圳市
9	华夏基金管理有限公司	北京市
10	财通基金管理有限公司	上海市
11	国金道富投资服务有限公司	上海市
12	深圳证券通信有限公司	深圳市
13	深圳市金证科技股份有限公司	深圳市
14	中信建投证券股份有限公司	北京市
15	广发证券股份有限公司	广州市
16	中国银河证券股份有限公司	北京市
17	兴业证券股份有限公司	福州市
18	第一创业证券股份有限公司	深圳市
19	海通证券股份有限公司	上海市
20	长江证券股份有限公司	武汉市
21	上海银行股份有限公司	上海市
22	招商基金管理有限公司	深圳市
23	北京海峰科技有限责任公司	北京市
24	深圳市赢时胜信息技术股份有限公司	深圳市
25	长安基金管理有限公司	上海市
26	创金合信基金管理有限公司	深圳市
27	广发基金管理有限公司	珠海市
28	工银瑞信基金管理有限公司	北京市
29	金鹰基金管理有限公司	广州市
30	渤海银行股份有限公司	天津市

四、托管与基金服务机构名录

续表

序号	服务机构名称	注册地
31	宁波银行股份有限公司	宁波市
32	长城证券有限责任公司	深圳市
33	东方证券股份有限公司	上海市
34	东兴证券股份有限公司	北京市
35	光大证券股份有限公司	上海市
36	申万宏源证券有限公司	上海市
37	中国国际金融股份有限公司	上海市
38	东吴证券股份有限公司	苏州市
39	太平洋证券股份有限公司	昆明市
40	中泰证券股份有限公司	济南市
41	上海金融期货信息技术有限公司	上海市
42	上海元年金融信息服务有限公司	上海市
43	中信中证投资服务有限责任公司	深圳市
44	中国银行股份有限公司	北京市
45	浙商证券股份有限公司	杭州市
46	中国国际金融股份有限公司	北京市
47	上海汇付信息技术有限公司	上海市
48	北京营安金融信息服务有限公司	北京市

资料来源：中国证券投资基金业协会（AMAC）。

五、全球开放式基金数据

表1　全球开放式基金资产净值、净销售额及基金数目统计

截至2020年末　　　　　　　　　　　　　　　　　　　（单位：百万美元）

地区	不包括FOF			包括FOF		
	净资产（年末）	净销售额（全年）	基金数目（年末）	净资产（年末）	净销售额（全年）	基金数目（年末）
全球	63 059 166	2 623 936	126 457	67 757 945	2 650 804	142 250
美洲	32 325 685	1 105 367	31 044	36 364 893	1 115 314	42 787
阿根廷	22 366	14 907	550	22 568	14 950	581
巴西	1 154 476	27 293	12 905	1 792 861	27 293	22 433
加拿大	1 603 913	88 089	4 312	2 117 523	111 528	5 050
智利	72 190	1 077	2 827	72 190	1 077	2 827
哥斯达黎加	3 177		60	3 177		60
墨西哥	124 356	1 146	550	129 190	519	605
美国	29 345 207	972 855	9 840	32 227 384	959 947	11 231
欧洲	21 756 232	734 766	57 753	22 335 836	743 470	59 834
奥地利	208 969	6 511	1 600	247 371	7 179	1 958
比利时	118 989		526	208 949		771
保加利亚	1 026	28	118	1 030	28	119
克罗地亚	2 960	-711	96	2 960	-711	96
塞浦路斯	4 172	149	126	4 172	149	126
捷克	18 693	639	177	18 693	662	177
丹麦	177 180	9 468	664	193 661	11 611	749
芬兰	126 968	1 704	402	162 456	3 386	494
法国	2 536 411	84 008	10 802	2 536 411	84 008	10 802
德国	2 904 419	117 590	6 705	3 065 476	120 027	7 006
希腊	7 051	107	193	7 653	147	221
匈牙利	15 215	349	287	20 574	770	433
爱尔兰	4 079 118	272 045	7 948	4 079 118	272 045	7 948
意大利	259 836	-2 499	906	298 174	-5 957	1 179
列支敦士登	67 216	1 537	1 900	67 517	1 506	1 920
卢森堡	6 103 325	173 565	14 590	6 103 325	173 565	14 590

续表

地区	不包括FOF			包括FOF		
	净资产（年末）	净销售额（全年）	基金数目（年末）	净资产（年末）	净销售额（全年）	基金数目（年末）
马耳他	3 343	-81	122	3 356	-80	125
荷兰	1 110 000	17 336	967	1 110 000	17 336	967
挪威	175 013	5 766	836	175 013	5 766	836
波兰	42 983	477	561	45 761	786	679
葡萄牙	18 047	1347	132	23 462	1 745	172
罗马尼亚	4 941	-747	81	4 941	-747	81
斯洛伐克	9 612	320	90	9 612	320	90
斯洛文尼亚	3 848	179	80	3 961	171	82
西班牙	370 066	1 523	2 657	370 066	1 523	2 657
瑞典	518 243	8 284	526	588 904	8 315	639
瑞士	749 333	20 787	916	775 999	22 203	972
土耳其	17 699	-142	566	17 699	-142	566
英国	2 101 556	15 227	3 179	2 189 522	17 859	3 379
亚洲和太平洋地区	**8 791 436**	**771 176**	**35 974**	**8 841 869**	**779 170**	**37 497**
澳大利亚	2 463 434			2 463 434		
中国大陆	2 655 130	566 560	6 770	2 655 130	566 560	6 770
中国台湾	155 702	8 270	896	161 003	8 105	980
印度	402 140	29 031	974	403 381	29 685	1 005
日本	2 392 869	149 127	13 429	2 392 869	149 127	13 429
韩国	615 076	10 250	13 014	658 837	17 775	14 342
新西兰	93 811	5 126	608	93 811	5 126	608
巴基斯坦	5 778	1 602	218	5 908	1 582	298
菲律宾	7 496	1 210	65	7 496	1 210	65
非洲	**185 813**	**12 627**	**1 686**	**215 347**	**12 850**	**2 132**
南非	185 813	12 627	1 686	215 347	12 850	2 132

注释：所有基金均为开放式基金，因基金份额可赎回、接受实质性监管且在报告国注册成立。中国大陆、克罗地亚、塞浦路斯、法国、印度、爱尔兰、日本、卢森堡、荷兰、挪威、罗马尼亚、斯洛伐克、西班牙和土耳其数据无法分离出FOF。新西兰的数据包含本国注册基金和海外注册基金。

资料来源：美国投资公司协会（ICI），中国证券投资基金业协会整理。

表 2 全球开放式基金按基金类别的资产净值统计

截至 2020 年末，不包括 FOF

（单位：百万美元）

地区	合计	股票基金	债券基金	平衡/混合基金	货币市场基金	保本/保障基金	房地产基金	其他基金	ETF	备注项 机构基金
全球	63 059 166	28 341 788	13 054 518	7 801 059	8 314 402	46 404	1 306 227	4 194 768	7 684 482	5 687 501
美洲	32 325 685	17 683 556	7 070 308	2 679 398	4 569 798	156	31 398	291 071	5 658 425	457 512
阿根廷	22 366	410	7 450	3 856	10 651					
巴西	1 154 476	130 804	494 776	296 468	92 470	156	31 398	108 404	6 679	457 512
加拿大	1 603 913	590 785	255 929	692 867	32 727			31 606	202 207	
智利	72 190	3 738	18 528	15 852	33 309			763	168	
哥斯达黎加	3 177	11	145		3 021					
墨西哥	124 356	18 094	26 108	15 813	64 340					
美国	29 345 207	16 939 714	6 267 372	1 654 542	4 333 280			150 298	5 449 371	
欧洲	21 756 232	6 793 593	5 140 230	4 228 482	1 844 738	45 921	895 855	2 807 413	1 181 422	4 187 510
奥地利	208 969	32 431	80 774	79 103		366	11 822	4 474		121 401
比利时	118 989	57 292	12 737	27 947	7 169	5 018		8 827	1 631	
保加利亚	1 026	218	104	688				16	21	
克罗地亚	2 960	270	2 300	155				235		
塞浦路斯	4 172	1 615	150	231			644	1 533		
捷克	18 693	3 883	5 045	7 656		33	2 077			
丹麦	177 180	79 370	77 742	18 417				1 651		

续表1

五、全球开放式基金数据

地区	合计	股票基金	债券基金	平衡/混合基金	货币市场基金	保本/保障基金	房地产基金	其他基金	备注项 ETF	备注项 机构基金
芬兰	126 968	57 164	49 105	10 949	269	82		9 398	412	
法国	2 536 411	419 118	355 779	419 760	481 438	20 920	238 671	600 724	40 224	
德国	2 904 419	421 379	675 581	1 192 913	10 078	239	280 154	324 075	62 610	2 378 311
希腊	7 051	1 444	2 864	2 271	447			25	21	
匈牙利	15 215	1 455	5 016	992	180	73	5 128	2 371	6	2 226
爱尔兰	4 079 118	1 275 708	1 047 628	388 751	755 873		23 320	587 839	770 625	933 934
意大利	259 836	28 285	58 373	109 170	2 303	26		61 679		2 216
列支敦士登	67 216	14 530	12 004	22 275	3 375		364	14 669		
卢森堡	6 103 325	1 986 844	1 733 847	1 182 918	508 612		114 728	576 376	291 419	749 149
马耳他	3 343	461	1 531	383			58	908		163
荷兰	1 110 000	503 905	227 863	54 950	12 973		137 695	185 588	1 041	
挪威	175 013	90 918	60 154	9 601		33		1 367		
波兰	42 983	6 403	28 005	8 071	522			472		
葡萄牙	18 047	2 338	3 751	3 065			5 491	2 880	3	
罗马尼亚	4 941	209	3 405	362				964		
斯洛伐克	9 612	892	1 874	4 772			2 074			
斯洛文尼亚	3 848	2 431	323	1 005	87			1		110
西班牙	370 066	106 224	103 652	123 706	5 604	18 994		11 886	296	
瑞典	518 243	373 666	76 464	66 492				1 622	4 976	

续表2

地区	合计	股票基金	债券基金	平衡/混合基金	货币市场基金	保本/保障基金	房地产基金	其他基金	备注项 ETF	备注项 机构基金
瑞士	749 333	273 764	224 340	179 757	23 007		48 463		7 607	
土耳其	17 699	1 361	3 158	1 901	3 581	137		7 560	530	
英国	2 101 556	1 050 015	286 661	310 221	29 220		25 166	400 273		
亚洲和太平洋地区	8 791 436	3 822 755	836 019	808 713	1 870 081	327	375 874	1 077 668	844 635	1 042 479
澳大利亚	2 463 434	1 074 129	92 748		275 272		247 941	773 345		
中国大陆	2 655 130	315 724	418 044	667 985	1 233 629			19 747	167 068	
中国台湾	155 702	24 516	23 948	6 758	36 571	278	608	63 024	61 852	
印度	402 140	124 100	128 239	43 463	64 192			42 146	37 008	
日本	2 392 869	2 184 092	53 154	23 704	132 322		23 300		530 814	1 042 479
韩国	615 076	83 461	110 024	23 704	116 216		104 025	177 646	47 853	
新西兰	93 811	13 080	8 144	65 971	5 078			1 539	1	
巴基斯坦	5 778	1 286	9	266	3 947	49		221		
菲律宾	7 496	2 367	1 709	566	2 854				39	
非洲	185 813	41 884	7 961	84 466	29 785		3 100	18 616		
南非	185 813	41 884	7 961	84 466	29 785		3 100	18 616		

注释：由于舍入和数据缺失，各分项之和与合计项略有误差。合计项包括ETF和机构基金。中国大陆、克罗地亚、塞浦路斯、法国、印度、爱尔兰、日本、卢森堡、荷兰、挪威、罗马尼亚、斯洛伐克、西班牙和土耳其的数据包含本国注册基金和海外注册基金。新西兰的数据包含FOF。

资料来源：美国投资公司协会（ICI），中国证券投资基金业协会整理。

五、全球开放式基金数据

表3　全球开放式基金按基金类别的净销售额统计

2020年全年，不包括FOF基金

（单位：百万美元）

地区	合计	股票基金	债券基金	平衡/混合基金	货币市场基金	保本/保障基金	房地产基金	其他基金	备注项 ETF	备注项 机构基金
全球	2 623 936	140 018	726 794	259 487	1 294 703	-4 190	50 749	156 378	732 808	204 646
美洲	1 105 367	-216 223	545 824	-6 908	737 289	-236		45 626	532 554	20 804
阿根廷	14 907	56	3 244	385	11 222					
巴西	27 293	18 417	-38 373	25 866	26 131	-236		-4 513	1 115	20 804
加拿大	88 089	33 004	29 556	15 186	3 742			6 601	30 501	
智利	1 077	400	1 716	2 348	-3 217			-168	55	
哥斯达黎加										
墨西哥	1 146	3 323	-1 465	-311	-400					
美国	972 855	-271 423	551 146	-50 382	699 811		43 706	500 883		
欧洲	734 766	190 691	121 142	39 760	249 888	-3 870	38 750	98 408	110 723	127 140
奥地利	6 511	1 063	-296	6 023		-212	395	-465		3 379
比利时	28	6	-11	32				1	-1	
保加利亚	-711	-7	-725	-4				23		
克罗地亚	149	30	23	9			121	-31		
塞浦路斯	639	141	-456	655	118	8	172			
捷克	9 468	3 948	2 556	3 099	-39			-96		
丹麦										
芬兰	1 704	1 012	-551	343	-15	43	-4	879	24	

317

续表1

地区	合计	股票基金	债券基金	平衡/混合基金	货币市场基金	保本/保障基金	房地产基金	其他基金	备注项 ETF	备注项 机构基金
法国	84 008	3 952	1 541	−12 836	93 614	−2 263		−2 238		
德国	117 590	15 976	30 306	20 630	770	−36	19 592	30 354	3 491	102 171
希腊	107	53	−82	75	35			24	1	
匈牙利	349	210	267	−52	−72	−23	119	−101	1	89
爱尔兰	272 045	77 143	55 794	3 035	100 294		2 608	33 173	89 249	12 294
意大利	−2 499	50	1 627	9 190	300	−4		−13 658		−138
列支敦士登	1 537	340	148	−150	−618		122	1 697		
卢森堡	173 565	85 738	24 695	−18 030	55 834		9 488	15 841	20 539	9 354
马耳他	−81	34	−40	−70	−15		−1	9		
荷兰	17 336	−12 269	−18 301	8 880			7 524	31 500	−1 039	−18
挪威	5 766	1 613	3 358	−24	862			−44		
波兰	477	−140	−353	802	208	−2		169		
葡萄牙	1 347	128	363	444				206		
罗马尼亚	−747	33	−722	41		−15		−83		
斯洛伐克	320	56	−127	218			174			9
斯洛文尼亚	179	121	25	15	15					
西班牙	1 523	−790	3 919	588	933	−1 365		−1 764	43	
瑞典	8 284	6 817	3 307	−339				−1 499	−448	
瑞士	20 787	−2 028	15 580	5 598	321		1 320		679	

续表2

地区	合计	股票基金	债券基金	平衡/混合基金	货币市场基金	保本/保障基金	房地产基金	其他基金	备注项 ETF	备注项 机构基金
土耳其	-142	483	-954	138	-2 347	-1		2 537	422	
英国	15 227	6 978	251	11 450	-310		-2 880	-264		
亚洲和太平洋地区	771 176	164 753	58 220	225 721	302 151	-84	12 041	8 369	89 531	56 702
澳大利亚										
中国大陆	566 560	45 493	17 156	229 979	273 255			675	24 882	
中国台湾	8 270	-1 436	1 535	781	7 598	-32	246	-423	-855	
印度	29 031	1 319	33 875	-7 340	-7 346			8 523	7 849	
日本	149 127	130 393	5 792	-1 979	10 108		2 835		64 911	
韩国	10 250	-11 721	-241	4 214	15 554		8 960	-324	-7 262	56 702
新西兰	5 126	531	71	81	410	-52		-102	1	
巴基斯坦	1 602	16	-7	-15	1 544		20			
菲律宾	1 210	158	39	914	1 028				5	
非洲	12 627	797	1 608	914	5 375	-42		3 975		
南非	12 627	797	1 608		5 375	-42		3 975		

注释：由于舍入和数据缺失，各分项之和与合计项略有误差。合计项包括ETF和机构基金。中国大陆、克罗地亚、塞浦路斯、法国、印度、爱尔兰、日本、卢森堡、荷兰、挪威、罗马尼亚、斯洛伐克、西班牙和土耳其的数据包含本国注册基金和海外注册基金。新西兰的数据含FOF。

资料来源：美国投资公司协会（ICI），中国证券投资基金业协会整理。

表 4　全球开放式基金按基金类别的基金数目统计

截至 2020 年末，不包括 FOF

地区	合计	股票基金	债券基金	平衡/混合基金	货币市场基金	保本/保障基金	房地产基金	其他基金	备注项 ETF	备注项 机构基金
全球	126 457	43 066	21 951	31 262	2 438	683	4 811	22 246	6 271	23 588
美洲	31 044	10 918	6 319	9 584	997	14	577	2 635	3 086	4 469
阿根廷	550	53	288	168	41					
巴西	12 905	1 813	1 922	6 264	123	14	577	2 192	26	4 469
加拿大	4 312	2 150	740	1 035	102			285	853	
智利	2 827	584	638	1 268	261			76	3	
哥斯达黎加	60	2	17		41					
墨西哥	550	191	184	86	89					
美国	9 840	6 125	2 530	763	340			82	2 204	
欧洲	57 753	15 656	10 587	15 412	655	647	1 982	12 814	1 848	11 603
奥地利	1 600	267	450	805		20	13	45		989
比利时	526	200	49	74	10	179		14	8	
保加利亚	118	43	8	62				5		
克罗地亚	96	24	41	8				23	11	
塞浦路斯	126	16	9	31			25	45		
捷克	177	42	43	77		4		11		
丹麦	664	281	236	143				4		
芬兰	402	197	101	67	1	1		35	1	

五、全球开放式基金数据

续表1

地区	合计	股票基金	债券基金	平衡/混合基金	货币市场基金	保本/保障基金	房地产基金	其他基金	备注项 ETF	备注项 机构基金
法国	10 802	1 703	1 060	3 039	112	230	535	4 123	99	
德国	6 705	1 115	1 062	3 321	17	1	556	633	118	4 185
希腊	193	68	73	42	9			1	1	
匈牙利	287	77	66	38	4	4	9	89	1	76
爱尔兰	7 948	2 718	1 487	1 268	114		299	2 062	1 022	2 887
意大利	906	102	208	324	3	1		268		15
列支敦士登	1 900	405	312	233	34		13	903		
卢森堡	14 590	4 055	3 212	3 628	229		332	3 134	521	3 437
马耳他	122	30	22	18			3	49		11
荷兰	967	368	220	129			101	149	14	
挪威	836	477	187	84	49			39		
波兰	561	149	163	222		3		24		
葡萄牙	132	35	27	36	3		18	13		
罗马尼亚	81	18	20	28				15	1	
斯洛伐克	90	13	23	45			9			3
斯洛文尼亚	80	56	8	13	2			1		
西班牙	2 657	1 061	689	591	9	189		118	2	
瑞典	526	326	110	79				11	14	
瑞士	916	429	255	184	17		31		17	

续表2

地区	合计	股票基金	债券基金	平衡/混合基金	货币市场基金	保本/保障基金	房地产基金	其他基金	ETF	机构基金
土耳其	566	60	70	72	27	15		322	18	
英国	3 179	1 321	376	751	15		27	689		
亚洲和太平洋地区	35 974	16 055	4 970	5 278	736	22	2 170	6 743	1 337	7 516
澳大利亚										
中国大陆	6 770	1 362	1 713	3 195	332			168	376	
中国台湾	896	324	205	77	51	9	13	217	198	
印度	974	340	269	139	58			168	100	
日本	13 429	12 009	1 368		12		40		192	7 516
韩国	13 014	1 766	1 327	1 536	139		2 117	6 129	466	
新西兰	608	176	68	282	41			41		
巴基斯坦	218	55	1	32	97	13		20	4	
菲律宾	65	23	19	17	6				1	
非洲	1 686	437	75	988	50		82	54		
南非	1 686	437	75	988	50		82	54		

注释：由于舍入和数据缺失，各分项之和与合计项有误差。合计项包括ETF和机构基金。中国大陆、克罗地亚、塞浦路斯、法国、印度、爱尔兰、日本、卢森堡、荷兰、挪威、罗马尼亚、斯洛伐克、西班牙和土耳其的数据包含本国注册基金和海外注册基金。新西兰的数据包含FOF。

资料来源：美国投资公司协会（ICI），中国证券投资基金业协会整理。

附录 基金行业发展进程

1992年10月，国务院证券委员会和中国证监会成立，证券市场迎来统一监管的过渡期。

1997年11月，国务院证券委员会发布《证券投资基金管理暂行办法》，成为规范证券投资基金运作的首部行政法规。

1997年11月，《证券投资基金管理暂行办法（试行）》实施准则1~4号：《证券投资基金基金契约的内容与格式》《证券投资基金托管协议的内容与格式》《证券投资基金招募说明书的内容与格式》《基金管理公司章程必备条款指引》发布。

1998年3月，首批基金管理公司国泰、南方基金管理公司成立。

1998年4月7日，基金开元、基金金泰上市。

1998年8月，《关于证券投资基金税收问题的通知》（财税字〔1998〕55号）发布，对发行基金募集资金不征收营业税、对投资者买卖基金暂不征收印花税、对基金从证券市场取得的收入和个人投资者买卖基金取得的价差收入暂不征收所得税，避免双重征税。

2000年10月，中国证监会发布实施《开放式证券投资基金试点办法》。

2001年9月，首只开放式基金华安创新设立。

2002年7月，《外资参股基金管理公司设立规则》正式实施。

2002年11月，《合格境外机构投资者境内证券投资管理暂行办法》发布。

2002年12月，6家基金管理公司被确定为首批全国社保基金投资管理人。

2002年12月，首家中外合资基金管理公司招商基金管理公司设立。

2003年5月，中国证监会批准首批瑞士银行有限公司、野村证券株式会社的

QFII资格。

2003年12月，首只货币市场基金华安现金富利设立。

2004年6月，《中华人民共和国证券投资基金法》正式实施。

2004年7月，《证券投资基金信息披露管理办法》《证券投资基金运作管理办法》《证券投资基金销售管理办法》正式实施。

2004年7月，上海证券交易所获准推出交易所交易基金。

2004年8月，深圳证券交易所获准推出交易所交易基金。

2004年8月，中国证监会发布《货币市场基金管理暂行规定》。

2004年9月，中国证监会发布《证券投资基金管理公司管理办法》、《证券投资基金行业高级管理人员任职管理办法》。

2004年11月，《证券投资基金托管资格管理办法》出台。

2004年12月30日，首只交易型开放式指数基金华夏上证50基金设立。

2004年，深国投推出"赤子之心"的证券投资集合资金信托计划，开创了以信托为平台的阳光私募发行方式。

2005年基金管理公司外资股东持股比例上限提升至49%，合资基金管理公司迎来发展高峰。

2005年8月1日，海富通、华夏、南方、易方达、嘉实、招商、富国、博时、银华等9家基金管理公司获得第一批企业年金投资管理人资格。

2007年4月，监管层出击整顿基金业内"老鼠仓"事件。

2007年6月1日，修订后的《合伙企业法》正式实施，为私募基金引入有限合伙制的组织形式。

2007年7月，《合格境内机构投资者境外证券投资管理试行办法》施行。

2007年7月9日，首只分级基金产品国投瑞银瑞福优先发行。

2007年10月，《证券投资基金销售机构内部控制指导意见》《证券投资基金销售适用性指导意见》出台。

2007年11月，《基金管理公司特定客户资产管理业务试点办法》出台。

2008年3月，中国证监会发布《证券投资基金管理公司公平交易制度指导意见》。

2008年8月，中国证监会发布《证券投资基金信息披露XBRL标引规范（Taxonomy）》和《证券投资基金信息披露XBRL模板》，在基金信息披露中正式应用可扩展商业报告语言。

2008年9月，中国证监会发布《关于进一步规范证券投资基金估值业务的指导意见》。

2009年9月，中银基金管理公司推出首只"一对多"产品——"中银专户主题1号"。

2009年11月，中国证监会发布《证券投资基金评价业务管理暂行办法》。

2009年12月，中国证监会发布《开放式证券投资基金销售费用管理规定》。

2011年5月，中国证监会发布《合格境外机构投资者参与股指期货交易指引》。

2011年6月，新《证券投资基金销售管理办法》发布，引入第三方渠道，由中国证监会颁发第三方销售牌照。

2011年8月，中国证监会发布修订后的《证券投资基金管理公司公平交易制度指导意见》。

2011年8月，修订后的《基金管理公司特定客户资产管理业务试点办法》发布。

2011年12月，中国证监会发布《基金管理公司、证券公司人民币合格境外机构投资者境内证券投资试点办法》。

2012年6月6日，中国证券投资基金业协会（以下简称"基金业协会"）成立。

2012年9月，新《基金管理公司特定客户资产管理业务试点办法》发布。

2012年10月，《证券投资基金管理公司子公司管理暂行规定》发布。

2012年12月，新《中华人民共和国证券投资基金法》审议通过。

2013年2月，中国证监会发布《资产管理机构开展公募证券投资基金管理业务暂行规定》，对证券公司、保险公司、私募基金管理机构等直接申请公募业务牌照进行了规范。

2013年3月，中国证监会、中国人民银行、国家外汇管理局发布《人民币合格境外机构投资者境内证券投资试点办法》。

2013年3月，中国证监会发布修订后的《证券投资基金销售管理办法》《基金销售机构通过第三方电子商务平台开展业务管理暂行规定》《非银行金融机构开展证券投资基金托管业务暂行规定》。

2013年4月，中国证监会、中国银监会发布《证券投资基金托管业务管理办法》。

2013年6月1日，新《证券投资基金法》实施，对非公开募集基金作出规定。

2013年6月，与天弘增利宝货币基金对接的余额宝产品推出。

2013年6月，中国证监会、中国保监会发布《保险机构投资设立基金管理公司试点办法》。

2013年6月，中国证监会公布修订后的《证券公司客户资产管理业务管理办法》《证券公司集合资产管理业务实施细则》。

2013年6月，中央编办发布《关于私募股权基金管理职责分工的通知》，私募股权基金纳入证监会统一监管。

2013年9月，中国证监会发布《公开募集证券投资基金风险准备金监督管理暂行办法》。

2013年12月，《国务院关于管理公开募集基金的基金管理公司有关问题的批复》公布。

2014年1月，基金业协会发布《私募投资基金管理人登记和基金备案办法（试行）》，2014年2月7日施行，私募投资基金管理人登记、产品备案工作正式启动。

2014年4月，中国人民银行、中国银监会、中国证监会、中国保监会、国家外汇管理局发布《关于规范金融机构同业业务的通知》。

2014年5月，国务院发布《关于进一步促进资本市场健康发展的若干意见》。

2014年6月，中国证监会发布《沪港股票市场交易互联互通机制试点若干规定》。

2014年7月，中国证监会发布《公开募集证券投资基金运作管理办法》及其实施规定。

2014年7月，基金业协会正式承担证券公司、基金管理公司及其子公司私募产品备案管理、风险（统计）监测等职责。

2014年8月，中国证监会颁布实施《私募投资基金监督管理暂行办法》，私募股权投资基金正式纳入基金法调整范围。

2014年10月31日，财政部、国家税务总局、中国证监会发布《关于QFII和RQFII取得中国境内的股票等权益性投资资产转让所得暂免征收企业所得税问题的通知》。

2014年11月，中国证监会发布《证券公司及基金管理公司子公司资产证券化业务管理规定》及配套规则。

2014年11月，基金业协会发布《基金业务外包服务指引（试行）》。

2014年12月，基金业协会发布《资产支持专项计划备案管理办法》《资产证券化业务基础资产负面清单指引》《资产证券化业务风险控制指引》等自律规则及相关文件。

2015年1月1日，基金业协会实行私募基金登记备案电子证明，不再发放私募基金管理机构登记证书。

2015年3月，基金业协会制定发布《证券期货经营机构落实资产管理业务"八条底线"禁止行为细则（2015年3月版）》。

2015年3月，国务院办公厅发布《关于发展众创空间推进大众创新创业的指导意见》。

2015年3月，国务院办公厅发布《关于创新投资管理方式建立协同监管机制的若干意见》。

2015年3月，第一家由专业人士作为发起人的基金管理公司泓德基金成立。

2015年3月，中国证监会发布《公开募集证券投资基金参与沪港通交易指引》。

2015年5月，中国证监会公布《香港互认基金管理暂行规定》。

2015年6月，《国务院关于大力推进大众创业万众创新若干政策措施的意见》发布。

2015年8月，国务院印发《基本养老保险基金投资管理办法》。

2015年10月,国务院印发《关于"先照后证"改革后加强事中事后监管的意见》。

2015年11月,中国证监会发布《关于进一步推进全国中小企业股份转让系统发展的若干意见》。

2015年12月,中国证监会与中国人民银行联合发布《货币市场基金监督管理办法》。

2015年12月,中国证监会与香港证监会正式注册了首批3只香港互认基金。

2015年12月,全国人大常委会审议通过股票发行注册制改革授权决定。

2016年2月,基金业协会发布《私募投资基金信息披露管理办法》。

2016年4月,基金业协会发布《私募投资基金募集行为管理办法》。

2016年4月,中国证监会联合财政部、中国人民银行发布修订后的《证券投资者保护基金管理办法》。

2016年7月,中国证监会发布《证券期货经营机构私募资产管理业务运作管理暂行规定》。

2016年9月,中国证监会正式发布实施《公开募集证券投资基金运作指引第2号——基金中基金指引》。

2016年10月,基金业协会发布《证券期货经营机构私募资产管理计划备案管理规范第1号——备案核查与自律管理》《证券期货经营机构私募资产管理计划备案管理规范第2号——委托第三方机构提供投资建议服务》《证券期货经营机构私募资产管理计划备案管理规范第3号——结构化资产管理计划》。

2016年11月,中国证监会批复上海证券交易所和深圳证券交易所分别发布《上海证券交易所分级基金业务管理指引》和《深圳证券交易所分级基金业务管理指引》。

2016年11月,中国证监会发布《基金管理公司子公司管理规定》《基金管理公司特定客户资产管理子公司风险控制指标管理暂行规定》。

2016年12月5日,深港股票市场交易互联互通机制正式启动。

2016年12月,中国证监会发布《证券期货投资者适当性管理办法》。

2017年1月,中国证监会发布实施《关于避险策略基金的指导意见》。

2017年2月，基金业协会发布《证券期货经营机构私募资产管理计划备案管理规范第4号——私募资产管理计划投资房地产开发企业、项目》。

2017年3月，基金业协会发布实施《私募投资基金服务业务管理办法（试行）》。

2017年6月，中国证监会发布《证券公司和证券投资基金管理公司合规管理办法》。

2017年6月21日，明晟公司宣布将A股纳入MSCI指数。

2017年8月，国务院法制办发布《私募投资基金管理暂行条例》（征求意见稿），向社会公开征求意见。

2017年8月，中国证监会发布《公开募集开放式证券投资基金流动性风险管理规定》。

2017年9月，中国证监会发布《关于证券投资基金估值业务的指导意见》，对基金各类投资品种的估值原则进行规范。

2017年9月，基金业协会发布《证券投资基金管理公司合规管理规范》。

2017年12月22日，基金业协会发布《私募基金管理人登记须知》。

2018年1月，基金业协会发布《私募基金备案须知》。

2018年2月，中国证监会发布《养老目标证券投资基金指引（试行）》，养老型公募基金产品正式诞生。

2018年3月，中国证监会发布《上市公司创业投资基金股东减持股份的特别规定》。

2018年4月，《关于开展个人税收递延型商业养老保险试点的通知》发布，提出试点结束后，将根据相关情况有序扩大参与的金融机构和产品范围，将公募基金等产品纳入个人商业养老账户投资范围。

2018年4月，基金管理公司外资持股比例放宽至51%，且3年之后外资持股比例将不受限制。

2018年4月27日，中国人民银行、中国银保监会、中国证监会、国家外汇管理局联合正式发布《关于规范金融机构资产管理业务的指导意见》。

2018年5月，中国证监会发布《关于进一步规范货币市场基金互联网销售、赎回相关服务的指导意见》，将互联网货币市场基金T+0单日赎回额度限制在1万元。

2018年9月，中国证监会发布《证券公司和证券投资基金管理公司境外设立、收购、参股经营机构管理办法》。

2018年10月，中国证监会发布《证券期货经营机构私募资产管理业务管理办法》《证券期货经营机构私募资产管理计划运作管理规定》。

2018年11月，中国证监会发布《证券公司大集合资产管理业务适用〈关于规范金融机构资产管理业务的指导意见〉操作指引》。

2018年12月，基金业协会发布《私募基金管理人登记须知》更新版。

2019年1月，中国证监会发布《公开募集证券投资基金投资信用衍生品指引》。

2019年1月，基金业协会发布《证券投资基金投资信用衍生品估值指引（试行）》。

2019年3月，基金业协会发布《集合资产管理计划资产管理合同内容与格式指引（试行）》《单一资产管理计划资产管理合同内容与格式指引（试行）》《资产管理计划风险揭示书内容与格式指引（试行）》。

2019年6月，基金业协会发布《证券期货经营机构私募资产管理计划备案管理办法（试行）》。

2019年6月，中国证监会发布《公开募集证券投资基金参与转融通证券出借业务指引（试行）》。

2019年6月，基金业协会发布《证券投资基金参与转融通证券出借业务会计核算和估值业务指引（试行）》。

2019年6月，基金业协会发布《政府和社会资本合作（PPP）项目资产证券化业务尽职调查工作细则》《企业应收账款资产证券化业务尽职调查工作细则》《融资租赁债权资产证券化业务尽职调查工作细则》。

2019年7月，国务院金融稳定发展委员会办公室对外发布《关于进一步扩大金融业对外开放的有关举措》，将原定于2021年取消证券公司、基金管理公司和期货公司外资股比限制的时点提前到2020年。

2019年7月，中国证监会发布《公开募集证券投资基金信息披露管理办法》。

2019年10月，基金业协会发布《证券期货经营机构私募集合资产管理计划适用简易备案核查程序条件清单》。

2019年10月，国家发展改革委、中国人民银行、财政部、中国银保监会、中国证监会、国家外汇管理局联合发布《关于进一步明确规范金融机构资产管理产品投资创业投资基金和政府出资产业投资基金有关事项的通知》。

2019年10月，国家发展改革委、商务部发布《市场准入负面清单（2019年版）》。

2019年12月，中国证监会发布《证券期货经营机构管理人中管理人（MOM）产品指引（试行）》。

2019年12月，基金业协会发布《私募投资基金备案须知》更新版。

2019年12月，中国人民银行、中国银保监会、中国证监会、国家外汇管理局联合发布《关于进一步规范金融营销宣传行为的通知》。

2019年12月，全国人大常委会发布《中华人民共和国证券法（修订）》。

2020年2月1日，基金业协会对外发布《关于疫情防控期间私募基金登记备案相关工作安排的通知》，全力确保疫情防控期间私募基金登记备案各类业务正常办理。

2020年2月，基金业协会对外发布《关于便利申请办理私募基金管理人登记相关事宜的通知》，并公布了私募基金管理人登记申请材料清单。

2020年3月，基金业协会官网增设"私募基金管理人登记办理流程公示"界面并增加私募基金管理人公示信息，增强办理私募基金管理人登记申请工作的公开透明度。

2020年3月，中国证监会发布《上市公司创业投资基金股东减持股份的特别规定》（2020年修订）。

2020年3月，基金业协会对外发布《基金经营机构及其工作人员廉洁从业实施细则》。

2020年3月，基金业协会对外发布《关于公布私募投资基金备案申请材料清单的通知》，便利私募基金管理人事前对照准备备案申请材料。

2020年3月，基金业协会发布《关于进一步规范异常经营专项法律意见书出具行为的通知》。

2020年4月，中国证监会发布《公开募集证券投资基金投资全国中小企业股份转让系统挂牌股票指引》。

2020年4月，基金业协会制定并发布《基金经理兼任私募资产管理计划投资经理工作指引（试行）》。

2020年4月，基金业协会发布中国基金业ESG投资专题调查报告（2019）。

2020年4月，中国证监会、国家发展改革委联合发布《关于推进基础设施领域不动产投资信托基金（REITs）试点相关工作的通知》。

2020年6月，基金业协会出版发行《私募证券投资基金行业合规管理手册（2020）》。

2020年7月，中国证监会发布《公开募集证券投资基金侧袋机制指引（试行）》。

2020年7月，中国证监会、中国银保监会联合修订发布《证券投资基金托管业务管理办法》。

2020年8月，中国证监会发布《公开募集基础设施证券投资基金指引（试行）》。

2020年8月，中国证监会发布《公开募集证券投资基金销售机构监督管理办法》及配套规则。

2020年9月，中国人民银行、国家外汇管理局、中国证监会联合发布《合格境外机构投资者和人民币合格境外机构投资者境内证券期货投资管理办法》及配套规则。

2020年10月，基金业协会发布《证券投资基金侧袋机制操作细则（试行）》。

2020年12月，中国证监会发布《关于加强私募投资基金监管的若干规定》。

后 记

《中国证券投资基金业年报（2021）》在编写过程中，得到了中国证监会证券基金机构监管部的大力支持，为年报提供了大量基础性数据，也得到中国证监会市场监管一部、市场监管二部、公司债券监管部、期货监管部的指导与大力支持，在此一并表示感谢！

在具体内容方面，上海证券基金评价研究中心、中国银河证券股份有限公司基金研究中心为年报撰写了部分内容，在此表示感谢！

最后，感谢中国财政经济出版社的大力支持，在他们的努力下，本报告才得以更完美地呈现给大家。